于元林 著

语文教学思行录

吉林文史出版社

图书在版编目（CIP）数据

语文教学思行录 / 于元林著. —长春：吉林文史
出版社，2022.9
ISBN 978-7-5472-8846-7

Ⅰ. ①语… Ⅱ. ①于… Ⅲ. ①语文教学-教学研究
Ⅳ. ①H193

中国版本图书馆 CIP 数据核字（2022）第 171648 号

语文教学思行录
YUWEN JIAOXUE SIXINGLU

出 版 人 / 张　强
著　　者 / 于元林
责任编辑 / 王明智
封面设计 / 武　艺
出版发行 / 吉林文史出版社
地　　址 / 长春市福祉大路出版集团 A 座　　　　邮　　编 / 130117
网　　址 / www.jlws.com.cn
电　　话 / 0431-81629375
印　　刷 / 三河市龙大印装有限公司
开　　本 / 710mm×1000mm　　　　　　　　　16 开
字　　数 / 404 千
印　　张 / 25.5
版次印次 / 2023 年 4 月第 1 版　　　　　　2023 年 4 月第 1 次印刷
书　　号 / ISBN 978-7-5472-8846-7
定　　价 / 98.00 元

献给：

我工作和生活过的——

海南省乐东县乐东中学
海南省乐东县黄流中学
海南省海南中学
华南热带农业大学附中
深圳市南头中学
广东省紫金县紫金二中
深圳第二外国语学校

自序：用文字对抗遗忘

少时读《三国》《水浒》，里面的故事比起我周围沉闷单调、千年一贯的乡村生活要丰富、传奇得多，令我年少的心时时驰骋天外，渴望自己的未来像书中人物那样传奇和精彩。因为对文学的特殊感情，我一直深爱着语文。等上了高中，数、理、化成绩虽然都名列班级前茅，但我的兴趣不在理科，后来看到《报考志愿指导手册》里理科生不能选报文学专业，毅然中途改道，弃理从文。1986年，我参加预考，成绩名列全县第二，填报高考志愿时，我不敢好高骛远，因为师范院校里也有中文专业，于是报了提前录取的师范院校。我今生从教，就基于如此机缘。

年轻时我有写教学日志的习惯。学校对于刚执教的年轻教师，一般都要求写教学详案。我的备课本不仅写详案，而且还写教学实录和反思，有时上完一篇课文就写了半个备课本，一个学期下来，积累的一手素材洋洋可观。许多教学感悟，我后来输成文档保存；写得精彩的本子，我珍藏至今，内页发黄变脆也不忍扔弃。

我很幸运，教语文与自己的原始兴趣契合，一边教书一边创作，避免了职业与兴趣的分身之苦。我热爱自己的职业，用自己的生命去影响其他活生生的生命是我的职业，这是比创作重要得多的"重塑生命"的事业，让我从中获得尊荣。以教育为题材，我写了一些诗歌、散文和小说，发表与获奖的作品以诗歌为主；我又以自己的创作经验和作品来影响学生，创办了文学社和诗社，开设了文学课程包括诗歌选修课等。教育与创作，在我的职业生涯里形成了互动关系。我的创作因为有了教育的指向，避开了纯粹的创作和纯文字游戏的误区，从而被赋予了另一种使命和责任。

从结绳记事到文字发明，人类有了对抗遗忘的最佳方式，步入了有诸多文字记载的文明社会。人类历史不再漆黑一片，从留存下来的文字中，后人可以窥见祖先的足迹和形影。在20世纪六七十年代我生活的乡间，人们几乎没有对于家乡的历史记忆，连几座本来有名的古坟，如内江市杨家镇与石子镇交界处的周文子墓，安岳县元坝镇的左解元墓，"文革"时期外观尽毁，20世纪80年代内部被盗，几乎从人们的视野中消失。老年人的只言片语中有"徐千总兵败徐公坝"的说法，问之则语焉不详。近年有了网络后，我才查到：周文子是清朝同治年间陕西、山西的提督，后清剿边乱时阵亡，赐封"一品振威将军"。左解元原名左廷宾，清道光二年解元，做过开封知府；左家祖田与我家相邻，左、于两家有过联姻。所有这些，都因文字的隐藏而消泯，又因文字的出场而重生。我父亲那么钟情文字，视文字为神物，并以自己的"柳体"书法为傲，因为他深知只有识得文字并将文字运用自如的人才能耳聪目明，不然就是一个"睁眼瞎"，终将愚昧一生。所以他在我来到这世间开始，就渴望我成为一个受人尊敬的读书人。父亲对于文字的崇拜，对我后来以舞文弄墨为业，也有很大影响。

写作的最大意义，就在于它能保存人类对于成功经验和失败教训的认知和记忆，并从中提炼出应对世界的智慧。人生或教学当中的困惑，可以从书本中查找解疑，也可以将前后经历加以比照推证，或是将读书和现实体验结合起来，从而得出自己的解答。因此我将写作视为一种思考和解决问题的方式。许多问题，提笔之前模糊混沌，一旦慢慢用文字去寻找、去琢磨、去求证，思路便清晰了，答案也就呼之欲出。

说实话，这本教学专著从1990年我走上教师岗位那天算起，整整写了31年。在这漫长的教学生涯中，我一直在与应试语文较劲。虽然我感谢高考，正是它让我走出了那个偏僻的乡村；虽然很多时候，我不得不给学生练题讲题，教他们如何应试，如何遵守应试规则拿高分；但我内心清楚，这不是真正的语文，至少不是唯一的语文。真正的语文，绝不是做题，而是做人；不仅是为了考试，更重要的是为了人精神的提升和人格的完善。做题可以量化测试，做人则根本无法通过一套套试题来检测打分。人的体魄和精神的强健比分数重要得多。这些常识，我们往往在语文教学中丢掉了。

应试与素质教育并不是绝对的敌人，语文素质高的孩子，应试也不会差。但是不能反过来，即应试能力强不能说明语文素质就高。语文高分低能者，大有人在；而且当应试教育大行其道，作为唯一的评价准则之后，学生都活成了标准答案，鲜有思考能力、创造能力和审美趣味；生命活力尽失，这才是更加致命的问题。

应试大环境虽然一时不能改变，但我起码可以用我微薄之力，尽量帮助那些有希望被帮助的孩子，抓住任何可能的机会，给他们以语文的光亮。这本书，就是我朝这个方向努力的忠实记录。我把我这些年来的摸索，汇成有声语文、生活化阅读、生活化写作、场语文四大基本语文教学观，并将其结集成册。书中的思考，不玩概念，不行烦琐玄思，而是尊重语文教学中的常识与常理。"思"是"行"的前提，只有道理想透了，"行"才不致迷茫与盲目；"行"是"思"的目的和归宿，有了"行"，"思"才不会空谈玄论，才能落地生根、开花结果。我以这种方式对抗自己在应试潮流中的堕落，也想用以对抗语文教育在某些常识上的长期性和选择性的遗忘。

很感谢我正值求学黄金岁月的 20 世纪 80 年代。那时先生多宽容和善，对待我这样一个学习刻苦然不合群的另类学生，他们给予了我最大限度的自由，提供了力所能及的帮助。大学期间我喜上图书馆，不喜上课，中文系每次清查旷课学生、整顿上课纪律时，当时任辅导员的王倩予老师，还有中文系的副主任许子清教授总是站出来为我说话，证明我没有去干别的，而是在读书或搞科研。两位先生不仅极力庇护我读书的自由，而且在生活上给予我诸多关照。2015 年春节，我曾写诗赠恩师王倩予："那年樟树下，木叶落纷纷。雨里询家信，风中问饱温。三生难报德，一饭尚铭恩。往事依依在，缙云回望深。"许老是研究毛泽东文艺理论的专家，王先生后来的研究方向是国际学，我虽没有机会在思想上承其衣钵，但我三生有幸得其恩佑，在大学期间为后来的走南闯北垫下一点儿阅读与学问的底子。

乡先贤临济宗杨岐禅系南岳下第三十六世传人丈雪禅师，6 岁礼佛，24 岁见破山海明禅师，26 岁芒鞋棕笠，瓢杖独行，前往浙江参拜密云圆悟禅师，57 岁接破山禅师衣钵。其间悟道，多亏破山、密云当头棒喝。某次参禅，丈雪有"禅参须趁少，历广必行圆，行圆吐气便掠群。设草草承当，犹居道外，不能洞当人，少有推托，非吾种草。上须秉师承，下不负悟解。开口充塞太虚，掉臂摇动海宇"之语。丈雪参禅经验，一是历广，二是师承，三是悟解。以此观己，书虽泛览，年过半百，虽有零星悟解，然凭一己之力黑灯瞎火摸索，深恐所得仅为一鳞半爪，难免有"井蛙语海""夏虫语冰"之见识。

我年少负笈，无数次徒步路经丈雪出生地内江市苏家乡及大香滩旁丈雪所创褚古寺，茫然不知这方水土，曾生养此等高人。近读《昭觉寺丈雪醉禅师语录》，不禁心驰神往，深有晚识之恨。《语文教学思行录》成稿之日，恰值辛丑岁余。元日迫近，喜雨临窗，园树滴沥，春气初萌。卧听雨声一片，丈雪疏钟禅语入我梦寐。录其住成都昭觉寺甲辰年元旦上堂祝词自勉于壬寅新年曰：

> 日月双推，乾坤合辙。尘沙刹土，知有此辰。草木昆虫，乘斯启蛰。山川新面目，霜叶点春衣。林林总总，露无生之正眼；法法头头，展物外之宏猷。捩转悬关，抑扬本分。

于元林

辛丑岁末记于龙山居

目 录／CONTENTS

第一章 总论：工具与人文之辩①

一 语言：工具？文化？

对语言的认识，往往决定了语言教学的走向。很长一段时间里，我们通常认为，语言是人类思想和交流的工具。语言被看成人的认识对象，于是在形式的层面，传统语言学用科学的方法，将活的语言分解出语音、文字、词汇、句子、句群、篇章等单位，形成相应的知识板块，并一度成为语言教学的重要内容和目标。

语言学的科学主义，只关心人对语言的单向关系——认识语言形式，而忽略了语言活动其实是人与语言相互发生的动态过程——判断、接受和运用语义文化的过程。结构主义语言学发现，语言行为是人对语言的认识和操纵，更是语言对人的操纵，是进入潜意识的深层语义结构（潜语言或文化）对人的操纵。人在同语言的关系中是主体也是客体，无时无刻不在接受语言文化意义上的改造，语言现象本质上是一种文化现象。

语言运用的过程是用语言的工具去获得并创造语言的文化意义的过程，其工具性和文化性原本密不可分。人的识字、朗读、熟悉语法规则等行为可以说是工具性行为，但这个行为显然不是语言的目的和归宿。语言的最终目标落在培养人的知、情、意、能，塑造人的完美健康的人格上。人使用的是语言（工具），收获的也是语言（文化），形象一点儿说，语言兼具种子（工

---

① 本文撰于 2006 年，为笔者参加海南省首届省级语文学科带头人培训的结业论文。

具）和收成（文化）的功能。种子播种于泥土，收获千万倍于种子的粮食；语言育人，投放的是有限的文化指令，与个体的心灵和大脑融合反应，产生无比丰富的行为指令：情感、智慧、思想、道德、精神。语言根植于人，当语言行为发生之后，静态的工具形式隐藏在动态的文化内容背后，从而变成个人化的言语。言语已非原来的语言，它是语言运用后的产物。

以传统语言学的一整套概念规则等语言的形式表征作为工具，接近文本，进行一些单向发生的认识语言形式的应试阅读，也许会收到一定的效果。但这种阅读的文化意义很少。这种形式的文本阅读基本上不影响读者的文化心理、人格结构、行为方式，而只是在印证一些专门的语言知识和学问。

在双语的听说、阅读和写作行为中，由于语种的文化差异，如果不理解外语的文化，就不能算作是真正学会了一种外语。有的论者认为，追求语言的工具效应，将语言学习界定在"口能说，手能写"的工具层次，表面上合理，实则不然。"当我们提到'孔孟学说'，他会问：'那是什么？'我们说'嫦娥奔月'，他又问：'那是什么？'我们要如何将传统文化用简单的两句话说清楚呢？假若一个学中国语文的人，对我们使用的双关、反语、幽默、讽刺等，都听不出也写不来，他能不能算是学会了中文？答案是否定的。"[1]

一所美国大学开办汉语口语训练班，由一男一女两位教师来教。他们的本族语都不是汉语。在初学阶段，教师用实物来教某些用语，他们用各种实物演示来教"这是什么？——这是书桌（椅子等）"之类的句子后，就着手教"这是东西吗？——是，这是东西"这样的句子。随后他们又教否定式的回答。这位男教师指指自己说："这是东西吗？"女教师摇摇头说："不，你不是东西。"男教师又指指女教师问："你是东西吗？"女教师又摇摇头说："不，我不是东西。"当时有个中国人在教室里听课，他忍不住笑起来。事后，这位中国人告诉两位教师汉语中说人"不是东西"是什么意思时，他们的脸马上红了，感到很难为情[2]。

一个中国学生一般能明白熟语"东西"的褒贬，但是更深层次的中国文化，如果不通过文化性的阅读，他就可能像一个"异乡人"，不知东南西北。不知道中国的礼仪文化，他就读不懂《鸿门宴》中的座次，也就读不出项羽

---

[1] （中国台湾）谢立信：《多元智慧中的语文智慧》。
[2] N/A：《语言与文化差异》，www.iselong.com，2003-6-28。

对刘邦的骄横；他也读不懂《林黛玉进贾府》中的林妹妹为什么在拜见贾母之后，不就近去见贾母旁边的贾政和王夫人，而要绕道从正门出，先见年龄排在长辈位置的贾赦和邢夫人。现在讲究一点儿的中国餐厅里，依照尊重中国人讲究座次的礼仪，进餐之前，一般要在座次上谦让一番，有了母语的这种教育，一个学生在中国人的生活里才能做到知书识礼，有礼有节。

杨小滨有一首诗歌，题目是《一个美国学生给回国旅行的中文老师的伊妹儿》，写一个美国学生的"夹生饭"中文：

> 您好杨老师：我是刘学生。／我贵姓刘，您送给了我的名子。
>
> 您活在中国的十间太九，我们／都失去您。放家，没有学校了。
>
> 我的中文不但快快地坏了，／我的体重而且慢慢地大了。您的身体什么样？天气在北京／怎么办？今天是星期末，
>
> 您必须在用朋友玩儿？我猜？／或者，做研究功课，勤勤奋奋？
>
> 再次，我们真的失去您了。／我们老老实实希望您来美国回得早。
>
> 请让我们认识您的飞翔号码，所以／我们可以去飞机场一起把您捡起来①。

这首诗，充满了错别字、用词不当、生造词语、搭配不当等工具性错误。有些错误，是不了解中国称谓习惯造成的。比如"贵姓"是敬词，不能用在自己身上。"您活在中国的十间太九""去飞机场一起把您捡起来"，有点儿诅咒杨老师死去的味道，是大为不敬的。这位美国学生的汉语基本功不行，也不了解中国文化，所以满篇都是笑话。

按照费孝通的观点，文化本来就是传统；传统在解决现实问题时屡被验证有效，上升为信念和仪式，就形成规范和制约人们思想行为的文化。对于现代社会，文化的来源可能不限于本土代代相沿成习的传统，还有对本国人产生影响的外族及国外的传统。语文教材中的翻译作品就是我们接触外来文化的窗口。人文性是文化的重要属性，是把作用点放在人身上，以人的自我

---

① 臧棣，孙文波，肖开愚. 激情与责任. [M]. 北京：人民文学出版社，2002.

完善和自我价值的充分实现为目标的特性。人文性不能离开人，也不能离开"文"对人的心智、情感、道德、行为等方面的影响，其中当然包括了非常重要的对人进行文化意义上的重塑。如果"文"仅仅训练人的识读、写字、语法、修辞、逻辑的技术能力，这样的"文"就仅仅施展了其工具性影响，而没有履行其人文职责。

工具论支配下的语言训练，多为工具性阅读和工具性写作，少有文化性阅读和文化性写作。读写是为了解答思考练习和试题问题，而不是为了解决人生问题和社会问题。读过的文章，写过的文字，过后就忘，并不作为潜语言保存下来，支配主体的行为。教师的教学操作没有文化指向，主要传授形式语言（语法、章法等）而非意义语言（文化语言）。段落大意、中心思想、人物形象这些意义体系，早被教师形式化的做法弄成了教条，与社会和学生的实际脱节，本质上沦为形式语言。读写和教学自然就起不到塑造心灵的作用。

真正的听、说、读、写是一种文化行为，也是语文教学中真正重要的活动。这时的语言材料已经跳出了我们人为设置的形式规范体系，卸去了我们为它穿上的词性、句型、修辞手法之类的伪装，以文化符号而非工具符号的身份作用于人的意识和潜意识领域，并对人的行为产生深远影响。唯有如此，语文教学才能从一种工具操作上升为一种文化操作，从本质上说，这才是语文教学的真正使命。

二 语文教学的人文"圣职"：思想与道德的培养

中国古代有"文以载道"的说法，"文"只是"道"的承载，"道"才是"文"的根本。"文"与"道"，原是不可分割的整体。自从把母语中这两个方面截然分开，分而治之，一门本该有完整形态的语文课，就从一个完整鲜活的躯体上被砍削剥离了下来，语文于是变得日趋狭隘；语文老师也渐渐忘了唐朝韩愈在《师说》里将"传道"置于首位的"圣职"。

语文之道的核心是"格人"，对人自身、人与人、人与自然、人与社会的关系与准则不仅要"致知"，而且要形成稳定的思想、道德与精神。这就决定了语文教育的起点可能以"文"为工具，终点在人文性的"道"字上。

　　我们通常用培养学生的思想道德来表达语文的人文功能。从表面看，思想教育和道德教育是德育课或政治课的任务，语文只是学习认字、阅读、写文章。但是语文因其以剖析人的文学方式来完成学生的思想道德塑造，与思想政治课殊途同归，因此思想道德并非政治课的专利。

　　思想指人对世界的看法和评价，类似于我们政治课上讲的世界观。思想还指一个人能用基本的道理去思考人生、社会和世界的现象与问题，从这个层面说，思想是人有别于动物的一种能力，亦即思维能力。人生在世，总得有一些基本的尺度作为我们立身行事的根据。就像数学，有一些无可置疑、也无法推证的公理。没有这些公理，我们就无法建立起复杂的社会层级组织，一个人也不知要怎样协调与他人和社会的关系，成为复杂的层级组织的一员。而当思想的公理个人化、行为化的时候，就成为道德和精神。因此思想和道德是公理和定理或定理和推论的关系。一个人只有思想，而不把思想付诸行动，不能说他有道德精神，最多说他是一个夸夸其谈的人。而一个有道德精神的人，也可能是一个目不识丁的文盲。一个人不明白自己所作所为的原因，也不能评价自己的行为，则不能算是有思想。这样的人，一旦遇到容易混淆的人生问题，则易于迷惘困惑，因为他缺乏稳固的思想支柱，也缺乏独立的思考评判能力。可见，思想和道德是一个受教育的人的心智特征，也是教育的一个基本目的。我们说一个人有思想，是说这个人对他所面对的事物，能从一些基本原则出发，做出理性的考察、真假的辨别、是非的界定、价值的评判、利弊的权衡，最终在行为上也就是个人的道德上做出取舍。

　　一个人接受了怎样的思想，就可能形成怎样的灵魂背景和精神底色。没有思想的生命，就像没有母亲的孩子，是脆弱无助的。鲁迅小说《祝福》里的祥林嫂，被卫家的婆婆强逼改嫁到贺家，为维护自己的贞洁，在新婚之夜一头撞在香案上，后来遭到柳妈的嘲笑，认为她白撞了；不仅白撞，而且在死后还要被两个男人争抢，阎王要将她锯为两半。在祥林嫂的灵魂里，出现了一个无法解开的死结：一方面，希望灵魂死后犹存，好与自己被狼叼去了的儿子阿毛见面；一方面，又极端恐惧下了地狱阎王会对她施以酷刑。祥林嫂就是带着这么一个困惑，在大年三十晚上痛苦地死去。设若祥林嫂是一个有思想的人，哪怕有那种我们嗤之以鼻的贞洁思想，能不顾众议，坚定地认为自己头上的伤疤十分值得，就不会那么迅速地崩溃。思想是人活下来的凭据。有了这个凭据，精神才会焕发光彩，人生才会硬朗健康。不然，他的心里就可能产生矛盾冲突，长期得不到解决，就可能演化为心理疾病，甚至产生精神危机，最终像祥林嫂那样造成大好生命的毁灭。

对于一个中学生来说，思维的发展还不那么充分与成熟，思想的道德内化的一个途径就是情绪感染，即在运用既成的思想解决道德问题时，他们往往凭内心的直觉；这些直觉在平时可能不是通过逻辑推证，而是情绪感染植入的。

我的一个学生有次捡到一个钱包，包里有100元现金，还有银行卡、电话卡等物品。她本能的反应是把失物归还原主，但她身边的同学居然没有一个赞许她的做法。有的风言风语地说，都什么年代了，还去学雷锋，不如把钱拿出来请我们吃一顿。有的说，聪明人应该把钱留下，把钱包扔回原地；如果非要名声，可以留下钱，把钱包交给学校，说自己捡到钱包时，里面就没钱了，这样也可以名利双收。何况把钱包里的其他东西还给失主，也给失主带来了方便，也是在行善积德。在面临这些众说纷纭的道德选择时，她最终选择了自己当初做出的道德判断。她的思想是：一个人活在世上，不该自己要的东西，分文不取；属于自己的东西，分文不让。她的父亲是一位正直的商人，虽一辈子没有横财暴富，但恪守本分，注重信誉，这给她留下了深刻印象。这使得她的道德精神，要高出同龄人的水平。

语文教育不仅仅是教授学生如何正确或规范地使用母语的教育。一个人在使用母语的过程中，他不仅仅使用母语的外在形式，更重要的是，他在习得一套文化指令。如果只学到一些母语的形式，没有吸收里面的内容，这个人即使拿到了语言学的博士后文凭，也可以说是一个没有文化的人。我们的语文教育首先要从这个问题上开始检讨。我们只注重学生母语的听、说、读、写是否规范，很少花精力去过问母语教育构成了学生怎样的思想道德及人格精神。以上案例，且不说在以前接受的教育中，对于拾金不昧这样的品质，政治课不知道花了多少篇幅来加以强调，为什么学生就没有想到我们强调了又强调的雷锋呢？语文课上，我们也经常学到这类文章。《乐羊子妻》这样的优秀范文，学生为什么就没有印象呢？课文的思想没有变成学生的道德精神和道德行动，这只能说明语文课上关于这类主题的教育是失败的。

即使一个成年人，都可能有孤独感、迷茫感或挫折感，所以正处在人格形成期的中学生有这些情绪并不奇怪。怎样调节和疏导，是判断一个学生有无道德力量和人格力量的关键。设若他学了高尔基的散文《海燕》，在遇到孤独、迷茫、挫折的时候，他背诵过的句子（该文以前要求学生背诵）能在他的这个时刻"翱翔"，他能从这些记忆的语言中获得摆脱消极情绪的力量，那么他学的语文就成了他人格当中的一部分，使他的生命重获生机。语言中这种积极的驱动力，可能并不像我所描述的这样，很明显地在人的显意识之中显露出来，更多的时候是在潜意识中调动人的情绪，支配人的行动。关键是他学过的语言，是否已经感染了他，是否进入了他的潜意识或显意识。而我们知道，语文教育对语言实质性内容的忽略，使语文课少有对学生情绪的感染或思想的修正，学生的头脑和心灵自然处于思想道德的真空状态。

三　语文究竟需要怎样的工具性

20世纪90年代，语文界曾经发生过语文学科性质的争鸣——工具性和人文性的论争。后来高中语文新课标明确了语文既有工具性，又有人文性的理念。一锤定音了，但语文教学中关于这个问题的困惑，还远远没有因为概念的澄清而得到最终解决。

语文不能忽略人文性，语文课要培养学生的文化道德素质和审美素质，政治课、美术课和音乐课也要培养这些素质，那么是不是语文课和政治课、美术课、音乐课就没有区别了呢？2004年，提倡"语感教学"，冲在语文教改前沿的王尚文教授就提出了这个问题。他说："语文课应该教什么、怎么教，在语文教学实践中是一个直接关系教学效果的根本性问题。1997年语文教学大讨论之前，语文课单纯注重传授语文知识技能，舍人文而讲语文，结果导致语文教学患上严重的丧魂失魄症而走进死胡同。但近年来却又出现另一种离开语文来讲人文的倾向，有意无意地把语文与人文等同起来，以为只要是在进行读写听说活动就是在学习语文，或以为学习课文的内容就在学习语文。有的教科书无论是导语的编写还是练习的设计，其立意都不在语文；有的教师的教学活动无论是动机还是目的都不是为了语文，而是指向语文之外的什么地方。好比写字，出于练字的目的和出于写信的目的，对于提高写字水平来说效果实不可同日而语。后者往往收效甚微，甚至劳而无功。缺乏自觉的语文意识，语文教学不是走在语文的路上，或是没有着力于语文，这样，学生语文素养的形成与发展就有可能成为一句空话。这种泛语文、非语文的倾向应该引起我们的高度警惕。"① 在这里，王教授显然在用语文的工具性为语文的泛人文性纠偏。

再比如，语文要讲究审美，要讲究文学性，这是毫无疑义的。但是，语文究竟应该教给学生怎样的鉴赏方法，怎样培养学生的审美能力，学生在什么情况下才能达到文学审美能力的教学目标，对此我们仍然是茫然无措的。我们现在教学生鉴赏，往往是叫学生起来，说说他认为哪一句好，好在哪里。学生就讲，他喜欢什么什么，又如何如何。不管学生说得多么糟糕，老师还要履行赞美学生的任务。我想这样的鉴赏课，学生上过之后，照样是没有收获的。而要达到文学教育的目标，显然要通过一些方式、手段才能实现，就好比要到文学的对岸去，必须过一道桥一样，而这道桥说到底还是一种工具。

要实现语文的文学性和人文性，就必须找到像一座桥那样的工具，这有力地说明了语文的工具性和人文性是密不可分的。换言之，语文不是要不要、有没有工具性的问题，而是要怎样的工具性的问题。现在我们的任务，就是要找到一种能实现语文人文性与文学性目标的工具性知识体系。

我们现在拥有的很多工具性的知识体系，不利于学生的语言能力、文化素养和审美素质的形成。其中有很多原因和许多规则来自高考考纲。比如口头表达能力，因为高考不考，长期以来在高中语文教学中，根本就没有一席之地。再比如阅读，我们制定的阅读工具体系或者说是方法体系，很多是跟人文精神和审美精神背道而驰的。又比如写作，我们的考纲虽然细化得不能再细化了，但按这种评分规则培养出来的学生写作出来的文章，往往是"八股文"。我们现在提倡语文改革，如果不改善或粉碎以往的工具体系，那么改革就要失败。

一个语文老师曾经提道："语文教育上，说比写还要重要。为什么呢？因为和一个人交往，对一个人的印象，对一个人能力的评判，很大程度上先看这个人会不会说，而后看他会不会写。"生活中的情形确实如此。

口头表达能力的工具体系，在语文中不是没有。现行新课标人教版高中语文教材就把口语训练分为朗诵、演讲、讨论、辩论、采访等环节专章予以

---

① 王尚文.紧紧抓住语文的"缰绳"［N］.中国教育报，2004-7-8.

讲述，但是在中学语文教学中，从来就没有落到实处，从来就是把这些当作语文的花边。在高考的严峻形势下，有谁胆敢把一篇正儿八经的课文上成演讲课和讨论课？如果要上，他就要冒很大的风险，因为他将面临不落实高考考点的指责，这就意味着面临来自学校、家长和学生的指责。山东有个王老师，就敢于挑战语文课文。人教版教材别人要一个学期上完，他3个星期就讲完了。王老师是怎样上课的？

一次，王老师没有带课本，而是带了一道测试题进课堂。测试题的大意是：某日某小岛发生强烈地震，岛上只有1架可载4人的直升机可带人逃生。岛上有10个居民，细菌学家、女歌星、法官、医生、副总统、酋长、酋长怀孕的妻子、4个孩子的失业母亲、抚养着3个孩子的寡妇、有一双10岁孪生子的离婚父亲。王老师要求学生从中选出4人逃生，并说明原因。习惯了课本与练习册的学生面对这样的语文课有点儿蒙了——起初的课堂气氛相当沉闷。经过王老师的一番鼓励后，有学生勇敢地站起来阐述自己的观点。选择总统、医生、法官、科学家的同学，认为他们的存在对社会的作用更大；选择妇女和儿童先离开的同学，认为他们是社会的弱者，应当首先得到保护，并以《泰坦尼克号》中的逃生故事为例阐述这一观点；认为可以用"抽签"来决定的同学，以生死存亡的机会对每个人应当均等为理由。不多的时间，学生竞相发言，课堂气氛也变得热烈起来。对于学生的观点，王老师没有进行任何的评判和点拨，只是耐心地倾听，并辅以鼓励，最后形成几种相对集中的意见。"各执己见"的同学进一步展开辩论。在辩论过程中同学们又不断补充材料以使自己的观点更鲜明、更具说服力。在语文课将近结束的时候，王老师也发表了自己的观点：人生活在世界上首先需要有爱，首选妇女和儿童，是出于人性中对爱的追逐。另外他说他会选择学生都没提到的女歌星逃生，因为人生需要艺术，艺术的力量可以激励人们战胜一切困难，一个有艺术陪伴的人生才是完整的、丰富的。王老师特别说明，这只是个人观点，并不是题目的标准答案。

至此，一节语文课随之打住①。

中学语文教学中文学鉴赏的工具体系归纳起来大致有三点：一是要尊重文本和作者的原意。孔子讲的"述而不作，信而好古"，"述"和"信"，都讲精确，不能掺进读者的主观见解。因此，学者对于文本，喜欢像清朝的"桐城派"那样，精析原文的义理，考证材料的真伪。直到现在，我们的阅读鉴赏还要求学生准确理解原文和作者的观点态度及思想感情。在某些教师看来，鉴赏的难点就是"建立理性"的"思维判断，客观、全面地评价文章的得失"。虽然在高考考纲里将"评价"与"鉴赏"放在了一起，但是对学生评价能力的考察，在试题里根本就没有体现出来，也无法得到体现。二是要找出作品的思想感情和主题的社会意义，有时是政治意义。凡是揭露奴隶、封建、资本主义社会制度下的丑恶现象的文章，都具有人民性、批判性和进步性。不然，就有软弱性、局限性、落后性。"文章的思想感情是很复杂的。……表现积极健康的思想内容的作品，有的也可能带有消极的因素。因而要运用辩证唯物主义的观点去分析它。例如陶渊明是著名的田园诗人，他的田园诗反映了他不与黑暗现实同流合污的高洁品行。今天，时代、社会发生了巨大的变化，陶渊明的隐居思想是否还那么令人向往呢？显然答案是否定的。"② 在该先生看来，所谓"积极健康"，就是"不与黑暗现实同流合污"，具有社会意义和政治意义。三是技法鉴赏。文学类技法鉴赏题的典型命题思路是：运用了什么技法，表达了什么内容，达到了怎样的效果。而什么是技法呢？本书将其梳理如下：

表达方式：叙述（顺序、倒叙、插叙），描写（人物描写、事件描写、环境描写、心理描写、景物描写），抒情（直接抒情、间接抒情），议论，说明。

表现手法：铺垫、烘托、衬托、对比、象征、人称。

布局谋篇：线索、顺序、过渡、照应、详略。

语言辞格：描绘类（生动形象）：比喻、夸张、拟人；结构类

① 陈晓.王泽钊：民间教改又一人 [J].上海教育，2002 (23)：14-17.
② 谷文香.3+x高考总复习·语文. [M].北京：北京教育出版社，2002：314.

（强调突出）：对偶、排比、反复；语气类（增强语气）：反问、设问。

以上就是目前中学语文鉴赏标准体系的一个基本轮廓。对于第一点，一味地强调按照文本原意来阅读，把作者和作品本身当作一个标准，来衡量阅读鉴赏的全面性、客观性和准确性，这是一个妄想。为了得出原意，我们虽然穷索冥搜，参考作者本人的创作谈，他的朋友、亲人的回忆录，以及作品内容所涉及的原型材料，仍然无法提取出 100% 纯度的原意。有时这样的提取，虽然读者信誓旦旦地认为就是作者的原意，但实际上相差了十万八千里。有些作者已经故去，即使作者在世，叫作者来做那些阅读试题，与试题设计者的标准答案对照，作者说不定都不能及格。作家莫怀戚有篇散文《散步》选进教材，有道阅读题问：散步的时候，小孩为什么走在后面？答案是因为这个小孩懂礼貌。有人拿这道题问作者本人，作者说：散步的时候，当时的情形就是那样的。1990 年有道高考题，考巴尔扎克的小说《欧也妮·葛朗台》选段。这段写葛朗台每月给太太的零用钱从不超过六法郎，但仍忘不了问一句"你想要一点儿什么吗？"葛朗台太太拒绝了，"她觉得做母亲的应该保持她的尊严"。接着文中有一句话："这种伟大真是白费！"对这句内容的理解，哪项是错的？

A. "伟大"是对葛朗台太太而言的，表明作者对她品德的赞叹。
B. "伟大"指葛朗台的自我感觉，表明了作者对葛朗台为人的讽刺。
C. 这句话是作者的评论，表明了作者对葛朗台太太的同情。
D. 这句话是作者的评论，表明了作者对葛朗台为人的讽刺。

答案除了 B 是错的，其他说法都对。因为出题人认为"这种伟大真是白费"是作者对葛朗台吝啬行为的评价，不是葛朗台的自我感觉。但我觉得，我们不妨把这句话看成是对葛朗台的心理描写——一种评价自己行为价值及效果的思维活动的揭示：在常人看来是非常小气的行为，但在葛朗台看来是一种伟大，就跟下一句紧接着写的那句一样："葛朗台自认为对太太慷慨得很呢……"作者借葛朗台的自以为是来打葛朗台的耳光，且这个耳光打得具有何等的大师风度。因为反讽手法比直接的讽刺高超多了。标准答案能够标准地理解原意吗？我看未必。当然，我承认我的理解也不标准，但我至少不会粗暴地认为选 A 或 C 或 D 是一种错误。我只是揭示了文本含义的一个有限的方面，或许它还有更丰富的内容，而根本不只这四条。

再来看第二个问题。我们教导学生理解不仅要客观，评价也要客观。怎么评价才能客观呢？要运用辩证唯物主义认识论的标准。辩证唯物主义看世界，包括唯物的观点、劳动的观点、人民的观点、辩证的观点、历史的观点、实践的观点……这些统统也是文学的观点。比如上文提到的陶渊明的隐居思想，从历史的观点看是反封建的，也是反时代的、反社会的；从辩证的观点看，既是积极健康的，又是消极病态的。那么我且问你，当你对隐居思想是这样认识的时候，你究竟是赞同隐居还是反对隐居呢？如果要你做出行为选择，你是选择隐居还是选择斗争？如果你说，按照辩证唯物主义的认识论，你既赞成隐居又反对隐居，既选择隐居又选择斗争，那么可以说，你在玩文字游戏，你是一个没有价值观的人。所以我们自认为在用客观的认识标准改造学生的世界观和人生观，实际上等于说了一大堆废话，没有谁会把这种废话放在心上。

最后，看一看鉴赏教学的第三个标准体系。这个体系也被公式化了。技法鉴赏题的出法就是技法鉴赏的公式。拿到一段文字，就将表达方式、修辞方法、表现手法、布局谋篇这些大概念里的小概念及其作用、效果，往上边一套，并用第一个标准体系里的理解原意，把这些语言的内容做一番概括。例如分析《药》里的坟场景物描写，要抓到"路的左边，都埋着死刑和瘐毙的人，右边是穷人的丛冢。两面都已埋到层层叠叠，宛然阔人家祝寿时的馒头"这句话，用了比喻的修辞方法，形象生动地（有什么效果）写出了坟墓的形状（写了什么内容），含蓄而深刻地（有什么效果）揭示出在封建社会，富人的幸福建立在穷人的痛苦之上（写了什么内容）。还有朱自清《荷塘月色》里的句子"叶子出水很高，像亭亭的舞女的裙"，也是这种套法：用了比喻，形象生动地写出了荷叶的高挑和美丽。因此，像《药》《荷塘月色》这样的名篇写景是形象生动的，其他二流文章的写景也形象生动，因为都用了比喻，所以在艺术判断上，都可以打 100 分。

　　综上所述，目前还在教学中流行的鉴赏体系存在严重的问题。任何标准体系，都是依照相应的概念建立起来的。而概念是对认识对象集合特点的抽象概括。文艺鉴赏的标准体系，是对于当时主流话语所认为的优秀典范的文艺作品在思想、艺术、语言等方面特点的总结概括，这种概括所产生的概念和原则，形成人们判断一部作品好坏、优劣的一般性观念。现行中学语文鉴赏体系的概念，思想性的部分，基本上从政治学中来；艺术性的部分，有"舶来品"，如小说的三要素；还有很大一部分来自古代文论，如线索、铺垫、渲染、散文的"形"与"神"等。

　　具体来说，现行中学语文鉴赏体系，有以下的概念困境：一是缺乏人文概念，人在国家、集体、历史等这些概念中，在语法、修辞、章法等技术概念中，是缺少位置的。《项链》中的玛蒂尔德丢失了别人的钻石项链，并没有逃之夭夭，而是含辛茹苦，不惜用十年大好青春挣钱还债，有着做人的良好信誉和感人的自尊，这是为人的一种善。《荷花淀》里的水生，作为游击队队长抗击日寇固然伟大，但他作为一个丈夫、一个儿子、一个父亲，他的体贴入微，也就是他的善，才成就了他的这种献身民族解放事业的伟大。因为这种善，是他杀敌的出发点，是他的仇恨和正义的基础。如果没有人文价值判断，读者的道德标准自然难以形成。二是技法概念并不是一个缜密的体系，许多概念是中国古代文论批评体系的遗物，直观性强，模糊性大，内涵外延不明，界定不清。比如"他高兴得飞了起来，像一只鸟儿一样"，这句话可以判为比喻，也可以是比拟，还可以是夸张，这反映了中国式直觉思维在概念上的含混。渲染和烘托，原是绘画上的概念，引进到文学鉴赏中，本是把一种技法作形象化的比喻。这种比喻性的说法，本不能离开当时具体的批评语境，作为一个单独的概念用到其他场合来推理，不宜不作界定地去判定任何一种文学现象。当然，文学语言本就是歧义和多义的，难以用一个"死"的概念将其界说。它之所以是这个概念的属性，而不是其他，说明它肯定具有与他物有所区别的特质。但在运用概念鉴赏的过程中，这个概念产生时的原始对比已经不复存在，这样就落入了思维的形式化和绝对化，也就落入了鉴赏的末路。三是有些技法概念是从一些蹩脚的文本中来的，从而无形之中降低了语言的标准。四是技法概念不能新陈代谢，老概念已经不能规定新的语言现象了。就现代的情况而言，中国语言产生了两次裂变：一为五四白话文运动，白话虽然叛离了文言，但仍用文言的修辞概念去对白话的技巧进行审美；二为 20 世纪 70 年代"朦胧诗"的兴起，其语言技巧对于五四以后的白话来说多有发展，而我们仍旧用白话的观念去审视"朦胧诗"，结果是手足无措。

比如关于小说的阅读，许多年来我们一以贯之的方法是去分析小说的三要素：人物、环境、情节。人物分刻画方法、思想性格特点，环境分自然环境和社会环境，情节分开端、发展、高潮、结局、尾声。似乎完成这些分析，就完成了对小说的阅读。别人不这样做，别人的工具体系要严谨，也要灵活得多。

我手头有一则材料，介绍的是在美国十年级（相当于我们的高二）的英语课的训练序列，要求老师对学生的语言结构与功能进行训练（即生字词、语法和写作格式方面的训练），并训练学生的口头表达能力及阅读能力。学生有一本"文选式"课本，另外还有五到六本小说①。

教师使用的指导书是分开的三大本和五小本。三大本就是教老师如何系统性地随着课本的每一课对每一个部分进行形式训练。也就是说，每一大本指导书只牵涉语言结构，或者口头表达，或者阅读方面的形式训练，其他的都不管。下面大概介绍一下阅读方面，究竟要求老师教什么②。

第一部分　文学回应与分析的训练

（1）情节与环境

（2）角色

（3）叙述者与写作的口吻

（4）比较主题

（5）讽刺与歧义

（6）象征与引喻（类比）

（7）诗词

（8）文学批评：评估文章的风格

---

① 方帆. 英语母语教育中的阅读技巧训练［J］. 语文论坛，2005–11.
② 方帆. 英语母语教育中的阅读技巧训练［J］. 语文论坛，2005–11.

（9）文学批评：人物传记式和历史式的风格

（10）话剧

上面的十个主题，对应课本里面的十个单元。每一个主题都有详细的希望学生按部就班掌握的技能。此处举若干例子。

例子一　分析动机与矛盾

在一个故事中，主角有某些欲望，或者动机。在尝试满足这些欲望的时候，主角可能会遭遇各种各样的矛盾。这些矛盾可能是内在的，也可能是外在的，也可能两者都有。根据我们阅读的课文，在下面的表中，分析主角的动机，内部矛盾和外部矛盾，并指出课文使用的解决方法。然后提出你自己的不同解决方法，并评估你的解决方法为什么因为时间、地点、人物的不同而无法最好地体现作者在文章中试图表达的思想。

主角：

主角的欲望、动机是：

内心冲突是：

解决办法是：

外部矛盾是：

解决办法是：

你提出的解决办法是：

你的评估是：

在何种情形下你的解决办法比作者提出的好？在何种情形下不如作者提出的办法？

例子二　风格的分析

风格是作者使用语言的一种特别的方式。它包括下面的元素：词语的选择、句子结构、意象和修辞。这些部分也影响一个故事的色彩和感情。使用下面的表，针对我们课文里面读到的两个不同风格的作家写的四篇短篇小说，分析这些元素对文章主题的影响有什么不同：

风格的元素	例子	对文章主题的影响
词语的选择		
修辞		
意象		
句子结构		
故事的色彩和感情		

第二部分　阅读技巧的系统训练

（1）明白原因和结果之间的关系

（2）用自己的话说一次情节

（3）对角色作出演绎

（4）总结论点

（5）通过事实演绎背后的动机

（6）归纳法

（7）比较的方法

（8）对故事作出预测

（9）象征意义的掌握

（10）类比的种类和方法在文学作品中的应用

（11）诗歌性散文阅读的方法

（12）诗的元素和音乐性

（13）音律和韵律

（14）风格、词语选择和语调

（15）感情和色调

（16）作者的背景对作品的影响

（17）悲剧的元素

（18）制作 KWL 表

（19）合成

（20）找出中心并引申主题

（21）找出作者的目的和写作的语调

我们的阅读体系缺乏系统性，也缺乏具体细致的操作步骤。比如对于文学作品中的人物分析，我们一般只有两项：性格和描写。这些概念是静止的，经过我们的教学操作，最后形成了一些教条和标准答案。美国阅读体系里的概念，把人物换成角色，对人物的分析不是定性地贴标签，而是考察人物的心理动态过程和人物的处境，这是对人物性格成因的分析，是一种动态的考察。举个例子，分析鲁迅小说里的祥林嫂，我们往往启发学生：哪些地方表现了祥林嫂是勤劳的，哪些地方表现了她是守旧的，就是先给人物定性，把答案告诉学生，让学生在小说中去印证老师的判断。或者要学生就一个事实，分析应该怎样给祥林嫂这个人物定性，定出来的还得是教参或教科书给出的关于祥林嫂的标准答案。按照美国的阅读体系，他们的重点不是落在定性上，而是落在人物的处境上。小说中人物的处境，也可能是我们现实中的可能遇到的处境，学生和教师看似在阅读小说，实际上是在阅读生活，生活与阅读的界限打通了，祥林嫂这个人，这个人的命运，成了教师和学生观照生活的一面镜子。可以说，定性有应试的价值，但是没有生活的价值，因为它无助于人的智慧的增长。从这么一个很小的例子可以看出，美国的阅读工具体系，其基本指向是人文的，从其他鉴赏技巧方法来看，也是指向审美的，某些地方确实值得我们借鉴。

所以我们不妨说，现在语文教学没有实现它的人文性和文学性的使命，很大程度上是因为我们至今还没有建立起与其使命真正配套的工具性体系。我们不是要全盘接受美国母语教学中的工具体系，汉语与英语有很大的不同，我们的工具体系，还得从我们语言的特点出发。比如，汉字是象形文字，记忆经典文本从来就是学习母语的最佳方法之一，这在美国母语的工具体系中可是没有的。可以预见，当语文的人文和审美成为我们的共识以后，如何重建语文的工具体系，将是现在和将来我们要面临的一项极其重要的任务。否则，再美好的目标也是要落空的。

四　打通语文工具性和人文性的关键

如果把索绪尔提出来的"语言"和"言语"的概念引用过来，观照我们争论的语文的工具性和人文性的问题，也许问题会变得更加清晰。索绪尔认为，语言产生于言语，言语是语言的运用及其运用的结果，而语言则是在言语中发展起来的，是对言语的抽象和概括，它存在于言语中。我们所说的工具性，应该是对应于索绪尔所说的语言，即语言的规则和规律，包括我们以往详尽归纳的字、词、句、语、修、逻、文体知识、写作常识等。过去我们教的也是言语，但目标是把言语变成语言，即在一篇活生生的文章中抽取语言规则和规律，注重的是语文的工具性。语文的人文性则多了一个程序，不仅要从言语中提取语言规律，而且要通过提取的工具性，获得更新的言语，只有这样才能实现语文的人文性。简言之，以往的教学，是从言语到语言；现在我们的目标是从言语到语言，再到新的言语。

回到前面王尚文教授对语文的理解。他所说的语文意识，用意在语文的工具性上，落脚点也在工具性上。他认为："读写听说不仅是语文学习的主要途径，也是中小学其他课程特别是文科类课程不可或缺的学习方式。语文课程为了形成和发展学生的语文素养，学生的读写听说活动必须指向如何正确理解和运用祖国的语言文字，而主要不是它们的内容，这是语文课与其他课程的根本区别。"① 也就是说，他强调的工具性，是为工具而工具的工具性，而不是以人文和审美为目的，这是我不能同意的。

王教授的这一观点，曾引起一些教师的反驳。清华附小的窦老师举了一个教学案例，我也把它引用过来，讲讲以工具（语言）为目标与以人文（言语）为目标的重要差异。

窦教师举的是周老师教学的《只有一个地球》的例子：

> 这是一篇很有时代感的文章，却也谈不上经典。教学之前，周老师事先让学生查阅大量资料，带着阅读期待走进课堂。引领学生对一些好的词句进行反复"咀嚼"，下面重点谈谈他对课文中的一句话的处理："因为人们随意毁坏自然资源，不顾后果地滥用化学品，不但使它们不能再生，还造成了一系列生态灾难，给人类生存带来了严重的威胁。"教学时，周老师要求孩子们把收集到

① 王尚文. 紧紧抓住"语文"的缰绳 [J]. 内蒙古教育，205（1）：24-25.

的材料也用上面的"因为……"的因果句式说明其他资源的情况。于是，学生纷纷谈到："因为滥砍森林、滥垦坡地，长江的秀色正被滔滔黄水代替""因为我国土地沙化严重，沙化的速度相当于每年损失一个中等县的面积""因为大气污染形成了酸雨，植物枯死，湖水变质，建筑物严重受损，成了'石头的癌症'"……这样做，既进行了语言训练，又丰富了课文内涵。学生畅谈之后，老师和学生伴随着音乐，诵读了黎巴嫩著名诗人纪伯伦的《田野里的哭声》："我听到溪水像失去儿子的母亲似的在号哭……又听到鸟儿仿佛号丧似的在唱一首悲歌……一只小鸟走近我，站在枝头上说：'人将带着一种该死的器具，像用镰刀割草似的把我们消灭掉……'"诵读毕，全场一片沉默……

这位老师提出以下一些问题：

> 收集的相关文字材料是不是语文？补充纪伯伦的《田野里的哭声》是不是语文？模仿书上句式表达感情能分清什么是工具性，什么是人文性？如果说周老师用"人文"的方法来"教"语文，正是通过体会"人文"而享受"语文"之美！由此，引起我进一步的思考——今天的学生需要怎样的语文？今天呼唤怎样的语文？周老师没有就课文本身进行枯燥的分析，恰恰抓住了文字后面的东西，为我们打开了时间和空间的界限，让我们在文字中感觉到了地球母亲的心跳，地球母亲的呼吸。因此，在学生的心里，地球已经不再是地球，地球是母亲，是人类的母亲，是可爱、可亲、无私、慷慨的母亲——语文在这里生成火种，激起的是学生无限的想象、豁然开朗的顿悟、情思勃发的智慧。

窦老师对这堂课的评价无疑是中肯的。而我认为，这堂课之所以成功，是因为周老师善于从言语中提取语言，又利用语言生成了新的言语。模仿句式来表达认识和感情，就是从《只有一个地球》的言语里提取语言，然后生成新的言语的过程。周老师没有自觉意识到这是从言语到语言，再由语言到言语的过程，他是在无意识中运用语文教学的这一规律的。引用纪伯伦的散文诗，无疑是一个语文老师，在阅读《只有一个地球》这篇课文里的言语时，产生的言语联想。这样的言语联想，通过对学生的触动，又变成了激发学生情思和想象的新的言语。这个成功的教例，实际上展现出语文教学由工具性通往人文性的一条可行之路。

我觉得这里面的关键是，我们的语文教学能不能把语言范本进行转化，生成学生的言语技能和言语素养。这也是衡量语文工具体系好坏的一个重要依据。

以前我们抱怨语文教材不好、范文太陈旧，影响了对学生进行人文的和审美的教育。现在，各种新的语文教材版本纷纷出台，有人教版的、苏教版的、山东版的、广东版的，选文的质量、编辑的体例，都越来越好了，远远不是以前的教材所能比，为什么语文教学仍不见有根本性的好转呢？这里边的症结究竟在哪里呢？我认为最根本的一点是：范文再好，如果出现在语文课上，仍然被语文教师或学语文的学生，分解成工具性的高考考点，那么语文课就是失败的；如果能被语文教师和学生转化成活生生的言语，范文再不好，甚至可能没有范文，这样的语文课，都是成功的。所以我说，衡量语文成败的关键是看教师和学生能否从言语中提取出语言，又是否能将语言转化成为言语。一堂成功的语文课，总是通过一些工具性的语言规律和言语方法，使老师和学生获得生命性的言语要素，生成了一些跟老师和学生生命相关的情感、智慧、精神，使得原来只是课文的言语获得了增值。只有这样，从文本中提取出来的语言规律和阅读方法才不是僵硬的教条，也才能真正转化为学生的语言技能。而教师和学生一旦产生了新的言语，就说明原来的言语已经跟人结合在一起了。言语一旦跟人进行了有机地融合，就实现了语文人文性的重任。

为了更清楚地说明这个问题，我再举两个教例来分析。

案例 1：中国教师讲莫泊桑的小说《项链》①

这位老师的教学目标是通过对小说情节结构及人物心理描写的

---

① 汤国来.《项链》点拨教学教案［J］. 中学语文教学参考，1998（22）：18-20.

点拨研讨，引导学生领略其精巧的艺术构思，把握作品主题，提高学生阅读、欣赏文学作品的能力。

为此，他这样设计教学过程：回顾初中学过的莫泊桑的名篇《我的叔叔于勒》，引出新课，然后分析标题，理清全文的情节线索。按情节发展顺序就每一个情节中的精彩字、词、句进行分析鉴赏。概括人物形象和主题，揭示造成玛蒂尔德悲剧的社会原因。通过对这篇课文的分析提炼出关键词，用板书表示出来，有利于学生记忆。出一道课后练习，有填空有选择，设计一些关于小说体裁、标题、线索、细节、情节、人物、主题等知识点的问题，以印证课堂所讲授的知识规律。

在教学过程中，他向学生提出问题，学生思考回答，然后教师明确点拨标准答案。点拨之后，学生似乎恍然大悟，如获至宝，把教师所授赶快记下。他是这样提出问题、明确答案的：小说以"项链"为标题，这个标题与作品内容有什么联系？（答案："项链"是小说情节的线索，直接决定了作品人物的遭遇及命运，是小说结构上常用的"物线法"。）苏联作家苏曼诺夫说过："艺术的打击力量要放到最后。"请大家研讨小说的最后部分，说说"发现项链是假的"这一情节具有怎样的打击力量？（答案：巨大的代价、残酷的玩笑、深刻的嘲弄，一个人苦有所值还不算苦，苦得冤枉才是苦不堪言。）恩格斯曾经说过："偶然的东西，是一种有必然性隐藏在里面的形式。"小说最后这一偶然性结局也有其必然性因素，那么造成这一偶然性结果的必然性因素都有哪些？（答案：略）"带着这件宝物跑了"的"宝物"应如何理解？（答案：双关。）在这样的高雅奢华的生活中，妇女的实际地位又是怎样的呢？（答案：18世纪德国启蒙思想家卢梭说："人生而自由，但无往不在枷锁之中。"当时法国社会视妇女为玩物的恶劣价值观念，弥漫于整个社会的追求享乐、爱慕虚荣的风气，正是导致玛蒂尔德悲剧的深层社会原因，是制约"玛蒂尔德们"人生理想、生命情致的一副精神枷锁。小说在讽刺她的虚荣心的同时，也将批判的矛头对准了造成这一人生悲剧的资本主义社会。）

案例 2：美国教师上高三英文课①

在美国，教室里的课桌无需做特别整理，教师也不会威严地站在讲台前。所有的学生都没有固定的位置，谁先来就坐在自己想要坐的地方。学生不必面向老师，而是围着书桌四周坐着，好像一个个讨论小组。

我跟着听的这节高三英文课是讲美国总统林肯的生日。老师艾丽丝把复印好的文章发给每一个学生，也给了我一份。她要求学生快速阅读，给了 10 分钟的时间，画出生词、自己不理解的句子及其意思吃不准的短语，然后让学生自己读一遍，再问哪儿不明白，不明白的地方她就一一讲解。涉及的历史知识，她已事先找好了书目、出版社，并且标了书价，让学生自己去查找。

她像是在家庭晚饭桌前闲聊，讲到林肯的童年，说林肯一生只念过一年书，全部知识都是自学的；又在黑板上画了一个小木屋，说林肯就诞生在这种叫 "Cabin" 的小木屋里。当学生问她 "Cabin" 和 "Cottage" 的区别时，她告诉学生说，"Cabin" 就是一个房间，厨房、厕所全在一起，然后她拿出杰克·伦敦的小木屋的照片给学生看，说就是这样的木屋。她还给学生讲这篇文章没有提到的有关林肯的故事。她笑眯眯地问学生："你们有谁记得林肯的相貌吗？"同学们纷纷七嘴八舌地调动自己的记忆来描述。她说林肯很瘦，做总统之前没有留胡子。有一天，他接到一位 11 岁女孩的来信，这个女孩对他说："你是那样聪明、干练、英俊，然而你看起来实在有点儿瘦弱，欠一点儿威风；如果你能留胡子，你就会显得强壮许多。"林肯接受了这个女孩的意见，后来他做总统期间一直留着胡子。故事讲完以后，她对学生说，你们对克林顿有什么意见，也可以写信给他。克林顿办公室的电话、地址就公开印在电话簿上。

座位上的学生开始小声议论起来，你看我、我看你，似乎都动了心。艾丽丝的课上得如此轻松自如，大多时间是学生问，她回答。

---

① 魏嘉琪. 美国中学生报告 [M]. 北京：作家出版社，2002.

关于林肯生日的课讲完了，艾丽丝发给每个学生一把剪子、一管胶水、一页拼图纸。这节课的作业就是把这页纸上的图剪下来，然后按照林肯的生平顺序拼成一个全貌图，这个全貌图最后正好拼接在林肯头像的剪影上。

由于是总统纪念日，学生放假 3 天。以下是艾丽丝在黑板上给学生留的假期作业："2 月 19 日晚 6 时，打开电视台第二频道，至少要看半小时中国人庆祝新年的游行；至少写出 10 句话，或者一段，你最喜欢哪一部分，而且要说出为什么；谈一下你对游行设计的观点；看看报纸上关于游行的报道。"

不难看到，在中国教师的课堂上，语言，即客观知识和规律是权威的存在。这些客观知识和规律包括经前人发现后被收入教科书或教参的文章学概念，也包括教参上关于小说人物形象和人物命运的既定结论。尽管这些概念、言论、结论存在值得商议之处，但教师仍然把它们作为学生认识和感受文章的一个个绝对前提，全部教学活动，包括教师讲授、学生思考回答问题、课后的练习检测都围绕这些前提来展开。玛蒂尔德作为一个血肉丰满的人物形象，她的虚荣、迷惘、痛苦、悲哀，还有她的自尊自强、坚韧不屈，她人性中的弱点和优点，被语文老师通过一连串的提问，最终被转换成了情节的开端、发展、高潮、结局，小资产阶级妇女形象等教条。

美国教师采取的是"聊"语文的方法。在美国教师的课堂上，语言知识后退到了一个不重要的位置，有的只是教师和学生通过言语材料生成的新的言语。教材及教材外的知识包括历史知识，不是什么权威，也不是目的和核心，仅仅是教师谈起林肯这个人的中介。对于客观知识，教师叫学生自己去获取（提供书目让学生查找），或通过阅读及拼图活动让学生进行无意记忆，这与中国教师的板书又是一个鲜明的对照。美国教师的作为，在于提供范文以外的材料，并对其做一番引申发挥，把文字材料上林肯的形象加以丰富，把林肯作为人的形象尽量加以还原，让学生觉得亲切可感。虽没有像中国的教师那样告诉学生哪个词、哪一句好，用了什么手法，但文字语言的感染力，自然渗透在美国教师的这种聊天式的谈话里边。学生在课堂上虽不知道情节、线索诸如此类的抽象术语，但他们对林肯的感动、好奇心、探究的兴趣被调动了起来。正因为美国教师不唯书本知识为尊，她才能伸缩自如地运用材料达到她的教学目的。

五　语文教学应该将语言生成新的言语

一个语文教师面对一篇文章，首先必须有提取语言的自觉，以及生成言语的能力。一篇文章，要使学生读出感受，语文老师必须先读出感受，即语文老师必须从课文的言语生成自己的言语；对学生来说，这个过程是一种在教师启发和引导下的言语生成的示范。如果老师能以此作为范例，总结出主题、题材或体裁方面的一些阅读规律，或一个作家的语言风格特点，使学生以后面对同样主题、题材或体裁的文章，能够举一反三，也就是说，从范文的言语到自己的言语这一过程中，教师总结出一套语言教给学生，语文教学就走出了关键的第一步。现在我们的问题是，教师被教参上的分析牵住了鼻子，对自己要讲授的范文没有自己的感觉，即使有自己的感觉，也不敢跟学生讲；教师在课堂上用自己的嘴在说别人的话，那些话再精彩也是别人的，教师是在"鹦鹉学舌"，他的教学对于他自己来说，就失去了人文意义。而在我们的语文教学中，没有经得起考验的鉴赏语言，即鉴赏方面的方式和方法、规则和规律，语文教师就得自己去总结这些鉴赏语言。

我读《战国策·齐策》中的《邹忌讽齐王纳谏》，其中有"邹忌修八尺有余"，我会按古今计量的差别去换算出邹忌的实际身高，以得到关于邹忌身高的大致印象。我就想，中国古人的形貌可能要普遍壮实一些，但身高则未必能超过现代人，因为在战国时代邹忌一米八几的个子也算"形貌昳丽"，跟现代我们的感觉差不了多少。但是，我的阅读绝不仅限于此，我想到了更多。从文中看，邹忌是一个颇有事业心的男人，因为他从妻妾客人的赞美中居然看到了治理国家的大道理。这样的男人，不仅生得一副好皮囊，而且还有内涵，打起灯笼火把也难找。我还想到，邹忌没从美中见色，而是从美中发现了"生产力"，这也是儒家书生的气质。

什么是新的言语？我觉得这就是我在《邹忌讽齐王纳谏》中产生的新的言语。我分析邹忌这个人物形象，显然不是死抠文中的字句，像教参那样，分析邹忌的外貌如何、语言又如何，然后给邹忌贴上一个性格的标签，而是结合自己的人生经验产生出来新的言语。范文的言语只有与个人的境遇和经验结合，才能产生自己的言语，才能实现文章的人文功能。这种产生新的言语的方法，是从人的行为动机出发，寻找动机与结果的关系。

言语的产生，不一定非要是客观真理，有时可能是情感，有时可能是想象。而情感和想象，在一个语文老师的教学操作中，可能表现为范读一篇文章时的声音，也可能是讲课过程中的表情和动作，但是最能与学生沟通的，仍然是教师用教学言语表达出来的意思。所以一个老师，在讲授一首诗时，他不能光是待在那里，说自己太感动了，感动得说不出话来。他必须把这种感动翻译成学生可以理解的言语，让学生也获得感动。

2003 年北京高考语文试题的科技文阅读材料，是探讨亚马孙丛林中的雄性蓝蝶发光原理的，部分内容如下：

亚马孙丛林中的雄性蓝蝶带有彩虹般的蓝色光辉，半公里外就能看到。其光辉如此强烈，有的竟能反射 70% 的蓝色光线，远远超过蓝色涂料的反射率。蓝蝶耀眼的光辉，原是一种警号，使别的雄性蓝蝶在远处就能知所趋避。蓝光越强，示警作用越显著。物竞天择，适者生存。亿万年的自然选择，使亚马孙蓝蝶翅膀有了如此奇妙的性能。

这种性能，早在一百多年前就被人发现。但其奥秘直到最近才被揭开。原来蓝蝶翅膀上覆盖着许多微小鳞片（就是触摸蝴蝶翅膀时会沾手的粉），其表面有许多平行的脊状突起物。观察脊的截面，会发现其中包含着许多平行排列的羽状物。"羽毛"的主干两边生出若干分支，分支的长度沿主干从根到梢逐渐变短，其结构类似于人造的多层介质反射镜。人造多层介质反射镜的反射光有很强的方向性：对接近垂直入射的单色光线反射率极高，但对斜入射光线的反射率很低。令科学家们大吃一惊的是：蓝蝶翅膀的反光却是广角的，可以在很大范围内看到。这种奇妙性能缘于那些羽状物的分支并非完全位于同一平面内，而是各具略为不同的倾斜角，使反光的视角大为增加。蓝蝶的翅膀还具有颜色选择性。其羽状物的尺寸恰好能增强蓝光的反射，而且其分支越多，反光就越强，一种仅有 6

到 8 个分支的蓝蝶翅膀，仍比蓝色涂料的反光率高出一倍以上。蓝蝶翅膀的反射光颜色随不同的视角略有变化，从蓝色到紫色，一直延伸到人眼看不见但蓝蝶能看见的紫外线。

我读过之后，第一个念头就是在中国的梁祝传说中，一道蓝光闪现、坟墓中开，梁山泊和祝英台双双化蝶的情节，是不是源于蓝蝶发蓝光的想象？还有飞蛾扑火，原来是因为飞蛾对光是那样的敏感。蝴蝶在花间双双飞得那么快乐，这一对对情侣之间的爱情，是靠人类看不见的光波传递的吗？假设让一对雌雄蝴蝶来听九曲回肠的《梁祝》，它们会感动吗？如果会感动的话，这是否说明把蝴蝶表达情爱的光波，破译成人类能听的声波，就是一首非常动听的曲子？我在阅读这则高考科技文材料时，就产生了这种想入非非的联想。我知道用这样的联想去讲高考题，可能要被学生赶下台去，但是我非常珍惜这样的言语。它没有按部就班，而是越过了无数烦琐的论证直达结论，唯一的依据就是现成信息与我联想到的可能信息之间，虽不存在着必然的关联，但是存在着相似的关联。而我们知道，正是这种相似，诞生了科学上许多伟大的发明。

语文教师要在课堂教学中，通过各种手段，激励学生生成新的言语，完成"文"与"人"的有机结合，实现文章的人文功能和美育功能。教师的言语，不管是审美性的言语，还是思想性的言语，再精彩也只是教师的。教师的真正本事是调动学生产生自己的言语，这是不太容易的。

现在的孩子，且不说没有人生经验，就是在感受能力上也在退化。很多孩子在大城市中出生长大，被声、光、电的污染包围，他们在阅读那些描写自然之美的文字时，难以体会里面的妙处。学生阅读柳永著名的词《雨霖铃》时，他们的障碍一是没有爱情的经历，二是没有见过里面的寒蝉、柳树，他们在整夜灯火辉煌的高楼之中，甚至没有真正去注意"晓风残月"给他们的皮肤和眼睛带来的感觉。但是，没有经验也能生成经验，这时候靠的就是这首词，让学生通过词的文本获得在生活中没有的发现，获得对于迟钝和麻木的感官的纠正。

只要有耐心，只要老师引导得法，只要我们能稍稍克制对高考的功利性追求，我们的学生是可以对文本产生自己的言语的。前不久，我带了一个深圳大学的实习生，她组织了一次关于林觉民《与妻书》的讨论课。开始时，课堂相当沉闷，但后来学生终于被调动起来了，他们终于各抒己见，这些从课文中产生的言语有的是相当精彩的。一位学生说林觉民的死很可惜，他应该去干更伟大的事业，这样他对中国的贡献可能更大。林觉民是一个知识分子，应该用他聪明的头脑去革命，而不是用他的腿去革命。这场事件是革命领导人策划不力、指挥失误的结果，让那么多革命精英死去，而不知道保存实力，这是愚蠢的。有的同学站起来反驳，说林觉民的死有非常大的意义，如果没有林觉民的死，就没有更多的中国民众觉醒，革命就搞不起来。反对林觉民做法的同学继续说，其实发动民众有很多其他的方法，如中国共产党当年的做法，深入工厂和农村，用通俗易懂的方式动员广大老百姓，就应该值得这些只有一时冲动的革命者学习。再比如，一个女同学说："如果我是林觉民的妻子，我不赞成林觉民这样去做失败的事。他去革命失败了，他的妻子抑郁而终，他的大儿子也因照顾不周而死去，可以说是家破人亡，他的家庭也是失败的。一个男人做大事不能成功，我作为妻子就会放低要求，让他做小事，保住自己温馨的小家就可以了。"课下我对实习老师说，你不要迷信成功的语文课就要上得多高深。这次课应该是相当成功的，好课就是这样的，因为你把学生调动起来了。以后你走上讲台，要记住，这就是真正的语文课，你朝这个方向努力，绝对没错。虽然很遗憾，高考的现实使我们无法做到让每一节课都可以这样上。这只是我们的现实，但绝对不是我们的未来，我们应该有这样的信心。

六　教化哲学与语境教学

有人对中学教学中的"泛德育现象"，提出了批评。说有位物理老师，讲作用力与反作用力时，归纳说："我们学了这节课后，以后乘车要懂礼貌。当汽车紧急刹车时，明明是你撞了别人，你却因为作用力与反作用力，说成是别人撞了你。所以，物理里面也有道德问题；学了物理就要培养高尚的道德情操。"该论者提到，语文里的"泛德育现象"，更是严重。

北师大旧版义务教育初中语文第五册《挖荠菜》，作者通过回忆自己童年时代以挖荠菜充饥果腹及儿女们不了解自己今天挖荠菜忆苦思甜的良苦用心，要青年们珍惜今天的幸福生活。作为语文课来上，"单元提示"中明确规定："要在整体感悟全文的基础上，提炼文章的主旨。"这本来应该是教学的重点，可是有位老师用两节课的时间上这篇本来并不难理解的课文，其中专门用了一节课对学生进行忆苦思甜，大讲特讲旧社会劳动人民的苦难生活，对学生进行思想道德教育。这节语文课，毋宁说就是政治思想课，根本不像语文课①。

教物理如果那样讲德育，确实有些牵强附会；但教语文如果那样讲德育，哪怕是忆苦思甜，只要他结合课文讲得让学生动心，也没有什么不对。这里的关键是，不要把思想道德等同于思想政治，又把思想政治等同于枯燥无味。无论是思想道德，还是思想政治，只要能深入学生的灵魂，这样的语文课和政治课，就有可取之处。

语言的文化性决定了语文以"教化"为己任。而教化又是离不开语境的，所以以教化为目的的语文教学，其教学过程必须有能产生语言环流的言语情境。

现代教化哲学则主张在语境的共同性感觉（共通感）的培养和训练中，完成教化过程。理性至上的形而上学精神，遭到了抵制②。

"语境"作为一个相当重要的概念，被提了出来。伽达默尔认为，人们正是在谈话过程中达到教育自己的目的的。当人们谈得更多、写得更多、读得更多时，他们便成了不同的人。因为在谈话中人们不断说出新的、有趣的东西，这使人的自我也随之更新、教化。那些适合具体"语境"的日常谈话比谈论与"语境"无关的形而上学真理更为重要。"一次涉及根本问题的谈话永远不是我们想要进行的谈话……而是卷进谈话之中。"③

我们不能接受教化哲学完全抛弃理性监督、遗忘个体历史事件的观点，却不能不注意到它开拓的崭新的教化思路——创造与受教者相关的具体可感

① 黄行福. 试析学校教育中的泛德育现象 [J]. 征鸣论坛，2005-3-7.
② 陈华兴. 教化和教化哲学 [J]. 复旦学报（社会科学版），1994（6）：50-54.
③ 陈华兴. 教化和教化哲学 [J]. 复旦学报（社会科学版），1994（6）：50-54.

的语境，让他们以平等的姿态参与对话。如果将其运用到中学语文思想道德教育中，不妨称为"语境教学"。

在教育的启蒙时代，语境教学是相当普遍和成功的。那时只有少数人能接受教育，教学内容是单一的人文学科，没有考试压力，教师负担不重，有充分的时间跟学生交谈。在丰富的语境中，教师或教材的思想道德观念对学生造成广泛或深刻的影响，以至被当时和后世奉为圭臬。东方的孔子，西方的苏格拉底，堪称语境教学的典范。由他们各自的学生整理的对话语录体《论语》和《柏拉图对话录》，虽不成体系却分别成了儒家文化和希腊文化的源头。与工业文明同步发展的集成化的现代教育，使语境教学中断了。人们用技术手段对学科内容进行分门别类，将教学行为进行严格分工，教学不再是一个有机的连续的整合过程。教师就像车间，学生就像流水线上的产品，师生之间只有技术关系而无心灵关系。现代教育走进了培养非人化技术人才的误区。

从个体发生学的角度看，对儿童易进行语境教学，因为教师不难掌握儿童的心理和认识，从而成功地控制谈话。随着年龄的增长、积习的形成、认识和心理的复杂化，创设语境的难度要大得多，思想道德教育的任务就更加艰巨了。

在现代教育理论中，语境教学的价值越来越受到重视。在杜威那里，课堂就是一个小小的社会，课堂情境就是社会情境的缩影。在教学方法的选择、课堂秩序的管理、学生成绩的评价上，采取了与传统的"满堂灌"教学截然不同的策略。例如下面设计的语文教学：

> 老师讲课只占很少的一部分，课堂的活动是多元的。其中就有朗读（朗读给全班听、齐读、个人朗读、有声书等）、讨论、演讲、辩论、讲故事、写日记、脑力激荡、出版等课堂活动。这些方法，都是让尽量多的学生参与进来，形成一些活生生的语境。比如，在脑力激荡的过程中，可以把学生的口头想法收集起来，写在黑板或投影片上；可以自由讨论任何事情：班歌的歌词、发展小组的计划、关于某个课程教学内容的意见、班级野餐的建议等。脑力激荡的基本规则是：分享任何有关的想法，不准制止或批评任何想法，而且

每个想法都算数。学生可以任意在黑板上写出各种想法，或者运用一种具体的方式（如提纲、思维图或流程表）来组织它们。在每个人都有机会表达之后，找出所有想法的规律；或是将它们分门别类，让学生从中反省；或是将这些想法运用在某项特定计划中（如小组诗歌）。这个方法可以给予所有有独特想法的学生特别的表现机会①。

我们发现，所谓的脑力激荡，其实就是在课堂上创设具体的谈话情境，每个谈话人必在这样的情境中改变别人，并受到别人的改变。中国式的语文课堂，当务之急是在以下几个方面，做出改变：

在教师独霸讲台的语文课堂上，引进师生互动、生生互动的谈话，让噤若寒蝉的学生开口，打倒无声语文，开辟有声语文。

在阅读与鉴赏的问题上，首先端正阅读角色。传统教学提出一些割裂语境的问题让学生带着去阅读，多少带着强制的意味，妨碍了学生与文本之间语境关系的发生。如果学生像一个初来乍到的听众，不带任何目的和偏见地进入课文，倾听作者或人物对自己的诉说，就能真正进入阅读角色。学生面对一件玩具或一只蚂蚁时，不把对象看成无生命或与己无关的对立物，故能顺利交流感情。阅读也一样，当把文本的描述视为与自己密切相关的情境时，阅读的精神活动就被调动起来了。其次进入文本语境。听完文本的诉说，学生的触动、怀疑、疑问等产生了，这时他需要与文本谈话，表明个人的愿望和见解。语境关系由此产生，阅读便有了良好的开端，然后创造对话语境。在学生中搜集最感兴趣的话题，或拟订学生最易进入谈话角色的话题，从课文出发，鼓励学生或师生之间联系实际展开多种形式的自由讨论，然后教师再以雄辩的观点对学生纷纭复杂的认识作出真正权威的裁决，真正让应有的思想道德观念深入学生的灵魂。最后建立监控语境。要想把语境教学中得来的结论用来指导行动并付诸行动，就需要建立有效的监控机制：学生的内在心理约束机制和群体的外在舆论监督机制。要求学生用一丝不苟的道德精神去处理和反省日常生活语境，鼓励他们勤写日记，多写有感而发的作文，并随时将这些语境公布于众，接受家庭、学校、社会的群体评价，培养学生的一种共通感。

---

① （中国台湾）谢立信：《多元智慧中的语文智慧》。

七　言语生成教例：《再别康桥》

除了把这首诗看成是一首风景诗外，还可以有另外的解读，这就是我在初中第一次读到这首诗时的第一感受：它是一首爱情诗，诗人在对一个女孩子说话，或者这首诗是写给一个女孩子的。这种感觉当我还是学生时，没法去深究它，后来当了教师教这首诗时，手头掌握了丰富的资料后，我就对我的第一感觉坚信不疑了。

一个人对一个地方的感情，往往是对人的感情的一种投射。徐志摩在康桥最刻骨铭心的感情，显然不是对罗素、狄更斯这些男性的，而应该是对林徽因这样的女性。这些男性很伟大，徐志摩对他们只有尊重，这才在情理之中。因此这首诗很可能是写给林徽因的。从这个话语情境出发来读诗，也许更有情趣、更有韵味。

"云彩"是女性的，若是男性的，徐志摩就没有必要"轻轻的"。男性跟男性告别，他会说什么？"喂，哥们儿！我走了，有事多联系。"说不定还要伸出拳头，在对方肩膀上砸一下。但在女性面前要是这样的话，就是没有教养。"轻轻的"显示出一个男性在女性面前的克制。我尽管爱得快要发疯了，也不来惊动你，这就叫绅士风度，叫素质。把女性比作花，是俗得没法再俗的比喻。把女性比作云彩，这个比喻中又诞生了一个天才。"招手"而不是"握手"，更不是拥抱，因为这当中有一段无法逾越的距离。要是与云彩握手，握出来的就可能是"执手相看泪眼，竟无语凝噎"，就可能是两行没出息的眼泪。要是他去拥抱这云彩，就可能抱出一场暴风雨。综合推敲，有"云彩"身份的，就只有林徽因了。

别离沉重，不能再轻了，所以就"悄悄的"、无声无息了。注意诗歌中的时间变化。作别"西天的云彩""夕阳中的新娘""天上虹"，都写白天，具体说应该是黄昏时分；"在星辉斑斓里放歌""沉默是今晚的康桥"，这些句子显示了另外的时间点，即晚上。徐志摩难道告别康桥花了那么漫长的时间吗？可能有两种解释：一种解释是，告别时间长，正好表现出徐志摩恋恋不舍的复杂心情；另一种解释是，徐志摩实际上是站在黄昏这个离别的时间里，回忆与女朋友泛舟康桥的情形，并设想离别后康桥的寂静和凄凉无奈，这种无奈实际上是在说自己。

纵观全诗，徐志摩是一个浪漫主义诗人。他是可爱的人。唯有可爱的人才是诗性的人。

第二课时，可让学生以该诗为范例，生成自己的言语。设计如下：

目标：以写带赏

简要过程：

（1）学生介绍徐志摩。

（2）教师背诵《再别康桥》，然后学生齐读，体会诗歌中的感情。

（3）教师解释：这首诗歌，是一首写离别的诗歌。告别朋友、亲人、情人、老师，是人生的常事。这首诗题目是告别一个地点，或者告别一段生活，但也可能是告别一个自己倾心的恋人。学习这样一首对告别写得很美的诗歌，我们关键是要领会诗歌中的妙处，然后学会应用。

（4）请你选择以下话语情境之一，引用第一段或最后一段，写几句告别的话：①送别刚离开的实习老师莫老师；②送别你未来的恋人；③在你三年以后高中生活结束的那天为你的同学写毕业留言。

（5）设想你75岁那年，南头中学举办二百周年校庆，南中的那棵木棉树还在，模仿第2段，抒发你的感受：①可以借木棉赞美你喜欢的同学；②可以借木棉赞美你的母校。

（6）根据第3、4段我仿写了一下，如果我是你的同学，我接到了你的手机短信，感慨万端，我会这样回你的短信：

高天上的流云，/痴痴地在梦中寻找；/在南中的钟声里，/我想永驻在你的树梢。

那大树上的风筝，/不是风筝，是花蝴蝶；/坠落在枯枝上，/是哪朵花的呜咽。

（7）请你接着上面的仿写，按第5、6段的格式仿写。教师评价，并与原诗的艺术技巧进行对比。

（8）学生齐读，听歌。

（9）教师总结：引用和模仿是学习语言，也是鉴赏语言的一种途径。

这个设计学生"够得着"，所以能够产生言语。比如告别老师的言语："轻轻的你走了，正如你轻轻的来，但你在我们心中，留下了难忘的云彩。"这是对原诗意义上的创造性引用。有的写去医院看病："闷闷的我走了，正如我闷闷的来；来时我一无所有，走时我满身针孔。"这是形式上的创造性引用。

第二章　分论：有声语文

一　告别无声语文的时代

（一）宜看读不宜听说的语文

　　古时有一秀才，晚上被虫子咬了，对他老婆说："拙荆，一虫于吾身矣，痒不能堪，速请捉而毙之！"老婆毫无反应，秀才着急，大呼："老婆，虫子咬我，快弄死它！"老婆才明白是怎么回事。这个笑话讽刺秀才的书呆子气，可是从语言学的角度看，却折射出汉语文不同语，书面语与口语严重分离的奇怪现象。用文言文去书写记录，读者可以读得懂，但不一定听得懂，汉语的表形、表意体系与其表音体系是可以分离的。这就造成了中国偌大一个国家，虽有许多方言区，南腔北调，口语相差十万八千里，一旦写在纸上，又统一了起来。这在拼音文字看来不可思议，但我们的文字却来得轻而易举。汉语的读音差异并未造成文字拼写的不同。这种形意求同、读音存异的特点，显示出汉语强大的文化凝聚力，是我们引以为荣的骄傲；但另一方面，也给汉语教学带来了诸多不利影响。

　　语言学家赵元任先生曾造一文说明有些汉语只适宜看，不适宜听：

　　　石室诗士施氏，嗜狮，誓食十狮。适施氏时时适市视狮。十时，适十狮适市。是时，适施氏适市。施氏视是十狮，恃矢势，使是十狮逝世。氏拾是十狮尸，适石室。石室湿，氏使侍拭石室。石室拭，

施氏始试食是十狮尸。食时，始识是十狮尸，实十石狮尸。试释
是事①。

此例无疑是汉语同音字甚多、音不能别义的一个极端。所以国人说母语，
可能比说拼音文字的人们，多了由发音想字形，由字形得出意义的环节；而
不像拼音文字那样，可以直接由声及义、由义及声。这个特点显然不利于汉
语在"说"与"听"的过程中提高传送速度。我们还可大胆一点儿推论，中
国人的慢节奏，固然与长期处于农业社会有关，但似乎也与其语言特质有密
切的关系。我们拍电影，节奏老是不快，人物对白三言两语不能完成，不能
像西方电影那样干脆利落，在很大程度上是因为中国语言是含蕴极深的语言，
节奏快了，就失了中国味。所以中国人说话，实际上重点不落在音上，而是
落在字（形）上，所谓"咬文嚼字"，就是这个意思。

一个十分有趣的研究可证实汉语的这一特点。科学家通过研究大脑不同
部位受损后病人的心理反应，发现大脑颞叶的损伤使白种人无法面对书面语
言，而对日本人损伤的后果却不严重，对中国人甚至根本没有影响。相反，
大脑顶叶受损，对白种人的书写能力没有什么太大的干扰，但能严重影响日
本人的书写能力，而中国人在这种情况下几乎完全失去书写能力。"这是因
为中文属于表意文字，与音素听力无直接关系，所以司管听觉信息的颞叶受
损的中国人，仍能书写和理解书面文字。而英语以及各种字母文字系统与音
素建立的关系比较密切，所以白种人在书面语言方面所受的影响就十分明显。
日文具有象形和音素两种文字的特点，因此类似的日本病人所受的影响程度
介于中国人和白种人之间。"②

汉语特别是古汉语，严重地依赖其形体，它的发音就其口头交际的价值
与意义而言，慢慢地退化了。它主要依靠形意体系中的那套文化左右人们的
思维和行动，所以慢慢变成一套在表音功能上退化的文化符号。这套符号适
宜用来看形品味，或抛书吟诵，却不宜拿来说或者听。把古汉语搬到对话之
中，就会闹出上例中那位秀才的笑话，或赵先生所举例子中的云山雾罩、不
知所云。汉语要增强交际的功能，一是增加音节，将单音词双音化或多音化。

---

① 申小龙. 文化语言学 [M]. 南昌：江西教育出版社，1993.
② 申小龙. 文化语言学 [M]. 南昌：江西教育出版社，1993.

在"施"字后加上"家"和"人"，就不会将表动作的"施"与表姓氏的"施"相混淆。在"狮"后加一个"子"，就可以把表人物的"施"与表动物的"狮"相区别。二是通过语法的转译或限定区别同音的字词。例如为区别"施氏"与"失事"，可把"施氏"说成"姓施的"，在"失事"之前加上"飞机"的限制。所以，汉语由"文"到"语"的口语化过程，实际上是其表音功能逐渐强化的过程。在这个过程中，表意体系逐渐挣脱对字形的依赖，而逐渐凭借声音的辨义功能的完善，从同音字和单音字造成的歧义泥沼中走出来。

通过表音的完善来界定事物及意义，无疑极大地提高了汉语传播的时效，弥补了汉语在听说方面的缺陷。不过在汉语教学上，由于千百年来对字形的倚重，偏重识字习字和诵读教学已成传统，实际上都是围绕字形而展开的教学。字的教学属"形"，这不难理解；诵读教学是基于教材上的"字形"集合而发音，而不是教学主体用语音去表述生活中未经文字表述的情形，因此严格说来它还是"形"的教学范畴。可见传统的汉语教学，无论是字的教学还是文的教学，都以形为重，以声为轻。也就是说，在汉语传统教学里，虽然有"读"和"诵"，实际上是没有"听"和"说"的。"读"和"诵"是由形及声的模拟，是人与书本的关系；"说"和"听"是由生活及声音的创造，是人与人的关系。在"说"和"听"这种关系中，我们的语言教学，更多的是传得，而不是习得。

重形轻声的汉语言教学习惯，使中国语文教师往往缺乏口语化或沟通性的语言技能。很多语文教师往往绕不开教科书和教参的阻隔，不能把教科书语言转化为生活性口语，不能将别人的书面看法转化为平易近人的表达。熟练一点儿的语文教师，不外乎将教科书和教参上的话背一遍。因为有标准化考试的阴影，背起来还要一字不漏。整个课堂充满了机械生硬的语言，师生之间怎能达成交流与沟通？课堂被这种语言淹没，为的是找到一种叫"微言大义"的东西，就是找不到人，找不到教师和学生自己。傅道春教授在一次讲座中谈到，教科书语言是词语与思维建立的联系，难以沟通；而只有将概念化的语言个性化，沟通才能成功。将语文课上成一种概念化的语文，自然是"面目可憎"。

中国的语文课堂是"书声琅琅"的，但要是谁说中国的语文课堂是"谈笑风生"的，那他就不明白中国的教育。在我们的语文课中，从古至今，似乎从来都没有听力课和说话课。今天我们的新教材虽然设了口语交际模块，但也是形同虚设，少有能落到实处的。很简单的一个理由：高考不考。高考同样不考"书声琅琅"，于是连这"诵读"的传统也大有在语文课堂上绝迹之势。

（二）文化心理中的语言行为分析

中国的儒家文化重内省，轻交际；厚古而薄今，拘泥于书本道德而谨慎于言辞。一部儒家经典《论语》，在提到"能说会道"的情形时，鲜有赞词。子曰："巧言令色，鲜矣仁！"在孔子看来，言语的巧妙，脸色的怡人，跟缺少仁德可以画上等号。子曰："群居终日，言不及义，好行小慧，难矣哉！"这又是对爱群居、喜聊天之人的贬损。孔子认为这种人爱耍弄小聪明，说话没有书本和圣人的大义，很难加以教化。在其他许多场合，孔子都把"巧言"作为道德或修身的对立面加以否定，认为"巧言乱德"，而一个有道德、有修养的仁人君子，则应该"食无求饱，居无求安，敏于事而慎于言，就有道而正焉""欲讷于言而敏于行""矜而不争""不以言举人"，更应该像"古者言之不出，耻躬之不逮也"。言辞木讷、不善交际，往往被视为德行深藏，是儒雅之风的表现。在这套经典的修身理论的影响之下，一个人的口语交际能力，在具体的教学过程中，不可能得到重视。"调查显示，现在68%的大学生在课堂或会场等场合只有被点名后才发言，即从不主动发言，有1.3%的人惧怕发言，有8%的人干脆拒绝发言。同时，80%的被调查者表示，从小学、中学再到大学，从未自学或接受过演讲、辩论或交际谈吐等方面的培训。正是由于语言表达能力差，害怕因词不达意或笨嘴拙舌而被人耻笑，所以才缺乏畅所欲言的自信和勇气，并尽量回避社会交往。在调查中，80%的人希望能尽快补上'能说会道'这一课。"① 千百年来的"修身理论"，修掉了语言课中的口语，也就修掉了伶牙俐齿和灵喉巧舌。

最先创立演说术理论并加以教学实践的，当推春秋战国时期的鬼谷子。《灵异说》中说他在鬼谷山招募学徒百余人；《太平广记》则说他有门徒500

---

① 上官子木.课堂上的枷锁［M］//鄢烈山，何保胜.杞人忧师.北京：中华工商联合出版社，1999.

人，慕名而来者甚众。这或许是历史上最早开办的口才学校。战国时期驰骋政界的纵横家苏秦和张仪，据说就曾在鬼谷子的门下学习演说术 11 年①。但可惜的是，演说从来没有被中国教育奉为正统，也没有成为中国语文教育中的合法内容。重内省，以进德修身、克己复礼为第一要务的儒家文化，实在是不可能为勇于表现和推销自我的"修嘴"说辩之术提供宜于生长的土壤。

中国哲学强调大脑对感官的控制，不让感官放纵无度，以便搞乱了礼教秩序。所谓"从心所欲不逾矩"，是指感官欲望不能跳出规矩界限。加之人治社会中的人，人身安全无法得到保障，为了不惹祸上身，必须培育金口免开的功夫，或心口不一的说话技能。这样一来，在中国人的耳朵与嘴巴上，自懂事之日起，就挂上了许多"锁链"，我们称之为"明哲保身"的智慧。这就是孔子所说的"非礼勿言，非礼勿听，非礼勿视，非礼勿动"。《增广贤文》有这样一些说法："祸从口出，病从口入""是非只为多开口，烦恼皆因强出头""守口如瓶，防意如城""逢人且说三分话，未可全抛一片心""使口不如自走，求人不如求己""见事莫说，问事不知""宁添一斗，莫添一口""口说不如身逢，耳闻不如目见"——都是劝人忌口禁口的。所以在中国，要达到心与心的交流，必须绕过诸多障碍。古代官场没有演讲辩论，只有念报告听报告；讲台没有对话交流，只有审讯式的提问答问；礼节性的社交场合，充斥着十分可笑的哼哼哈哈、繁文缛节般的遮遮掩掩。那种生了孩子说好，死了亲人也说好的"好好先生"，往往被我们视为聪明之人。潘光旦曾举一例，对中国人经典的说话神态，描述得十分形象逼真：

> 天下第一件可以引人发笑的事便是暗中观察中国人在将要揭穿别人什么秘密或坏事的时候的行径了。一个中国人既已决心要揭破或暗示一件不利于人家的事，那么他的言动举措往往是特别有趣。不过他真要用揭穿的方法的时候，那是这件事已经弄得很糟了，已经到了遮掩不住的地步，那便没有多大趣味。不过比较普通的是暗示的方法。有一件秘密或坏事于此，以常理是不能讲的，是一定讲不得的，那他就不得不用很绕弯的很间接的路径把它透露出来，那

---

① 张世欣. 鬼谷先生与说服技巧 [M]. 北京：中国青年出版社，1992.

时候便十分有趣了。我们这位中国朋友在没有张嘴以前，先局促不安地东张西望一下，好像是防着奸细似的。他的声音低下去了，脸上也表现出一种神秘的神情。他伸出三支手指向你郑重地摇晃着，意思是说他这一出哑剧里的主角是那一家人家的老三。接着他也许说一些比较不相干的开场白，慢慢地好像引你渐入佳境了，可是正要到要紧关子的当儿，他却戛然而止，把那最传神的一点笔墨缩在舌头上，再也吐不出来，同时却不住地只管自己点头，好像在说："你懂了罢？你自然懂了。"事实上呢，那瞪着两眼的外国人却始终莫名其妙；他只懂得一点，就是他一点也不懂得。有时候你这位知风报信的朋友把你的兴趣引起以后，便突然终止，连暗示的功夫都不做一点，却对你说，过些时你自然会明白现在所说的一切实在是千真万确的①！

一个人嘴上贴了太多封条，说话才如此这般吞吞吐吐。封条是看不见的，是潜意识的，他说话的冲动又无法抗拒，因此他的话语中才出现两种力量交锋留下的残骸，可见文化的力量对中国人发音器官的压抑之沉、束缚之多。这样说话，说的人累，听的人也累。

我们学一种语言，原是在无所忌讳的状态下，才进入到语言的场景和内核中去的。幼儿牙牙学语如此，一个成人学习第二语言，也是如此。为了进入情境，有的人甚至不顾体统，先从一种语言的脏话开始。大概无论何种语言，脏话最有攻击性，最能把说话者拉入情境中。人在情境之中，说话也最投入，他的听说生理机制才能得到更为有效的锻炼；他的听说能力也才能获得有效增强。所以要提高语言能力，必要铲除文化上的心理障碍，培养一种敢说敢辩的良好说话心态。

中国传统文化的说话惰性，可能有利于学生的道德养成，却实在不利于学生的语言发育，不管是对于母语还是第二语言的学习，都是如此。在一种开放、约束少的文化背景下，学生的说话机会多，口才必然提高。即使在中国，一个反传统的文化变革时代，往往能带来学生口语能力的飞跃。五四运

---

① 潘光旦. 中国人的特性 [M]. 海口：海南出版社，1998.

动提倡白话废弃古文，提倡新文化反对旧文化，朱自清先生曾就当时中学生说话水平撰文分析如下：

> 现在中学生和从前中学生还有一点不同，就是说话的能力增进了。现在中学生比从前中学生会说话，而且这是比较普遍的现象。从前的国文教师会演讲的少，学生在说话上也得不到益处。五四以后换了一些新人教师，一般的演讲能力，比从前教师强得多，学生耳濡目染，自然会受影响。再则，白话文的流行也提供了不少帮助。白话文虽然并不完全从说话发展，夹着许多翻译的调子，但事实上暗示了种种说话的新方法，提升了一般的说话能力——对于年轻的易塑的中学生，尤其如此。更重要的是，从五四运动以来，学生不断地做着向民众的宣传工作，这给了很好的机会让他们练习说话。中学生当然不是例外①。

（三）现代神经心理学的解释

现代社会思想多元，竞争激烈，人际关系复杂，人与人交际频繁。人要成为社会人，良好的自我表达能力和交际能力不可或缺。这些能力主要落在是否有机敏、善辩的口才，能否用恰切的语言作为自己融入社会并获取一席之地的媒介。有人对此有深切的体会："在美国，别人不会主动发现你，你要时时处处争取机会表现自己，而表现的途径离不开绝妙的语言表达能力。在美国，不仅是中国人，许多亚裔人都败在语言表达上，这已经不是一个语言问题，而是与我们的生长环境与教育方式息息相关。"② 在现代社会，口语能力的地位和作用已经日见明显。

现代神经心理学研究成果证明，在人的大脑皮质层中有专司语言的区域，这些区域如果遭受损坏，那么人的语言能力就会丧失。人脑的两边，分别有两个控制嗓音的区域，以及一些控制舌头、嘴唇等发音器官的区域，称为发音机制区，这是与生俱来的。还有一个思想观念形式的机制区，也跟发音机制区一样，分布在大脑皮质层中，不过那是后天才建立起来的。人在后天经

---

① 朱自清.中学生的国文程度［M］//朱乔森.朱自清全集.南京：江苏教育出版社，1998.
② 陈屹.诱惑与困惑——美国教育参考［M］.北京：中国社会出版社，2001.

过语言训练，电脉冲流的刺激会改变大脑感觉皮质层中神经细胞的形状，进而形成种种与听、说、读、写等感觉器官产生固定联系的神经模式：听的语音模式、说的言语模式、读的视觉模式、写的书写模式，在大脑的神经中枢的起始脉冲的启动下，产生一些习惯性的反应，又通过电脉冲传导给发音机制区、听力机制区等，再由这些区域产生电脉冲流支配人的听、说、读、写等器官，将相应的指令付诸实施。

听说读写的神经模式一经建立，就很难抹掉，这就是我们所说的语言习惯。研究证实，儿童对一种语言习惯的习得，在9岁以前就已基本完成。在0~9岁期间，如果把他放在一个没有人类语言刺激的环境里，他不能及时地建立起一种语言的神经模式，那么他今生就可能永远失去语言能力。学者申小龙曾提到两个此类案例：

> 中国辽宁山区曾发现一个年满十岁的女性"猪孩"。因父母离婚，无人照看，家里的几头猪常在屋里喂养，女孩从会爬开始就与猪为伴，一块玩耍并吃猪奶、猪食充饥，夜里与猪同睡。由于在这样的环境中长大，这个"猪孩"没有人的语言。印度发现的"狼孩"由于从小脱离了人的社会环境，他的大脑反映外界的机能已在动物群中定型。当他回到人类社会时，尽管得到为表现出先天普遍的语言能力所需要的相应的刺激，他仍不能掌握语言能力①。

如果联系神经心理学的原理，这种现象不难得到解释。之所以会有"猪孩""狼孩"的失语，是因为在其大脑感觉皮质层，没有形成思想概念形式的机制和相应的神经反应模式，因此在其后天就不可能有相应的人类的听说读写的语言能力和语言行为。这些案例给我们的启示有二：人的语言能力的形成是有阶段性的；人的语言能力一旦形成，我们就应该根据科学规律采取相应的措施加以强化。

目前，中国孩子入学的法定年龄是6周岁。在0~6岁这个语言形成的黄金年段，孩子的父母或保姆是孩子的第一任语言教师；当他3岁进入幼儿园

---

① 申小龙. 文化语言学 [M]. 南昌：江西教育出版社，1993.

时，老师才对他进行有意识的语言训练。以前我们没把包括幼儿园教育在内的学前教育看成一回事，所以在这个年段，我们的语言教育处于非常原始落后的自发状态，并没有采取称得上严格、完整和科学的语言教育措施，因而失去了对婴幼儿进行语言潜能开发的大好时机。且不说许多中国父母担任孩子的第一语言教师本身不称职，即使称职，很多人因工作奔波劳顿，很少有与孩子接触的机会，语言教育的任务自然就落到了孩子保姆身上。当今充当保姆角色的大致分为两类：孩子的祖辈，他们对孩子的"养"胜过对孩子的"教"和"育"；社会上以保姆为职业的人，文化水平又往往不高。幼儿园的学前教育，前些年私人经营者众多，无论公立私立，幼儿教师的素质堪忧。中国孩子在第一个回合已经遇到诸多问题，他后期接受的基础教育又是被"阉割"了母语声音的应试教育，其母语水平怎能提高呢？

所谓"有声语文"，重点是指把己之所想（思维心理）、人之所写（书面文字），通过"说"和"诵"变成流畅的有话语声音的语文。这两点，的确为目前中国语文教育所稀缺，因此造就了中国学生普遍言辞木讷、笨嘴拙舌、性格内向、不善应对。有人将中国学生跟外国做比较，说中国学生因为迷信权威，不善提出问题。这里边还有一个值得重视的口语障碍问题。稍有教学经验的教师会发现，他们不是没问题，他们的问题实在太多了，因为不善表达，羞于说话，问题只能藏在心里，说不出来也道不明白。以神经心理学的理论诊之，盖因中国学生长期缺乏"说"和"读"的训练，大脑感觉皮质层缺少经常性的刺激，未能发育形成完善的思想机制区域，神经中枢的起始脉冲即说话冲动，无法在大脑神经元和发音器官之间进行正常或者超常的连接传导。这跟人的其他器官一样，用则进，不用则废。相信一切失语症患者，其病因病理，与此大致不差。

科学家曾研究过一些名人如列宁的大脑，除了他们的树突部分比较发达以外，其他方面，如脑髓的重量、大脑的生理构造等，与常人相比并无明显差别。虽然如此，并不是说天才的大脑跟常人一点儿差别都没有。我觉得差别正在于，天才的大脑神经有与众不同的连接方式和连接速度。大脑的重量等宏观物理特性，我们可以通过解剖的方法加以测量比较，但脑神经元通过电脉冲所产生的复杂联系，却是通过死脑的解剖测量不了的。我们常说某人脑瓜灵动，某人死板，脑筋少根弦，其实正是说大脑在处理问题时脑细胞的活跃程度。聪明的人，脑细胞之间的神经联系迅捷、准确，且极具个性色彩。愚钝之辈，脑细胞之间的神经联系少，甚至可能根本就没有建立起来。而一个语言天才，他的发音听音机制区、思想机制区与发音听音的器官之间的神经联系也一定是四通八达、畅通无阻的，因而他在调动这些感官进行说听的时候，比一般人敏捷优异。

好在神经心理学的研究显示，控制说听的不仅有先天的发音听音机制区，还有一个后天建立的思想概念区，只有通过后天的刺激，这个区域才得以形成。这也就意味着，即使在这个思想概念的机制区，在建立某些神经模式的过程中出现了一些问题，只要不至于是"猪孩""狼孩"那样大脑一片空白的严重病象，那么都有调节纠正的可能。日本前首相田中角荣小时候是个结巴，到中学时才苦练口才，几乎每天找人辩论，最后变得流利，甚至还参加了中学毕业时的话剧演出，以致后来成了在政界驰骋自如的风云人物。这是名人通过后天有意识的努力，改良早年建立的有缺陷的话语神经模式的例子。一个普通人照样可以矫治自己的口病。有一篇文章写作者的结巴童年。在不大会说话时，他心里很想表达完整的意思，结果因为无话可说或无词可用，说出来的话夹了许多字典里没有的语气词作为补充和缓冲，而显得断断续续。会说话之后，老是发不出 b、d、g 作声母的字音。结果一说"爸爸""报告"之类的词就结巴。上了初中后，他开始采取措施矫正结巴，那就是到无人的地方放声朗读，看究竟哪些字念不出来，然后在这些字前加一个不发声的"啊"过渡到这个字上。这办法很有效，作者不仅纠正了结巴，后来还考上了师范，当了一名表达流利的中学语文教师[①]。这些案例，不仅有力地证明了话语神经模式是后天建立的道理，而且还说明，后天的话语训练对于矫正不当的旧模式，或者强化正确的旧模式，都有着无比重要的意义。这就为教育者在学生的话语训练方面可以有所作为，提供了科学的和事实的依据。

（四）口语能力与书面能力的交替影响

不少作家书面能力十分了得，但口语能力让人不敢恭维。巴金一向回避大会发言，迫不得已时，就以书面发言代之。"至于在大学里，那么多学富

---

① 尚德琪. 结巴童年 [N]. 中国青年报, 1996-6-14.

五车的教授，讲课受欢迎的实在凤毛麟角。"① 我的一位同事说，他去参加骨干教师培训，一位生物学博士后给他们上课，就是把讲稿输入电脑中，投映在屏幕上，逐字逐句地念给学员们听，一口气念三个小时而不累。他本来经常失眠，但在这位博士后的课堂上，居然睡着了。他说自己很后悔参加这种培训，所谓先进的教育理念，就是用电脑念讲稿，跟以前的教授戴着近视眼镜去"嗅"发黄的讲稿相比，表面上现在的教授们使用上了先进的设备，实际上跟以往没有什么两样。

口语能力的培养，须得有群居的生活，才能形成话语场景和话语需要，此时人的口和耳才调动得起来。设若一个很会说话的人流落孤岛几十年，像鲁宾逊那样，没人与他交流，那么他的口语能力必定退化无疑。所以马季建议，大学里应该开设相声系，希望相声演员具有博士学位，而毛志成站出来反对说：这是马季先生的外行话，因为相声离不开民间语言，"与学院文化具有极强的排斥性，也是大学里培育不出来的，当了大学生、博士的人尤其不能成为优秀的相声演员"②。毛志成的话确实不无道理。假如一个相声演员，关起门来做学问，听得少了，说得少了，且不说他的语言会变味，就是他的耳朵和嘴巴的功能，可能也要变得不如以前利索。由此观之，许多教授和作家，写作与阅读的时间如果成了他生命的全部，他拿不出时间来说话听话，长此以往，他的口语能力的退化甚至丧失，则不足为怪。

口语能力需要运用口语，但并不就等于仅靠口语。它应该是口语和书面语的一种有机融合。口语是在场的、感性的、个性的、灵性的、散乱的；书面语则添了更多抽象的、理性的、共性的、智性的、规范的东西。一个作家，他的成名作往往从他活生生的生活经历中提炼而来，总能显示出他在题材构思、形象塑造等方面的独特之处。这种独特性是由他口语的原始储备提供的。如果他脱离了那样的口语场景，而凭借想象力去虚构人物对话，他的写作就不是从生活到语言，而成了从语言到语言，那么他就可能只是在做学问，而不是真正意义上的文学创作。失去了坚实的口语背景，就跟一个相声演员失去了他所依附的民间语言资源一样，虽然语言可能规范典雅，却因此失去灵性活性。王蒙先生提出作家应该学者化，但一个作家真正学者化之后，恐怕

① 孙绍振.直谏中学语文教学［M］.广州：南方日报出版社，2003.
② 毛志成.上帝对人的最后谈话［M］.呼和浩特：远方出版社，1997.

也会丢掉他赖以创作的口语资源，而最终江郎才尽。口语是活的，书面语如不拿出来与人交流，就是死的。长期位于书卷册页之中的学者化或称书面化的作家，最终会变成不是作家。文学史上，家藏万卷之书的郑振铎的学者散文，就不能与钟灵毓秀的湘西山水和土家风情养育出来的沈从文的散文相提并论。写过优秀长篇小说《围城》的钱锺书后来一头扎进书堆，从此也断了自己的创作之路。

　　口语尽管与书面语存在这些矛盾，但它们之间又不是互不相干的，是可以互相转化的。口语的产生，不仅丰富了书面语的词汇，而且丰富了其表达方式，使语言变得更加活泼，更有亲和力。书面语使口语变得规范化、逻辑化、系统化，无疑使其更具表现力和深刻性。一个人的语言表达，不管是在口头还是在文章中，如果能将口语和书面语恰到好处地结合在一起，那么他就会妙语连珠、出口成章。所谓的"妙语"，往往指那些能紧扣话语情境且富有深意的语言，其中很多是来自口语的即兴发挥。有两个同事，其中一个说："我以前老以为他跟我同龄，所以老开他的玩笑。后来我发现他比我大了好几岁，应该叫他老哥，他还是我的领导。我真是'洗脸盆里扎猛子——不知深浅'。我吓了一身冷汗，从此进办公室总抬不起头。我这个人的特点就是抬不起头。回家在老婆面前抬不起头，下了游泳池不会游泳，在水中抬不起头。现在在他面前也抬不起头了。"这样的话，意在吹捧对方的长相不显老，以及气质上的不露声色。妙就妙在说话人只在"抬不起头"上做文章，语言直白而不寡淡。这样说，比任何书面语来得形象和亲切。而所谓"出口成章"，是说一个人的说话跟书面语一样严谨、简洁、深刻。这需要凝练的功夫、严谨的思维、清晰的逻辑。

　　一个人口语能力的强弱，集中表现在他能不能将书面语灵活自如地转化为符合话语场景的口语，能不能将口语升华为严谨精致的书面语。在现实生活中，不同的人，口头表达的情形不尽相同。有的人口语储存较多，书面语汇少，嘴巴可能翻得快，滔滔不绝，仔细去听，却没什么内容和深意，全是废话、车轱辘话。这种话缺乏书面语的凝练性、系统性和逻辑性，也缺乏对话语场景的准确把握和有效调控，更缺少对话语对象的精细观察和敏捷回应，说话效果往往不佳，有时还可能让听者反感。有的人书面语汇丰富，肚子里装了不少文墨，下笔即可成文，说话总是舌拙，"茶壶里煮汤圆——嘴上倒不出来"。对于前者，耳（听）和嘴（说）发达，眼（阅读）和手（写作）萎缩，须得加强阅读，丰富书面语包括词汇和表达方式的储存。对于后者，主要任务是让嘴和耳灵活起来，打通心和脑跟耳和嘴的长期堵塞的通道，让说话冲动迅速变成话语声音。

口语中的"口头禅"连天，书面语中的句式单调、词语贫乏，一般可以说明说话者思维心理贫乏僵化，没有所思所想。而这又可归结为他们的大脑中枢没有相应的信息储备。所以说话绝不仅仅是一种生理现象，不只是嘴耳肺舌简单的器官运动，而是一个复杂的心理、生理过程，是思维心理通过生理的外化，其根源还在于思维心理。基于此，任何一个演说家，在训练自己的口才时，都非常注意文化的积累、逻辑和思维的修炼，以充实自己的内在世界。古罗马的雄辩家西塞罗曾经指出，要培养良好的口才，必须具有广博的知识，知识贫乏的人难以做到语言流畅；要对有关人生的哲学了如指掌，否则就不知道在什么地方去打动听众；要积极地参与社会活动，以便洞察人们之间最细微的利害关系；要会用优美而雅致的文体，使人们觉得演说中的一切是值得模仿的；要能够协调好身体、手势、眼神、声音和表情，并让它们与对象及环境融为一体①。在西塞罗的这 5 条建议中，社会活动、身体协调属于外部实践，其他都属于内在修炼，在很大程度上是通过阅读书本然后进行知识、哲学、文采储备的能力修炼。而写作，从词语推敲、句式选择，再到布局谋篇，语言组织虽慢，却无疑可以加强语言意的提炼、质的精粹、量的丰赡、文的精彩，把口语提高到一个新的高度，形之于口，将使口头能力上升到更高的境界。阅读和写作虽是无声，却对有声语言起着不可忽略的储备、矫正和修饰的作用。

书面能力的这种打底奠基功能，在很大程度上是一个人口才敏捷的源泉。1935 年，在巴黎大学的博士论文答辩会上，法国主考官在问了一些例行的问题之后，突然问年轻的博士生陆侃如："为什么《孔雀东南飞》不写'孔雀西北飞'？"陆侃如应声作答："西北有高楼，上与浮云齐。孔雀飞不过，转向东南去。"陆侃如的回答化用了《古诗十九首》中的句子，回答得天衣无缝。一个不熟悉中国古诗的人，在这种场合必然傻眼②。早年毕业于四川农

---

① 高明光，等.论辩论［M］.北京：中国青年出版社，2000.
② 肖川，王文宝.打破神话——解读《学习的革命》［M］.北京：中国青年出版社，1999.

学院的李华博士，经过多年努力终于将中国葡萄酒打入盛产葡萄酒的法国市场中，但在回归前的香港转口时，港方要按洋酒征收 300% 的关税，而不能享有只征 80% 关税的土酒的权利，致使谈判陷入僵局。李华在谈判桌上随口吟出了唐朝诗人王翰《凉州词》里的"葡萄美酒夜光杯"，强调说明中国产葡萄酒的历史早于法国几个世纪，所以葡萄酒应该算中国的土酒，致使谈判获胜①。博学多才的人，大脑的库存丰富，说起话来必左右逢源，随手拈来，口齿伶俐。这是对西塞罗把知识广博放在培养辩才的第一条里加以强调的有力印证。

二　语文谈话

（一）批量生产对中国语文教育的伤害

在中国，教师与学生之间的交流障碍首先来自班级人数的膨胀。国家法定的班级人数，小学每班 30~35 人，初、高中每班在 40~45 人。由于教育资源分布不平衡，办学条件的校际差异十分明显，加上强烈的升学动机的驱使，择校择班现象没法根除。校分"重点"校，班分"重点"班，只要落上"重点"二字，就人满为患。学生人数膨胀，教室、教师等教学资源短缺，七八十个人挤在只能容纳四五十人的一个班级内，有的班级甚至超过 90 乃至 100 人，这在 2000 年是很突出的现象。

设若一节 45 分钟的课堂，一个 45 人的教学班，教师跟学生直接接触的时间，平均每人只能分配一分钟，所以严格来说，教师除了教授公共知识，除了发出一些指令性的信号，几乎不可能与学生有单独的接触或私人化的交流。而教师如果仅仅把课堂上的时间集中在少数学生身上，势必使其他众多学生冷落一旁，造成教学的偏心和不民主。无论一个多么民主的教师，他都不能克服现代班级制度的这种先天缺陷，不能在课堂上顾及每一个教学对象，对每一个学生因材施教。当班级人数上升到七八十人的时候，课堂与会场差不了多少，教师的教学内容和教学语言势必更加客观化、一致化和单向化，

与学生的个人化交流的可能趋近于零。随着现代班级制度弊端的进一步强化，学生接触到的仅仅是一些"你应该这样，不应该那样"的知识性教导，以及关于这些知识的声音，就跟一个乘车人从喇叭里获得乘车信息一样，只不过喇叭还附带有校纪、校规赋予的权威，作为人的痕迹似乎就只剩下一张不停开合的嘴巴。

班级人数的增加，还意味着教师课后与学生的私人接触减少。由于现代班级制度先天性的缺陷，教师对学生的教育在课堂上远远不能完成，因为课堂上完成的仅仅是共性的教育，学生个性化的东西在课堂上有限的时间和空间里远远不能反映出来。但不幸的是，课堂往往限制了这种表达和发现，课后如果师生不能接触，学生的创造性就很可能永远被埋没。许多天才，在学校教育中都曾经遭遇过此类不幸。爱因斯坦在卢伊特波尔德高级中学上学的时候，他的老师就说过不喜欢爱因斯坦这样的学生来上课，因为他老是坐在最后一排微笑，这严重挫伤了老师希望在课堂上得到尊重的感觉。数学老师甚至希望他退学，理由是他在课堂上影响了其他同学[1]。如果这位老师能与这位未来的大师有些私人接触，就很可能不至于对爱因斯坦有这么严重的误解。作家航鹰走上文学道路则是教师与学生个人化沟通的成功教学案例。"晚上我请你去吃起士林冰淇淋好吗？"航鹰愉快地答应了这位语文老师的邀请。航鹰写道："落座以后闲聊了一会儿，他的神色郑重起来，尽力咬着普通话的音调说：'我一直想找你谈一件正经事情。看了你的文章，我认为你学舞台美术很可惜，你应该改行学文，立志搞创作。'"这次谈话改变了她一生的道路，"他于自己的无奈中，却给我指出了最适合的发展道路。他是第一个认定我能当作家的人，我永远感激他在我17岁时，帮助我挖掘出自身天性的宝藏"[2]。

每个受教育者身上，一定有各自与众不同的宝藏。它们大多不是藏在考试分数里，也不显露在为了考试分数和公共知识而展开的课堂教学中，而是藏在他们的愿望、憧憬甚至失望和悲伤之中，藏在他们看似反常的个人行为和心理之中。米哈伊尔是个令全体教师头疼的人物。"他像水银一样好动，眼睛里总带着嘲笑的、乐观的意味。"在一次作文中，他只得了两分，从此

① （德）菲利普·弗兰克.爱因斯坦传［M］.吴碧宇，李梦雷，译.武汉：长江文艺出版社，2016.
② 航鹰.因材施教靠眼力［M］//鄢烈山，何保胜.杞人忧师.北京：中华工商联合出版社，1999.

不再交作文，而且在语文老师的课堂上，搞出各种各样的恶作剧。后来他退了学，当了一名技术工人。一次，语文老师家的电视机坏了，恰好米哈伊尔来修。这位语文老师后来说："这完全不是当时在我的课堂上的那个人啊。他那双眼睛，他对我的态度，都和那时候不一样了。一个思想折磨着我：我们做教师的人，怎么会没有发觉，在我们认为的无可救药的懒汉和毫无希望的'两分生'身上，在他们的心灵和双手里，还蕴藏着天才呢。不，这不仅是蕴藏着一个巧匠的天才，而是蕴藏着一个我们没有看到的大写的'人'。"①

课堂的个人沟通不可能，课后的交流也不能进行，教育就渐渐滑入只培养学生的共性，而用共性去挤掉学生的个性的误区。共性教育把师生关系物性化和工具化，把"于老师"变为笼统的语文老师，把一个活生生的航鹰变为一个拥有分数的抽象学号。师生关系是技术的关系和分数的关系，而不是人与人的关系。这种物化了的关系和交流渠道的壅塞，显然在班级扩大之后变得更加严重。

对于知识性的东西，一个学生即使没有老师，他也可以有很多获取的渠道。特别是随着现代传媒的进步，教师不再是知识的唯一载体，教师知道的，书籍、互联网、报刊上可能查得到。而获取知识的方法、运用知识发现探索解决问题特别是现实问题的能力和智慧，以及一个教师在这个过程中体现出来的情感、意志、人格和精神，却在书本上读不到。教师应该用这些个人化的东西去影响学生，以一个在知、情、意、能等多方面色彩丰富的形象走进学生的世界。在与学生的交流中，让学生也把他们那些个人化的东西展现出来，对他们心智中有价值的部分，及时加以疏导、肯定和培育。现在的教学，把这一切颠倒过来了，"育"的成分被抽空，而只教学生从其他多种途径可以获得的死硬知识。教师上完课后，两手将粉笔灰一拍，就万事大吉，课后根本没有跟学生近距离接触的机会。那种请学生吃冰淇淋然后在闲谈中改变一个学生命运的老师，现在恐怕是难找了。即使有，即使他发现了每一个学生的潜能，也不可能把七八十个学生都请去吃冰淇淋。他不是没那种闲情逸致，而是没时间、没精力；他的时间和精力可能花在批改学生堆积如山的作文和那些只对升学有用的试卷上了。

---

① （苏）苏霍姆林斯基.给教师的建议［M］.杜殿坤，译.北京：教育科学出版社，1984.

中国教育批量生产的另一个表现，就是教学内容纷繁芜杂，教学难度无限上纲，师生课业负担屡增无减。国内到美国留学的小留学生，其数学水平随便一个就比美国同年级的学生至少提前一年或更多①。但如果考察一下他把数学运用到生活中的能力，如给一个城市的交通系统建一个数学模型，可能他就不知所措。因为他不知怎样调查，怎样收集材料，甚至可能不知道怎样乘车。对死硬的知识关注过多，挤占了学生能力的培养空间，也挤占了他发现和确证自己个性的空间。在铁罐头一样的生活里，他一整天都在忙着听课、写作业，还有那些无休无止的大考、小考，每天都跟打仗一样，哪还有同老师一起去吃冰淇淋的时间？特别是初三、高三的准毕业生，大多数每天只休息 6 个小时，其他的 18 个小时，至少有 15 个小时都在极度紧张里度过。

教育是人对人的影响，虽然说其中要渗透知识的因素，但这个过程，自始至终都离不开作为人的教育者和被教育者的心灵与精神的活动。教育的这个特性，决定了教育与打字、教育与看录像、教育与读书，有着本质的不同。虽然教育包含了这些行为，但这些行为如果缺乏教育者与被教育者的共同参与和交流，严格来说就不是教育。

（二）面向个人的语文谈话

本节要讨论的是语文教师面向学生个体的谈话。这种谈话是私人性质的，语言情境变了，师生的空间距离和心理距离拉近了，谈话者在其中流露出来的，更多的是在公开场合不宜表露或者是没有机会表露的个人化的内容。在这里，怯场的说话心理会消失，因为造成这种心理的那个有众多听众的"场"已不存在，说话者少了在公众场合下的斟酌、掩饰、推敲，他在公众场合下层层包裹起来的自我会在私人性谈话中一点一点袒露出来。而自我的敞开无疑是语言交流的最佳状态。

人是群居动物，人的本性之中都有一种交心谈心的渴望。社会总是不断产生交流的阻隔，以便带来利益、秩序和稳定。车船的进步使人类能够超越自己的体能局限征服遥远的空间，既能使一个远方的人尽快回到身边，也能把一个身边的人推向远处。他身上负有的文化使命使他不得不站在远方，忍

---

① 晓玲. 面对强烈的升学动机 [N]. 中国青年报，1999-1-18.

受别离之痛。"君问归期未有期，巴山夜雨涨秋池。何当共剪西窗烛？却话巴山夜雨时"，李商隐的这首著名的怀人之作，可以看作是一个被文化放逐到远方的流浪者渴望谈话的心声。那种能用一点点烛光就可以照见两个人的距离，充满了何其浪漫的温情！为了解决"李商隐式"的烦恼，现代人发明了电话和网络聊天。相隔万里的两个人，可以像面对面那样天南海北，无话不谈。但是这里面缺乏的，是表面奢侈的现代人用高昂的费用买不到的"巴山夜雨""西窗烛光"，是"月上柳梢头，人约黄昏后"的那一眉弯月，是在面对面交谈时从林子间刮来的一点儿小风和一片枯叶！

中国古代，私塾比较普及，一个老师的门下，学生一般不多，教学内容、进度能够因人而异，教学检测也可落实到每个人头上。尽管礼教森严，很多情况下师生不能平起平坐地就任何问题进行交流，但老师对学生的个别教育，仍有值得借鉴的地方。在这方面，做得最杰出的是孔子。在记录其言行的《论语》一书里，就有很多是师生之间的个人对话。有的是孔子或学生的单独言论，虽看不出是集体谈话还是个人谈话，但其中一定有不少是个人谈话时的妙语。《论语·学而篇》中有个人言论的学生，就有有子、曾子、子夏、子禽、子贡等。这说明无论课堂讲学还是个人谈话，孔子的语言都是谈话式的，不仅老师说，而且学生也说；不仅老师会说，而且学生也会说。孔子与他最喜爱的学生颜回之间的个人谈话就更多了。"子曰：'吾与回言终日，不违，如愚。退而省其私，亦足以发。回也不愚。'"① 孔子在这里说他与颜回整天谈论学问，颜回从不提出反对意见，但能够在他的言行中发挥老师的意思。正是有了这样的交流，孔子才对他的学生了如指掌。他能如数家珍地道出每个学生的长处：颜渊、闵子骞、冉伯牛、仲弓的德行，宰我、子贡的口才，冉有、季路擅长政事，子游、子夏熟悉文献②。他对自己的学生充满了父爱般的深情。颜渊死了，孔子哭他哭得很伤心。跟去的人说："你太伤心了。"孔子说："真是太伤心了吗？我不为这个人伤心，还为谁伤心呢？"

在现代教育体系中，人被放到一个由几十人组成的集合体中加以培育，并被置于成千上万人之中，用整齐划一的考试标准和十分有限的考试内容加以衡量评价，这个集合体中的人越多，人的个体差异性就越难以得到教育的

---

① 参见《论语·为政第二》。
② 参见《论语·先进第十一》。

关照。这就跟农民种地一样，本来他的能力极限只有 5 亩，后来他种了 100 亩庄稼，他就不可能像种 5 亩庄稼那样去侍弄每一株禾苗。他可能动用工具的力量来代替他的亲自耕作：用播种机下种，用插秧机插秧，用飞机洒药施肥，用收割机收获。庄稼人变成农场主之后，他与庄稼的关系不再是人与庄稼的关系，而是工具与庄稼的关系，于是他再难体会到那种"锄禾日当午，汗滴禾下土。谁知盘中餐，粒粒皆辛苦"的深切而淳朴的感情。现代教师的情况亦然。当他的教育对象增多，教学内容加重，升学压力加大之时，他就不得不借助简单粗暴的纪律的力量来强迫学生朝着预定方向发展，就跟由于商品规律的驱使，农场主改变庄稼的物性，种出反季节瓜菜一样。在瓜菜市场上，假若一个集装箱里的包装盒子每格只能容下 8 斤重的瓜，那么 6 斤重的和 20 斤重的，同样是不合尺寸标准的，而将被排斥在外。高考的落榜生与此何其相似。你做不了考试题，你在音乐、绘画、体育、语言等高考评价尺度之外再有本事，也等于零。你长得再甜、再大，也将被认为是次品瓜。

《童话大王》杂志曾对 100 多万小读者进行问卷调查，从收回的 129836 份问卷来看，56% 的小读者认为课外作业太多，认为比较多的占 21%，认为正好的占 23%；77% 的小读者认为考试太多，23% 的小读者认为考试次数正好；认为教师与学生关系平等的占 18%，不平等的占 82%；认为可以向教师说心里话的占 18%，不能说心里话的占 86%；喜欢班主任的占 26%，不喜欢的占 74%，31% 的小读者认为班主任称职，60% 的小读者认为不称职[1]。这是不难理解的现象：过多的作业和考试占据了师生交流的时间，必然造成师生关系的隔膜。

教育本不是为了把人培养成一个抽象、简单、整齐划一的分数，教育是为了发现人，为了发掘并发挥人的潜能。人是千差万别的，其潜质因人而异。这就决定了教育在培养人共性的同时，必须警惕人个性的消解。从根本上说，共性以个性为目的，共性如果是个性的敌人，那么它就是教育的敌人。对现代教育必须进行纠偏，由群体走向个人，从共性中找回失踪的个性，因材施教是教育永不过时的真谛。孔子说过："唯上智与下愚不移。中人以上，可以语上也；中人以下，不可以语上也。"[2] 明代王守仁解释说："不是圣人终

① 肖川，王文宝. 打破神话——解《读学习的革命》[M]. 北京：中国青年出版社，1999.
② 孔丘. 论语 [M]. 南昌：江西人民出版社，2016.

不与语。圣人的心忧不得人人都做圣人，只是人的资质不同，施教不可躐等。中人以下的人，便与他说性、说命，他也不省得，了须慢慢琢磨他起来。"①基于这些主张，古代教育家除了开班讲学之外，还要抽出充分的时间与学生促膝谈心，面授机宜，将共性教育与个性教育融为一体。东方的孔子，西方的亚里士多德、西塞罗、昆体良等在教导学生时，均有面对个人的指导。他们师徒关系之深之切，如孔子与颜回，堪比父亲与爱子。

面向学生个体的语文谈话不管谈不谈语文，都是一种地地道道的语文。无论谈的是天气，还是脚气；谈历史的过往云烟，还是谈一只甲壳虫摔倒在地仰躺着半天没有翻过身来；谈国际国内形势，还是谈一直没有实现的小小的心愿，谈话者都是在极力地搜寻脑中的词汇，寻找合适的方式，表达他真实的想法、感受和愿望。他在听、在想，在把想法告诉他面前的人。在谈话中，他调整着自己的语言表达方式，也在对方话语的激发之下不断产生新的想法、新的情感、新的想象、新的灵感。他在享受着用语言交流的无比的快感。语言运用的最佳状态，真是非这种谈话莫属！

一位特级教师上课文《小交通员》时说："立安像影子一样跟着妈妈。"一名学生问："妈妈上厕所，立安也跟着吗？"这是一个很刁的问题，老师很生气，但没有发作。他采用"群众运动"的方式来除刁。他问："大家想一想跟不跟着？"就有学生起来回答："当时立安跟着妈妈，是为了向妈妈学习革命斗争经验，帮妈妈做力所能及的事。上厕所是不需要学习和帮助的，立安怎么会跟着呢？"老师说："回答得好。同学们敢想敢说，我很高兴。但今后要注意提一些有意义的问题，你的问题越是有意义，你的水平就越高。"旁边的评语是：间接批评学生提问缺乏水平，含蓄委婉，学生易接受。但是，我觉得一个小学生的水平，往往就只有把"像影子一样跟着妈妈"理解为上厕所也跟着妈妈那么高，孩子的水平若是上升为成人化的"革命斗争"，那才是真正的不正常。我们为什么一定要按照成人的思维，遵照成人的意义，来扼杀孩子发自童心的疑问呢？我不认为这位特级教师的间接批评是含蓄委婉的，恰恰相反，这种做法比其他方式更具杀伤力。

我不期待面向个体的语文谈话是这种做派：以所谓的微言大义来牺牲

---

① 王守仁.王文成公全书（卷三）[M].北京：中华书局，2015.

谈话的随意和心灵的敞开。谈话应该选择最能引起谈话双方兴趣的话题。即使说错了，也没有关系。谈话者不会受到没有水平、没有意义之类的指责。如果我是老师，我一定要问这位学生："你为什么是这样理解的？是否你有类似的经历？你能说说吗？"你别说，在我小时候，我就有类似经历：那时我还没有读书，有一次跟着妈妈去赶集，街上人多，妈妈怕我走丢，或被人拐去，真的上厕所也带着我。一个男孩子，被带进女厕所，那么多的女性，当着我的面方便，我真是羞得无地自容。这件事情在我的印象中如此之深，以至于终身难以忘却。每当在异乡回忆起我的妈妈，我就自然想起童年的这幅情景。以此种经历观之，那名学生对"像影子一样跟着妈妈"的提问，何错之有？

有个笑话，说汽车把鸡轧死了，司机问一个小孩这鸡是不是他家的，小孩回答说："其他地方都很像，就是我家的鸡没有那么扁。"这是儿童辨别事物的方式，与成人确实不同，但你能指责他吗？儿童看到的，往往是成人看不到的方面，所以往往带着儿童的创造性。有堂课老师讲《狼和羊的故事》，狼想吃掉羊，千方百计地说是羊惹了它。老师讲完后问，如果狼不吃掉羊，结果会怎样？一个学生回答说：那就会被人吃掉。这种回答，相信许多中国教师不仅不会鼓励，而且还会认为是犯上，说不定要大声呵斥。

在面向个人的语文谈话中，师生因为是面对面近距离的空间关系，这就意味着在远距离状态和面对多个人讲话时的话语霸权的消解。教师讲出的观点不再是绝对的真理，而是可以争论、可以交流的，谈话双方处于一种水平状态。这种语言关系将权势语义关系转化为同等语义关系。在交谈过程中因为谈话者生活语言和个人语言的注入，对问题、观点的理解不再是由书面到书面的推理，而被赋予了更为丰富和更有生气的内容。

在面向个人的语文谈话中，老师的语言应该是一种光芒，能把学生话语中所有具有价值的部分照亮，让他们发现自己的闪光之处；能把他们灵魂中冻结的种子复活，并以最充沛的力量促使其生长。一名学生在考试失败后爱找我聊天。他说他这辈子的梦想就是要考上北京大学，但从这几次的成绩来看，都不理想。他说如果这次高考不能实现自己的抱负，那么他哪所大学也不上，就回来复读，直到考上为止。我说你有这一理想是好的，目前得过且过的学生太多，让人很难从他们身上找到一点儿浪漫气息和理想主义精神。

我完全赞成和支持你的想法。我本来应该对他说：要以一颗平常心对待高考，不一定非北大不能成材。但这是他高考的最后冲刺阶段，我得把他心中的那个北大死结变成一个可以解开的活节：想想明年还可以复读，并且复读也存有充分的理由，他反而更能从容不迫地应对高考。结果他超常发挥，真的考上了北大。

第二次世界大战期间，有一位叫多克的信使，他的口袋里总装着一些小纸条，上面写着一些快乐的话，在投递信件的时候送给收信人。人们经常收到这样的话："今天是美好的一天""要笑口常开""别再烦恼"。因年纪太大，军队没有要他，但他当了野战医院的一名志愿者，协助医生救助伤员。有一天，他突发奇想，在医院的墙上写了一句话："没有人会死在这里！"他的行为引起了大家的注意，并引起了争议。这句话最终没有擦掉，并渐渐影响着人们：使伤员更加坚强，使医务人员更加精心地工作①。在战争的创伤中，一句鼓励的话就有如此神奇的药效。在现代，精神分析心理学利用语言对人的暗示力量来治疗心理疾病，其基本方法就是医生让病人倾诉，使其渐渐流露出潜意识中被压抑、被扭曲的本能，医生与其交谈并予以解释，通过恢复病人的理性控制能力，使病态的心理得到矫正。这样，对于有心理疾病的学生来说，针对个人的语文谈话还兼有心理治疗的功效。

（三）语文谈话案例②

案例 1：与 A 君的谈话

师：最近一段时间语文学得怎么样？

生：很有兴趣。以前我对语文一点儿也不感兴趣，自从听了您的课后，越学越有劲儿。

师：（沉思。这或许是奉承之词，于是绕开自己的课不谈）以前为什么没有兴趣？

生：老师讲课枯燥无味。虽然有时候觉得语文有趣，但更多的时候还是不喜欢。学语文并不是出于真心喜欢语文，而是为了挣分数。语文成绩时高

---

① 语言能够创造奇迹 [N]. 参考消息，2003-5-21.
② 本节为笔者在海南省乐东县乐东中学任教期间的教学谈话实录。

时低，低分时候多，就没有信心了。而且多数人语文成绩不好，单靠这一科也拉不开与别人的距离。但是数、理、化一失神，就可能落后人家 20~30 分。在这种压力下，只好丢开语文去赶学数、理、化了。

师：你说的这些很有趣。以前我只知道海南的学生重理轻文，以为原因是没有良好的语文教学氛围。现在才知道，这中间还存在着一个分数的竞争问题。原来学生也是根据分数来判断学科价值的。大概语文取得高分难，要进步也难，不像数、理、化那样在分数上立竿见影，大家都形成了一种学语文的惰性。既然大家都差不多，学不学一个样，当然不学为好。你是如何转变过来的？

生：主要是您调动起来的兴趣。以前上课老想睡觉，现在越听越想听，盼望着上语文课。课外按您交代的去写日记，开始还不觉得怎么样，后来越写越想写，觉得不写不行。虽然日记您后来不检查了，但是我一直在坚持。有时一写起来，就不想睡觉。我说的是真话。

师：我说过，课堂笔记和日记，如果写出了自己的感受、想法、见闻，就是这个年龄成长的记录，是可以留到成年的一种财富。如果仅仅为了考试分数做笔记、写日记，或是为了应付老师检查，老师怎么讲，自己就按部就班地去做，没有一点儿自己的东西，毕业了就把这些本子扔掉，那就一点儿用处也没有了。

生：不可能的，至少我的日记不可能扔掉。我把它当成自己的一件秘密，一件自己创造的作品。跟我关系一般的人，我不可能拿给他看；给我多少钱，我也不会卖掉它。如果我家失火，我要抢的第一件东西，不是其他的，肯定是我的日记。

师：这就对了。这种写日记的兴趣和热情，就是你学语文的财富，你一定要珍惜。在我所接触的学生中，有你这种本钱的学生是不多的。

生：日记使我快乐，写作时，我也不像以前那样心虚了。考试时心里很镇静。因为我平时写了那么多，我有信心把命题作文写好，心里很踏实。

师：我想知道，你现在觉得语文哪方面最难？比如我发现海南学生语法普遍很差，不会分辨词性，不会划句子成分。

生：我语法还比较过得去。主要困难在于不会做课后的思考练习题，有些题根本不知道如何下手。以前我们的语文老师从来不讲课后练习。

师：那你们老师如何上课？

生：就讲课文如何划分段落层次，段落又是什么意思，全文的主题又是什么。

师：一般来说，学生读了一篇文章，文章的意思应该是基本明白的，没必要在这个问题上费力。课后练习的设计目的应该是让你们认识一些比较普遍的语言规律。你们之所以不会做题，是因为概念弄不懂。问题里的概念弄不明白，就会不知所问，当然也就不知所答。打个比方，假如已知什么，求证该四边形为菱形。你连菱形的概念都不懂，这道题自然难以下手。

生：您的意思是学语文也得像学数学那样，先学概念？

师：语文的概念与数学的概念是不一样的。一个最重要的区别是数学概念要求精确，语文概念则复杂得多，许多概念没法精确。比如我们去辨别一段文字究竟用了什么样的表达方式，往往武断地认为，这里只用了某一种表达方式。比如泰戈尔有这样的诗句："宇宙啊，我采撷你的花朵。/我把花紧抱在心头，而花的刺却刺痛了我。/当白昼消逝、天色暗下来的时候，我发觉花已经萎谢了，但痛苦依然存在。"这样的诗，你说是记叙还是议论，或是描写或是抒情？

生：好像都有。

师：是啊。说没记叙吗，明明有"采花—抱花—花谢"这么一个过程。议论和抒情在这些诗句中也是难以分开的。如果硬要去认定只有一种手法，显然是错误的。我们的任务不在于要敲定是哪种手法，而是要从这些综合运用的手法中，形成鉴赏语言或表达语言的一些基本尺度。比如学了这些概念，我们能够明白，观点的表述可以用议论，但如果把议论融于叙事和场景的描述中，会更有文学色彩。死抠概念，这是应试的做法。把概念学活，悟出千变万化的语言的道理，能形成语言的鉴赏力和表现力，这才是我们学概念的宗旨。

语文中的概念，除了以上那些技法概念，还有更为重要的道德、价值概念。这往往是我们当今大多数语文老师所忽略的。但这些概念的形成，是尤其重要的。因为一篇文章对读者究竟有没有影响，依赖于这些道德或价值的概念是否建立起来。不同于其他学科的是，语文的道德价值概念的建立不能由老师用现成的教条去"灌"，而应该由学生去"悟"，而且这种悟，许多时候依赖于学生个人的人生阅历和阅读经验，往往没有标准答案。老师的见解仅仅只能做个参照。所以我要求你们去写读后感，写老师在课堂上的随意发挥，这个环节你们普遍做得不好。

生：我们也想做，也知道这样做很有价值，因为以前没做过，一时不太适应。其实我读课文时不是没感受，感受还是很多的。比如听了《鸿门宴》，我觉得项羽轻视刘邦，是因为项羽出身于贵族世家，刘邦则只不过是泗水亭长，这种出身上的优越感使他狂妄自大。一个人地位太高，往往使他骄傲，不能听进忠告。

师：这些你应该记下来，这样你对于人生和社会，就有了更深的领会。你的这种认识，教材没告诉你，老师没告诉你，是你自己的发现，是相当可贵的。你不记下来，忘掉了多么可惜。你的这种见解，还可以用林则徐的"海纳百川，有容乃大"来参照印证。海洋之所以能把许多大江大河容于胸中，是因为它始终甘处于下，也就是说地位低的，有胸怀；地位高的，如壁立千仞，有刚，但无容、无器量。但林则徐认为，做人应该有大海的器量，也应该有石壁的刚直，二者应该有机地结合起来。这实际上就是儒家方圆结合的处世哲学的另一种表述。

生：您的见解太精彩了，我们想不到那么多。

师：老师不一定比你高明，刚才我只不过在发挥你的观点，你才是这个观点的原创者。所以从某种意义上说，是你的话给了我灵感，是你在教我，而不是我在教你。教师与学生之间，能互为启迪，互相引发，这就叫教学相长。我叫你们把老师在课堂中的随意发挥记下来，就是想引发你们领会更多的东西。这是由听讲到记录到记忆到思考的过程，也是一种语文能力，目的是想引导你们产生自己的想法和真切的感受。我讲《鸿门宴》时，评价樊哙吃猪腿，是随意发挥，备课时没有想到。我说樊哙吃猪腿是一个英雄的吃法：覆其盾于地，加猪腿于其上，拔剑切而啖之，英雄的道具全用上了。既领了项羽的情，又不失对项羽的防范。要是项羽想拿下他，没门儿！樊哙首先会跳起来，一个猪腿打过去，然后以剑相搏。设想一下，要是樊哙把盾牌丢在一旁，两手抓着猪腿吃得满嘴流油，就是一个乡下贱民的吃法；樊哙的英雄气度，就会损伤大半。这种分析，在任何书上都找不到，你们可以记录下来，看老师是怎么运用求异思维的。

生：那么怎样才能产生求异思维呢？

师：我的体会是要拿你正在阅读的文章与你的人生阅历或以前读过的文章比照印证。中学生初涉人世，人生阅历不丰富，但可以读书，提高自己的思想境界，这样也可以产生求异思维。从刚才你的谈吐中，可以看出你是读了很多书的。你回忆一下，最喜欢哪一本书？

生：初中时读的金庸的《天龙八部》，高中时读的《培根论说文集》。

师：我也听其他同学说很迷《天龙八部》，这本书好在哪里呢？

生：情节很吸引人，人物对话说得很得体。举例吗？反正我忘了名字，原话记不住，只能说个大概。（略）现在县城闭路电视天天放《天龙八部》，很多学生看。

师：这些书，对你产生什么影响没有？比如说，培根是我也熟悉的一位哲学家，记得他在书中有关于善的言论。他说，所谓善，就是热心为人们谋福利。你在生活中把这句话变成行动了吗？

生：生活中就很少用它了。

师：那你只是在欣赏培根的文笔，而这只是培根的皮毛，你不是培根真正的读者。怎样才能变成培根真正的读者？一旦认定他讲的道理正确，就要把道理变为自己的行动。比如，你某天捡到一个钱包，钱包里有很多钱，你很犹豫：是还给失主呢，还是留给缺钱的自己花呢？这时你想起了培根的这句话，拿不定主意，最后还是没有归还失主，这就是说，你不是培根的真正读者。但是也很可能出现另外的情况，你花了这笔钱，发现自己心灵上并不快乐，很后悔没把钱还给失主，这时你就体会到培根这句话的价值了，那么说明培根的这句话已经影响了你。到第二次捡到一个装有更多钱的钱包时，你就能做到拾金不昧了，这一次你在行动中完成了你的善，你就运用了培根的这句话了，成了培根真正的读者。我们读书，就要走到这一步，要辨书，也要用书。用了书中的说法，才抓到了书中的精髓。

生：是啊，关键是把书读活、用活，这实在是太不容易了。

师：一时读不活，也没关系。以后你有这方面的疑难，可以多与老师交流。有什么好书也可以向老师推荐。

生：读书真好。我最近读了《阿甘正传》，读到阿甘赚了几十万，什么也不要，而是跑到公园，躺在长椅上看星星，不知为什么，就觉得阿甘好像进入一种境界了，我反复把这段文字读了许多遍。这种感受，有点儿像看电影《泰坦尼克号》：杰克在救露丝跳海之前，躺在船上看星星。悟到了诸葛亮那句话："非淡泊无以明志，非宁静无以致远。"古时的出家人，在失去了很多的时候出家，但同时得到了很多。所以失去越多，得到越多。

师：我的理解是得到越多，失去也就越多。我们今天谈课外的多，谈课文的少，这也难怪，课本上的文章，时代感不强，难以引起我们的共鸣。这没关系，所谓语文，本来就不应该局限于课本的。

案例 2：与 BCD 君的谈话

师：你的语文底子，在班上属中上，需要在此基础上提高。你的作文，我的感觉是少语病，懂谋篇布局，就是内容还比较空，写得不踏实，你想过没有，这是什么原因？

生 B：就是感到无话可说。

师：那你平时是怎样读书的，特别是语文课外书？按我交代的去做没有？例如每篇课文写随记，剪报抄文章积累阅读经验，写日记积累生活经验。

生 B：课外阅读就是读一些杂志，如您介绍的《读者》《青年文摘》。您布置的，我没去做，或做得很少。平时很少学语文，功夫都用在数、理、化上面了，只是到考试时复习一下。

师：那不行。语文靠平时积累，这一点用不着论证了。你作文时无话可说，就是因为你平时的语文学习习惯没培养起来，语文积累不够。在这些环节上，你还得努力。我交代的三条重要方法，你只做了一条：读我介绍的杂志。但你是怎样读这些杂志的？这些杂志上的文章，你在阅读和写作过程中，在你的生活中运用过没有？

生 B：很少。总觉得运用起来难。别人纸上的话，道理上说得很好，可是一旦用来解决生活问题，自己就做不到。

师：你能不能举个例子？

生 B：比如书上说要宽容别人，但生活中一旦与同学吵了架，就耿耿于怀，心里想不开。

师：这没关系。依我看，别人探索出来的真理，要真正变成自己的智慧，必须要有切身的经历去体悟。如果把与同学吵架的过程一笔一笔记下来，其实你就在用另一个邢同学来回忆和重新观察吵架中的邢同学与跟你吵架的那名同学。更进一步，如果你用宽容待人的道理评价自己当时的行为，发觉自己的处事方式还不成熟，那么这另一个邢同学就比吵架中的邢同学更懂事，是更向前进了一步的邢同学。人的进步就是随时随地培养一个更完善的新我，来超越原来的那个有各种缺点和缺陷的旧我。新我日益强大，自我境界就越来越高，别人的话就成了你自己的智慧，那么以后面对读物上类似的事，或生活中的类似之事，你才能用贮藏在自己内心的智慧，去评价或处理。如果你在写作时，需要表达一个看法，你不仅有话可说，而且说的还是心灵里面的东西。文章的真情实感，就是这么得来的。除了杂志，你读过长篇小说没有？

生C：读过英国作家简·奥斯汀的《傲慢与偏见》。

师：什么情节，或什么人物最感动你？你回忆过其中的内容没有？

生C：回忆不起来了。

师：我们怎么都谈课外的。那么课本上的东西，有没有印象深刻的，自己喜爱的？

生C：课文有好多都不理解。

师：举个例子。

生C：比如《林家铺子》，课本评价林老板是半封建半殖民地的旧中国的一个奸商，我就不理解。因为我觉得林老板有林老板的难处。假如他不那样抬高米价，那么他就要倒闭、就要破产，他是被迫的，抬价只是一种商业上的自我保护行为。

师：语文的阅读和写作是没有标准答案的。你不理解课本上的评价，那你就应该这样问自己："我对课本上评价的这个对象，作怎样的理解？"比如你刚才所说的就言之成理，写下来，锻炼了写作能力；说出来，锻炼了口头表达。如果不去追问，永远都是疑难。疑难产生了，不要退缩，要穷追不舍，哪怕结论错了，你也得到了锻炼，这里的价值在于你已经有了产生自己创见的机会，抓住这个机会，你就会培养出一种创造性思维的能力。如果让我来评价林老板，可能评价的角度就不同。《京华烟云》里有一个开药铺的姚思安，家财万贯，富比王侯。此人信奉道教，对金银财宝看得很淡，平时乐善好施，周济穷人。每到北京暑热的天气，常常叫店伙计烧茶放在门前让过路人喝。那时正闹义和团，姚家要逃出北京避乱。姚老板选了些珠宝古玩，埋在后花园，交代仆人说，若有强盗贼人来抢，不要抵抗，任凭他们拿。姚家大小姐木兰问："爸爸，为什么您昨晚说那些古玩都是分文不值的废物？"姚老板说："物各有主，在这世界上，没有人能永远占有一件物品；福气不是自外而来，而是自内而生，要有德性，才能持盈保泰。"如果从这样的人生哲学高度来看，姚老板与林老板，他们的思想境界、精神境界就有高下之别。那么，你读了《京华烟云》，回过头来看自己当初对林老板的看法，就会感觉到自己的认识肤浅了些，就会否定林老板那种过于计较身外之物的商人之见。联系中国历史，设想 20 世纪 40 年代的林老板继续做乱世中的一个精明的生意人，他可能会被造反的饥民抢了米行，从而招致杀身之祸。即使他在 40 年代能赚成把的票子，后来国民政府倒台，法币贬值，这些票子不又成了一把废纸？所以从人生的观点看，林老板的做法不值得赞许。课本同样也对林老板作了否定评价，不过那是一种政治评语，难免忽略被评价对象身上的人性等内容。我们是人，人对人进行评价，就不仅是在人身上去发掘他的政治品质，而且还有他的人生内涵，包括他的人生悲剧意义。而要有这样的高度，没有人生经验的个人积累，是不可能的。难道你们从小长到这么大，就没有一件事、一样东西打动过你们吗？

生 D：有。前不久放映的《泰坦尼克号》。

师：你们具体说说，影片中的哪些场景，哪些人物使你们感动？一个一个地说。

生 B、生 C、生 D：（B）我对老船长印象最深。（D）我认为那些拉小提琴的人很感人。（C）我对那些沉船落水结冰的镜头印象最深。

师：（对 B）为什么老船长打动了你？

生 B：老船长在别人逃生时，不是想着自己逃，而是指挥别人逃，最后与船同归于尽，这种精神很感人。

师：与老船长同类型的人，还有大副，还有维持秩序的船员。大副不肯离开船舱，一直站在一座时钟面前祈祷，船沉的时候，把时针定在一个刻度上。那位维持秩序的船员，开枪打死了要争抢上船的人，然后自杀。前些日子的《海南日报》还登载了一则有关一些中国渔船见死不救落难同胞渔船的消息，落难渔民最后漂到越南被越南人救了。如果泰坦尼克号上是这类渔民，可能还没逃出来几个人，就在船上互相残杀光了。在泰坦尼克号的海难中，我们虽也看到一些灵魂丑陋的人，但我们更看到了另一些人的绅士风度。什么是绅士风度？①礼仪周全，行为举止优雅、洒脱、稳重；②富于正义感和责任感，行事公正；③尊重保护女性，主动为女性效劳；④勇敢、坚韧、临危不惧、意志力强；⑤自尊、诚实、重视荣誉和信用；⑥以体育精神待人处事；⑦具有理性自制力、谨慎、不失威严；⑧有博爱、宽容和同情心，保护弱小者。就拿那位开枪杀人然后自杀的船员来说，他也是绅士风度的化身。照某些人看来，要逃大家都逃吧，我去杀人家干吗，杀了人家还自杀，不值得。但你不明白，这恰是一个为维护秩序，为自己职业尽责献身的勇敢的殉道者。在那种场合下，泰坦尼克号船上如果没这种人站出来，就乱套了，也许就再也逃不出一个人。牺牲自己与那位失去理智的乘客，可保全更多人的生命，这就是对人群、对人类的一种责任感、正义感，是一种职业良知和敬业精神的体现。

生 D：那些拉小提琴的人，别人都忙着逃难，他们却拉琴，用琴声来安抚别人，很感人。

师：我对音乐是外行，但也听音乐，为音乐里面的美而感动。音乐是一个人气质的流露，什么人唱什么歌。例如屠洪刚与刘欢，刘欢唱的《好汉歌》，屠洪刚唱不出来；屠红刚唱的《霸王别姬》，刘欢也唱不出来。屠洪刚是个英武小生，刚中含柔，《霸王别姬》英雄加美人的感情，与其气质正配；刘欢则刚而宽厚，少柔性，能唱出梁山好汉的愤慨豪气，且恰到好处。照我理解，音乐是抒发心灵中的美好感情的，如情歌《相约1998》；有的是倾诉悲哀的，是痛苦的止痛药。《泰坦尼克号》的提琴手，镇静别人，更是镇静自己，通过音乐，完成对恐惧和痛苦的艺术升华和超越。

生 C：我就想，他们在那种冰冷的水中，究竟能待多久。

师：你比较冷静，可能因为父亲是医生。冰水混合物为零度，人体正常温度是36℃～37℃，让你产生了一种医生对病人的关怀，所以《泰坦尼克号》这部影片给你激发出来的，可能是从医的愿望，以医学拯救人于灾难之中。而我从电影院出来，想我这辈子或许不能遇到这种灾难，但我的儿辈、孙辈、曾孙辈以至往后推，可能会遇到。直到地球毁灭那一天，地球人可以迁往其他星球上了，宇宙飞船有限，人类逃生状况跟《泰坦尼克号》里面的镜头可能没有两样，那么我作为人类链上的一环，能创造出什么来使人超越这场最后的灾难呢？所以《泰坦尼克号》给我的思考，既是文学方面的，又是艺术方面的，还是人类终极命运方面的。

案例 3：与 E 君的谈话

师：你的说明文《花生》我看过了。这是一则材料作文。但你使用了一些所给材料上没有的材料，如美国是世界上生产花生最多的国家。这些材料你是怎么得来的？

生：一是小学时读过一篇散文《落花生》，有点儿印象；二是翻地理课本上的《美国地理概况》一节摘抄，因为现在临近地理会考，正在拼命地背诵，所以正好用上。

师：你去查过小学课文没有？

生：没有，凭印象写的。

师：这就不对了。我们经常在书上读到名家有过目不忘的本领，这并不是什么神秘的本领，我们一般人也有这等本事。名家跟一般人不同的是，名家在写作、谈话时还要运用过目不忘的东西；一般人只知大概，不加运用，想起来也不予查找，于是渐渐忘掉，学与没学、谈与没谈一个样。即使不像名家，但由于有一个回忆—查找验证—运用的过程，铭记深刻，理解也有深度。你写作文舍弃了查找验证这个环节，就不可能把材料掌握得真实详尽，必然会影响到你对材料的综合比较和分析推理，不利于产生创见。另外，引用材料时，由于没有自己的分析，得不出自己的结论，就成了抄作文而不是写作文。材料都来自教科书，你抄这个意思，我也抄这个意思，大家写的似乎都一个样，这篇作文也就完了。作文要写出个性来，就要说自己的话。要说自己的话，就要有自己积累的材料，不管是阅读还是生活中观察得来的材料。设想《花生》这篇说明文，你掌握了 10 篇有关花生的诗歌、散文、说明文，写出来就会大不一样。另外，花生也是日常生活中的主要食品，只要稍微花一点儿功夫去实地观察一下，写出花生的外形、内核、吃法、储藏、用途、生长习性，你的作文内容就会丰富得多。

生：古文也感觉到难，不知如何去学。

师：主要问题也是积累太少，似懂非懂。以前该掌握的实词、虚词或句式，没有掌握；而课文注解又是新的，你从没遇过的难点，注解了可借助注解弄懂；没注解的，以前该掌握现在忘了，就可能卡住，似懂非懂。比如"从郦山下，道芷阳间行"一句，"道""郦山""芷阳"有注解，"从""间"无注解，但以前学过，你翻译为"从郦山脚下开始，取道芷阳在中间穿行"那就错了。这样的疑点多了，一个句子，你连"似懂"的程度都达不到，那就是根本不懂。所以我叫你们把每篇文言课文的知识点，自己去总结整理，实词一类，虚词一类，句式一类，到高三毕业，各知识点就连成一片，形成一个严密的系统了。这些最最基本的做到家了，我才好进行教育改革。我现在有心让你们上汇报课。抽你们中比较好的，给一篇新课文，老师提出一些重点、难点，让学生自己下去动手准备，然后给大家汇报。还可以让你们几个一组作为搭档，组成一个学习小组，分课题，在规定的时间内完成一些学生熟悉又感兴趣的调查。例如可以让陈燕牵头，对县城地区的环境问题做一番调查，因为陈燕养猫头鹰，对环境最有感情，她一定能做得更好。这些调查，让学生分工合作，搜集资料，在班上汇报后展开讨论。在本课题实施之前，当然得先找家长沟通思想认识，争取他们的支持。

生：像您这种老师实在太少。许多老师上课真没劲儿，都是照本宣科。特别是劳动技能课，一半学生逃课，一半学生睡觉。

师：劳技课不该在教室上。若我是劳技教师，我就要带学生到最穷苦的地方去，进行实地锻炼，然后形成对劳动的切身体会。还可以和其他语文教师联手，带学生去课外呼吸新鲜空气。

生：我们现在的功课太繁重了，一天只感到累。我们学的东西实在太难了，电视上我看到香港中学生的知识竞赛，有些问题是我在幼儿园就知道的。功课太重，我们无法在其他方面发展，即使您的想法、建议很好，但哪有时间去完成？每天晚上要学到 12 点半，第二天早上 6 点起床，要到学校做早操，不然要算旷课，早餐都来不及扒几口，四节课下来，又饿又累，连蹬单车的力气都没有。老师每天"灌"，数、理、化看来只有薄薄的一本，但从那里衍生出来的题，难得让你怀疑自己的智力。老师一章跳过一章，留下来的问题，学到晚上一两点还搞不定。数、理、化跟不上，我们的压力实在太大了。每天都是做题，做到这个世界怎么样我都不知道了。每当看到同学从海口回来，又跳又唱，真是羡慕得要死。或许因为乐东是山沟，学生只知道趴在桌子上做题，其他啥都不会。

师：你提供的情况很有价值。怪不得你们完不成任务。我认识到，语文教学的改革不是孤立的，需要各方面的配合。课程越难，你们越要讲方法。我作为一位语文老师，是不是应该在方法上多给你们做些引导呢？

案例4：与F君的谈话

师：你已经在《山地报》上发表了两篇文章，曾有人问起李同学是什么人，可见你在学生中已经有了一些影响。

生：那篇《琐忆》，我爸爸也看了，说还有一点儿真实性。

师：你爸爸的评价是很中肯的，他道出了写文章的一个很重要的原则：向读者表达你的心中所感、耳中所闻、眼中所见。在这一点上，你已经入门了。但今天找你来，主要不是谈你的进步，而是想问问你学习语文的难处。

生：就是不懂怎样做笔记。您的语文笔记要求太高了。

师：一般来说，老师在课堂上讲的东西比较零碎，你可以在课本上或草稿纸上做上一些记号，然后课后自己加以总结，形成系统。你们以前学语文的良好习惯没有养成，一般是老师把一切东西都写在黑板上，然后学生就抄黑板。老师写得越详细、越工整，学生课后就越不费神，越不去用功，久而久之，就养成了一种不动脑也不动手的惰性。我讲课只是散乱地讲，是想把一些工作留给你们自己去做，培养你们的动手能力和创新能力。昨晚我看了中央电视台的《新闻调查——大学面临挑战》，北京理工大学教授、钢铁界的元老柯教授说我们目前的大学教育是守成的教育而不是创新的教育。守成教育的特点是"上课填鸭子，下课煮鸭子，期末考鸭子"，毕业了就变成板鸭子，没有一点儿活力了。柯教授的话，也指出了中学语文教学的症结。所以我不仅要你们记老师所讲的内容，而且还要你们去写自己的随想。

生：这就是您在课堂笔记方面的高标准、高要求。这一点我们做起来最难。

师：是啊，难是难，但只要努力，你们总会越过这道难关的。有的人读了一辈子书，做了一辈子人，从来没有自己的看法，或从来不敢表达自己的看法。这哪里是在做人啊，这是在做奴隶。人之所以为人，是因为他有一颗能够思考的头脑。你们来学校，首要任务就是要学会独立思考。老师在这方面应该发挥启蒙的作用。比如，你可以对同一个评价对象，比较一下老师的说法与课本上的说法有什么不同，为什么会有这些不同，你还能不能找到类似或相反的例子，通过这些步骤慢慢孕育自己的看法。举例来说，教《鸿门宴》时，我补充了一些内容。刘邦攻入咸阳，曹无伤向项羽告状说刘邦要立子婴为相，我补充了子婴上台的经过：被奸臣赵高捧上台，但后来反过来杀了赵高。可见子婴也不是一个软弱的人物。为什么刘邦要立他为相而不杀了他？原来子婴是秦朝名义上的皇帝，在咸阳有盘根错节的势力，刘邦当时还没有控制天下、坐定江山，他想通过子婴来稳住局势。而项羽呢？只想把子婴杀掉，头脑未免太简单了。这就产生了创见。可见，要有创见也很容易，就看你有没有掌握材料，会不会分析材料。

生：您这样一说，我有点儿明白了。

三 记诵与语文

（一）文化罹难，为何不死

语言是文化的载体，文化是语言的灵魂。每一种语言，必是具体的人种与民族的风俗习惯、生活方式、礼仪规范、认知心理、物质成果、精神智慧等内容的记录，并在该民族的使用过程中不断丰富和更新，发展和完善。语言按自己的文化方式组合。对同种事物、同一个意思，不仅发音、书写、句式等语言的物质外壳不一样，而且有着截然不同的文化背景。

每个民族的智慧与审美，除了容易衰朽的器物外，绝大多数都通过不朽的语言保存下来并传与后代。代代相沿，遂成经典。在文化传播落后的地方，经典的继承主要以口头的形式，如谚语、藏族的长篇史诗《格萨尔王传》、海南黎族民间流传的《甘工鸟》，都是说或唱的口头文学。但口头继承容易断代且不易于推广，所以书面形式的典籍成为人类继承文化遗产的主要工具。书面或口头的语言把文化的指令传给在这种语言中生活的每一个人，既支配和规范了个人及群体的行为，又形成了复杂的社会层级组织，所以要分解固有的社会结构则要清除其固有的文化指令；而要消灭其文化，就不得不消灭其语言。历史上，凡朝代政权的更迭，军事上的征服，都会出现语言的"暴政"。据《资治通鉴》，秦始皇吞并六国之后，丞相李斯上书云：

> 异时诸侯并争，厚招游学。今天下已定，法令出一，百姓当家则力农工，士则学习法令。今诸生不师今而学古，以非当世，惑乱黔首，相与非法教。人闻令下，则各以其学议之，入则心非，出则巷议，夸主以为名，异趣以为高，率群下以造谤。如此弗禁，则主势降乎上，党与成乎下。禁之便！臣请史官非秦记皆烧之；非博士官所职，天下有藏《诗》《书》、百家语者，皆诣守、尉杂烧之。有敢偶语《诗》《书》，弃市；以古非今者族；吏见知不举，与同罪。令下三十日，不烧，黥为城旦。所不去者，医药、卜筮、种树之书。若欲有学法令，以吏为师①。

这就是有名的"焚书坑儒"的由来。李斯所言，实际上是许多新建政权的尴尬：军事征服并不等于人心的征服，因为人心保留的仍然是固有的那套文化指令，对新的政令并不领情，以至于在心理上"入则心非"，在语言上"出则巷议""率群下以造谤"。为了清除六国文化的不利影响，秦始皇一方面做出了焚尽天下几乎所有诗书、坑杀 460 多名儒生的赫然之举，另一方面改革、统一了文字。

普法战争期间，普鲁士占领法国之后，第一个举措就是取消法语课。法国著名作家都德的小说《最后一课》，就写出了一个被剥夺了母语权利的民族的悲愤。在近代，日本占领中国台湾同样推行语言同化政策，试图用日语强制取替汉语。从小学就开日语的主课，教汉语的书房和义塾从 1902 年的1500 个下降到 1939 年的 17 个；在校外设国语告习所，对青年进行日语培训；取替汉文报刊，甚至对说中国话的居民进行处罚，确认全家使用日语的家庭被称为"国语常用家庭"。会说日语的台湾人由 1905 年的 0.38% 上升到1942 年的 58.2%②。

暴政清除掉一个民族千百年来形成的文化又不是那么容易的。因为文化总是以经典语言的形式，深深根植在人的记忆、思想和行为之中。经典的书

---

① 司马光. 资治通鉴 [M]. 北京：中华书局，2019.
② 申小龙. 文化语言学 [M]. 南昌：江西教育出版社，1998.

面形式很可能被毁掉，但经典的口头形式和思想形式却难以根绝。一旦暴政解除，这些文化之根又会很快复活，"野火烧不尽，春风吹又生"。经典形成的集体无意识是遗传性的，被毁掉的经典书面形式一旦通过一些人的记忆恢复过来，就会因跟人的心灵思想暗合，即使在销声匿迹百年之后，还能神奇地在人群中迅速广泛地传播。

中国的语言和文化在这方面的生命力，卓越超群，致使中华民族饱受风雨飘摇而不倒，历经内忧外患而不灭。这要归功于中国传统语文教育对经典语言的记忆，使得中国文化传统历经数千年沧桑仍绵延不绝。

诵读和背书，可能源于最初的教育条件不好，书籍不能普及，人对知识智慧技能的教习，不管是正规的学校教育还是非正规的私自传授，都依赖于口传心授、口诵心记。古人既不能像现代人那样拥有个人藏书，也不能到处都可查找到他需要的信息，他只能依靠自己的脑瓜，把所学的东西牢记在心。在这种情形之下的学生，往往在极小的时候，就受到高强度的朗读和记忆的训练，因而形成了他对母语的敏感、依赖和忠诚，使他变成了一个地地道道的文化人，至死不能改变。

美国总统林肯小时候读书的学校条件很差，教室破门烂窗，一个班级只有老师拥有一本教科书，老师念，学生跟着大声朗读，把书上的东西记熟，人们称该学校为"长舌学校"。但是往往就是这样的学校，对孩子的语言和文化影响尤其深刻，使得林肯后来成为具有出色记忆力、出色口才，且具有卓越意志的美国总统。在中国古代，像林肯就学的那种"长舌学校"可谓比比皆是，无数学生在这个语言的"染缸"里接受本民族语言的熏陶。有了这等受影响的个体，他会影响到跟他一起生活的人群，一传十、十传百，一代传一代，文化就依靠语言，在一个无限广阔的时空里传播。

中国的经典，虽遭秦始皇那样的暴政而不灭。因为古代的儒生，对这些经典大多能记能背能诵。以儒家经典《尚书》为例，它所遭的厄运有，秦始皇"焚书""禁学"之后，先秦的完本被毁；西晋末年永嘉之乱，西汉初年出现的今文《尚书》全部失传；唐初颁布《五经定本》和《五经正义》后，西汉中期出现的古文《尚书》逐渐失传，结果剩下来的，仅为东晋、南朝之间出现的伪古文《尚书》。《尚书》的版本从古到今出现了那么多的花样，其中虽不能排除伪作的成分，但也有代代相传时口误笔误的原因。这正与古人讲习经书强调记忆的特点暗合。虽有残损和讹传，但大多能保持其原貌，维系其精神。如没有许多人的记忆、研究和教学普及，一部经典遭受了那么多的劫难，早就夭亡不存了。

经典毁灭后再生，是附在其上的文化的强健生命力的表现。所以一个统治者，杀得了饱学诗书之士，但杀不了诗书本身。即便他毁了天下诗书，他也无从毁掉早已融入一个民族血液里的诗书语言。凡有汉语的地方，就不可能没有四书、五经、唐诗、宋词，不可能没有"天行健，君子以自强不息"的立身准则和"三秋桂子，十里荷花"的审美精神。《词林纪事》载："此词（《望海潮》）流播，金主亮闻之，欣然起投鞭渡江之志。"一首优美的诗词，一幅"烟柳画桥，风帘翠幕，参差十万人家"式迷人的文化图景，居然成为战争的根源，可见中华文化的魔力。希腊神话里有个绝美的海伦，引发了特洛伊与希腊之间长达十年的战争。咱们中华文化就像是那位绝美的海伦。秦始皇举刀，是想消灭儒家文化；完颜亮投鞭，是为了投进儒家文化的怀抱。刀斧的武力，终究抗不过一种经典语言万古常新的力量。

中国的记诵经典的教育，与世界上一些民族的宗教普及，有异曲同工之妙。两者之间的感情投入，也许相差不大。辜鸿铭是学贯中西的大家，精通英、法、德等数国语言，但他并未像今天的某些人那样，一学英语就变成了黄皮肤的白种人。他一辈子对汉语言和汉文化的感情近乎偏执。时代变了，他到死都不放弃留辫子、穿长衫、保皇纳妾等旧制度的遗习。在担任北大中文系和外语系教授期间，有一次举行开学典礼，辜鸿铭抓起讲台上的话筒，整小时整小时地大骂当时的新派思想和洋派人物。我们别嘲笑辜鸿铭是一个冥顽不化的老朽。我们得先为这种热爱母语到近乎痴狂的人们致敬。我们也应该为能把她的孩子哺育得那么痴情的母语而自豪。有了辜鸿铭这类人，有了汉语这类语言，任何武力征服和语言侵略都将注定失败。

当今世界，语言与语言之间仍在激烈争夺它们各自的领地和臣民。武力的血腥少了，代之而起的是一场场没有硝烟的文化角逐。有资料显示，约在1万年前，地球上的人口估计在100万左右，人类的语言约有1~1.5万种。到今天，全球的语言已减至5000~7000种。减少的原因之一是近代列强的殖民及武力扩张，如西班牙在500多年前抵达美洲时，那里有2200多种语言。今天只剩下600多种，估计其中的250种也会很快消失。原因之二就是弱势文化在强势文化的商业、政治等因素的压力和诱惑下，使用母语的个体急剧减少，逐渐被别的语种同化或吞并。经乐观的语言学家估计，到 21 世纪还将有 3/4 的语言消失，悲观者认为这期间消失的语言将占九成①。这就难怪，为什么一些国家采取强制性的措施，抵抗外来的语言侵略。面对美国英语通过网上和电脑的路径对法语形成的干扰，隶属于法兰西学院的净化法语的权威机构通过一些法律条文来规定公务员应该在人与人的交流中使用法语术语，他们用自己规定的新词 ordinateur 取代英语的 computer（电脑），用 logiciel 取代 software（软件），用 numérique 取代 digtal（数码）②。相比之下，汉语在纯洁度和捍卫自己的语言方面做得不够，出现了不少"母语叛徒"。欧阳江河在一首题为《汉英之间》的诗里形象地描述了这种情形：

　　　　一百多年了，汉英之间，究竟发生了什么？/为什么如此多的中国人移居英语，/努力成为黄种白人，而把汉语/看作离婚的前妻，看作破镜里的家园？究竟/发生了什么？我独自一人在汉语中幽居，/与众多纸人对话，空想着英语，/并看更多的中国人跻身其间，/从一个象形的人变为一个拼音的人。

　　据 20 世纪 80 年代中期的统计，在美国当时约 12 万的科学家和工程师中，华裔占了 1/4。美国当时的华侨有 108 万，其中 10 多万是知识分子，当教授的有 1500 多人。美国著名大学系主任的 1/3，美国机械工程学会各分会主席的 1/2，美国"阿波罗登月工程"的高级工程师的 1/3，美国计算机王国 IBM 公司的高级工程师的 1/3，美国电脑研究中心的 19 个部主任，都是华裔③。这些年，许多在中国完成硕士、博士学业的人才，一旦留学国外，往往一去不返。我国政府不得不对此关切有加，实施了重奖杰出人才、鼓励国外留学人才回国创业的"长江学者奖励计划"。用钱来争夺人才，固然是一个办法，但毕竟解决不了人的感情归属的国籍问题。根源还在教育——母语的教育、本土文化的教育。"莽汉主义"代表诗人李亚伟在《中文系》诗中

① 人类语言大量消亡［N］. 参考消息，1996-5-23.
② 法反抗语言侵略［N］. 参考消息，2003-7-12.
③ 何博传. 山坳上的中国——问题困境、痛苦的选择［M］. 贵阳：贵州人民出版社，1989.

写道：

> 老师说过要做伟人／就得吃伟人的剩饭背诵伟人的咳嗽／亚伟想做伟人／想和古代的伟人一起干／他每天咳着各种各样的声音从图书馆／回到寝室……
>
> 教授们也骑上自己的气泡／朝下漂像手执丈八蛇矛的／辫子将军在河上巡逻／河那边他说"之"河这边说"乎"／遇到情况教授警惕地问口令："者"／学生在暗处答道："也"……

中文系的学生对古文和古代文化就是这种充满了反叛精神的"豪猪""狼""剑齿虎"的态度。读了古代文学的"我们终于骄傲地辍学／把爸爸妈妈朝该死的课本砸去／用悲愤消灭悲愤"（李亚伟《硬汉们》），最终走上以古文为敌、与古文化决裂的道路。母语教育教出这等"悲愤的敌人"，就等于教出了这里"1/4"、那里"1/3"的美籍华裔。有人说我们现在的研究生考试不是在考专业，基本上是在考外语的水平。专业再好，外语过不了也是白搭。著名古建筑园林艺术学家、同济大学教授陈从周先生说："今天大家学外文的劲头是大了，应该说是好现象，然而对祖国的语文，去学的人相对地差劲一些。我曾向中央反映过考研究生，语文应是主试内容之一。不论哪种专业，大学几年还是要读语文的，如果没有祖国文字的表达能力，亦就是说，怀才无口，终等于零。"[1] 现在的普遍情况是，学生虽没有祖国文字的表达能力，但有外国语言的能力，可以出国去实现身价，他就不会等于零，而是在我们当代教育的价值坐标上被放大了许多倍。

由此看来，我国的母语教育实在应该调整其战略地位，首先应该在我们自己的制度体系中得到认可和尊重。作为十分成功的记诵经典的传统教学应该得到强化，而不是予以废除。这是一个关系到自己民族语言生存空间和未来命运的策略性认识，不应该有一点儿含糊。我们花那么大精力那么多时间去记诵别国语言，难道不能下点儿功夫记诵自己的母语？可能有人会说美国人是不强调背诵的。他们不背历史的时间、地点、人物，不背布什总统的

---

① 陈从周. 读书的回忆 [M] //王丽. 我们怎样学语文. 北京：作家出版社，2002.

《国情咨文》讲话，只需弄清其历史意义，可能是对的。但他们不背经典作品的做法却不值得盲目效仿。我们语言的后盾在哪里？在我们的经典之中，我们有自己文化的灵魂。我们应该从自己的语言中获得自信和力量。

（二）记诵与人的形成

按照图式心理学的看法，人对知识的掌握，首先是把知识安排到大脑的一定单元之中，形成图式，进而形成认知结构、认知策略和认知框架。这种看法，与目前的神经心理学关于大脑在后天才建立起思想机制区的结论相吻合。人生下来的时候，大脑的某些区域还是一片空白。往上面填注什么东西，显得极为重要。这关系到他将来变成一个什么样的人。他的家长、教师及周围其他的人把当时的价值观念作为模具，对他进行认知、价值和规范的图式灌注，把他变成一个家庭的人和社会的人。他的长辈总是教导他要听从爸爸妈妈和老师的话，做一个遵守各种社会规则、掌握各种知识技能的好孩子。一个无论多么民主的社会，在人自孩童时代至成人时代的社会化过程中，父母和老师的权威、知识的权威都必不可少。

孩子的认知图式有赖于长辈的话，而长辈的话往往又是长辈的长辈的话，这些话，其实就是人类种群在长期的生存斗争中沉淀而成代代相沿的真理，它们往往通过经典的语言形式保存下来。中国传统语文教育经典意识很强，启蒙的时候，要求学生背诵《三字经》《百家姓》《千字文》，其后背《大学》《中庸》《论语》《孟子》《诗》《书》《礼》《易》《春秋》等儒家经书。这些经典，有的主要是为了识字教育，大多数是阐发古圣先贤治学修身齐家治国平天下的道理和智慧。通过记诵，在孩子的头脑中建立起关于人与人、人与社会、人与自然的基本关系和处世原则的认识，所以中国古代强调记诵的语文教育，是以"立人"为核心的教育，人文意味之浓厚，非别国所能比，亦非当今所能比。教育的宗旨本来是塑造人，德育为教育众多内容之首位，可是今天的教育，往往把能为人带来利益的技术尤其是考试的技术，放在了德育之上。著名作家冯英子说过："生而为人，吃饭、睡觉、穿衣、行路，人人如此，又有什么学头？其实不然，做好一个人是很不容易的。……把自己当作人，也要把别人当作人，这也是一件很难做的事。……所以，学什么做一篇文章，写一个报告，起草一份电报，译写一篇古文，实际上这些都不是当务之急，最最重要的，却是学会做人，做一个堂堂正正的中国人……我认为教语文，考语文，首先是教做人，考做人，而后者是第一位的。"① 记诵正是为了培养学生做人的语言图式，使他们在行动中需要做人的根据和理由时，不至于去查找书本，也不至于模糊不清，甚至只剩下动物式的感情冲动。

19 世纪中期，中国国门洞开之后，来华的美国传教士明恩溥用"迟钝"一词概括中国读书人的心智特性。他从分辨能力、分析能力、判断能力、数学能力等诸多方面，举出实证加以分析。他认为：

中国人的整个学习方案，从一开始就扼杀了小孩智能的发展。乡村的士人，尽管能够将经书挂在嘴上，也经常接受科举考试，但他很可能分辨不了事实与虚构、历史与神话之间的区别。他也可能确定不了某个特定历史人物是生活在汉朝还是在明朝，尽管这两个朝代相隔一千多年。他很可能确定不了某个名字究竟是真实的人名还是仅为某个戏剧中的角色。

大家知道，中国人的心智活动既不做自然的分析也不进行综合。他们可能假定自己非常清楚地知道应当如何进行陈述，但教师对于一些比较复杂的事情的概括常常要花上几天的时间，而且，结果不能令他们自己满意。对西方人来说，当然更是如此。西方人难以理解，为什么这样的事情就不能在两个小时内完成。当他试图努力消化不熟悉的作品（不包括地理书）时，也会出现同样的现象。如果邀请某人来阅读这样的一个作品并进行概括，他一般会拒绝，说他不知道如何概括。

不过，语言的记忆力也可能在一定程度上使判断力相形见绌。譬如，作者曾在一个诊所候诊室请一位乡村学堂教师（一个秀才）谈谈历史上纣王与比干的功过。……这位教师能够很完美地讲述这

---

① 冯英子. 学语文和学做人［J］. 语文学习，1996（11）：12-13.

个历史事件，而且还能引经据典，但他拒绝对其中人物的功过做出判断，因为他忘记了"小字"（即集注）是如何说的！

在中国，一个人的学问越大，他在环境中谋求生存的数学能力就愈弱①。

明恩溥以西方人重逻辑、理性和分析的思维习惯，来审视中国人重直觉、感悟和整合的思维习惯，自然就是非常地不习惯和非常地不理解。大凡对一种学说充满了宗教式的诗意感情，他就没必要去把客观和虚构分得那么清楚。所谓经典，特别是关于精神和心灵的经典，没必要像爱因斯坦的《相对论》那样，一步一步地去验证事实，并进行严密地推理。心灵的语言毕竟不是科学的语言，前者更主要的职责是为心灵提供祷词和滋养。前者重感悟，后者重实证；前者重"物我浑一""天人合一"，认识主体沉浸于客体之中，与客体形成千丝万缕的立体的联系，所谓"此中有真意，欲辨已忘言"，即是意义的丰富圆浑，不可用分析性的简单语言加以表达；后者重物我的分别、对立，认识主体独立于客体，与客体形成单面的或有限的联系，然后从整体之中析离出整体的一个部分，从丰富中提取一点点具有人为价值的晶体。分析是理性的表现，是一切知识和理论诞生的前提，它的局限在于，简化了客体和认识活动的丰富性；感悟是更为立体的认识潜能，它虽然混乱无序，但往往能带来认识的新思路和新发现。人类的这两种能力都很宝贵，只不过在不同的民族中，不同的文化对这两种能力的重视程度和开发程度不一样。

明恩溥对中国读书人的评价显然含有一种西方人的偏见。他忽略了中国读书人对自己的本土文化和母语的涵泳沉潜的感悟能力，忽略了在这种语言中的想象能力和情感活动。记诵经典不仅仅发展了对语言的记忆力，它虽然没有着力发展人的判断力和分析力，但经典本就是判断和分析的根据，即具体认识活动的"支援意识"，不是任何情况下都有分析的必要；而且它还保护和培养了人的感悟、情感、直觉等方面的能力。明恩溥所强调的分析，在中华人民共和国成立后发展为分析式语言教学，从语法、章法、修辞学、逻

① （美）明恩溥.中国乡村生活［M］.午晴，唐军，译.北京：时事出版社，1998.

辑学及哲学规律的角度分析一篇文章，现在我们已经发现这并不是母语教学的唯一路径。

在儒家那里，由于人和人伦是认识的核心，自然和其他客体世界就被置放到了认识的边缘。他对数学没有研究，你去嘲笑他的数学能力差，就跟嘲笑没学过汉字的美国人的汉语水平差一样荒唐。记诵经典的学问越大，与数学能力越弱，二者之间根本不是因果关系。英国学者李约瑟说过："儒'教'没有规定的教义，来拒绝科学侵入它的神圣范围。他们只不过遵依孔子及古代儒家的意旨，忽略自然的观察，不从事自然的研究，集中心力去研究人的社会，不分心于其他。"① 现已有研究表明，汉语言对于促进人的智能发展，占有明显的优势：

> 据美国社会学家韦尔对美国人口普查统计资料的研究，在与欧洲人、美国人、日本人的智商比较中，中国人具有智力优势。由于中国汉字认识的独特方式比认识西方的拼音字母有更多的优越性，因而中国儿童的智力开发有更大的潜力。中国悠久的文化传统和中国人特有的推理技能也对智力发展有重大影响。因此，在建筑师、物理学家、生物学家中，智商都以美籍华人最高，美籍日本人次之，美国人最低。在其他十个行业的智力测验中，也有八个行业的华人智商超过美国人，只是律师、牧师两个专业略低。美国心理学家艾琳针对美国小学生数学成绩比中国、日本等亚洲国家的同龄小学生略低的情况做了一项研究，结果表明，汉语等亚洲语言在理解和运用数的概念上占有优势。汉语中数的名称是以 10 为基础的体系。数字语言有内在规律。例如 13 和 30，很明显，前者是 10 与 3 的组合，后者是 3 个 10 的组合。而在英语中，两者的发音相似，也没有这种内在规律。艾琳又做了一项试验，考查美国、中国和日本三组同等条件的一年级儿童的数学能力：用白色木块代表 1，紫色木块代表 10，将两种木块混合在一起，随机给出几个数字，如 28、30 等，让孩子们用木块表示这些数字，并尽量采用不同的方法表示。结果美

---

① （英）李约瑟. 中国古代科学思想史［M］.陈立夫，译. 南昌：江西人民出版社，1990.

国的孩子总是落后，他们往往只会使用代表 1 的白色木块来表示这些数字。其他一些实验也显示了相同的结果，中国孩子在数学上更有灵活性。据心理学家对上海一组中美儿童所作的智力测验，在 12 个测验项目中，中国儿童有七个项目的得分比美国儿童高，尤其在算术、词汇、图像概念上得分最高。这不能不归功于中国语言和文字独特而有益的思维模式①。

当然，我们在肯定汉语言及记诵式汉语言教学在人的心智发展方面不可磨灭的功劳时，并不是看不到它的局限，也无意为之护短。只不过我们认为，对一种语言及其教学，必须有公正的评价，不能以其之短盖其所长。而那种所谓的运动，最容易走此极端，将一种文化和语言传统全盘抛弃。记诵有缺点，如果它的内容不是经典，分量要求过重，它对人的作用，就会适得其反。特别是它极其容易被考试利用，发展为绝对权威，演变成伤人利器。这时，如果有另一种文化，与它成功嫁接，那么它就会取长补短，得到创造性的转化。上文所引例子，多为多元文化中人，其实他们身上的创造性活力，不独属美国文化也不独属中国文化经典性传统单方面的作用，而是几种文化的有机交汇。类似的情形也曾发生在著名华裔物理学家、诺贝尔奖获得者杨振宁身上。据他自己说，在他十来岁的时候，他身为数学教授的父亲没有教他微积分，也没叫人来给他讲物理，而是找当时清华大学历史系著名教授雷海宗介绍了一个学生（也是当时很有名的历史学家）丁则良来教他读《孟子》。"一个半暑假里我可以把《孟子》从头到尾背出来，当然现在不行了。《孟子》里面有很多关于儒家的哲学，通过这本书你可以了解中国的思想方式。现在回想起来，这对于我这个人整个的思路，有非常重大的影响。远比我父亲那个时候找一个人来教我微积分要有用得多。"② 是否是因为中国式的思维让杨振宁获得物理学上的重大发现，或者究竟是哪些思想方式使他获得发现，他没有明说。但我们仍然可以从其谈话里，感觉到他早年记诵《孟子》的非同寻常的意义。

现在我们提倡创新教育、民主教育，注重培养学生的个性品格和创新精

① 申小龙. 文化语言学 [M]. 南昌：江西教育出版社，1998.
② 宋晓梦. 杨振宁谈教育 [M] //杨东平. 教育：我们有话要说. 北京：中国社会科学出版社，1999.

神。我们千万别认为教师的权威、文化的权威、经典的权威都是压抑个性的力量，可以统统废除不要。中国台湾学者林毓生先生，十分深刻地看到民主生活、个人中心、独立精神这些现象的内在矛盾。他认为自由容易培育独立的人格，民主却不易培育独立的人格。因为什么都要自己做决定，容易产生个人中心主义，不重视师长、父母、朋友的意见，往往会受到外界流行风气的影响。"当父母的权威、教会的权威、学校的权威、师长的权威、典籍的权威都不被相信的时候，即传统的权威与实质的权威，在以'自己'为中心的民主社会里失去了权威性的时候，个人只相信'自己'，但'自己'是什么呢？'自己'的心灵，因为已经没有传统的与实质的权威可凭借并受其保护，所以很容易被外界当时流行的风气所侵占。因此，'自己'的心灵常常只是外界流行的风气的反映而已。""人们的心灵非常贫瘠，没有不同的权威的支持来抗拒社会流行的风气。"① 在林先生看来，实质的权威，包括经典的权威，不仅不是压抑个性的力量，而且还是非常重要、不可或缺的对个人的支持。没有这种力量，人将变得浮躁浅薄、内心空虚，缺少一层文化的保护，难以成为一个有所作为的人。

（三）立体的语文与肢解的语文

辜鸿铭是有名的语言大师，精通英、德、法、汉语以及希腊文、拉丁文等数国语言及其文化。他的成就依仗于小时很高的语言天赋，但似乎更得益于他的养父、一位德籍农场主布朗特殊的语言教学法。布朗教 10 岁的小辜学习德语，并不从字句、语法、章法开始，而是让他先背诵歌德的名著《浮士德》。半年多工夫，等辜鸿铭稀里糊涂把一部自己并不理解的书背下来，布朗才开始花三个月的时间进行讲解。这样，辜鸿铭对德语豁然贯通，用他自己的话说："我不仅一下子精熟了德语，而且我的思想也由简单转复杂，由肤浅入渊深了。"②

比较之下，我们今天对母语的流行教法，其致命缺憾已初露端倪。我们喜欢将一篇好端端的文章，肢解为题目、作家作品、时代背景、重点字词、段落大意、中心思想、写作特点等，而且这种肢解的恶癖，逐渐恶性发展为

---

① 林毓生. 中国传统的创造性转化 [M]. 北京：生活·读书·新知三联书店，1988.

② 徐虹. 北大四才子 [M]. 长春. 东北师范大学出版社，1997.

关于作家的字号、字词的结构方式、一大堆名词术语等的专门学问，从而越来越偏离了母语教育的基本方向。不用说像辜鸿铭那样，花一年半载的时间，就轻轻松松地精熟了一门陌生的外语；今天的中国学生，从小学到高中毕业，十二年的寒窗苦读，许多人连自己的母语也学不周详，说起话来结结巴巴，作起文来疙疙瘩瘩，感情苍白，思想贫乏。这实在是"肢解教学"带来的必然结果。

中国语文教师的"肢解癖"，或许是从马建忠以印欧语系的语言规律为基础分析汉语的《马氏文通》发源。此后汉语历经百年沧桑，一大群语言学家从中发现了越来越详尽的语法，另一些人以"敌我二元论"的眼光从中发现了"思想"。

过去一百年，欧美的东西涌进来，我们砸破了很多自己的家当，百年之后，蓦然回首，我们又开始怀古。传统私塾母语教育的有些做法，就很值得我们今天去反思。鲁迅在《从百草园到三味书屋》中写一个私塾先生戒尺一拍，大喊学生背书的场景，是否就如教参所说的那样，暗含鲁迅对僵化陈腐的旧教育制度的鞭挞与讽刺？今天我们的语文老师将该文从头到尾，肢解出一些百草园并不存在的"深刻寓意"，三味书屋"莫须有"的反封建精神，就是不僵化陈腐吗？在我看来，后者才是真正可怕的僵化陈腐，而私塾先生的做法才是我们端起澡盆泼脏水的时候，泼掉了的"孩子"。寿镜吾先生的课堂尚有书声琅琅，尚有先生那陶醉万分的"向后面拗过去，拗过去"的吟诵之姿，相比之下，我们今天的语文课堂，不是只有老师连自己也弄不清的枯燥的声音吗？晏子说过："下无言则吾谓之瘖，上无闻则吾谓之聋。聋瘖，非害国家而如何也。"语文中的"聋喑"之象，真是"非害后代而如何也"。

语言符号作为一国文化之载体，它是通过具体的语义场得以体现其文化内蕴的，又通过具体的人的记忆与行为去传承、实现的。因此，单个的语言符号并无确切而完整的文化信息，而关于语言符号的组合规律或被切割歪曲的部分，根本就不是语言文化本身，如果我们把这些语文的身外之物当作母语教学的主要内容，那么我们最多只是把学生培养成一部复读机，而不是一个深受汉语言文化熏染的地地道道的中国人。

什么是语文？在正面回答这个问题之前，我们至少可以肯定，语文不是《新华字典》、不是《现代汉语成语词典》。跟任何语种一样，语文首先是语

（口语），然后才是文（书面语）。就"文"的意义而言，语文是能体现中华民族文化精神的民族共同语的典范。语文教育的任务，就是要使这些典范，能够完整储存在学生的记忆中，久而久之，潜移默化成一种精神涵养，形成人格气质，进而支配个体行动。要达到这个目的，光靠识记一些字词和语法规则，是万万不行的。

记诵语言典范无疑是完整移植语言文化的行之有效的最好方法。这种行为，自然含有对语音的模拟、字词的识记、意义的感悟、语法章法的直观掌握，是立体状态的语言对人的浸润。在这种状态里，语言是一个活的整体，音、形、义各要素并未因分析而从活体上剥离脱落，语言习得者接受的是语言的真身而非附加物。一个未成年人，通过记诵把语言固定在记忆里，在这个容器中填进的语义内容，慢慢浮现起来，取之不尽、用之不竭，一种语言就在其精神世界里扎根生长，生生不息。教习一门语言，最忌肢解，也许因为语言精妙无比，一动就难归原位。辜鸿铭的养父布朗不赞成先讲语义，他说："只求你说得熟，并不求你听得懂。听懂再背，心就乱了，反倒背不了了。"乍看这种学法是先声后义，其实音义在记诵中并未分家，只是语义藏在语音的背后而已。辜鸿铭通过此法，一下子潜游到了德国文化博大精深的海洋中。倘若先记单词、语法，则辜鸿铭最多捡到几只烂鱼臭虾。辜鸿铭后来在北大教英文诗歌，介绍自己掌握西文的妙法，说"先背诵一部名著作为根基"，并说："今人读英文十年，开目仅能阅报，伸纸仅能修函，皆由幼年读一猫一狗之式教科书，是以终其身只有小成。"

记诵之于语文，不可谓不重要也。记诵之丧失，不可谓不堪忧也。中小学语文课本要求记诵的课文，有多少落到了实处？寒窗十二载，课文几百篇，学生中能背者几何？因脑中无底货，一旦急用，抓出来的，就只有一些广告上看来听来的词句。据说一小学生用"更……更……"造句，套用的是护舒宝广告："更干、更爽、更安心。"这道题答得没错，对于我们的语文教学来说，是一种黑色幽默。学生的语言仓中没有存粮，长大了就要闹精神饥荒。可见记诵之于语文学习者，不仅是立言之方，更是立身之本，千万不可小觑。

有志之士已意识到长期以来我们语文教学中无效劳动的严重性，因此不怕说长道短，不惜采取一些较极端的复古措施。北京一所私立的圣陶实验学校的"读经试验"就较为引人注目。该校学生上午学九年义务教育规定课程，下午主要背诵包括四书、五经、《老子》《唐诗三百首》《古文观止》在内的文化典籍以及练习中国武术、欣赏古典音乐等，到小学毕业，一个学生要记诵诗 970 首，词曲 700 首，古文 680 篇，共计 2350 首（篇）诗文。"校方只要求教师带学生读、背，讲究韵律，朗朗上口，不做过多讲解。"① 读了这则报道，我十分感奋。如果我生逢其时，一定要进这种学校。因为我的小学时代对母语范文的记忆，几乎一片空白。一个小学生能有这样的底子，一定是一笔今后花不完的财富。

我不认为圣陶实验学校的做法是让死了的、过时的、书本上的文化在人身上残留，相反，我认为该做法是让被历史证明有着强大生命底蕴的文化在后人身上移植对接，重获生机。在这里，人与文化是双向生成的关系。人的生活虽然创造文化，文化反过来也创造人以及人的生活，人不可能无缘无故地去创造文化，除非他有文化的火种。从教学方法的层面上说，圣陶实验学校的记诵教学，是对我国母语教育不该丢弃的优良传统的复归，相对于已走入"死胡同"的肢解教学，记诵教学其势也微，但或将有必行之势。

长期以来，我们对记诵教学的误解颇深，认为记诵就等于死记硬背。我们把课堂上的主要时间用来条分缕析，极尽周详，深恐挂一漏万，学生理解不了。结果是废除了我们认为摧残学生身心的"死记硬背"，代之以另一种更有摧残力的死记硬背的"刑具"。所以要将记诵教学进行到底，第一须废除对于记诵的偏见。第二要认识到，今天提倡的记诵，并不完全等于复古。在记诵内容上，我们不限文言，还有文质兼美的白话。在记诵方法上，我们不限闭门苦吟，正襟危坐，而应求寓教于乐。今日圣陶实验学校就力求学生在玩儿中背经、弹琴、泼墨、打拳、唱诗，动静结合，相得益彰。

也许许多同仁已注意到，现行高中语文新版教材，特别增加了文言文。相对于白话文的分量，尤其增加了记诵文言的分量。举 2019 年人教版高中语文必修第一册为例，古诗词及文言文共 18 篇（首），篇幅超过白话文，且大部分要求背诵。除了正课，还专设一个古诗词诵读单元。语文教师如再采取老一套做法，字、词、句、篇逐一讲个仔细，显然不适应新教材的新要求。依笔者拙见，对古文的翻译理解，完全可以复印译文给学生课外解决。课堂

---

① 杨都海. 51 个孩子的读经试验［J］.深圳风采周刊，1999（258）.

上的任务，在提取一些文言实词、虚词、句式的要点、难点稍做疏通之后，重点在于教师通过各种手段调动学生记诵兴趣，培养记诵的热烈气氛，倘能使学生熟读成诵，耳熟能详，就达到教学目的了。这个目标不是一般目标，而应被视为文言或白话教学的最高境界。

记诵教学，学生开始很不习惯，逃避背书是常见的事情。语文教师的职责，是帮助学生克服此种畏难情绪。对于今天的学生，光靠寿镜吾先生拍戒尺吆喝是难以奏效的。老师不妨把架子放下来，向学生走近点，让他们感到背诵是一种乐趣和享受。一日晨读，我抽学生背书。A说不会，我叫他站上讲台，另请一个替他背。被叫到的B也不会，如此下去A、B、C、D、E站了一排。这时我说："谁能背诵，请举手。我作证，罚这些不能背诵的同学，每人请你一顿早餐。"果然应者踊跃，气氛空前。这堂早读，全班学生都把一篇古文背下来了。背诵不难，难的是气氛。有了气氛，再发动全班上阵背书，应为小菜一碟。

（四）论记诵之法

记诵应该是一门实用而高深的学问，但当今中国人对此关注似乎远远不够。而如何把记忆心理学的成果运用到母语和第二语言的教学中，我们的研究到目前还很有限，既无完整的理论体系，又无实用可靠的操作方法。其实，这一领域应该大有可为，要建立一门"语文记诵学"，不是没有必要，也不是没有希望。

记诵在中国的私塾教育中有着悠久的历史。其法是通过朗读、吟诵、讲说等方式，达到对文字的深领细会、玩味鉴赏的境界，最后熟记于心，终生受用。要言之，即以诵成记。《诗经·大序》说："在心为志，发言为诗。情动于中而形于言，言之不足，故嗟叹之；嗟叹之不足，故咏歌之；咏歌之不足，不知手之舞之足之蹈之也。"[①] 可见古人读诗，要嗟叹，要吟咏，要歌唱，如不够味，还要配以肢体动作手舞足蹈，是一种十分投入的语言学习方法。这种方法，尽量多地调动人的感官参与，语言指令不仅留下了不同的表达方式，可以丰富学习语言的人对语言的感知和理解，而且所学语言在人的

---

① （明）赫敬.毛诗原解毛诗序说［M］.北京：中华书局，2021.

不同感官留下印痕，无疑是可以加快加深语言记忆的绝佳方法。所以无论是文学大家如清朝"桐城派"散文家姚鼐，还是能够进入儒家文化内核，将儒家智慧运用得风生水起的儒官曾国藩，都强调文章之诵。姚鼐说："大抵学古文者，必要放声疾读又缓读，只久之自悟，若但能默看，即终身作外行也。"① 曾国藩在家书中介绍自己的朗读经验，"如四书、《诗》《书》《易经》《左传》诸经、《昭明文选》，李杜韩苏之诗，韩欧曾王之文，非高声朗读则不能得其雄伟之慨，非密咏恬吟不能探其深远之韵"②。这些例子，都可视为记诵的经验之谈。

诵读之法，与我国古代文艺创作理论一脉相承。南朝文学理论家刘勰在《文心雕龙》里，这样阐述他对文章的认识："故言语者，文章神明枢机，吐纳律吕，唇吻而已。"在这里，声音是文章的一个重要因素。声音存于一个人的内心，则形成语感，刘勰称之为"内听"。"凡声有飞沉，响有双叠。双声隔字而每舛，迭韵杂句而必睽；沉则响发而断，飞则声飏不还"，语言不流畅，是用字用韵没有顾及汉语双声、叠韵及音调高低的特点和规律，用了"隔字""杂句"，致使"喉唇纠纷"，结巴拗口③。一个写作者一定要在声律上下功夫，吟咏锤炼，才能写出好文章。作为读者，如果不把声律的这些丰富含蕴读出声来，好文章他就没有领会彻底和全面。诵读出文章的声音之美，对于重声韵的汉语，显得尤其必要且重要。

诵读可以说是中国当代语文教育遗忘已久的一个国粹，极具挖掘的价值。朱自清先生曾撰文数篇讨论诵读问题。从他的引文看，当时在理论或实践上对诵读教学做出过努力的，有赵元任、黎锦熙、黄仲苏、老舍、朱湘、魏建功等人，有的是著名语言学家，有的是著名作家，还有的是教育行政人员，说明那个时代，对诵读问题是比较重视的。朱先生认为："学习新的语言，得从'说'入手；但是要同时学习'说'和'写'，就非注重诵读教学不可。"④ "大概学写主要得靠诵读，文言、白话都是如此；单靠说话学不成文言也学不好白话。现在许多学生很能说话，却写不通白话文，就因为他们诵

① （清）姚鼐. 惜抱轩诗文集 [M]. 上海：上海古籍出版社，1992.
② （清）曾国藩. 曾国藩家书 [M]. 南京：江苏凤凰科学技术出版社，2018.
③ 戚良德. 文心雕龙校注通译 [M]. 上海：上海古籍出版社，2008.
④ 朱自清. 诵读教学和"文学的国语" [M] // 朱乔森. 朱自清全集. 南京：江苏教育出版社，1998.

读太少，不懂得如何将说话时的声调等等包含在白话文里。"① 诵读之法，他认为可区分为三种：吟、读、说。"吟"的要领在于掌握节拍的和谐、腔调的缓急及抑扬顿挫。"读注重意义，注重清楚，要如朱子所谓'舒缓不迫，字字分明'。不管文言、白话，都用差不多的腔调。这里面也有抑扬顿挫，也有口气，但不显著；每字都该给予相当分量，不宜滑过去。整个的效果是郑重，是平静。""说"则适宜于口语成分较浓的文章、诗歌及戏剧对白②。

随着时代的向前发展，传统的诵读之法，渐渐被现代教学所遗弃。"五四以来，人们喜欢用'摇头摆尾'去形容那些迷恋古文的人。摇头摆尾正是吟文的丑态，虽然吟文并不必需摇头摆尾。从此青年国文教师都不敢在教室里吟诵古文，怕人笑话，怕人笑话他落伍。学生自然也就有了成见。……学校里废了吟这么多年，即使大学高才生，有了这样成见，也不足怪的。但这也是教学上一个大损失。古文和旧诗词等都不是自然的语言，非看不能知道它们的意义，非吟不能体会它们的口气——不像白话诗文，有时只听人家读或说就能了解欣赏，用不着看。吟好像电影里的慢镜头，将那些不自然的语言的口气慢慢显示出来，让人们好捉摸着。"③

中国的年轻人尚对诵读怀有偏见，而外国人，其偏见和误解自然就更深了。还是那个美国传教士明恩溥，对"中国式的诵读"简直就是一头雾水，言辞之间，颇多讥笑。"每个中国人都认为这种高声朗读是小孩教育中必不可少的成分。如果他不高声朗读，老师怎么能确定他是在学习呢？由于学习和高声朗读是一回事，因此，如果他在高声朗读，就再没有其他什么可要求的了。""然而，意义和表达则完全被忽视了，因为中国的学生没有在心中理解这些文字所表达的思想。他唯一关心的就是背诵。一旦他真正熟悉了要背诵的一段文字，立刻高声地哼起来，就像陀螺和圆锯发出的嗡嗡声。不管听者对这段文字多么熟悉，要想从这种嗡嗡声中提取出人的言语声，都是极为困难的，可以说，几乎不可能。""对一个不了解情况的外国人来说，读书人这么大的吼声，使得学校就像一个疯人院似的。西方的小孩没有这样学习的，西方的教师也没有这样教学的。在这样一种喧哗声中，教师不可能知道学生

---

① 朱自清.论诵读［M］//朱乔森.朱自清全集.南京：江苏教育出版社，1998.
② 朱自清.论诵读［M］//朱乔森.朱自清全集.南京：江苏教育出版社，1998.
③ 朱自清.论诵读［M］//朱乔森.朱自清全集.南京：江苏教育出版社，1998.

是否正在重复他教给他们的读音。这种不自然、不合理的持续吼叫常常导致这样的结果，即大多数中国的读书人声音沙哑，不能大声说话。"①

　　这些观点实在是隔靴搔痒，只抓到一点儿皮毛。林毓生先生讲得很精辟：第二次世界大战后，美国花了几千万美金培养研究生从事中国研究。"现在已经有许多人可以看中文，跟你说中文，到饭馆吃饭用中国话点菜。但是，我们平心静气地看一看美国人的著作，除了极少数的例外，有多少美国学者的著作真正对我们中国文化的精微之处，对我们中国文化的苦难，对我们中国文化起承转合、非常复杂的过程，与因之而产生的特质，有深切地设身处地的了解？我可以说，非常之少。"② 明恩溥作为一个美国人，当然很难进入到中国文化的更深层次，更难体会到中国文化的精微与博大，他对中国的诵读之法的看法是浅薄的，我们原不可以当真。不幸的是，我们不仅当了真，而且弃之唯恐不及。

　　公正地讲，传统记诵教学的疏漏，似乎不在诵而在记，记忆的方法需要改进。传统之诵，仅在声音一途加强记忆，路子太窄。忽略语言的意义，自有忽略的道理。大概对幼儿来说，抽象思维不发达，只在脑中存储声音形式，而该语言的意义，等他生活经验逐渐丰富之时，才逐渐呈现并逐渐丰富起来。这时该语言的意义，在他的脑中是活泼地生成出来的，而不是老师的灌输。中国教师是这样理解这种在背诵时的不求甚解的："背熟优秀的古典文学作品的篇和段不一定马上就能懂，因为有许多内涵不是年轻时所能领会和理解的，只有经过生活的坎坷和磨难，才会更加理解其中的深层含义和感情。他当时列举了陶渊明的《归去来兮辞》中的一句话：'鸟倦飞而知还'，他说：'意思和比喻你们可能都理解，但更深层的思想和情感却是要在日后很长时间里才会理解和领悟的。'"③ 所以在某种意义上说，中国教师不分析语义，看似简单，实则里面却包含了深刻的道理。但是随着学生年龄的增长，理解力的增强，这时如还是照样不求甚解稀里糊涂地背书，那就有点儿简单化了。

　　其实对意义的理解无疑可以加深记忆，并提高记忆的准确性。只是我们

①　（美）明恩溥.中国乡村生活 [M].午晴，唐军，译.北京：时事出版社，1998.
②　林毓生.中国传统的创造性转化 [M].北京：生活·读书·新知三联书店，1988.
③　杨永善.语文老师的影响 [M] //王丽.我们怎样学语文.北京：作家出版社，2002.

要掌握尺度，不要对意义的分析太过分，把一些语言本身以外的无关紧要的意义，强加于其上。这几年因高考恢复背诵默写的试题，所以收集到不少学生这方面的情况，手头有不少笑话。一次改小学升初中的语文试卷的默写题，要求考生写白居易的绝句《暮江吟》。频率最高的错误有"一道残阳铺水中"的"水"误为"江"，"可怜九月初三夜"中的"夜"误为"月"，"露似真珠月似弓"中的"似""真"分别误为"是""珍"。大概在背诵时，没有把诗意弄准确，所以易于犯同音、近音字的错误。初、高中学生的情形与此类似。有人把范仲淹的名句"先天下之忧而忧，后天下之乐而乐"，写成"先天下之忧而忧，后天下之死而死"。其他如："且夫水之积也不厚，则其负大舟也无力"错成该文另一句写风的"其负大翼也无力"；"为善的受贫穷更命短，造恶的享富贵又寿延"错成熟语"短命""延寿"；"蜗角虚名，蝇头微利"错成成语"蝇头小利"；"游人往来，纷错如织"错成"来往"；"樯橹灰飞烟灭"错成"飞灰烟灭"，如此等等。

现在关于记忆力开发的书籍很多，可是很少有语文教师借过来，用在自己的语文教学之中。所以还得期望有更多的有志之士行动起来，开发这一片处女地。

最后，我想谈谈记诵教学的梯度问题。这个问题在传统语文教学中处理得比较好。幼儿启蒙时，蒙学读物多为韵文识字或浅显的诗歌，重点落在对汉字的字形以及声律之美的感受上。及其稍长，理解力增强，则教习"四书、五经"等儒家经典，重点落在语言的文化含义上。也就是说，汉语教学遵循从形声到形义的认识规律，既符合汉语本身作为象形文字的特点，又尊重了人由简单到复杂的认识发展过程。而且，经典的记诵是一本一本地完成，由浅入深，由易到难，形成了完整的体系。现代的记诵，从小学、初中到高中直至大学，均无一个系统连贯的记诵计划。在人的记忆力的黄金时期——小学阶段，我们没有权威的记诵课本，各地使用的教材各自为政，一些现代文的选编仍然有问题，如有的地方还在背《拾金不昧的故事》。而且这个阶段的古文极少，儿童与文化性的经典母语几乎绝缘。初、高中的记诵选文每个朝代都涉及，贪图全面而无法精专。大学语文则往往重复高中的篇目，没有向更高的梯度迈进。现代白话文的记诵篇目偏少，而且不少文章或诗歌品质平平，难称经典。记诵对所有的学生"一刀切"，没有顾及学生的兴趣特长和将来的发展需求。一些将来要学文的，他们可能不能满足于仅有的记诵量；而学理的，则没必要记得那么系统高深。这些问题都是我们在今后的教学中应该解决的。

（五）记诵教例：个人化的思维导图

旧时私塾里的教师，多数有相当惊人的记忆力。在我小时候，还见过这些旧时代的遗老，有的会讲评书，一个茶杯，一把抚尺，站在乡间茶馆的前台，就开始滔滔不绝。《三国演义》《水浒传》《说岳全传》《七侠五义》，他们背得滚瓜烂熟。我们知道的现代文化名人，茅盾能背 120 回的《红楼梦》，黎澍能背《水浒传》，钱穆能背《三国演义》。怪不得他们的国学功底那么深厚。这些人究竟怎么背书，手头没有资料可供查考，我不得而知。但是记忆绝对是有规律可循的，我们虽可能没有名人天才的脑瓜，但也能摸索到一些规律。

生于 20 世纪 30 年代的清华大学杨永善教授回忆他高中时的一位语文老师，该老师可以把语文课本上的每一篇课文背下来。"他告诉同学们，他的记忆力平平，只是注意方法，在理解的基础上，再加上想象力，通过锻炼可以加强记忆力。"[1] 这算是记忆的最原始的经验总结。理解的基础是分析，即把原来整块整块的东西拆开；想象的特点是形象、生动、有趣，能引起我们的大脑的无意注意，也能调动尽量多的感官来参与我们的记忆活动。这项概括包含了极为深刻的道理，符合记忆的科学规律。

如果你面对一长串无意义的数字，会记的人绝不会去死记硬背，他会把数字分成一些更小的单元（分析），然后将这些单元与具体的事物联系（想象）。例如有的人记"413815"，分别把"41"与鞋号，"38"与服装号，"15"与门牌号联系起来[2]。而对于一些数学天才，数字不是抽象符号，而是一个个人。能讲 15 种语言、能记住圆周率小数点后 11944 位数字的汉斯·赫伯施特塔克不喜欢数字 8，他说 8 像个满是老茧的粗人，他也不喜欢"傲慢的"数字 36[3]。

---

① 杨永善. 语文老师的影响［M］//王丽. 我们怎样学语文. 北京：作家出版社，2002.
② 记忆也需要锻炼［N］. 参考消息，2001-12-3.
③ 超常记忆揭秘［N］. 参考消息，2001-7-1.

一大堆语言符号连缀起来的文章，虽然是有意义的，但这些意义往往极为复杂，需要我们去分析出藏在里面能帮助我们将整个句子回忆起来的关键词，并找出关键词与关键词之间的联系纽带。值得注意的是，这好像也是现代语文教学乐此不疲的工作，但他们的工作是为了去印证那些所谓的文章学、文艺学的理论，与我们为了记忆而进行的分析工作，不可同日而语。他们的工作是刻板的，我们的工作是灵活的，只遵循记忆的规律，没有标准划一的分析方法；联系也是随机而主观的，随不同人的记忆兴趣和记忆习惯而定。

接下来的工作，就是画出一个符合自己记忆习惯的思维导图。有点儿像板书，但与追求统一性的公式化的板书具有不同性质。这个导图是极端个人化的，它的形状与人脑中放射性的脑细胞网络形状相似，是人脑的细胞网络的外化。根据研究，这种图谱因为与脑细胞的结构类似，易于产生同构共振效应，更容易被大脑记住。我们在这一步的工作就是把关键词按照联系方式填进导图之中。

接着我们可以离开这个导图，将要记诵的语言材料带感情地诵读，主要任务是沉浸在文字材料的意义情感的情境之中。这样，文字材料通过声音在我们的脑子中初步扎下根来。我们只要提出该句的关键词，就可以回忆起整个句子甚至相邻近的句子。然后我们可以照着思维导图，试着背诵。你会发现，你很快就将原来的文字材料大致不差地背下来了。

经过几次练习，你很可能把思维导图记在心中了。于是你可以脱稿，一边想思维导图，一边流利地背诵。而且因为思维导图已经烂熟于心，你背诵的东西不易遗忘。

现在我们学生的记忆方法十分原始，总是遗忘。按照思维导图创始人，英国的托尼·巴赞的看法，是因为我们改不了线形笔记的习惯。标准的线形笔记埋没了关键词，阻碍了大脑在各个关键词的概念之间做出合适的联想。这种笔记看起来与思维导图很相似，但会使大脑处于一种半休眠状态，不能有效地刺激大脑。所以他提出了有效使用大脑的画思维导图的办法①。

---

① （英）托尼·巴赞.思维导图［M］.李斯，译.北京：作家出版社，2000.

（六）思维导图记诵教例：《陈情表》

思维导图要像神经网络分布图那样，呈放射状，主脉、支脉以及更小的分支，有不同的层级；每一个层级与要记忆的文章内容的层级一一对应；层次越复杂的文章，所对应的思维导图就越复杂。

《陈情表》首段分三个层次：

　　臣密言：臣以险衅，夙遭闵凶。生孩六月，慈父见背；行年四岁，舅夺母志。祖母刘愍臣孤弱，躬亲抚养。臣少多疾病，九岁不行，零丁孤苦，至于成立。既无伯叔，终鲜兄弟，门衰祚薄，晚有儿息。外无期功强近之亲，内无应门五尺之僮，茕茕孑立，形影相吊。而刘夙婴疾病，常在床蓐，臣侍汤药，未曾废离。

　　（一）**夙遭闵凶**：1. 生孩六月，慈父见背。
　　　　　　　　　　　2. 行年四岁，舅夺母志。
　　（二）**愍臣孤弱**：1. **弱**：（1）**疾病**：九岁不行。
　　　　　　　　　　　　　　 （2）**零丁**：a. **伯叔**：既无伯叔。
　　　　　　　　　　　　　　　　　　　　 b. **兄弟**：终鲜兄弟。
　　　　　　　　　　　　　　　　　　　　 c. **门祚**：门衰祚薄。
　　　　　　　　　　　　　　　　　　　　 d. **儿息**：晚有儿息。
　　　　　　　　 2. **孤**：　　 **孑立**：a. **外**：无期功强近之亲；
　　　　　　　　　　　　　　　　　　　　 b. **内**：无应门五尺之僮。
　　（三）**夙婴疾病**：1. **祖母**：常在床蓐。
　　　　　　　　　　　2. **臣侍**：汤药，未曾废离。

这三个层次中，（一）（三）两层只有两个层级，但（二）层有四个层级。每个层级都能在原文本中找出关键词（加黑的词），以便标注在思维导图各分支的节点上。于是第一段的思维导图就可以画出来了：

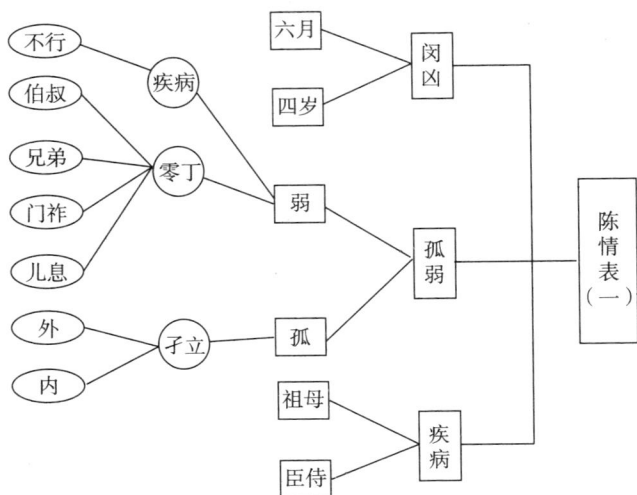

确定关键词要有讲究，一般看它是否有以下功能：一看在本意义单元内，能否提纲挈领；二看与上下的意义单元能否形成呼应和联结。能够满足这两个条件最好，实在不能两全其美，具备其中之一也行。

上文（一）层的关键词是"闵凶"，既能囊括父亲去世、母亲改嫁的内容，是本意义单元的统帅；又是下文"孤弱"的原因，与下文的意义单元形成因果关系的联结。（一）层"闵凶"的次一个层级，选"六月""四岁"或者"父""母"做关键词都可以，前者突出时间，后者突出对象，可以根据自己记忆的方便来选择。但很显然，就"凶"之义的两个方面而言，"六月""四岁"似乎更能呈现意义重心。（三）层"疾病"下一个层级可选"床蓐""汤药"，也可选"常在""未曾"；而表达时间的副词联结也许更为密切，更能表本意义单元的关键词"疾病"之重。当然"床蓐""汤药"也未必不能表疾病程度，但我都没选，而是以得病方的"祖母"和服侍方的"我"来作为关键词。所以确定哪个关键词，全看记忆者的喜好。

同一层级每个节点上的关键词不一定都能形成明显的呼应和联结，如"疾病""零丁""孑立"之间，联系就相对较弱。这个时候，记忆者可以自己去找它们之间的连接点。我分出来的点位是："疾病""零丁"写"弱"，"孑立"写"孤"。"伯叔""兄弟""门衰""儿息"写"零丁"；"外""内"写"孑立"。

根据以上原则，将《陈情表》其他三段划分的层次和层级、摘取的关键词以及画出的思维导图，分列如下：

逮奉圣朝，沐浴清化。前太守臣逵察臣孝廉，后刺史臣荣举臣秀才。臣以供养无主，辞不赴命。诏书特下，拜臣郎中，寻蒙国恩，除臣洗马。猥以微贱，当侍东宫，非臣陨首所能上报。臣具以表闻，辞不就职。诏书切峻，责臣逋慢；郡县逼迫，催臣上道；州司临门，急于星火。臣欲奉诏奔驰，则刘病日笃；欲苟顺私情，则告诉不许：臣之进退，实为狼狈。

（一）**圣朝**：1. **清化**：沐浴清化。

2. **孝廉**：前太守臣逵察臣孝廉。

3. **秀才**：后刺史臣荣举臣秀才。

4. **辞**：臣以供养无主，辞不赴命。

（二）**诏书**：1. **特下**：（1）**郎中**：拜臣郎中。

（2）**洗马**：寻蒙国恩，除臣洗马。

（3）**当侍**：猥以微贱，当侍东宫，非臣陨首所能上报。

（4）**辞**：臣具以表闻，辞不就职。

2. **切峻**：（1）**逋慢**：责臣逋慢；

（2）**郡县**：郡县逼迫，催臣上道。

（3）**州司**：州司临门，急于星火。

（三）**狼狈**：1. **奉诏**：臣欲奉诏奔驰，则刘病日笃。

2. **苟顺**：欲苟顺私情，则告诉不许。

3. **进退**：臣之进退，实为狼狈。

伏惟圣朝以孝治天下，凡在故老，犹蒙矜育，况臣孤苦，特为尤甚。且臣少仕伪朝，历职郎署，本图宦达，不矜名节。今臣亡国贱俘，至微至陋，过蒙拔擢，宠命优渥，岂敢盘桓，有所希冀。但以刘日薄西山，气息奄奄，人命危浅，朝不虑夕。臣无祖母，无以至今日；祖母无臣，无以终余年。母、孙二人，更相为命，是以区区不能废远。

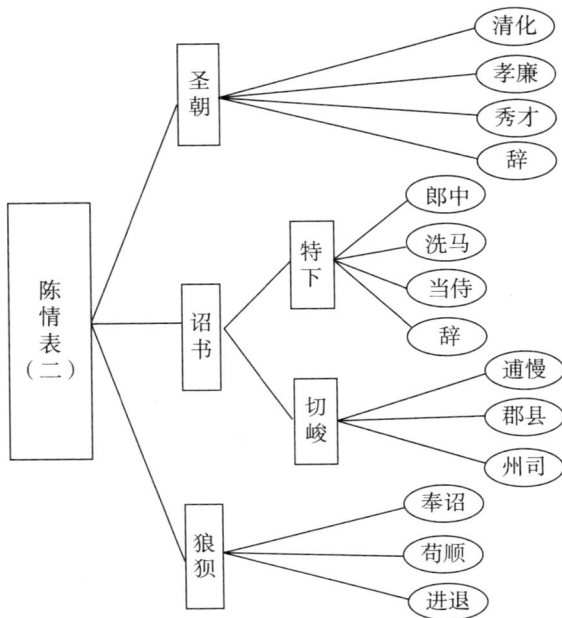

（一）**孝治天下**：1. **凡**：凡在故老，犹蒙矜育。

　　　　　　　　2. **况**：况臣孤苦，特为尤甚。

（二）**且**：1. **臣少**：（1）**历职**：且臣少仕伪朝，历职郎署。

　　　　　　　　（2）**本图**：本图宦达，不矜名节。

　　　2. **今臣**：（1）**贱俘**：今臣亡国贱俘，至微至陋。

　　　　　　　　（2）**宠命**：过蒙拔擢，宠命优渥。

　　　　　　　　（3）**岂敢**：岂敢盘桓，有所希冀。

（三）**但**：1. **刘**：（1）**气息**：但以刘日薄西山，气息奄奄。

　　　　　　　　（2）**人命**：人命危浅，朝不虑夕。

　　　2. **母孙**：（1）**臣**：臣无祖母，无以至今日。

　　　　　　　　（2）**祖母**：祖母无臣，无以终余年。

　　　　　　　　（3）**母孙**：母、孙二人，更相为命。

（四）**是以**：是以区区不能废远。

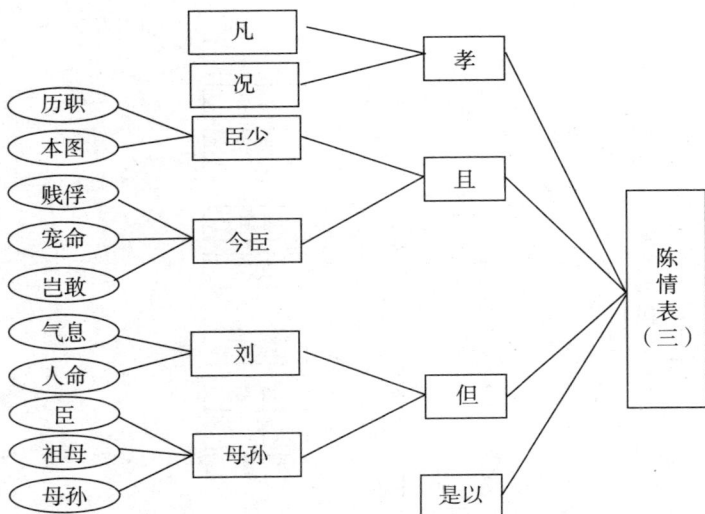

臣密今年四十有四，祖母今年九十有六，是臣尽节于陛下之日长，报养刘之日短也。乌鸟私情，愿乞终养。臣之辛苦，非独蜀之人士及二州牧伯所见明知，皇天后土实所共鉴。愿陛下矜愍愚诚，听臣微志，庶刘侥幸，保卒余年。臣生当陨首，死当结草。臣不胜犬马怖惧之情，谨拜表以闻。

（一）**臣密**：1.**今年**：（1）**臣密**：臣密今年四十有四；

　　　　　　　　　　（2）**祖母**：祖母今年九十有六；

　　　　2.**尽节**：是臣尽节于陛下之日长；

　　　　3.**报养**：报养刘之日短也。

（二）**愿乞**：乌鸟私情，愿乞终养。

（三）**辛苦**：1.**非独**：臣之辛苦，非独蜀之人士及二州牧伯所见明知；

　　　　2.**共鉴**：皇天后土实所共鉴。

（四）**愿**：1.**陛下**：愿陛下矜悯愚诚，听臣微志；

　　　　2.**庶刘**：庶刘侥幸，保卒余年；

　　　　3.**臣**：臣生当陨首，死当结草。

（五）**拜**：臣不胜犬马怖惧之情，谨拜表以闻。

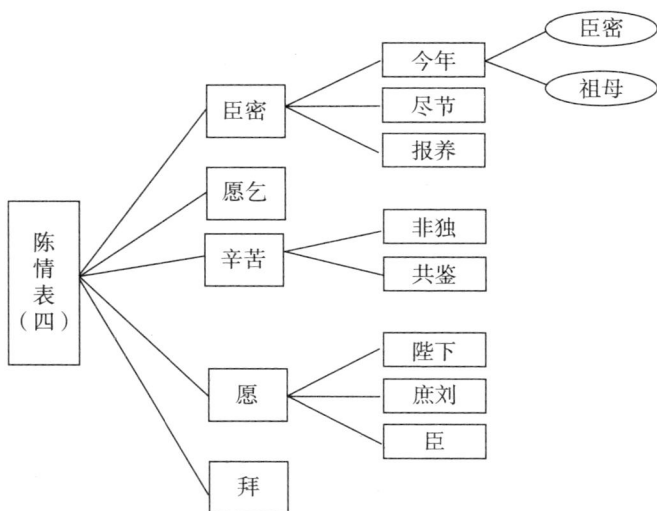

从全文来看，关键词多选实词（名词或动词）。第三段一层级关键词定为"孝""且""但""是以"，一个实词加三个关联虚词，是因为它们能够更好地展现意义链之间的并列、递进、转折、因果关系，使文意呈现出曲折多姿的变化。所以关键词的敲定是很灵活的，要以好记、好忆为目的，不可铁定一律。

绘制思维导图的总体原则是通过网状图形记忆关键词，以不同层级的关键词带出更复杂的语义及语句，最终将整段或整篇完整的语义牢牢储存在大脑中。寻找关键词的过程，就是对文本进行语言的拆分和理解的过程，思维导图实际上就是文本的一张逻辑大网。画思维导图不仅是良好的记忆方法，而且是一种训练自己文本分析能力和理解能力的很好的阅读方法；不仅是一门需要动手的技术活，而且是一种更需要有理性参与的复杂的思维活动。思维导图运用得当，无疑可以大大提高我们的记忆效率和阅读水平。

（七）图形转译记诵教例：《离骚》[①]

高中语文部编版教材，不管是 2019 年前的旧版，还是 2019 年以后的新版（新课标版），都节选了屈原的《离骚》。不过到今年为止，高考默写规定

---

① 本节插图作者为深圳市龙华区教科院附属学校小 103 班学生罗婉湄。

的部分都是从开头到"来吾道夫先路"，与新课标版教材课后所要求背诵的部分（"长太息以掩涕兮"到"固前圣之所厚"）有所不同。我在这里姑且把两个部分合起来做示范，讲讲如何用图形转译法解决记忆难题。

《离骚》可谓高中语文记诵篇目中最难背的篇章。因为生僻字太多，句意深奥，提取关键词既难以直观地覆盖句意，又难以建立与其他关键词的联系，用思维导图来记忆会遇到较大的困难。对于这种古诗文，我们可以将生僻字转译成直观的图形。生僻字难记，但直观的图形好记。直观的图形如能显示生僻字之间的联系，句意再难，锁定句中两个或以上的关键词，就会大大降低记忆的难度。这种方法，我称之为图形转译记诵法。

用图形转译生僻字，要用到同音和谐音联想。这个同音或谐音词与原词原义可能根本就没有关系，如"高阳"文中指三皇五帝之一，我将它转译成为"高高的太阳"；"摄提"本为寅年别称，转译为一个人往上提的动作，这些都属同音联想。"孟陬"转译为"梦""舟"，"搴余"转译为"葵""鱼"，"锡余"转译为"刺""鱼"，这些都属于谐音联想。于是《离骚》开篇佶屈聱牙的六句话，就形成了两幅画面：高高的太阳（"高阳"）底下，一个老头（"皇考"）一手提拉（"摄提"）船（"孟陬"），一手托着一条降（"降"）生的鱼。老头收获颇丰，一手拿了"葵""鱼"（"搴余"），一手拿了"刺""鱼"（"锡余"）。下面两句"名余曰正则兮，字余曰灵均"，将抽象的"名""字"转译为老头手举写有"名""字"两个字的纸牌。于是该段的八句话，就被转译成了三幅画面，如图1所示。

图形转译并不只同音和谐音联想一途，也可对原文的意思进行图形意译。"纷吾既有此内美兮，又重之以修能"两句，"内美"可转译为心的图形；"纷"是多，用多颗心来表示；"修能"图示为一个大拇指指向自己，表示对自己才能的肯定。图形意译也可以仅是词的意译，合起来的画面可能与句意或文意相关，也可能毫无关系。"日月忽其不淹兮，春与秋其代序"一句，"春与秋其代序"抽象不可直译，就用一个人追赶日月来意译。"不抚壮而弃秽兮，何不改此度"转译为一个人靠着一棵大树（"抚壮"）扔垃圾（"弃秽"），即是跟原意完全无关的例子。"汩余若将不及兮，恐年岁之不吾与"，图示为一条河水流动（"汩"），一个人在河边奔跑（"不及"），她在追一条上了年岁（"年岁"）的大鱼。该段本身就具有画面感的"扈江离与辟芷兮"

图 1

帝高阳之苗裔兮，朕皇考曰伯庸。摄提贞于孟陬兮，惟庚寅吾以降。
皇览揆余于初度兮，肇锡余以嘉名。名余曰正则兮，字余曰灵均。

"朝搴阰之木兰兮，夕揽洲之宿莽""惟草木之零落兮，恐美人之迟暮""乘骐骥以驰骋兮，来吾道夫先路"，均可用图形直观表示，我称之为"图形直译"。于是该段即转译成了图2、图3的样子。

图 2

纷吾既有此内美兮，又重之以修能。扈江离与辟芷兮，纫秋兰以为佩。
汩余若将不及兮，恐年岁之不吾与。惟草木之零落兮，恐美人之迟暮。

图3

朝搴阰之木兰兮，夕揽洲之宿莽。日月忽其不淹兮，春与秋其代序。
不抚壮而弃秽兮，何不改此度？乘骐骥以驰骋兮，来吾道夫先路！

　　有些字，既难音转形，又难义转形，可以将整个句意转译出来，再把关键字标注在图形的相应部位。"长太息以掩涕兮，哀民生之多艰"是众所周知的名句，用一个哭泣的图来表示就可以了。"余虽好修姱以鞿羁兮，謇朝谇而夕替"则可以用一个女孩子的照镜图表示其爱美（"好修姱"），而在镜子底部分别标出"谇"（进谏）"替"（贬谪）二字。"蕙纕""揽茝"分别用两朵花来表示。"善"画一颗心的图形，表示"余心之所善"；以手拒绝"死"字，即为"虽九死其犹未悔"。一个人拉一条绳子，叫"背绳墨"。脚下的悬崖，叫"度"；容许他往悬崖跨去，叫"周容"。一个郁闷的人写一个"困"字，叫"忳郁邑余侘傺兮，吾独穷困乎此时也"。一个人跳进水中而死（"溘死"）并顺水漂流（"流亡"），平躺的脸上带着怒色，叫"宁溘死以流亡兮，余不忍为此态也"。一只大鸟为鸷鸟，两只小鸟为群鸟，大鸟不与群鸟一起，叫"鸷鸟之不群兮，自前世而固然"。鸟的前面有两条道路，一条有方形图案，一条有圆形图案，叫"何方圜之能周兮，夫孰异道而相安"。一个人趴在地上，叫"屈心而抑志兮"。面对另一个人的责骂，叫"忍尤而攘诟"。一个人浮起在水上，直挺挺地躺着，叫"伏清白以死直兮"；下面有一条鱼，是前圣的灵魂所化，向水中的房子游去，叫"固前圣之所厚"。且看此段的图形转译（见图4、图5、图6）。

图 4

长太息以掩涕兮，哀民生之多艰。余虽好修姱以鞿羁兮，謇朝谇而夕替。
既替余以蕙纕兮，又申之以揽茝。亦余心之所善兮，虽九死其犹未悔。

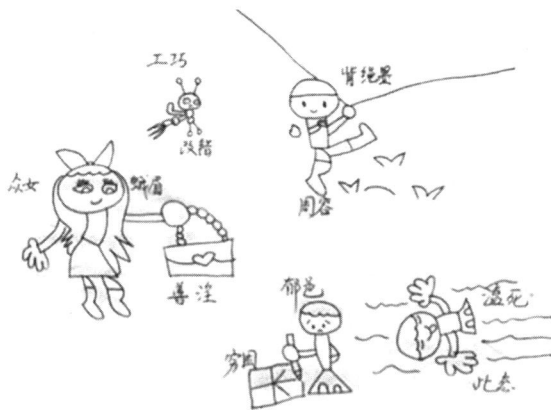

图 5

怨灵修之浩荡兮，终不察夫民心。众女嫉余之蛾眉兮，谣诼谓余以善淫。
固时俗之工巧兮，偭规矩而改错。背绳墨以追曲兮，竞周容以为度。
忳郁邑余侘傺兮，吾独穷困乎此时也。宁溘死以流亡兮，余不忍为此态也！

　　不管是思维导图还是图形转译，前提是须将记忆内容读熟，提到某句中的某字某词，即能随口说出全句。提示性的字词相当于记忆库中的一个线头，抓到它即抓到了要领，可以带出一连串的"珍珠"，这样才能实现记忆的事半功倍之效。

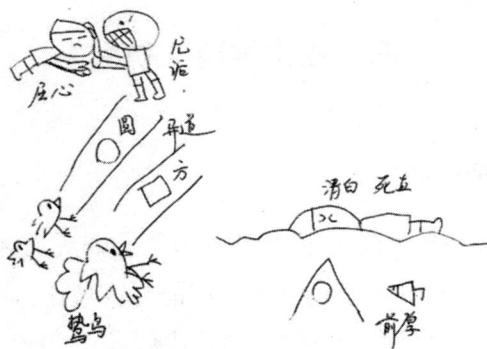

图6

鸷鸟之不群兮，自前世而固然。何方圆之能周兮，夫孰异道而相安？
屈心而抑志兮，忍尤而攘诟。伏清白以死直兮，固前圣之所厚。

　　我有位同事的小孩，小学二年级背下了 370 多句共 2400 多字的《离骚》全文，没用其他方法，就是普通的熟读成诵。小学课业不重，小孩的声音记忆力强，注意力集中，读背不失为一个好方法。高中生理解力更强，有条件用思维导图对文本语言的逻辑进行梳理，或者有能力将抽象语言进行图像转译、画面生成和情境再造，在更高的方法层次上处理记诵材料，记诵的效率和品位是不一样的。但不管用什么特殊的记忆法，声音的记忆即诵的方法都不可或缺。

　　文字转译成的图形是否能囊括更多的词，词与词之间的联系是否自然，图形之间能否构成有关联的场景，决定了记忆的速度和持久度。《离骚》首段有两个核心形象：老头（"皇考"）和鱼（"吾""余"），构成了捕鱼这个整体的情境。老头一手拉（"提"）船（"孟陬"），锁定了"摄提贞于孟陬兮"中的两个词，右手执一条降生的鱼（"余以降"），左右手分别是打渔和得鱼，联系自然，画面显现出一种紧致的密度感。背诵者如果肯动心思，大胆想象，处理内容艰深的记忆材料就会越来越有经验，从而高效破解自己遇到的记忆难题。

四　语文辩论课初探

（一）辩论拒绝标准答案

莫洛亚说过："任何人到了 40 岁仍在争论，就从未热爱过真理。"这话是否也表明，40 岁以前如不争论，就不可能与真理比肩。一个民族、一个人，自身语言有着对于疑问、异端强大的锈蚀力，应该说是语言系统功能老化的一种表现。在这种失去活力的语言系统里，静止不动的真理终将变成毫无生气的教条。

中国历史上杰出的辩才，多出在春秋战国时期。群雄逐鹿的政治格局，多元文化的相争相融，百家争鸣的热烈气氛，无疑是辩才成长的最良好的土壤。苏秦、张仪、公孙龙、晏婴、孟子……他们的妙语连珠，在史书里光芒四射；这些人不仅辩才出众，而且思想渊深，自成一体。推究其源，恐怕还撇不开当时的教育风气。苏秦、张仪曾为鬼谷子的门生，他们学习的具体情况，我们虽不得而知，但从至今尚存的《鬼谷子》二十一篇中，可知苏、张二人的先生，对论辩游说之术的研究精深博大，苏、张的口舌之才，当为师授。只是到了后来，汉武帝废除百家独尊儒术，政治和思想上大一统，不能稍容争辩，全国上下，只用一种钦定的标准答案教化万民。能言善辩，照正统看来，是胡言乱语。"唐宋八大家"之一的柳宗元，认为《鬼谷子》一书"险巇峭薄，恐其妄言乱世，难信。学者宜其不道……其言益奇，而道益陿，使人狙狂失导，而易于陷坠"[①]。明代大学士宋濂，则认为游说论辩的鬼谷之术"皆小夫蛇鼠之智，家用之，则家亡；国用之，则国偾；天下用之，则失天下，学士大夫宜唾去不道"[②]。宋学士有篇赠序《送东阳马生序》，以自己求学的经历勉励后人，津津乐道于如何尊师重道。

苏格拉底和孔子分别是希腊文明和中华文明的祖师爷。有人比较了两位哲人教育思想和教育方式，发现虽然均把伦理道德作为教育的重要内容和追求境界，且都采用谈话的方式对学生进行教化，但两人在实施教育时的言说

---

① （唐）柳宗元. 柳河东全集 ［M］. 北京：北京燕山出版社，1996.
② （明）宋濂. 宋学士文集 ［M］. 上海：上海古籍出版社，1985.

性质，还是有很大差别的。

在言说的性质上，只有苏格拉底的对话才真正具有对话的性质，孔子的对话其实并不是真正的对话，而是类似于"教义问答"的权威对话和独白，问者所起的作用只是提起话头和等待教导。与孔子在对话中的"诲人不倦"的"答疑解惑者"形象不同，苏格拉底在对话中多半是以提问者的身份出现，他的对手才是问题的解释者和回答者。但对话的灵魂恰好是提问者而不是回答者，是针对回答的提问才使问题变得更清楚①。

这两种言说方式，其关键的区别在于孔子从礼仪的标准出发，得出了标准答案；苏格拉底从问题出发，得出了无穷解答。怀疑、辩论、诘难、创新等教育中至关重要的东西，在中国传统教育中极为稀薄。

在中国教育界，有道而无慈之师比比皆是。《送东阳马生序》一文中，宋濂年轻时求学苦则苦矣，也实在太沉闷。左光斗、《从百草园到三味书屋》里写的寿镜吾先生、宋濂的乡间先达，全是正儿八经、铁板一块的人物，严厉有余，活泼不足；守成有余，创新不足。

在道德人伦上守成，有时是必要的，因为这是一个文明社会在建立秩序时的必要条件。守成守节固然是道德毅力的表现，但是死守教条不知变通就是冥顽不化了。当一个社会的人伦秩序发生改变时，原来的道德准则已经不足为凭，一个人如果还死死抱住它不放，就可能出现道德"杀人"的悲剧。这样的悲剧是鲁迅文章探讨的核心。这时人就要担负起破除旧道德、树立新道德的使命，即要有废除旧道德的标准答案，寻找新标准的道德创新的勇气。在自然科学方面，守成的思想有百害而无一利。因为守成往往导致思维僵化，不可能有科学上的重大发现和发明。

剑桥大学毕业的英国朋友罗宾以杯子为例对英国大学的学习方法做了简明形象的说明。他说，假如你学习的题目是一只玻璃杯，

① 邓晓芒.中西文化比较十一讲 [M].长沙：湖南教育出版社，2007.

知道了它的材料、形状、用途以及加工技术等，学习只完成了一半，这是前人已知的了。你还要学的是，进一步提出质疑，如为什么它是圆的，是不是方的更好，然后去寻找资料证明自己的判断和结论。在剑桥的学院制下，每个学院住着不同学科的学生，导师的任务是组织他们辩论，各科学生在一起讨论问题，从完全不同的思考方向进行辩论，从而使你获得很多新鲜的思路。通过这样的思考、辩论和学术交叉，大大扩展学生已有的知识并富于创新①。

中西教育传统的不同，造成了中西教育方式的不同。中国教育确有改革的必要，其中最为迫切的，莫过于培养学生的质疑能力和创新精神，减少对于标准答案的迷信和依赖。在英国，文科大多数问题都是开放式的，没有标准答案。想要得出解答，学生要自己去查资料、想办法。这样的基础教育和大学教育，才培养得出真正的人才。"英国人口仅占世界的1%，发表的科研论文却占世界的8%，引用率占到9%。对此，前不久到英国访问的中国科学院副院长陈竺院士做了这样的解读：英国的科技投入总额不是最多的，与美国没法比，但它的投入产出比却可能是世界最高的。有人说美国科技成果是拿钱堆出来的，而英国依赖的则是科学家的创新能力。笔者问陈院士，英国科学家的创新能力是否与英国的教育有关？陈院士回答说，这正是英国教育的最大贡献。创新可以说已成为一种英国文化，对于这一点，最好的注释便是英国教育的事实——仅剑桥这一所大学，就培养出了60多位诺贝尔奖获得者。"②

（二）变考试竞技为谈话竞技

沉默对语言来说，不是美德而是罪过；把学生渐渐变成沉默的人，是语文教育的罪过。为什么一个孩子，在他上幼儿园的时候，那么活泼多言，及至年龄渐大，反而惜字如金了呢？因为考试太多了，嘴让给了手，让给了老师。在小学课堂上，往往还可以听到争论："不可以。""可以。""不可以的！""可以的！"上这样的语文课，尽管争论的语言很简单，争论的气氛已

① 给学生一把思考的钥匙 英国培养人才之道值得借鉴 [EB/OL]. 2004-2-25.
② 给学生一把思考的钥匙 英国培养人才之道值得借鉴 [EB/OL]. 2004-2-25.

经把所有的学生都拉了进来，师生都会终生难忘。

把目前压抑沉重的以考试竞技为主的语文课，改变成为轻松愉快的以谈话竞技为主的语文课，如何？

标准答案和绝对权威是辩论的敌人，所以要辩论就首先要破除对标准答案和绝对权威的迷信。一位学生当堂站起来说老师讲错了，老师不仅不给予鼓励，而且大加呵斥，虽然学生被告知了一个正确的答案，但他同时失去了质疑和挑战权威的兴趣、勇气，他失去的远远超过了他所得到的。何况我们现在的语文课所赖以过日子的答案，有很多值得商榷和争议的地方。评价文学作品的人物形象，一些试题的标准答案仍在沿用划分阶级成分的那种方法，说周朴园是"一个由封建地主转化而成的资本家，他残忍、冷酷、自私、贪婪而又虚伪"，鲁侍萍和祥林嫂是"旧中国被压迫的劳动妇女的形象"，鲁四老爷是"资产阶级民主主义革命时期地主阶级知识分子的典型"，如此等等。一个形象丰满内涵丰富的文学典型，绝不只有阶级性一端，还有普通人意义上的父性、母性、妻性、夫性，他们由此而产生的阴暗与闪光，卑劣与高贵，缺点与优点，非常复杂，不是靠一根棍子或一台轿子就能作出决断的。只允许一种评价标准，对于多义的文学作品来说，是阅读上一种无知的表现。任何事物，都应该有多个切入点，切入点不同，得出的答案自然不同。

有人担心，课文如果成了辩论材料，如何能达到相关的教学目的。语文的教学目标不是培养学生读、写、听、说能力吗？那么，以课文为材料的辩论，正是这四种语文基本能力的综合培养和运用的最佳途径之一。在辩论准备阶段，学生必须对课文进行感知、理解、表达和评价，不仅如此，为了解决课文阅读过程中自己提出或别人提出的疑问，他必须在层次与范围、深度与广度上进行更进一步的课外阅读，搜集信息、查证资料、援引事例，凭自己的理解、判断作出取舍，得出结论。把这些细节、过程及结果诉诸书面表达，这是写作训练。在辩论阶段，辩者要缜密而简洁地表达心中所想脑中所思；同时要敏捷而有力地抓住对方表达中的要害予以反击，捍卫己见，这是听说训练。整个过程，辩者口耳心脑俱用，志情神智喷发，可谓全身心投入，情感力、创造力、鉴赏力等语文素质教育梦寐以求的目标处于激活和释放的最佳状态。莫洛亚说过：谈话的乐趣"产生于表达与理解的敏捷，产生于心灵与精神的平等，人们从中享受到的对方与自己灵感的闪现；产生于双方对精细入微的事物与情感的体察与鉴赏，共同寻找更加细腻的差别并且感受到成功地找到这种差别的喜悦"。试想，当针锋相对的双方在心灵与精神平等的席位上，面对坐在同等席位上的老师和学生，表达自己激烈论辩时的灵感火花，并赢得满场喝彩时，该是一种多么激动人心的场面。在这里，母语、课文赋予辩者与听者的是一种神奇的魔力。就像《伊里亚特》中阿契里斯和赫克托耳那场生死决战，"所有的神都在看他们，默默地"。在这场角逐中无论胜方败方，都是"母语之神"的英勇的孩子。

目前，我国语文教学的目标教学，人为地把学生要达到的能力目标分为互相割裂的一些阶段，过精过细的结果是只见叶子不见树木，只见树木不见森林。例如把阅读能力分为感知阶段、理解阶段、表达阶段与评价阶段，每阶段设置目标，每目标设置单元，每单元设置课文，每课文设置目标。难道读一篇课文，在感知时就没有理解、表达、评价的成分吗？同理，在任何一个阶段，都有其他阶段的能力因素融汇其中，把其他因素决然排开是不可能的。我认为目标教学过程中过于注重局部，反而忘了整体目标和最终目的，就好像一个救火者，把救火分为找车、寻水、登楼等按部就班互不相关的环节，等辨清车牌号，楼早就被烧光了。

目标教学并不是一无是处，但我们应该清楚，这些目标，只能在语言的活动性和创造性运用中实现，而不可能在语言的分析中达到。就如跳高的技能，不是羊一的挺胸或收腹或纵腿的技能，而是这几种技能的有机配合。如果单练其中一项，根本就不可能完成跳高，胸肌、腹肌、腿肌再发达，练一辈子也跳不起来。有时候我们的语文课，就是单练一条腿，有时甚至不惜把腿和脚趾砍下来勤操苦练，练到最后，学生们个个成了"语言残废"。这样的教训是多么沉痛而深刻。

（三）许多课文含有争议性的问题

当然，并不是每篇课文都必须上成辩论课。辩论课的前提之一是必须要产生争议性的问题。这样的问题应尽量鼓励学生自己提出，或老师提请全班思考。

如果我们细问究里，便发现表面平安无事的课文，还可以从中掏出好多好多的问题来。《荷塘月色》的主题是不是反映当时的黑暗政治，要不要拿来主义（《拿来主义》），长城是不是中华民族伟大的象征（《内蒙访古》），要不要胡同文化（《胡同文化》），勾践是小人还是英雄（《勾践灭吴》），季氏应不应伐颛臾（《季氏将伐颛臾》），仁政有益还是有害（《寡人之于国也》），提倡还是反对逍遥游（《逍遥游》），灭秦者秦还是非秦（《过秦论》），谭嗣同应去还是应留（《谭嗣同》），"费厄泼赖"应该缓行还是实行（《论"费厄泼赖"应该缓行》），大堰河形象美不美（《大堰河——我的保姆》）……这些论题中，有艺术鉴赏、人生命题、人物批判、文化选择、历史功过、道德悬案……可谓林林总总多彩多姿，真正把这些辩论课上好，学生定在读写听说或知情德能各方面，取得一辈子受用不尽的收获。

不是每篇课文都能拿出来辩论。朱自清的美文《绿》，你能叫学生去辩论什么？这种文学性强的散文或诗歌，我们一般是欣赏、涵泳，而不是去鸡蛋里挑骨头。但是，一旦遇到能激起学生辩论的课文，就不可轻易放过。比如有的学生发现，朱自清散文《背影》里的父亲跨越火车站台上的铁栅栏，违背了交通规则。而这个场景，恰恰是文章中写得最动人的细节。辩论起来，可能牵涉一个创作的话题，也可能引出一个生活的问题，这样的问题有点儿刁，但是照样有价值。

王蒙有篇微型小说，叫《雄辩症》[①]，写一个有精神症状的病人与医生斗嘴：

> 一位医生向我介绍，他们在门诊中接触了一位雄辩症病人。医生说："请坐。"病人说："为什么要坐呢？难道你要剥夺我的不坐权吗？"医生无可奈何，倒了一杯水，说："请喝水吧。"病人说："这样谈问题是片面的，因而是荒谬的。并不是所有的水都能喝。例如你如果在水里放了氰化钾，这水就绝对不能喝。"医生说："我这里并没有放毒药嘛。你放心！"病人说："谁说你放了毒药呢？难道我诬告你放了毒药？难道检察院起诉书上说你放了毒药？我没说你放毒药，而你说我说你放了毒药，你这才是放了比毒药还毒的毒药！"

---

① 王蒙. 王蒙文集 [M]. 北京：华艺出版社，1993.

我们所说的由课文引发的辩论，不是上例病人的那种强词夺理。雄辩症与雄辩的区别是，一个讲歪理，一个讲公理。歪理只需要横，公理须得服众。因此，雄辩不仅需要语言的敏锐，还需要学识和经验来打底。

我们将在下面的教学实例中看到，学生们在辩论过程中，并不会偏离我们设定的阅读教学目标，而是将这些目标完成得更加出色和完美。在赞成或反驳鲁迅的观点时，他们不仅对原文理解透彻，对课文语言有着恰如其分的揣摩，还活灵活现地运用了鲁迅文章中的论辩之法。更可贵的是，由于他们对现实人生与社会政治更进一步地进行了比较、思索，《论"费厄泼赖"应该缓行》这篇与学生相距甚远的杂文，就被解读活了。

（四）《论"费厄泼赖"应该缓行》辩论课实录

辩题：（正方）"费厄泼赖"应该实行；（反方）"费厄泼赖"应该缓行

正方：高二（6）班 A、B、C、D（从一、二学习小组中推出）

反方：高二（6）班 E、F、G、H（从三、四学习小组中推出）

主席：于元林

说明：用一课时来阅读和讨论课文。阅读时要求结合注解弄懂原文的主要观点和根据，讨论时按正反两方分组，要求每个学生充分发表意见，为己方立场提供观点支持、资料来源和论辩策略，并推举己方辩手。辩手负责组织己方同学在课外分工合作，做充分的辩论准备。辩论分两课时进行，最后10分钟由主席评判总结。由于时间关系，主辩陈词后，一律由正反双方以自由辩论的方式展开。

主席："费厄泼赖"是英语"Fair play"的音译，意为以光明正大的方式而不是采取非正当的手段进行比赛。"Fair play"在西方被认为是一种绅士风度，在中国为林语堂等著名文人所推崇，但遭到鲁迅先生的批判。今天我们就要从大家读过的课文《论"费厄泼赖"应该缓行》出发，对"费厄泼赖"精神展开辩论。现在我们且听正反双方主辩陈词。

正方 A：主席，各位同学，大家好！感谢大家给我陈述我方观点的机会。我方认为，"费厄泼赖"即光明正大的比赛应该实行。理由如下：第一，任何比赛都应该有双方共同遵守的比赛规则，都应该无条件地接受裁判、观众和舆论的共同监督，任何偷偷摸摸、投机取巧的违规行为不仅要受到公众的谴责，而且要受到处罚，最终被取消比赛资格。大至体育赛事、商业竞争、政治竞选，小到学业考试、先进评比以及现在的竞争上岗，无一不需要光明正大地进行。第二，光明正大的比赛有利于造就一个安宁和平的环境。在这样的环境中，人类才能美好地生活，经济才会有效地运转，文明才会持续地进步；而不公平不正当的比赛和竞争必然产生怀疑、猜忌与争斗，甚至引起混乱和战争，这对人类文明成果的破坏性，不用我方多说。因此"Fair play"是文明社会的动力，是我们应该坚持的基本立场。第三，反方同学坚持鲁迅先生当年的观点，即认为光明正大的比赛应该缓行，可能会犯错误：鲁迅写《论"费厄泼赖"应该缓行》是在 1925 年，当时不存在"费厄泼赖"的条件，在时隔 73 年后的 1998 年，反方同学还抱着鲁迅先生 1925 年的教条，不分时间、地点、对象、条件地生搬硬套，势必犯刻舟求剑的错误。谢谢！（掌声）

　　反方 E：谢谢主席和各位同学。现在由我代表我方陈述我方观点："费厄泼赖"应该缓行。我方的理由是：第一，到今天为止，仍不存在"费厄泼赖"的条件。第二，现在实行"费厄泼赖"，真善美就可能输给假恶丑。鲁迅先生说过，"'费厄'，最好是首先看清对手，倘是些不配承受'费厄'的，大可以老实不客气。"假恶丑向来是不光明正大的，你对它们光明正大，结果总是你吃亏。中国有句古话："祸害千年在，好人命不长。"之所以如此，就是因为好人太"费厄"了。那么长此下去，世界就将是恶人的天下。综上所述，我们认为，鲁迅先生当年的观点，现在仍然适用。谢谢！（掌声）

　　主席：谢谢正反双方的主辩为我们陈述了各自的立场和观点。现在请正反双方辩手展开自由论辩。

　　正方 B：我们注意到，刚才反方陈述的两点理由很勉强。第一，现在仍不存在光明正大比赛的条件吗？难道说每 4 年一次的奥运会和亚运会，那些冠军都是作弊过来的？我们不否认赛场会偶尔出现作弊行为，但那是支流不是主流，反方显然犯了以偏概全的错误。第二，实行光明正大的比赛竞争，让人们更清楚地分辨出真善美和假恶丑，这样假恶丑就失去了藏身的地方，只能加速灭亡。所以反方观点是不成立的。

反方 F：相反，我们觉得理由勉强的是正方。光明正大的比赛、公平的竞争只是理想，人人都有作弊的倾向是现实。规则虽然光明正大，那是人制定的，也是人去实行的，是人就有主观误差，所以不可能绝对光明正大。因此鲁迅先生 1925 年的论断具有无比正确性，真理有永恒的力量！（掌声）

正方 D：请反方同学直接回答我们的问题：奥运会、亚运会是不是光明正大的比赛？难道我国的体育健儿连年夺金，不是靠他们的拼搏和实力，而是靠搞歪门邪道得来的？（掌声）

反方 G：比赛取得名次的毕竟是少数。如果对方搞歪门邪道，在这种情况下，我们就不能对他们"Fair"。

正方 C：请反方同学不要"如果"，要讲事实。事实是什么？有人胆敢冒险，服用兴奋剂，取得的冠军，最后不是被宣布取消了吗？这说明，比赛的光明正大性、公正性不容怀疑，不容侵犯。"费厄泼赖"精神不仅要实行，而且要永远实行。

反方 F：我们认为不要在细节上纠缠，要胸怀大局。基辛格说：国家之间只有真正的利益，没有真正的朋友。实行"费厄泼赖"要有至善至美的前提，这个前提不存在就不能实行"费厄泼赖"。（掌声）

正方 B：现在我们大多数人提倡"费厄泼赖"，少数人不提倡"费厄泼赖"，我们要打倒这些少数人，为光明正大扫除障碍！

反方 E：但我担心在这场光明正大的比赛中，倒下去的不是要手段的少数人，而是提倡"费厄泼赖"的多数人。鲁迅早就告诫我们，落水狗、叭儿狗狗性难改，要咬人的；我们如果对它们公平，让它们上岸，它们还是要咬人的，吃亏的总是讲"费厄"的好人、善人。所以善良的人们，"费厄泼赖"万万使不得啊！（掌声）

正方 B：好人、善人吃点儿亏并不是真正的倒下。"吃一堑，长一智"，他们会最终站起来，把狗道变成光明正大的人道！（掌声）

反方 F：谢谢正方同学论述了我们的观点。"痛打落水狗"，就是不要"费厄泼赖"，正是鲁迅先生和我方的主张！（掌声）

正方 C：请反方同学注意，不要靠煽动把人引到邪路上去。大家都不光明正大，都去搞阴谋诡计，世界会是什么样子？必然是互相算计，互相拆台，吵架、打架、斗殴、凶杀、战争，到处一团糟，人类还有什么希望？

反方 H：我们并不是在搞煽动，不是在劝人们作恶，而是劝人们对坏人、坏事不能"费厄泼赖"。有句话说得好："对敌人善良，就是对朋友的残酷。"对敌人"费厄泼赖"，就是对朋友、对自己不公平。我们要分清敌我，即鲁迅先生说的，看清对象讲"费厄"。

正方 A：那么，对方叫我们不讲"费厄"，是不是要我们把周围的每个人，都看成敌人？请对方同学正面回答！（掌声）

反方 F：但如果我们周围的每个人都是朋友，就用不着竞争比赛了，自然就不分光明正大的还是非法手段的比赛了。是比赛就有对立面，是对立面就要产生光明正大的反面。请问，正方同学难道认为在战场上，也要光明正大地射击，不准放冷枪吗？

正方 A：战争流血牺牲，目的就要实行"费厄泼赖"。如果双方都讲"费厄泼赖"，就不会有战争；不讲"费厄泼赖"，正是战争的根源。

反方 E：请问正方同学，靠什么维持"费厄泼赖"？

正方 A：一个社会靠法律制度维持，一场比赛靠比赛规则维持。

反方 F：法律面前不一定人人平等。比如"辛普森黑人案"的处置，就是美国种族歧视的结果。

正方 B：可是辛普森最后还是被捕了！（掌声）

反方 F：可是我还是没有被说服。（笑声）

正方 B：那是因为反方同学"顽固不化"。（掌声）

反方 E：现在请正方同学注意不要转移话题。我们不是讨论辛普森该不该被抓，而是讨论实不实行光明正大的比赛。我们的基本立场是，在利益场合，不能实行"费厄泼赖"。因为只有永恒的利益，没有永恒的道义。这是商业社会的一个基本情况。正方同学忽视了这一点，因此很难站得住脚。

正方 B：请问反方同学，难道在商业社会，公平交易、公平竞争就不重要了吗？

反方 F：不重要！股票市场就只有投机，没有公平交易。（掌声）

主席：尊敬的各位辩手，各位同学：下课铃就要响了；可是我们在座的每个人，一定都希望时间停止，好让我们将这场精彩的辩论继续下去；作为主席，也作为一个忠实的听众，我真不忍心利用我的权力，打断这些充满了激情和睿智的声音。在听辩论的过程中，我相信大家都像我一样，被这些声音强烈地打动着、感染着。英国哲学家休谟曾撰文评论古希腊雄辩家狄摩西尼的演说："它是敏捷麻利的和谐，准确无误的理智；它是热情的论证，显不出任何人工做作的技巧；它是高傲、愤怒、粗犷、自由的情感流露，渗透在一个川流不息的论证之中。"我想，我们的辩手中就有人具有狄摩西尼的气度；他们年龄虽小，但前途无量。狄摩西尼的声音已经永远地留在了历史的记忆里，我希望在座诸君童稚的声音，在未来可以变得沉雄浑厚，在永恒的时间殿堂上回响不息。

这是一场高水平的辩论赛，它要归功于全班每位同学的精诚合作，以及辩手们精心的准备。论辩时天衣无缝的技巧，珠联璧合的妙语，或藏或露的机锋，则有赖于他们平时积累的语言素养。正反双方论辩时都配合默契，有的同学非常善于在己方处于不利局面时，转移话题，力挽狂澜，使论辩于低谷处奇峰突起，给人以震撼和享受。

我并不偏向于正反的哪一方，也不想裁决哪方的对错。我觉得，这是你们在以后学业道路和人生历程上完成的任务。因此，这场辩论还远远没有停止。本来，辩手们的观点已足够精彩，用不着我画蛇添足地来高谈阔论并不见得比辩手高明的个人看法。不过，按照惯例，我还是不得不这样做。

究竟如何看待"费厄泼赖"？光明正大地比赛，还是用不正当的手段去比赛？难道现在我们仍要提倡用不正当手段对付敌对事物吗？对于腐朽事物，我们要不要用不正当手段来彻底革命？我个人的看法如下：

在篮球场上，我们不能不讲"费厄泼赖"。为了进球，必须遵守比赛规则。那种抢不着球就打人撞人的球员，要被罚黄牌。拳击时要打规定的区域，不能说为把对方打倒，就像中国武打小说里说的那样，袖藏飞刀、脚绑暗器，或乘人不备，往人家裤裆一钻，扛起来往地上一扔，将对方摔一个脑震荡。因此，在这种场合要 Fair play。

战争场合要不要 Fair play？历史上有一个著名的战役泓水之战：宋国攻打郑国，楚国来救，楚军渡泓水到中途，宋大司马公孙固劝宋襄公实施攻击，宋襄公不听；楚军渡河后尚未排成阵势，公孙固再次请求，宋襄公还是不听。结果宋军大败，宋襄公受了重伤，一年后死去。宋襄公的理由是：君子不伤害已经受伤的人，不捉拿头发花白的人；古人作战，不在险隘处伏击，不攻打尚未排成阵势的军队。宋襄公可谓是一个非常讲究规则的人了，可以说非常 Fair play，但最后不仅战败，连老命都丢了，值不值呢？可见许多战争场合，是没有 Fair play 可讲的。战争跟比赛不同，如果你去遵守敌方并不认可的规则，把打仗当成篮球比赛，就注定要付出代价。

历史上的许多战争，都是在以前共同约定的规则受到破坏的情况下发生的，大家能在规则上达成共识，就不会有战争了。没有共同规则，人与人之间的分歧就是斗争；有了共同规则，才有公平竞争。所以人类的历史，就是破坏规则产生斗争，又通过斗争制定共同规则，形成竞争有序的文明和谐状态的过程。就我个人的愿望而言，我更倾向于选择 Fair play，而不是 Unfare struggle。

以上是我个人的看法，不是标准答案。欢迎大家以后与我辩论。

今天的辩论到此为止，谢谢各位辩手，谢谢大家！（掌声）

五　其他有声语文课型

（一）演讲：为学生提供讲台和听众

演讲是个人向群体表达自己的观点，没有多个听众不成演讲。又因演讲是表达个人意见，不是传达上级命令、文件精神，说者与听者之间须得建立起一种相互信任的友好关系，与公事公办的报告和开会又有所不同。旧中国的民主生活和公共理性比较缺乏，因此在传统语言生活里，演讲的因子也比较缺乏。英国首相丘吉尔 1900 年为竞选议员在全国做巡回演讲，不仅获得了 4000 英镑的收入，而且赢来了政治资本。"在最大的会议厅里挤满了友好的听众，演讲中还伴以放映灯，来展现我所经历的冒险以及我如何从俘虏营中逃出的经过，所有这一切又都镶嵌在这场战争的总框架之中。"[1] 在旧中国，则很难出现这种场面。

中国现代教育史上一些有识之士把演讲作为培养学生的团体精神、促进民主政治的一种有效手段。南开中学校长、教育家张伯苓先生认为："国人团结力薄弱，精神涣散，原因在不能合作与无组织能力。因此学校对于学生

---

① 费欧文.牛津口才［M］.北京：中国城市出版社，1997.

课外组织、团体活动，无不协力赞助，切实倡导，使学生多有练习做事参加活动之机会。"而他所竭力提倡的各种课外活动，就有演讲。他认为："讲演目的，在练习学生说话之技术，与发表思想之能力，并可进为推行民主政治之准备。其组织，或以年别，或以组分；其训练，由学校聘请有研究有兴趣之教员，为其导师。平时充分练习，定期公开比赛。其优胜者，则由学校加以奖励。"① 由于有这等办学理念，南开中学那时成立了演说会。周恩来曾担任该会副会长，他还是"敬业乐群会"的创始人。根据一些人的回忆，我们现在知道周恩来的演讲才能跟这段时期的教育有非常直接的关系。"周恩来同志非常注重口头宣传，在'敬业乐群会'里设有演说部，他带头练习演讲。由于他锻炼了出众的演说才能，南开学校参加两次天津校际演说比赛，以周恩来同志为首的三人代表两次均获得第一名。""有一次为了参加演讲比赛，他天天练习，从内容到声调，从仪容到姿态，广泛征求同学意见，有时还对着镜子练。他还练习即席讲话，不打草稿、不准备，得到题目立即发言，借以锻炼机智敏捷。他多次参加全校辩论会和全市演讲会，总是理论精辟，生动感人，具有很强的感染力和说服力。"周恩来在国难当头之际，经常发表抨击袁世凯的演说②。可见，当时学生的演讲舞台是很多的，不仅校内重视，还与社会接轨。

演讲的前提是要有听众，有了听众，就有了话语关系和话语需要，才能产生演讲的情境和气氛。在教学或训练时，听众多为本校师生，难免使话题单一重复，没有新鲜感。如能走向更为陌生的人群，不仅会使话题丰富、话语新鲜，而且说者与听者之间的差异，会刺激说和听的愿望，造成交流的自然落差。演讲者在这种具有落差的场合，从听众比较积极的反应中更能获得演讲的成就感和快乐，他的各种演讲能力也会相应地得到锻炼。

因此，相比较于其他，演讲是更需要听众数量和听众反应的一种社会性的说话活动。演讲者的听众最好是不要通过强制集合起来的人群，而是他们自然而然的话语需要。比如上课、开会、听报告，那是有纪律约束的，这时如果演讲者的话题也是公文性的，听众即使给他掌声也可能不是发自内心的。

---

① 张伯苓.四十年南开学校之回顾［M］//杨志行，纪文郁，李信.解放前南开中学的教育.天津：天津教育出版社，1989.

② 纪文郁.周恩来同志在南开中学［M］//杨志行，纪文郁，李信.解放前南开中学的教育.天津：天津教育出版社，1989.

但是如果他买了门票来听演讲，或者他是一个围观的路人，他就不是被迫听而是想听，他的鼓掌、笑声或者喝倒彩，是一种自发的反应。严格说来，这种场合，才叫真正的演讲。

在一些国家，演讲似乎不专属语文课，而是融汇在其他课型之中。比如美国中学生的社会课要用到演讲，在专为那些有政治抱负的少年设计的领袖夏令营更要训练演讲。训练方式注重实地演练。"组织者有相当周密细致的计划，包括如何训练声音、手势、服饰搭配等，并且公开卖（选）票，听众多是政府要员。卖票是训练少年领袖才能的方式之一。在美国，好多活动都要依靠募款，这也是各级竞选时的重要项目之一。这些中学生得扬着稚气未退的脸，学着大人的腔调，找有钱的人助选、募款。有时少年领袖训练营的活动和市长、州长或国会议员的竞选同时进行，那时他们会亲临现场，实打实地操作：演讲、拉票、设计文宣品。"①

上大学期间，每逢假期，我喜欢逛乡间市场看热闹。我发现，民间有很多演讲天才。特别是那些"跑江湖"之人，他们吃的是"开口饭"，任何东西经他们的嘴一说，立即像镀了金一般，光芒万丈。我就曾亲眼看过一个江湖骗子，举起一块不知道从哪里捡来的干牛粪，对围观的一大群乡下人说这是从西伯利亚偷运过来的珍贵的犀牛粪，对医治胃溃疡有神奇的疗效。就这样好说歹说，他居然把一块干牛粪卖出了十多元钱。我并不是要去赞美一个骗子的丑陋行径，我想如果他有渊博的学识，向人宣讲真理，他定会让石头也会举起赞成的双手。我觉得去分析他们的演讲词是非常有意思的事。幸好我那时记下一些，不妨来看看他们的演讲之术。且看一位推销按摩仪器的四川妇人的演讲：

> 大家同志们，今天向你们展览一种洋机器。凡是工人、农民、知识分子，凡是跌打损伤、腰酸腿疼、头昏眼花、饮食不调，都可以来试一试。前三位不收钱。同志们，为啥子这小小的机器那么神呢？原来这是日本进口的一种检查风湿的洋机器。只要在你手指上或耳根子上一放，马上就查出来，一点点都差不了。同志们不妨来

---

① 魏嘉琪. 美国中学生报告 [M]. 北京：作家出版社，2002.

试一试。我说得不好，你吐老师口水，打老师耳屎（耳光），说得好伸出你的贵手拍几个巴掌。前三位不收钱。（这时围观者中的一位妇人要试一试）看来你这位老妈妈是城里人，也是本地人。我家在江油，两天前初来贵地。这里的师傅好，让我摆这个摊子找几个稀饭钱。现在社会上骗子很多，管它什么病，中药、西药、草药，吃了不得发，收你 8 元 8 毛 8；吃了不得翻，收你 23 元 3 毛 3。这么简单呀？假的！老妈妈，让你查查，不收钱……

我佩服的是这些人能以他们出色的演讲，三两下就争取到自己的听众。这些听众可不是安排的，而是被语言吸引过来的。要在这种场合吸引住听众，起码要具备四个条件：一是语言机智有趣，对听者形成较强的冲击力；二是语言的大众化和情境化，才能拉近与听众的距离；三是随机应变力强，反应极快；四是街头赶场，人声嘈杂，要能让自己的声音不被噪声淹没，就需要很高的嗓门，且要吐字清楚可闻。现在我们学生的演讲，学生腔太重，干瘪无味，内容刻板，没有亲和力和感染力。把他们推到这种街头，面向老百姓来推销一种什么东西或宣讲一种什么思想，应该对他们说话作文的装腔作势，会是一个很好的补救。

湖北省宜昌市搞了一个中学语文课内外衔接的教改实验，就是让学生到广阔的生活中去学习语文。为了培养学生说的能力，鼓励学生去民间采集故事，然后再把故事加工，讲给班上的同学听，或把自己所学的东西，讲给村子里的乡亲们听。学生在不知不觉间，就训练出了一副好口才。在这种学习方式中，学生自然萌生出良好的语感和说话的分寸。比如一位学生发现，她的姐姐最恨爷爷，爷爷死了，她念悼词，不说死了，也不说逝世了，而说爷爷"翻了"。这样的发现，实际上就是语感的发现，语言分寸的发现，是书本上学不到的。

我们不必把演讲搞得油腔滑调，但一个学生要具备基本的演讲能力，至少得把话说得分寸合度，自然而然。要做到这一点是不容易的，对于目前的应试教育来说，更具有难度，因为应试教育的特点，就是与生活隔绝。演讲是一种跟游泳一样的技能，需要下水的实际操作。没有水，再是详尽的游泳规则和方法，都是空谈。所以，教材上的演讲指导不足为贵，书店里的演讲秘籍不足为贵，最重要的是为学生提供演讲的校内、校外的舞台，并要用力把学生推到前台去。

　　记得 1988 年我还在读大学，看过毕业于哈尔滨工业大学的刘晨曦教授回母校的长篇演讲录像。几个小时的演讲，不做停顿，一气呵成，那么流畅，那么动听，那么动人。中间还穿插自己的感怀诗作、精辟议论，让我对这位以他瞩目的科学成就获得过瑞典皇家学院殊荣的科学家充满敬佩。1997 年夏天，物理学家、诺贝尔奖获得者杨振宁在北大做了一场《现代物理学与美》的报告，一位听众评价他"讲话清晰凝练，声音和言谈内容都充满了磁性""听杨先生演讲如同读一首优美的诗，如同欣赏气势恢宏的交响乐""杨先生本人又融科学家的理性和诗人的浪漫于一体，他的满腹才学在谈笑风生中随口而出，让人耳目一新"①。理工科出身但演讲能力一流的，还有朱镕基总理。大概学理的人，逻辑思维能力极强，语言组织有条有理，概括提炼极为准确精当，加上这些名家文史哲的学问功底也不薄，演讲的魅力自然出类拔萃。培根说过："历史使人聪慧，诗歌使人灵秀，自然哲学使人深沉，伦理学使人庄重，逻辑修辞学使人善辩。"可见要达到演讲的高境界，须得有渊博的学识，这时技巧就退位于智慧涵养之后，不露些许痕迹了。

（二）戏剧是人生的艺术化

　　戏剧大概源于人的游戏本能，在游戏的过程中模拟人生、社会和大千世界。小儿的游戏，大致都是模仿成人世界的情形，再以他们自身的逻辑表现出来。这也许是小孩在成人化过程中必经的阶段。通过模拟，把成人的东西内化为他们自身的东西，在无形之中成为他们的集体无意识。没有游戏的童年是不可思议的。而在童年扮演的角色，很可能就成为他们一生的角色最原始的蓝本。基于游戏的这种自我教育功能，历史上有名的孟母，生怕孟子受到不良影响，不惜三迁其居所。

　　当然，游戏或戏剧的角色不能跟现实中的角色和成年以后的角色绝对等同起来。但演戏对于人的教化之功是不能否定的。这里不仅有对演员自我的教育，还能超越游戏的范畴，警醒世人。张伯苓说过："南开提倡新剧，早

---

① 陈华.记忆中的风景［J］.教育艺术，1998（1）：33.

在宣统元年（1909年），最初之目的，仅在藉演剧以练习演说，改良社会，及后方作纯艺术之研究。"这就是有名的南开剧团。其公演的第一出戏，就是张校长亲自编导的。

一个中学成立剧团，且搞得那么轰动，在今天看来不可想象。因为电视电脑的冲击，戏剧在今日缺乏市场，地方戏剧团纷纷倒闭，中学教师中恐已无通戏剧者，可谓无人指导。音乐舞蹈教师，学的教的，大多是现在搞庆祝活动有用的中外舞蹈，特别是外国舞蹈，似乎很少有编导戏剧和唱戏的。在当时的南开，戏剧指导教师十分了得。张彭春曾先后在哥伦比亚和耶鲁大学研究教育和戏剧，对戏剧十分热衷。著名诗人、学过建筑的林徽因为剧团设计过舞台布景。戏剧家梅兰芳做过剧团指导。指导得力，学生演出时常引起轰动，剧团因而名声大噪。每逢周年校庆时都要演戏，几十年不变。在那一段时间里，"又有一部分团员为满足剧欲起见，用'敬业乐群会'的名义，每星期六在南开中学礼堂演剧一次，观众皆为同学，不花票价，且因学校每周必观剧一次，演员练习次数非常之多，彼时南开学生的新剧热，可见一斑"①。

每个人都能做游戏，但不是每个人都能演戏。然而一所学校，必有那种天生具备表演才能者。且戏剧是一种繁琐复杂的艺术活动，编剧、演出、布景、场务，均须多人参与，倾力合作。尤其是演出，对一个人的语言表演素质，要求极高极严。在复杂的活动中学语言、用语言，他学得的语言能力，必然至为高迈。根据局中人回忆，曾有一段时期，"南开剧团所用剧本皆属自编，其编制方法，亦颇有趣：首由师生想故事，故事想好再行分幕，然后找适当角色，角色找好则排演，剧词随排随编，迨剧排好词亦编完。编完之后，再请善于词章者加以润色。南开所演之《一元钱》《新村正》《一念差》，皆如是编成"②。就是编剧一项，都有这么多人参与进去，实为至好的语言学习之法。不管他是不是演员，他都得到了高强度的语言训练。比起我们今天干巴巴地去分析主语谓语宾语、段落层次的语言教习法，是不是显得更有"层次"呢？

---

① 陈善忱.南开新剧团史略［M］//杨志行，纪文郁，李信.解放前南开中学的教育.天津：天津教育出版社，1989.

② 陈善忱.南开新剧团史略［M］//杨志行，纪文郁，李信.解放前南开中学的教育.天津：天津教育出版社，1989.

　　苦于条件限制，我们能做的最多是拿课本上现成的剧本来，或把课文改编成剧本让学生演练。笔者曾见过一位老师组织学生表演古文《晏子使楚》，用现代的语言将原来的人物对话进行改编，演得蛮有味道。学生有对原文的创造，演员和观众，也许对这篇文章，一辈子也忘记不了。很显然，这种教法，比只讲里面的字词效果要来得好。在戏剧活动中，往往能展现一个群体的智慧。笔者曾组织学生演郭沫若的《屈原》，大家为了演好想了很多办法。即以化装这一项，高中学生还不到化妆年龄，献不出化妆品。即使献得出来，要往演员脸上大把大把地抹，也心疼。有人提议画面具，解决了这个问题。但问题又来了，剧中人物，有的在课本上找得到原型，可以参考；但靳尚、郑詹尹、婵娟、卫士，就找不到了，完全靠他们以小人书为参考，自己创造。卫士的面具，一位同学建议去玩具店里买一个当时流行的奥特曼的面具，拿来一试，还蛮有那么回事。在演出过程中，一些演员表现出很好的应变能力。比如扮演靳尚的学生，提着纸皮画的马灯走上台来，当他除去黑色的面纱时，慌乱间将纸做的面具也掀了起来，露出了自己的真面目。他很聪明，故意绊了一跤，转过脸去把纸面具重新戴上。在画面具时，需要有根据人物的台词原文的介绍对人物的分析揣摩，然后把这种理解反映在直观形象之上。在表演时，演员须得使自己的语言与肢体的动作协调一致。这些，都是实实在在地学语文，活生生地学语文。

　　但是这种以课本为准的戏剧表演限制了孩子们的创造力。他们本应该用这种形式来表现他们对现实世界的理解。他们应该有自己的戏剧，就像当年的南开中学的师生那样，而不是生活在别人的戏剧中，去扮演别人设计的角色。他们还应该用自创自演的戏剧，到广阔的社会中去，到广大的人群中去，发挥戏剧的劝世醒世的功能。现在海南及广东的许多地方，还保留有凡逢红白喜事、村社大庆、民间节气，都要唱地方戏的习俗。在海口城区，不少居民区里还保留有古老的戏台。为什么我们不利用这些舞台，让我们的学生也去表现表现呢？这是语文教育的珍贵资源，我们理应开发利用啊。

第三章 分论：阅读教学

一 阅读总论

（一）阅读的迷失

衡量一个人的语文水平，除文字表达之外，阅读是个大项。阅读是通向语文知识与语言技能的门径，掌握了这道门径，才可能进入母语的内核，汲食母乳而成长为母语化育之人。

语言表达能力上乘者莫如作家。考证许多作家的成长历程，他们有一个共同点：很小时便会识字阅读，从阅读中习得良好的语感，进而对一种语言运用自如。歌德4岁开始学法、英等多种外语，并能自己阅读书籍，8岁能读德、法、英等多国文学期刊，14岁开始写剧本。我们常觉得这些天才高不可攀，其实天才的早慧大多得益于早年的语言开发，使得他们的大脑通过语言储存，而具有与众不同的语言容量和信息处理能力。

苏联教育家苏霍姆林斯基通过研究发现："许多学生之所以不能掌握知识，乃是因为他们还没有学会流畅地、有理解地阅读，还没有在阅读的同时进行思考。""学生学习越感到困难，他在脑力劳动中遇到的困难越多，他就越需要多阅读：正像敏感度差的照相底片需要较长时间的曝光一样，学习成绩差的学生的头脑也需要科学知识之光给予更鲜明更长久的照耀。"① 世界上

---

① （苏）苏霍姆林斯基.给教师的建议 [M].杜殿坤，译.北京：教育科学出版社，1984.

教育程度较高的国家乌拉圭，深明阅读可以使歧路者改邪归正之理，因此该国刑法规定，对于没有犯罪前科的犯法者可以视其违法情节轻重，采取包括读书等自我教育的方式代替坐牢。因为他们调查发现，近56%的15岁以下违法的孩子在最近一年内因为没兴趣而没读过任何一本书，这与犯罪不无关系①。阅读不仅关系到学生的学习成绩，更重要的是帮助他们成为一个健全的人。

可以这样说，一个不会写作的人，也是不会阅读的人，或者是阅读不广的人。在我亲身经历的许多教学实例中，学生就所提供的材料，写出不知所云的议论，同时是他们读不懂材料的证明。苏霍姆林斯基曾把一些学生的语言逐字逐句记录下来分析，发现"这种语言好像是从上下文里脱落出来的个别的词，他们之间没有任何联系……这种智力上的口齿不清，正是由于缺乏流利地、有理解地阅读以及边阅读边思考的技能造成的"②。套用苏霍姆林斯基的分析，我们学生那些结结巴巴的材料作文，就是因为学生对材料没有理解和思考造成的。

按苏霍姆林斯基流利地、有理解地阅读的标准，就是"一下子能用眼睛和思想把握住句子的一部分或整个较短的句子，然后使目光离开书本，念出所记住的东西，并在同时进行思考——不仅思考眼前所读的东西，而且思考与所读材料联系的某些画面、形象、表象、事实和现象"。而且，苏霍姆林斯基说，这应该是小学阶段就完成的任务。笔者用这个标准测试高三学生，测试材料为一个长句，要求被测试学生在一眼读过这个长句之后，将主要意思和阅读时的画面形象、表象和事实等心理活动记录下来。结果，多数人能写出句子的主要意思，大部分人没心理活动内容。说明目前的中学生阅读，多为机械阅读而非理解阅读。而将这种测试扩展为一个200字左右的段落，这种机械阅读的弊端就暴露无遗。多数学生抓不到段落的主要意思，因为机械阅读最大的特点就是在心灵表象里只有字词的拼写形式，没有字词与对应事物或现象的联系。除了像从一只坏钟表里掉落出来的支离破碎的零件一般的字词或句子外，再无感触或联想，一旦这类学生写起读后感之类的文体，其感受和议论则一点儿不着边际，明显是硬着头皮硬拼出来的。

---

① 是读书，还是进监牢 [N]. 羊城晚报. 1998-7-19。
② （苏）苏霍姆林斯基. 给教师的建议 [M]. 杜殿坤，译. 北京：教育科学出版社，1984.

　　机械阅读由词到词，由句子到句子，是在死的语言里进行的死的行走；理解阅读是以语言材料作为平台，想象的翅膀从此放飞，它由此及彼，由表及里，从具象中读到抽象，从抽象中读到具象，从死的字句中读出鲜活的情感、思想和灵魂。所谓"一粒沙里看世界，一朵花中看天堂"，即为理解阅读的典范。在人眼中，"沙"与"花"，不是一个个词，不是一个个句子成分，也不仅仅是现象界里的"沙"与"花"，而是朝向变幻纷飞的世俗世界甚至精神世界的两道窗口。在理解阅读活动中，语言作为激发读者想象、思维的精神酵母而存在，可以在活的躯体中发酵出无穷无尽的精神能量。要达到这一层，必要的语言想象是不可缺少的。而这一点最重要的心理品质，正是当今中学生所极度缺乏的。

　　遇到须调动想象力的当代诗歌，阅读理解的障碍问题，则变得非常严重。1996年海南省高考统一测试作文试题以浅显小诗《蒲公英的遗产》为材料，小作文要求将其想象与补充，用散文笔调，将诗中的画面情景描绘出来；大作文要求以诗中寓意展开议论。此诗正文为："秋/蒲公英老了/子女问/有什么遗产/母亲默默地/在每个孩子的头上/戴上一把远飞的伞。"居然有考生认为蒲公英是一棵风景树，绝大多数考生不知道"戴上一把远飞的伞"与蒲公英原来的形象有什么联系。既不知"蒲公英"为何物，亦不解如此浅显的句子，整首诗的寓意即蒲公英的遗产，当然浑然不知所云。有大谈特谈母爱重要的，有抨击金钱财富罪恶的，有把"遗产"二字单独抠出来再加一点儿先烈轶事的，然而少有人注意"远飞的伞"这个喻体的本义及象征义。中学生对诗歌的隔膜，仿佛是盲人骑瞎马走进了云山雾海，深一脚浅一脚，不知何去何从。笔者曾在学生读过苏轼《念奴娇·赤壁怀古》之后，出示一首与该词相关的当代诗，抽调几个语文成绩较好的学生阅读，能读懂者寥寥无几。

　　不懂诗，还无关大体。不懂古文，学生与传统文化的脐带，过早地断了，是危险的。而如今的中学生，视中国古诗为"外语"的，大有人在。幸好高考过去在这方面多标准化命题，在几个有限的选项中，瞎猫抓死老鼠，还可碰一碰运气。在连猜带蒙的运气的掩盖下，中学生的古诗文阅读障碍，不至于过分败露。一份对北京市高校理工科学生的调查报告显示，"对孔子'君子和不同'及黑格尔'熟知并非真知'，全答对的仅占6%。一些学生不知所云，胡乱解释，其困难并不在于理解哲理，而是不理解古汉语和半文言文"①。文科学生的状况，借用一份报道的概括："惨不忍睹。"② 该报道提到一个48人的汉语言文学专业班级只有8人在看中国古典文学；某中文系的学生反问老师为什么要从《诗经》读起；在北京学院路的一家新华书店里，"中国古典文学"书架栏上，"竟有半架是武侠小说"，"四书五经已满目疮痍，三言二拍也落满灰尘"。该文指出的原因值得重视："语言障碍是影响中国古典文学作品普及的最重要的因素。"中国古诗文阅读的空洞，造成我们当中不少人惊人的无知。有只知林黛玉不知薛宝钗的大学生，有把"范仲淹"写成"范仲死"的中学生，有在自己的论文中赫然写道"孔子说：师者，所以传道授业解惑也"的中学语文教师……

退一万步说，现代社会日新月异，我们的后代没那么多时间去阅读"古典"，要争分夺秒赶新潮，要脱胎换骨成为新人类乃至新新人类，但至少也得有一两部像样的名著作依凭，免得"新"得面目全非。中学生似乎连这个也懒得要了，正以动画片、卡通片、武打言情小说的速度节奏，变成离现代教育越来越远、面目难辨的陌路人。调查显示，中学生喜读的书籍，按先后排名分别为科幻小说、卡通读物、武侠小说、军事读物。对于名著，随便翻翻、想看未看、几乎不读三种情况者分别占 34.8%、27.8%、18.9%，认为名著是矿藏、乐此不疲者仅占 9.6%。记者在北京市少年儿童图书馆调查，借阅率最高的为言情武打小说，某校初三 70% 的男生喜看武打，女生喜看言情③。此种阅读潮流曾一度使不少曾被人们熟悉并喜爱的优秀少儿期刊发行锐减，有的已陆续停刊。上海某中学学生阅览室，最受欢迎的期刊为《少男少女》《米老鼠》，仅占该校期刊订阅总数 2% 的《儿童文学》《少年文艺》，少有人翻阅④。在中国分布更为广大、办学条件相当简陋的农村中小学，从笔者掌握的比较可信的调查材料看，情况不可能更好。据记者对某所条件较好的全日制农村中学调查，该校的几千册图书只是用来应付上级部门验收检查，从未开放；初中学生仅 2% 读过中国四大名著；94.7% 未读过《十万个为什么》之类的科普读物；学生最喜欢的书籍，亦跟城市学生的卡通、武侠、

① 有多少人在读古典文学作品 [N]. 中国青年报，1999-10-8.
② 有优势也有缺憾 [N]. 中国教育报，1998-12-1.
③ 今天的孩子在读什么 [N]. 中国教育报，1999-5-30.
④ 儿童文学期刊何以遭冷遇 [N]. 中国教育报，1998-6-2.

言情类似①。

　　此项调查数据为 1995 年，年限久远了些。现在因网络的普及，手机已成不少学生的依赖，杂志发行数量锐减，因为许多学生除了读教科书，已经不读纸质书籍和报刊了，阅读的碎片化、图片化和肤浅化问题更是严重。

　　笔者所看到的另外一份调查，显示出来的中学生阅读倾向与上文所述，有些出入②。来自山西的调查结果，中学生喜爱的课外读物，按程度排名为文学艺术类（初中 49%，高中 57%）、科普类（初中 38%，高中 37%）、政治历史类（初中 23%，高中 26%）、军事类（初中 5%，高中 9%）、其他（初中 27%，高中 31%）。太原十五中就"你周围流行哪一类书籍"的问题调查，按先后排名为《读者》《青年文摘》等期刊、卡通、武打、言情，北京九中言情、武打阅读仍排榜首。据此推知，学生最喜欢的文学艺术类书籍中，绝大部分仍为武打言情小说，而不能像调查陈述的那样，"中学生在选择课外读物时基本上都是健康向上的"，笔者也看不出武侠言情小说"有降温的趋势"。对名著的阅读调查，读过或喜欢《西游记》《三国演义》《水浒传》《红楼梦》的广东汕头的中学生，分别为 44.5%、35.1%、27.1%、25.4%，北京九中分别为 25%、18%、20%、45%。北京九中的学生据说还涉猎了《简·爱》《呼啸山庄》《高老头》等外国名著，"范围之广、类别之多，令人刮目"。黑龙江省哈尔滨市的多数学生阅读中外名著的数量都在 1~5 本之间，阅读 6 本以上的比例很小，竟有 1/3 的学生阅读中外名著的记录为 0。笔者认为，这些调查数据，有值得仔细斟酌之处。材料所列的我国四大古典名著，近年来都陆续搬上银幕，有的已被改编成连环卡通，在学生中风行甚广。看改编电视剧或连环画，与阅读原著是两码事，不可相提并论。因此笔者对该份材料显示出来的那么高的名著阅读率，持怀疑态度。就算这些局部数据真确，但材料抽样范围，即使是经济欠发达地区，也多选著名城市的市级中学，我国城市中学生的状况，并不能代表我国分布甚广、数量甚巨的两三亿农村中小学的情形，中学生阅读的暗区，我们还未真正了如指掌。

　　一本探讨阅读问题的书提到目前初中生的阅读状况：

① 农村中小学生课外阅读堪忧 [N]. 中国青年报，1995-12-6.
② 陈锋. 撩开中学生阅读世界的神秘面纱——中学生课外阅读情况调查 [J]. 中学语文教学，1997（9）：2-5.

曾对我所教的两个班级学生进行过一次问卷调查。喜欢读名著的学生不到10%，学生普遍反映大多数名著容量太大，没有耐心读下去。有的内容（特别是外国文学作品和古代文学作品）还读不懂；有的内容离现在生活太远，读起来没意思①。

理解困难，兴趣寡淡，阅读速度和阅读量自然上不去：

《义务教育语文课程标准2022年版》对中学阶段语文课外阅读做了具体明确的规定，"课外阅读总量不少于260万字""每学年阅读两三部名著"。笔者对本年级学生进行了关于初中生阅读状况的问卷调查，发现每年近70%的初中生仅读过1~2本名著，如果每本平均字数在20万字，一年最多只能读40万字，三年只能读120万字，与新课标要求的260万字相去甚远。更多的学生每天课外阅读的时间还不到半个小时。以学生现有平均阅读速度300字/分钟计算：260万字就需要约8667分钟，约144个小时，即使是每天坚持阅读的孩子，260万字的阅读总量也要每天保证一小时的阅读时间才能完成。这对学业负担较重的孩子来说，有点困难，因为孩子的学习不仅有阅读，还包括其他科目的作业、各类活动、培训班等②。

高中学生因为有高考的威压，很多学生到高二甚至更早就进入高考练题状态，更没有时间读名著或者自己喜欢的书籍。与考试有关的书有用，无关者则没用，于是不读"无用"之书的现象越来越突出。中学生语文杂志《新读写》曾举行"让青少年读懂中国"征文活动，提供五道作文题，要求学生择一写作。提交的5万多篇中学生作文中，"写《走近……》的占64%，写《我心中的一位民国大师》的占16%，而写《"大义灭亲"和"亲亲相隐"》《威斯敏斯特教堂的无名墓碑》以及《朝三暮四》这三道题目的学生，加在一起只占20%"。里面的症结一目了然："如今学生的阅读面太过狭窄，这直接导致在写作文时，大部分人只能找一些与日常生活紧

---

① 潘玉峰，代旭. 语文教学的趣味名著设计［M］. 合肥：安徽人民出版社，2012.
② 周华松. 王斌. 课改智慧背囊［M］. 杭州：浙江大学出版社，2017.

密结合的题目'简单说说'。"①

　　中学生阅读行为中名著的缺席，这个问题的严重性在于，他们与保留在语言符号中的人类优秀的智慧与文化的联系中断了，这直接导致了某些中学生精神世界的情感枯竭、心灵空虚，文化垃圾充斥，思想反常、行为怪异，缺乏目标感、责任感和道德感。人在早年建立的认知图式，就跟在幼年养成的行为习惯一样难以修改。中学生们凭卡通、武侠、言情、网络泡沫之类的阅读经验建立起来的认知图式，不仅拒绝装填格调高雅不俗、具有导航意义的人类真知和偶像，而且支配着他们一系列反道德、反传统、反社会、反家庭的行为。塞万提斯笔下的堂吉诃德，抛开这个人物形象的其他意义不论，此人不合群的疯言疯语，还停留在中世纪骑士时代的思维方式和怪诞行为，何尝不是因为读骑士小说中毒太深。这位西班牙绅士，空闲日子居多，闲来无事就看骑士小说，看得爱不释手，津津有味，打猎及家产都忘得一干二净，甚至为买小说不惜变卖田产。"他沉浸在书里，常常从黄昏读到黎明，又从黎明读到黄昏。由于读得多，睡得少，他脑汁日益枯竭，终于失去理性。他满脑袋尽是书上读到的什么魔术呀、比武呀、打仗呀、挑战呀、创作呀、调情呀、恋爱呀、痛苦呀等荒诞无稽的事。"反观我国中学生阅读武侠言情小说，情形何其类似，确有人入迷太深的悲剧。一位20世纪70年代出生的作者，描述儿时游戏：

　　　　那时我七岁，上小学一年级，电视正在播《射雕英雄传》，女孩子的头头自称"黄蓉"，与"黄蓉"最要好的就成了"郭靖"，最调皮捣蛋的是"老顽童"，年纪最大的是"洪七公"，"欧阳锋"谁也不肯当，只能随机。哪个人犯了众怒，我们就都骂她为"欧阳锋"。每天放学，我们就涌到"黄蓉"家，上演射雕新传。本应该是骑马逐鹿的，可女孩子大多力气小，很多"英雄"的"马""骑"不动，就只有"黄蓉"的坐骑是个身强力壮的女孩。"马"背着"黄蓉"飞跑，身后跟着一大堆"英雄"，吆喝着在大院子里

---

① 樊丽萍：《中学生阅读"投机取巧"现象让人忧心，如何引导中学生阅读"无用"之书》，文汇教育（微信公众号），2018-7-28.

转圈，尘土飞扬①。

以武侠小说的标准分辨好人坏人，是非善恶，确定行事准则；以武侠英雄作为偶像崇拜，对一个孩子的社会化及心智发育，只能起阻碍作用。当然，堂吉诃德式病态性格的养成，除了读物的误导，一个重要原因是人在书本的围墙里关得太久，与外界隔绝，没有新鲜空气可供呼吸，即使是一本《红楼梦》那样的世界名著，也可能让一个着魔的读者感染贾宝玉的疯傻和林妹妹的敏感，从而难以救治。不过，即使对名著的误读依然存在，但名著对大千世界和复杂人性的深刻体察及多向度的揭示，本身为阅读者误读行为的矫正提供了丰富的语言内涵，这是无论多么惊险的武侠小说都望尘莫及的。因此，我们往往很难看到一个因痴迷于名著而犯人生大错的人，倒是能看到他们在名著的语境中回过头来，他们的微笑或痛苦给人生增添了无穷的韵致。这样，我们就不难理解，为什么从骑士小说中走出来的堂吉诃德永远身穿生锈的盔甲，挺着一杆过时的长枪，永远执迷不悟地以一个荒原上的风车为假想敌发起进攻；而从《水浒传》《三国演义》的古战场中走出来的，则可能是风度翩翩的政坛人物和深受润泽的商战英雄。

下面是一个孩子阅读了名著从而拒绝玩"王者荣耀"游戏的生动例子：

> 一段时间，手机游戏"王者荣耀"盛行于中小学，不少孩子都沉迷其中。为此，云舟的数学老师还在家长会上讲过，他早上六点登录"王者荣耀"，就发现班上有不少孩子已经在上面各就各位了。有同学把手机递给云舟，对她说："你试试吧，可好玩了，肯定会让你废寝忘食的！"云舟接过手机玩了一小会儿，就对这个同学说："没啥意思！""怎么回事？怎么大家都觉得好玩的东西，你不感兴趣？"云舟答曰："我觉得无聊！你看看，这里面好多东西都是错的！不信？你去看看《三国演义》。"②

在这个信息社会，信息的浪潮铺天盖地，一个现代人更须具备辨别和选

---

① 快乐时光［N］. 南方周末，1999-5-28.
② 周璐. 我用阅读教育孩子［M］. 北京：中信出版社，2019.

择有用信息的能力，在信息泛滥成灾、价值标准多元的噪声中不至于丢失自己的耳朵和嘴巴，也不至于丧失那些在机器时代弥足珍贵的人文素养。这些能力及素质的培养，归根到底是阅读能力的培养。然而，我们的语文教育培养出来的一代人甚至几代人，不少是拙于阅读和误于阅读的人，虽然高中毕业，若问他读了几本课外书，许多人可能哑口无言。好在现在的新课标部编版教材注意到了这个问题的严重性，特意设置单元，强调阅读整本书，这就是我们的语文教育正视这些现实和历史问题的开始。

（二）语文教学与审美渗透

美是修养，也是不可忽视的力量之源。一个爱美的人是不容易被打倒的，一个爱美的民族总能从废墟处长出花朵。川端康成获诺贝尔文学奖，发言的标题即为《我在美丽的日本》，大谈日本的插花艺术，而不是炫耀日本人曾创造的经济奇迹。为人类的文明史留下了无数优美诗篇的中华民族，美学传统更是源远流长。汉语之美，在《诗经》《楚辞》里，在洋洋大观的"唐诗宋词"、《西厢》《红楼》里，有了这些美丽的经典，纵遇千难万劫，也可随时获得新生。

审美素质不是天生的，依赖于教育特别是学校教育的培养。近代著名教育家蔡元培先生极力主张美育至上，试图以美育代替宗教。中华人民共和国成立后的教育方针把美育列为与德智体劳并列的一个基本教育目标。语文是实现美育的重要途径。学者陈平原提道："有人把美育理解成多学一种技能，像画画、练钢琴，而不是一种眼光、趣味和文化修养。在我看来，美育最基本的是语文，是语言文学的能力和修养。"[①]

林语堂先生曾言："文学与非文学作品之不同，就在有的写在笔下，倍觉美丽；有的写来，拙直无味，自然那些写得越是美丽胜过别人的，越能永垂不朽。"[②] 能传之后世、永垂不朽的语言范本，必具文学的美丽与抒情的特质，因此林语堂认为，"文学之抒情的素性，使吾人得以把文学当作人类性灵的反照，而把一国的文学，当作一国的精神的反映。"[③]

---

① 王勤，庞中君.中国国民素质考察报告 [M].南宁：广西人民出版社，1999.
② 林语堂.吾国吾民八十自叙 [M].北京：作家出版社，1995.
③ 林语堂.吾国吾民八十自叙 [M].北京：作家出版社，1995.

对学生进行思想道德教育是语文教育的"圣职"。要履行这一职责，文学审美教育可谓是一条非常重要的路径。一切艺术包括文学艺术，都能通过触动人的感觉世界从而影响其感情世界：美引人愉悦，丑招人厌恶，由此建立的理性世界才会有牢固的基础。文学正是用美丑的范式对我们进行感情的激发，从而直接影响我们的思想道德判断。林语堂所说的文学的审美性和抒情性，是文学自身的属性，也决定了文学在教育上的功用。

> 我认为快感和痛感是儿童的最初的知觉，德行和恶行本来就取快感和痛感的形式让儿童认识到。……我心目中的教育就是把儿童的最初德行本能培养成正当习惯的一种训练，让快感和友爱以及痛感和仇恨都恰当地植根在儿童的心灵里……整个心灵的谐和就是德行，但是关于快感和痛感的特殊训练会使人从小到老都能厌恨所应当厌恨的，爱好所应当爱好的，这种训练是可以分开来的，依我看，配得上称为教育①。

一个读者在文学作品中受到审美冲击，实际上就是柏拉图所说的有了快感和痛感。读者必须对语言文字有良好的感知能力，能感知文学作品传达出来的欢乐和痛苦。文学鉴赏必须实现这个文本向读者的传导，不然就是失败的。

《火刑》这篇写布鲁诺的传记，如果读者没有对宗教裁判所诱捕布鲁诺的方式、囚房的位置面貌、用勺子往囚犯脚上泼沸腾的油的刑讯、表面仁慈公允的审判、火刑的行刑场面等方面的具体感知，就不会对宗教的愚昧及恶行产生痛感，就没有对布鲁诺颠沛流离的流亡生活、牢狱之灾的巨大痛苦、坚持真理的顽强不屈的感知，就不会对布鲁诺的精神力量产生敬意。读者有了对恶行的厌恶，对德行的敬意，他才能形成基本的良知，从而在他的心中培育出坚持真理的理性。所以这篇传记文章的教学重点应该放在以上这些文学性较强的部分，能不能引导学生对这些文学描写形成感知和触动，则是教学成败的关键。

---

① （古希腊）柏拉图.柏拉图文艺对话集 [M].朱光潜，译.北京：人民文学出版社，2008.

有人记下了某老师上《火刑》观摩课的过程，说一上课，该老师就在黑板上亮出了学习本文的四项教学目标：文章的思路和内容，人物描写的手法和作用，记叙的方式，标题的作用。构成这堂课的主要内容就是以下这些问题："本文采用了哪些人物描写的方法？请把对主人公进行语言描写的地方找出来，请把肖像描写的地方找出来，请把动作描写的地方找出来，请把心理描写的地方找出来，请把环境描写的地方找出来。本文采用了什么叙述方法，为什么？本文哪些地方运用了对比手法？请把与其他僧侣对比的地方找出来，请把与宗教裁判所对比的地方找出来，请把与其老师对比的地方找出来。请把季节与环境对比的地方找出来……一篇长达十数页的课文成了学生四处出击的战场。整个教室自始至终回响着一片稀里哗啦的翻动书页的声音。"作者引用吕叔湘的话："学生自己读，感动得流泪；老师一分析，眼泪全没了。"① 这个课例虽是世纪之交的情形，但直到今天，依然有不少老师如此处理课文。这样的语文课堂，距离文学审美远之又远。

一个语文老师要引导学生审美，首先要自己懂得审美。他须有广泛的文学涉猎，培养高雅的文学审美趣味，从最上乘的文学经典之中获得良好的语言经验，不然就可能文学修养浅薄，审美趣味偏狭，教书育人入不了门道。

歌德教导年轻的爱克曼这样提高绘画的艺术鉴赏力：

> 我感觉到他（歌德）的用意是要提高我的艺术鉴赏力。只有在他看来是很完美的作品，他才会指给我看，并且向我解释画家的意图和功绩，目的是要我学会按照那些最优秀者的思想去想，像他们那样去感受。他说："这样才能培养出我们所说的鉴赏力。因为靠观赏中等的作品是培养不出鉴赏力的，只有靠观赏最优秀的作品才能培养出鉴赏力，所以我只让你看最好的作品……"②

跟鉴赏绘画作品一样，文学鉴赏力也是靠阅读一流的作品培养出来的。如果一个教师读过林语堂的《苏东坡传》，他就可能将《火刑》与《苏东坡

---

① 郭明恩. 不应该浪费课时，糟蹋美文——《火刑》观摩课观感 [J]. 中学语文教学, 1999（10）: 25.
② （德）爱克曼. 歌德谈话录 [M]. 朱光潜, 译. 北京：人民文学出版社, 2000.

传》进行比较。苏东坡因"乌台诗案"而坐牢，他的牢狱生活充满了有血有肉的细节：被捕时皇差面目狰狞，气氛紧张，苏东坡说自己犯了死罪，请求与家人告别，皇差却说没有那么严重；苏东坡的属下通判向皇差索取公文，皇差问明通判身份才递交正式公文与他。而郑文光笔下的布鲁诺被捕，只有权贵与教廷合谋、用谎言骗取布鲁诺回国的轮廓，没有更多的细节。布鲁诺被关进监狱，只有他与狱卒和法官的交锋；《苏东坡传》则写道：苏东坡告别夫人时写了一首很谐趣的诗，去朝廷的路上本想投太湖而死，怕牵连弟弟，让弟弟有理说不清，终究没有跳湖。在监狱中因为名气大，狱卒对他很恭敬，每天晚上让他洗热水澡。儿子苏迈送饭，约定有坏消息才送鱼，苏迈离开京城去办事，忘了告诉代劳的朋友这一暗号，结果那一天苏轼吃到了鱼。心想可能凶多吉少了，于是给弟弟写了两首措辞悲惨的诀别诗，诗里还赞美皇恩浩荡，无法感恩图报。苏辙将诗退给了狱卒，狱卒将诗按公文呈报，后来传到皇帝手中，皇帝看了十分感动，跟后来苏轼被判得很轻有很大关系——总之，我们能从林语堂提供的这些细节中读到一个更为接近真实状态的活生生的苏轼：他坚持真理，但也有害怕、牵挂、软弱和天真，是一个真性情的苏轼；也能读到那些已经消失细节的历史：皇差如何办案，狱卒如何办公，帝国的法制机构如何运转。而在《火刑》中，我们只读到一个金刚怒目、无限接近于"神灵"的布鲁诺，作者对布鲁诺的描写是神化的写法，概念化的写法，因为布鲁诺在这篇传记里只有一个侧面，是一个单面的人而不是一个立体的人。

过去教学资源少的时候，教参往往是某些语文教师备课、上课、练习、考试、评课的唯一依据。它代替了师生对课文独立的感受、判断、鉴别、思考、评价，甚至读书、教书时应有的勤奋；只要手中有它，似乎就可万事大吉。在互联网时代，教学资源多起来，许多教师并没有从别人的说法中脱离，还是迷恋于用考试的模式去寻求标准答案。

文学审美要放得下绝对解释和标准答案，通过自己的广泛阅读去积累文学审美经验，这样一个语文教师才可能对一篇课文的美，产生自己真切的感受，也才能引导学生去进行品味品鉴语文之美的审美活动。一个语文老师之所以对教参和别人的说法那么依赖，是因为自己的审美标准没有建立起来，面对课文无所适从，讲起文学鉴赏也是手足无措，只能为别人的结论背书。

钱理群先生说过："经典性的文学作品是常读常新的，要引导学生不断地去读，去体会。文学作品是可以有多种解释的，这正是发挥人想象力的地方，应当鼓励学生做出多种解释。"①

经典之所以可以常读常新，得有一个前提，那就是老师和学生作为读者，他们的阅读经验与生活经验是两个变量，用这两个变量去观照同一部经典，读出来的感受和收益是不同的。如果一个老师长年不读书，或者只读了一部林语堂的《苏东坡传》，或者长年在一种麻木的状态中生活，他的见识就成为静止不动、一成不变的成见了。但如果他再读了英国塞缪尔·巴特勒的自传体长篇小说《众生之路》，或读了雨果的《巴黎圣母院》，与《火刑》对照，他对于宗教和布鲁诺的理解，可能又会有其他的角度。

美是在一个自由和宽松的心灵空间里诞生的。美本是要靠想象力去创造，产生美的过程，就是在想象中获得心灵和精神自由飞升的过程。标准答案把学生的想象力绑死了，美也就没有了，所以标准答案是美的绝路。如果凡是山水诗歌的美都只是赞美了祖国的大好河山，学生阅读一首优美的田园诗时，他的语言活动，恐怕就只剩下了去书写和记忆老师告诉他的那条令人生厌的标准答案。

且看一位语文教师的语文课：

> 上冰心的《笑》，我比较了冰心与我外婆、三毛与我妈妈。我外婆比冰心少4岁，可我外婆缠小脚（又讲了缠小脚始于李煜的善舞妃子宵娘，辛亥革命后渐渐消失了）；冰心的父亲是海军军官，曾参加过甲午海战，因此她的童年很健康。而我外婆的童年跟唐朝的乡下农家的女孩就脚不同，其他应该差不多，她未受过学校教育。后来冰心读大学，又留学美国，而我外婆一辈子未出过三门。我母亲也差不多，我姐姐只读过小学……我告诉同学们，冰心奶奶比我姐姐还年轻，还现代；我又告诉同学们，即使生活在现代社会，如果不接受良好的教育，那仍可能是一个古人。

> 《笑》的主旨，教参上说是"抒发了作者追求美和'爱'的思

---

① 孔庆东.语文教育的弊端及其背后的教育理念［M］//孔庆东、摩罗，余杰.审视中学语文教育.汕头：汕头大学出版社，1999.

想感情"，我撇开了这一点。我认为这是一个女大学生在一个雨夜里，孤独寂寞时的自我消遣之作，就像李清照《醉花阴·重阳》里写的，无聊时看着蚊香一点一点燃去（"瑞脑销金兽"），拿自己与独自欣赏的黄花相比（"人比黄花瘦"）。文章传递出的也是淡淡的伤感——伤感不是消极的，反而是高贵的，大多数艺术品都带有伤感气息。并且，文中的月光、雨夜都是积淀了人类很多伤感的意象，优美而阴郁①。

　　照传统的尺度评价，该教师不是上课，而是跟学生吹牛乱弹。传统教学中教学目标、教学重点和难点、教学方法、教学手段等方面的尺度，在这堂课里不见踪影，因此很容易被误解为是一堂失败的语文课。但是我要说：这才是真正高水平的文学鉴赏课。

　　不管是介绍冰心，还是分析《笑》，该教师一反对教参的人物简况及写作特点的机械背诵；把母亲、姐姐与冰心、三毛放在一块形成一个四不像的拼盘杂碎，实际上他在对冰心和三毛的人生道路做审美评价，也在对这两位女作家的生活经历做不经意的对照与褒贬。按教参的人物介绍，任何稍有记忆力和表达力的人，五分钟即会登场开讲；但要达到上面那位语文教师介绍冰心的水平，他得花多年的功夫，不仅要有生活阅历的经验，还要广泛涉猎冰心和三毛的作品，他得去读书而不是凭背教参就可以应付。"即使生活在现代社会，如果不接受良好的教育，那仍可能是一个古人"，能道出这些真知灼见的人，若是没有人生经验和阅读经验，打死他也讲不出来。该教师对《笑》的富有个性的分析，同样调动了自己的阅读审美经验，将语言气质相似、相隔几百年的南宋女词人与冰心类比，得出创造性的发现："伤感不是消极的，反而是高贵的。"

　　语文课堂教学要对学生进行成功的审美渗透，高价引进名师们的这法那法，死套教参、板书、幻灯、多媒体……都不是最重要的，最重要最急迫的是如何提高一个语文教师的审美素质。提高审美素质，不能靠别人来培训，要自己读书。读书多了，他的心思也更精细了，人生也会更有长进。因此教

---

① 韩星孩.我与语文［M］//孔庆东、摩罗、余杰.审视中学语文教育.汕头：汕头大学出版社，1999.

书的第一前提是读书。

在应试的大环境下，师生奋战在考试的刀山题海中，只读教科书和应考资料，读真正的书反而成了一种奢侈。像上面那位讲冰心的老师，没有花里胡哨的这法那法，没有苦大仇深的思考练习，没有装模作样的学法指导，他只是在那里不慌不忙地娓娓道来，其声音富含启迪，恍如天籁魅力无穷，苏格拉底不就是用此法"泡"出了了不起的弟子柏拉图吗？让文学的魅力渗入骨髓及灵魂，从而内化为师生的精神及心灵的涵养，同样也是一种奢侈。对于语文课堂，我们与其发明改革的口号，耍玩改革的招式，不如将读书的本来目的纠正过来，师生一起努力，回归到文学审美富丽的殿堂中去。

（三）2002 年版教学大纲与 2003 年版课程标准之比较

同由教育部颁发的关于语文教学的纲领性和指导性文件，2002 年的《全日制普通高级中学语文教学大纲》（以下简称"大纲"）与 2003 年颁发的《普通高中语文课程标准（实验）》（以下简称"课标"）相比，发生了很大的变化，相隔时间仅为一年。比较这两个文件的意义在于，可以帮助我们厘清语文教育观念转变的脉络。

一些基本理念，特别是关于人的发展的理念，在课标那里，得到进一步的完善和强调。对于语文课程的性质和作用，大纲认为"语文学科是一门基础学科，对于学生学好其他学科和今后的发展，具有重要的意义；同时，全面提高学生的语文素养，也有利于弘扬中华优秀文化，吸收人类进步文化，提高国民思想道德素质和科学文化素质"，突出了语文对于学习其他学科的工具地位和对于文化继承的载道功能，其实都是突出它的工具性：语文是学习工具和载道工具。课标虽然承认语文的工具性，但似乎更强调语文的人文性，认为"高中语文课程应进一步提高学生的语文素养，使学生具有较强的语文应用能力和一定的审美能力、探究能力，形成良好的思想道德素质和科学文化素质，为终身学习和有个性的发展奠定基础"。把学生作为一个人，本身的个性发展和具体能力的形成，放到了极其重要的位置。对于语文的育人功能，大纲把精神品格、文化品位、健康个性和审美能力合为一块，课标则把审美能力单独列项，并增添了应用能力和探究能力的培养。在精神品格的提法上，也不太一致。课标放弃了大纲所提到的，也是为我们长期以来所强调的政治思想素质，不再采用"培养社会主义思想道德"的说法，而是把爱国主义、文化品位融汇到民族精神中去，添加了"健康美好的感情和奋发向上的人生态度"，避免了只看人共性的思想和精神，而剔除人个性的感情和态度的做法，是对人全面认识的一大进步。具体什么样的语文素质，课标更为明确地规定为"积累·整合""感受·鉴赏""思考·领悟""应用·拓展""发现·创新"五个方面的目标，这些目标，可以说就是人的目标，与以前的政治目标、国家目标相比，更体现出切实可行的人本主义精神。这就避免了以前由于目标不明或目标大而无当的那种盲目的局面。

由于课标对于人，特别是对于人格和能力的强调，在阅读与鉴赏这门必修课中，就删掉了"了解课文涉及的重要作家作品知识，了解中国文学发展简况"等知识性条款，增添了新的内容和要求。新增内容如下：①阅读目的定位在人的发展上，即"充实精神生活，完善自我人格，提升人生境界，逐步加深对个人与国家、个人与社会、个人与自然关系的思考和认识"。②倡导阅读的个性化，强调阅读思维和情感活动的主动性、独特性、探究性和创造性。③特别将鉴赏单列，与阅读并列，并举出了鉴赏的文学体裁。④对古文阅读，除了"读懂"的要求，更强调对其中的民族精神的体会、对民族智慧的汲取。⑤首次提出在阅读鉴赏中互相切磋交流的合作学习方法[1]。

自 1949 年以来，没有哪一次语文教改，像课标那样彻底摆脱语文以外的枷锁，而坚定地走向人文。按照浙江师范大学王尚文教授的观点，中华人民共和国成立后的语文教育经历了三次浪潮：第一次浪潮是 20 世纪 50 年代的政治浪潮，"祖师爷"是一位苏联专家，她在北京听了我们的语文课后，说这样上不行，违背了马克思主义的从具体到抽象、从感性到理性的认识论原理，应该把一篇课文，按照时代背景、段落大意、中心思想、写作特点的步骤来抽象概括。我们移用过来，加以政治化改造，在这个基本框架里，填进我们需要的政治内容，在一篇文章里，发现爱国主义、集体主义、好人好事，这种方法，叫知性分析法。第二次浪潮是粉碎"四人帮"之后，我们找到了"祖师爷"叶圣陶，他说语文的特点是工具，于是语文老师开始学习两门课《现代汉语》和《古代汉语》，掺点水就成了中学语文，再掺点水就成了小学

---

[1] 中华人民共和国教育部.全日制普通高级中学语文教学大纲［M］.北京：人民教育出版社，2002；中华人民共和国教育部.普通高中语文课程标准（实验）［M］.北京：人民教育出版社，2003.

语文，语文由以前的政治工具变为语文工具。第三次浪潮就是目前方兴未艾的人文浪潮①。

把语文看成是语文工具，容易陷进语法、章法的泥潭。这时候人的语言就剩下了声母韵母声调、字形字义造字法、词类词义词的结构方式、句型句子成分、比喻排比拟人夸张、过渡照应开门见山首尾呼应等细致入微的东西，人在其中消失得更为彻底，简直不见踪影。如果你要问从《荷塘月色》中学到了什么，学生会告诉你学到了朱自清字佩弦，是中国现代散文家，有代表作《春》《背影》等；还学到了"蓊蓊郁郁""弥漫"等词的读音和意义；主题是一个看不到前途的知识分子的苦闷；写作特点是用了叠音词和儿化词，用了比喻拟人等修辞手法。一篇传达情感的细腻文字，一个人如何在自然美景中获得对于人世间种种烦恼的超越的文字，只剩下了这些跟情感无关的死硬知识。

其实语文的本质、文章的本质，不在于它是"交流的工具"，而在于是"工具的交流"，是教师、学生、语言文本三者之间，借助语言这一媒介，发生的动态性的语言交流。作为交流的主体，必须具备人的身份和资质。作为交流的工具，也必须具有人性的内涵。文艺类的作品，我们要把它们当作"人话"，去获得人的感受和认识，而不仅仅视其为政治材料和语言材料。即使如科学类的文章，也应该能使人的认识得到修正和提高，即能够使一个人的精神世界，发生或多或少的改变。不强调这一点，语言工具就是死工具，因为它作为工具，并没有使交流获得成功，它就没有资格被称为"交流的工具"。

因此，一旦把语文定位于交流，而不是定位于工具或文化，所有关于语文性质的论争，就会慢慢变得明朗起来。无论是工具论者还是人文论者，如果把语文看成是静止的课程，都会走到同一条错误的道路上去：最终把人沦为工具，只不过前者沦为语言知识的工具，后者沦为"载道"的工具（政治的工具或文化的工具）。如果把交流当成语文的主要属性，"工具论"和"人文论"就统一到了一条道上。这时，人的培养、人的发展在一个与语言共生共长的有机环境中形成一种水乳交融的状态；人在语言中，语言存于人，语

① 友敬.练习题没完没了[J].南方周末，2001（6）.

言再也不是独立于人的异化之物，而成了流动在人的思想和情感中的新鲜血液。人与语言，是"自去自来梁上燕，相亲相近水中鸥"的难分彼此的和谐关系；而语言对于人，也不再是知识的庞杂碎片、考试的刀山火海。

（四）语文大概念教学与学生思想道德素养的构建

2017年新版与2022年改版的《普通高中语文课程标准》中，思想和思维是反复出现的关键词。将"以社会主义核心价值观统领课程改革，着力提升课程思想性、科学性、时代性、系统性、指导性"作为2017年课标修订工作的指导思想，思想性与科学性是课改中居于最前两位的要件。在最重要的人文学科语文的课程标准中，语文的课程性质被界定为"……同时，发展思维能力，提升思维品质，培育社会主义核心价值观"①，更是凸显了思维与思想（社会主义核心价值观）的重要性，思维与语言、审美和文化一起，构成了语文学科四大最基本的核心素养。语文的课程目标，更是将思维能力分解为形象思维、逻辑思维、思维品质三个具体目标②。这些表述，清晰地表明思想和思维对构建学生的综合素养包括思想道德素养的重要意义。

思想由概念体系构成，是概念与概念之间逻辑关系的显现。我们正是从思想者表达的概念之间关系，去理解概念的内涵和外延的。"仁者人也""仁者爱人"，孔子的这两个观点，从"仁"与"人"两个概念之间关系，来界定"仁"的外延（仁是区别于动物的人的行为）和内涵（仁的行为特征是爱，行为对象是人）。"人而不仁，如礼何？人而不仁，如乐何？"则从"仁"与礼乐的关系，来阐述"仁"的核心价值。"子夏问于孔子曰：'居父母之仇，如之何？'夫子曰：'寝苦枕干，不仕，弗与共天下也；遇诸市朝，不反兵而斗。'"③孔子把"仁"限定在"礼"的范畴内，而对触犯了人伦感情也就是冒犯了礼数禁忌的人，他则不看成是"人"，主张以牙还牙，而不施以"仁"的原则。

没有思想，无法构建坚定的道德和精神；没有概念，就无法进行思维，从而形成思想。明晰的概念构建明晰的思想，模糊的概念必致思维的混沌和

① 中华人民共和国教育部.普通高中语文课程标准［M］.北京：人民教育出版社，2018.
② 中华人民共和国教育部.普通高中语文课程标准［M］.北京：人民教育出版社，2018.
③ 孔子.礼记·檀弓上第三［M］.陈澔.金晓东译.上海：上海古籍出版社有限公司，2016.

错谬。思维能力说到底就是能够将个体事件准确上升到概念的认识高度，也能将一般性的概念纳入个体事件来加以理解、阐释和创造性地运用的能力。如果没有概念的形式，思维必定难以展开，思想、道德、素养等更高层面的东西的形成自然也就无从谈起。

徐怀中长篇小说《我们播种爱情》中有一个藏族学生降嘎总是拿别人的东西，某次伸手去掏同学裤兜里的铅笔刀，争抢中伤了手流了血，老师问原因，孩子们的回答中，没有"偷"这个词，他们描述降嘎的行为不说"偷"，而说"拿"①。也就是说，包括降嘎在内的学生，不懂得"偷"与"拿"的区别，在他们的意识里，还没有形成"偷"这个概念，他们自然无法将拿属于自己的东西与拿属于别人的东西这两种行为的道德特征区别开来，自然也无法对自己和别人的偷盗行为进行道德评判，以至于做出偷盗行为而不自觉。

概念以语词的形式存在，但记住了单个的语词，并不意味着就掌握了概念。理解了语词之间联结而成的思想观念，语词才变成了思想观念意义上的概念。在上述案例中，老师教导降嘎"不作声拿别人东西是最丢脸的"，教他当众大声说"我往后再也不拿别人的东西了"，但降嘎不吱声，因为"在保证不拿别人一丁点小东西这件事上，他不完全相信自己"。一个一个的词（"不作声""拿""别人东西""丢脸"），要变成人的思维要件才是人脑中的概念。降嘎当然也理解了"不作声""拿""别人东西""丢脸"这些词的表面意义，但他不理解"不作声拿别人东西"与"丢脸"的关系，也就是不理解"不作声拿别人东西"的道德意义，因此这些词只是挂在老师嘴巴上的语词碎片，而不能组合成一个能被降嘎理解了的完整的思想道德观念。从本质上说，在降嘎的思维活动中，"不作声拿别人东西"仅仅是由词组成的短语而不是概念。

教育包括语文教育如果仅仅只是教学生认识概念的词语形式，而没有和人的思想道德观念的建构发生关系，那么这种教育就是失败的。学生可以用很漂亮的书法写"偷"这个词，可以解释"偷"就是"不作声拿别人东西"，可以辨清这个词是动词，用来描述人的行为，可以用"偷"来造漂亮的句子在考试中拿高分……这些都是不重要的。最重要的是能够用"偷"这

---

① 徐怀中. 我们播种爱情 [M]. 北京：人民文学出版社，2019.

个词来界定自己和别人的行为，在头脑中形成"偷是丢脸的行为，是不可为之事"的道德观念。知道茴香豆的"茴"字有四种写法的孔乙己，也许还知道"偷"字的四种写法，但是他认为"窃书不能算偷"，以致后来因为偷东西被打折了腿，就是一个故意弄混"偷"的内涵和外延，从而产生错乱的思想并做出失德之事的典型例子。

我们用孔子的"仁者爱人"教育学生，学生也将这句话记住了，考试默写题里考到这句话也得了满分，遇到"仁"之类的作文，也能说一通大道理，那么为什么一旦他走到现实生活中，在与同学、家人和邻居相处的时候，他身上完全看不到"仁"的痕迹呢？因为他只是记住了"仁"的语词形式，并没有形成"仁"的概念和"仁"的思想。假设在上学途中遇见一个男生欺负一个女生，他可能将"仁者爱人"忘记得一干二净，只记得课文《鲁提辖拳打镇关西》中见义勇为的鲁提辖的样子，于是将女生当金翠莲，将男生当郑屠，把男生打得"眼棱缝裂、乌珠迸出"。殊不知被打学生并未成年，不能与成人的郑屠相提并论；现在有校规校纪和大法小法，有保护学生的学校和执法的警察，与《水浒》里混乱无序的社会状况有天壤之别，以拳相见的行为既不合法合规，不能算"义"；失了分寸，不能算"勇"。"仁""义""勇"这些词语，要么误解，要么无用，要么误用，学生并未真正掌握，在"仁""义""勇"的试卷上考了满分，在"仁""义""勇"的思想与德行上考了零分，这样的语文教育难道能说是成功的吗？

大概念教学的价值在于，它从思维和思想的最小单位——"概念"入手，试图以不同层级的概念体系，建立能够支撑学生学科核心素养和思想道德素养的完整而缜密的理性体系。

概念实际上是对类的认识，是思维和理性的前提。但概念的形成离不开对个别事物的感知和认识。比如高中语文中"文化传承"这个大概念，离不开"百家争鸣"的小概念以及儒家、道家、墨家等思想这些更小层级的概念；最小的概念，就以课文的形式呈现在我们面前。对课文遴选的典型篇章的解读，是我们形成最基本概念的前提，也是我们建立更高一级概念体系的基础。

大概念使纷繁芜杂的个别事物有了比对点和收纳器，从而为学生带来更有活力的思维，更为丰富的认知，这无疑可以大大拓展学生思维和认识的广度与深度。以孔子的"仁"为例，与孟子比，学生明白了孟子的学说发展了儒家思想的"义"；与墨子的"兼爱"比，孔子之"仁"更注重合乎"礼乐"的规范。学生所了解的"仁"，就不仅仅止于一猫一狗式的一家之言。

概念之大，首先体现在概念建构的价值指向是综合素养而不是考试分数。其次是在实现途径上，跳出了单篇课文的约束，在更为宏阔的语境中去建构概念和思想；不仅在课文与课文之间，还在课文与课外阅读之间；不仅在阅读体验中，而且推及讨论、合作、探究、调查等其他更为丰富多彩的体验形式之中。

语文新课标的课程结构设计不再是过去的"学科知识的逐'点'解析，学科技能逐项训练的简单线性排列和连接"，而是以追求"语言、知识、技能和思想感情、文化修养等多方面、多层次目标发展的综合效应"为目标，并以"自主、合作、探究性学习为主要学习方式"① 来设计语文学习任务群。任务群的设计，"以语文学科核心素养为纲，以学生的语文实践为主线"，把一些大概念如"革命精神""劳动品质""文化传承"等作为每个单元的纲领，让学生在自主性、活动性和探究性的语文实践中完成指向素养目标的大概念的建构，与过去以文章体裁的形式划分小说、诗歌、散文、议论文、文言文单元，以训练学生的语法、修辞、逻辑知识和技能为主要教学内容和目标的做法相比，这无疑是一场教学的革命。一言以蔽之，这场革命的最重要的三个点位就是：以大概念（内容）的语文实践（方法）建构核心素养（目标）。

作为语文大概念教学的重大变革，其中的群文阅读和整本书阅读引人注目：不再在传统的单篇阅读上死抠字句，而是在某些大概念上找到篇章与篇章、单元与单元的多个联结点和对应点；不再在文本的语法章法上流连忘返，而是在指向学生核心素养上设置开放性和活动性的问题。这种与传统教学完全不同的教学目标（综合素养）与教学模式（活动、体验与探究等）的变革，虽然只是初步尝试，但可以推知，必然为今后的学科教学带来深远的影响。

语文大概念的形成，包括道德概念和思维能力的形成不是在考山题海，

---

① 中华人民共和国教育部. 普通高中语文课程标准（2017 年版 2020 年修订）[M]. 北京：人民教育出版社，2020.

而是在学生的实践活动中依靠生活体验、阅读体验和道德体验完成的；这个过程是慢的，也是长的，不是一蹴而就的事情，需要学生有不断犯错、不断修正、不断完善的过程体验。

小孩子在不知事的年纪，遇到自己喜欢的东西，他的第一反应就是占有，当别人也想要的时候，他就奋力争抢。这时大人告诉他，与人相处要谦让。他在成长的岁月渐渐明白了，与亲人相处要谦让，与同学相处要谦让，与强者相处要谦让，与弱者相处也要谦让，"谦让"这个道德概念，就在他处理各种人际关系的场合得到了认识和巩固。一件玩具可以谦让，一个苹果也可以谦让，但当对方要你的眼镜，要你配合他考试作弊，向他提供考试答案，甚至要你交出你的早餐钱时是否也要谦让？不可以。因为对方的要求已经超出了合理合法的范畴，带有暴力胁迫的恶念，如果不捍卫自己的权利，这已经不是谦让而是迁就，不属于美德的范畴了。于是这个孩子又在这种个体经历的事件中，增加了对谦让的进一步理解：谦让是有条件的，该让的叫谦让，不该让的叫软弱。

道德概念的形成也同样建立在对个别事物的感知和认识的基础之上。概念可能来源于书本和老师的教导，但能够背诵概念的意义不是最重要的，更重要的是运用概念判断和解决现实人生中的种种问题。概念在人的精神世界中不是静止不动的，而是一个建构的过程，在个体的人生历练和现实境遇中，概念的私人语义在不断丰富和完善，概念不断增值的结果就是人的智慧不断增长。

一个孩子学了《孔融让梨》，老师教育道：孔融的美德就是谦让，我们要学习他。这是课堂语境和课文语境中的谦让。但如上所述，在现实语境中，学生遇到的谦让情形要复杂得多，远不是解决一个梨的问题那样简单。所以让学生有真真切切的人生境遇，让他去经历各种"让"的情形，他才能真正建立起谦让的道德概念，而不是仅仅背下这个概念的词典意义和课文上的教条。

所以道德概念的形成途径不仅是背书，还要将书与生活相互印证，用生活去读书，叫活学；用书去读生活，叫活用。有了这个过程，才能形成有道德建构功能的概念，人的鉴别力、判断力和思考力才能形成，人才不至于沦落为没有思维能力、只知死套概念执行指令作恶而不自知的机器。让"谦让"这个考试的概念变成道德的概念,让"谦让"这个概念的理解和建构跳出《孔融让梨》单篇的课文讲解和枯燥的课堂,融入学生更为广阔的生活阅历中去,这样"谦让"就变成了一个语文教学中的大概念。用诸如"谦让""勇敢""果断""智慧""友爱"等概念去构建学生更高层级的道德素养的大概念,就会为学生的核心素养打下坚实的基底,学生的素养大厦才不是仅仅由一些华丽的辞藻和空洞的口号修筑起来的空中楼阁。

课标中强调语文实践活动的教学模式的变革,无疑是符合教育规律和学生的成长规律的,也是目前语文教学改革中最为紧迫的任务。要完成从目前还很有市场的应试教学到大概念教学的跨越,无疑是存在困难和挑战的。最大的难点就是容易陷入死记概念和死套概念的误区。对此教师千万要牢记学生读高中不仅仅为了高考,还得完成核心素养的修炼;不是为了应对试题上的问题而苦练应试技巧,而是为了解决人生问题和社会问题而获得智慧。有了这个正确的指向,大概念才能真正成为学生的道德、智慧和精神建构中的基石,而不仅仅具有应试的价值。

(五)阅读的目的和意义

就阅读的目的和意义而言,比较粗略地划分,阅读可以分为两大类:知识性阅读和涵养性阅读。阅读一本数学教科书,一篇胚胎学论文,读者的主要目的是获取其中的科技知识和成果,以扩大自己在这些领域的知识面,增加这方面的知识积累。在这种阅读中,人在某一领域的技术性思维和能力获得了发展。

知识性阅读中,读者与被读的客体,是人与物的关系,以物的客观性和功利性作为尺度,不能解决在人与人的关系中,人的道德、精神、意志、情感、态度等非功利性的问题。这就需要涵养性阅读来补充了。涵养性阅读正是为人在处理人与人、人与社会、人与自然的关系时,提供人的准则和尺度,避免人在技术思维方面的畸形发展,而出现道德审美人格的真空。

对说明类的文章,我们主要采取知识性阅读方法。对文艺类的文章,知识性阅读方法就显得无能为力了,我们没法将后者分解为前者具有的明晰的知识。文学作品之所以被称为文学作品,正在于它的情感、思想和审美的模糊性。谁能说清楚《荷塘月色》里的"淡淡的喜悦和淡淡的哀愁"呢?正因为说不清道不明，才使文本的内容呈现出无限丰富的蕴涵，不同的读者在不同的境况下，都可以与文本达成不同的交流，获得不同的阐释。所以优秀的文学作品，往往常读常新。《荷塘月色》一文，它的价值究竟在哪里呢？答曰：涵养我们的感官、心灵和精神。

知识看得见，涵养则看不见；知识是死的，涵养是活的，这就是涵养性阅读在教学中难以把握的地方。越是好文章，老师越不能讲，因为文章之美，只能品味，而不能在肚子上切条口子，把东西灌进去，那样做必坏胃无疑。有老师教《纪念刘和珍君》，读到"于是死掉了……也死掉了，有她自己的尸骸作证"时，学生哄堂大笑。这么悲愤的文字，学生居然大笑，不是文章本身的问题，而是学生没有沉浸其中，自然不能获得涵养。

任何人都会有烦恼，有忧愁，有悲哀，有对喧嚣的尘世生活的厌倦。朱自清的《荷塘月色》，就可以当作一篇超脱的经文来读，只不过他在文字里皈依的不是菩萨，而是跟菩萨一般美丽的荷塘与荷花。他用自然的美丽，或者说是他在语言里发现的自然的美丽，平息了心中的烦乱，使自己浮躁的心灵，获得了美的宁静和美的升华，这种调节自己心灵的方式，跟中国古代文人失意于当时，纵情于山水的传统可谓一脉相承。这种方式，就是艺术的方式，比起一不如意就打孩子老婆，或者酗酒赌博的人，朱自清的方式，就要来得超凡脱俗。如果我们能从《荷塘月色》里，学得一种处理内心矛盾的方法，这些文字就为我们提供了心灵的滋养，这样的阅读就是涵养性阅读。

我读《荷塘月色》是在高中，那时可以将全文背诵。后来多次教这篇课文，每次都有心得。第一次，我看到的是荷花之美。多年以后重读，我发现不仅荷花，里面的柳树也写得极美。文中杨柳出现多次。"路的一旁，是些杨柳，和一些不知道名字的树。""弯弯的杨柳的稀疏的倩影，却又像是画在荷叶上。""荷塘的四面，远远近近，高高低低都是树，而杨柳最多。""但杨柳的丰姿，便在烟雾里也辨得出。"就像一段舞曲，荷花、荷叶是主调，杨柳是配音；或荷花是歌手，杨柳是伴舞。有次在济南游大明湖，看到湖边的杨柳，我马上想到了朱自清《荷塘月色》中的杨柳，看到大明湖边那幅有名的对联"四面荷花三面柳，一城山色半城湖"，我便想到荷花与杨柳，原来是住在水边形影不离的两姐妹，济南如此，北京的清华园也如此，千百年来都是如此。最近一次读此文，是在一个夜晚，一袭月光从窗外照来，天上明月一点，临窗窥人。我抛卷细吟，便想到这篇《荷塘月色》，原应饱经沧桑之后，焚香秉烛，在一座高处不胜寒的庙宇，古寺青灯之下，读到"轻轻地推门进去，什么声息也没有，妻已睡熟好久了"，寒山寺夜半的钟声刚刚响起，随江雾飘向客船。我们现代人已经没有了此番读书的仙境。不仅环境污染，且内心浮躁，为一点儿蝇头小利患得患失。朱先生当有名利之心萦怀时，尚能借荷塘超凡脱俗，做片刻解脱，"推门进去"，身上带一丝仙气；而我们呢，像虫子一样，飞而不远，嗡嗡之声，已不能低吟雅曲。像蜘蛛网上的虫子，徒做挣扎。2000 年 9 月，立身行事时，我总想起里面的句子。是生活情景的不如意，使这些句子，擦掉了书卷的尘垢，露出了文字的光洁。这就是一篇名文，对我个人来说的养心。如此养心，我能不感谢《荷塘月色》吗？

　　陈西滢曾被鲁迅骂为"走狗文人"，但他有段关于读书的话说得极好。他说："文学家的天才正在他的感觉特别的灵敏，表现力特别的强，他能看到人所不能见，听到人所不能闻，感受到人所不能觉察，再活泼地写出来。同一风景，我们不能十分领略它的美，可是读了天才的作品，他好像给了我们一双新眼睛，我们对于那风景增加了欣赏。同一人事，我们也许漠然地看过了，经天才作家的赤裸裸的描写，我们就油然生了同情心。所以世间伟大天才的作品，我们非但不能不读，还得浸润在里面。可是我们不是为了要模拟他们的作品，不是为了要抄袭他们的文章，只是为了要提升我们的了解力，扩充我们的同情心，使我们能够赞美自然的神秘，认识人生的正义。"① 这种涵养，其表现正是增加我们感官的灵敏度，丰富我们的生活体验和经验。李霁野说："我们经过诗人的眼睛来看万象，经过诗人的耳朵来听万籁，仿佛是增加了一种感官；而不曾读过诗的人，却仿佛是瞎了眼睛，聋了耳朵，他们的生活经验自然也就贫乏得多了。"② 作家曹文轩的理解是："你读过尼采的文章，也读过劳伦斯的作品，同样的床笫生活，尼采的生活哲学导你进入一番境界，而劳伦斯的'审美之性'也导你进入一番境界。知识使你的经验屡屡增加，并使你的经验获得了深度。你活了一辈子，但你这一辈子密度甚大，倘若浮到形而上的层面来论时间长短，你这样高密度的一生与一个低密

① 陈西滢.再论线装书［M］//肖东发，杨承运.北大学者谈读书.北京：北京图书馆出版社，2002.
② 李霁野.读书与生活［M］//肖东发，杨承运.北大学者谈读书.北京：北京图书馆出版社，2002.

度或者没有密度的一生相比，你扯下来就不是活了一生。"① 这里的知识，应该是广义的涵养性的人文知识。

好文章不仅养心，而且养志。一位语文老师提到他活到 90 多岁的后母，在"文革"中被批斗时，仍在背诵骆宾王的《为徐敬业讨武曌檄》，借此痛骂江青。"一般人可能因痛苦不能忍受而寻短见，但她不会，她挺过来了，因为她有一个精神支柱和家园。"② 这种养志，钱理群表述为"给人建立一种精神的底子"。他说："一个人的精神是要有一定的底子的。我个人认为这种精神底子应当是浪漫主义和理想主义的，即给人的生命一种亮色。"他谈到自己接受的中学教育，"给我印象最深的是安徒生的《海的女儿》，我对这部作品的理解是为了做人可以牺牲一切，这就是鼓励我们建立一种做人的基本信念。人文教育应当为学生建立一种理想主义的浪漫主义的亮色。人文教育能给人的生命一种亮色，有了这么一点亮色，当学生遇到沉重黑暗的东西时才不至于走向绝对虚无。就像《红灯记》里的李玉和说的那样，'有了这碗酒垫底，什么都能对付'"③。涵养性阅读当然就是为了打好"精神的底子"。

一个人有了心志，有了骨头，他才能立得起来，成长为一个大写的人，一个血肉丰满的人。这就是涵养性阅读的终极意义。在这种阅读里，文本对读者的身心形成决定性影响的是情感和精神，而不仅仅提供客观的技术性知识。在技术化和数字化泛滥的今天，涵养性阅读就是人文的阅读，反技术化、反数字化的阅读，它的目的和意义正是抗拒技术和数字对人和世界的简单化分割，维护人和世界的完整和谐，提升人的人文素养。王元化先生说过，20世纪是科技的时代，也是人文方面的衰落期。科技不应该排斥人文。"爱因斯坦有没有人文精神？我每次读他的东西都很受启发，他作为一位科学家，充满对人类命运的考虑，传统的人文精神充分体现在他身上，比萨特体现的人文精神还要多。霍普金，他也体现了一种人文精神。杨振宁得诺贝尔奖的时候，他引用的是《墨辨》的话，而我们那些读哲学的人都不一定读《墨辨》，科学与人文精神不是相反的。"④ 王元化所讲的科学与人文的这种一致

---

① 曹文轩.闲话读书［M］//肖东发，杨承运.北大学者谈读书.北京：北京图书馆出版社，2002.
② 友敬.练习题没完没了［J］.南方周末，2001（6）.
③ 孔庆东，摩罗，余杰.审视中学语文教育［M］.汕头：汕头大学出版社，1999.
④ 王元化.光有科技是不够的［J］.南方周末，2000（11）.

性，其中之一就是指科学的创造性发现，必须依赖于人对世界感知的丰富性，人文精神对科学应是推动而不是阻碍。而简单化和格式化，似乎永远都是科学和人文共同的敌人。

（六）共性阅读与个性阅读

我国语文教育长期以来实行的是共性阅读：不同的学生，在同一个年级段，读同一本教科书；对不同的文章，用同一种方法，即苏联专家教的"红领巾"教学法，把文章分为时代背景、段落大意、中心思想、写作特点等知识点，去加以解读；对同一篇文章，不同的读者，解答同样的问题，得出统一的认识和相同的结论。共性阅读通过高考得到进一步的强化，即使新教材新课程标准出来了，也很难触动共性阅读的统治地位，所有的阅读活动，仍然围绕试题的问题和参考答案（实为标准答案）来展开。我们就根据学生对阅读试题回答的正确与否，得分多少，来检验学生的阅读能力。

共性阅读的做法，虽然为不同的读者，提供了一个相同的平台，有利于比较与检测，但是它的一些游戏规则，同样是经不起推敲的。无论大纲还是课标，对阅读能力，都有相类似的要求，其表述为："从整体上把握文本内容，理清思路，概括要点，理解文本所表达的思想、观点和感情。"[1] 高考考纲对于理解能力，是这样界定的："理解词语在文中的含义，理解文中重要的句子，辨别筛选文中重要的信息。"对于概括能力，界定如下："分析归纳文章的内容要点和中心思想，分析文章的结构层次和表现形式，分析概括作者在文中的观点态度。"[2] 我们从这里很容易看到，考纲是大纲（或课标）的细化，虽然大纲出现了"整体把握""文本"这样的时髦词汇，但它所要求的，仍然是"红领巾"阅读法的基本精神。这就是把文章分为内容（包含要点）、结构（思路）、观点（包括思想、感情）几大块，以为这就是文章千古不变的要素，也是阅读雷打不动的惯例。考纲以此为据，把关于文本的阅读肢解，引向词语和句子，从而达到登峰造极的地步。所以我们虽然不提工具语文，却无法放弃以往的阅读模式，因为一旦放弃，我们就会两手空空，不知所措。

---

[1] 中华人民共和国教育部. 普通高中语文课程标准（实验）[M]. 北京：人民教育出版社，2003.
[2] 参见《2003 年全国普通高校统一招生语文考试大纲》。

　　我们首先要澄清的是读者与文本之间的阅读行为，究竟是怎样建立起来的。心理学认为，任何行为的发生，都有一定的动机。一个读者的阅读动机，很可能始于他对考试分数的追求，需要进行应试的操练；但大多数情况，是要解决人在生存过程中的疑难困惑。假如我养了 200 只兔子，遇上了兔瘟，我需要去阅读《兔子常见病疗法》一书，找到治疗兔瘟的方法。我会找到书中有关章节，将自己养的兔子的病状，与书中的描述相比较，选出其中的药方和预防措施。在这类实用性阅读中，我要注意一些关键词和关键句，以使书本上的经验，在我运用的时候，尽量避免误差和由此造成的损失。又假如我的兔子死了，我债台高筑，朋友反目，夫妻离异，我的人生陷入了困境。这时候我恰巧读到朱自清的《背影》，我可能会为之泪落。感动我的，不是里面的一个词、一个句子，也不是严谨的构思、巧妙的修辞，而是文中家道中落，衰老的父亲为我买橘子时，臃肿的身躯吃力地翻越火车站月台栅栏的场景，勾起了我对自己凄凉无助的境遇的感慨。在这种审美阅读中，人的情感参与是主要的，客观知识已不重要，至少已经隐藏到了阅读行为的背后，进入读者视野的，不是零碎的字词句，也不是结构构思、段落大意、写作特点和中心思想，而是与读者的经验暗合的场景氛围及相关语言。很显然，读者一边读一边被作品的文字感染，而不是读完后把作品分为几大块才有感悟。除了批评家和语言学家，没有读者会去把文章愚蠢地肢解为那些对于感悟毫无用处的字词句段。

　　于此，我们已经发现"红领巾"阅读法的局限：对应用类阅读，可能有些用处，但是面对审美类阅读，它就会陷入窘境。当它试图对文学作品解读出标准答案时，它的荒唐简直暴露无遗。因为应用类文章，不管是科技说明文还是社科论说文，作者的语言没有歧义和多义的现象，观点比较明朗，要理解文中的词语和句子，分析概括作者的思想感情，不同的人可以得出一致的结论。如果是文学作品，里面充满了含蓄多义的文学语言，加上读者的个人参与，试图进行整齐划一的阅读，那就简直荒谬至极。巴尔扎克的小说《欧也妮·葛朗台》，写葛朗台在死去的一刹那去抓神父的镀金十字架，并说："把一切照顾得好好的！到那边来向我交账！"作者对此有一句议论："这最后一句证明基督教应该是守财奴的宗教。"对于这句议论，当年的一道高考试题有如下选项：①揭露宗教的虚伪性和欺骗性；②歌颂宗教的影响力和感召力；③表明执着狂对金钱的沉迷至死不悟。标准答案是③，理由是葛朗台在逼迫妻女、夺取女儿的遗产继承权时根本没有把基督教教义放在心上，他为了敛取金钱可以不顾一切。他信奉基督教是为了继续占有金钱，只有相信天国的存在，才能满足他对金钱的执着欲望①。这个解释虽然拐了那么多道弯，还勉强可以说得过去。但是如果我说，在前文葛朗台太太死去时，作者本来有对基督教超度人世苦难的赞美；在这里，作者认为要超度葛朗台那样被物化得畸形变态的灵魂，仍然得有基督教的帮助，那么我选②又错在了哪里？

近年来，因为文学教育的呼声高涨，高考阅读试题增加了文学作品阅读的比重，古诗词和现代文阅读试题一般以主观题型出现，评分标准也有所松动，不再唯答案是尊，允许有其他解答。2002 年的高考阅读题对李白《春夜洛城闻笛》中的关键句进行辨析，不唯答案所提供的第三句。但是如果一个考生有其他回答，他回答得精彩，阅卷老师也不会给满分，因为阅卷老师的脑子中已经有了一个提不起放不下的标准。标准不仅束缚了评分，而且束缚了出题人的手脚。

在新课标中，共性阅读的这些规则，开始淡化；个性阅读，在多个场合得到强化。阅读和鉴赏的目标部分，特别提出要"注重个性化的阅读，充分调动自己的生活经验和知识积累，在主动积极的思维和情感活动中，获得独特的感受和体验。学习探究性阅读和创造性阅读，发展想象能力、思辨能力和批判能力"。在教学建议部分，也强调"应该重视语文的熏陶感染作用和教学内容的价值取向，尊重学生在学习过程中的独特体验"。"学生经过义务教育阶段的学习，已具备一定的语文素养，语文学习中的个性倾向渐渐明显，不同学生的学习兴趣和需求的差异逐渐增大"，要"支持其特长和个性的发展"。在教学建议的阅读与鉴赏部分，区别了论述类、实用类文本与文学作品阅读的不同，对于前两类文体，可以讲科学性、严密性、准确性、真实性，但是，"阅读文学作品的过程，是发现和建构作品意义的过程。作品的文学价值，是由读者在阅读鉴赏过程中得以实现的。文学作品的阅读鉴赏，往往带有更多的主观性和个人色彩。应引导学生设身处地去感受体验，重视对作

---

① 谷文香.3+x高考总复习 语文 [M].北京：北京教育出版社，2001.

品中形象和情感的整体感知与把握，注意作品内涵的多义性和模糊性，鼓励学生积极地、富有创意地建构文本意义"。在评价建议部分，也区别了论述类、实用类文本与文学类文本的不同。前两者考察学生的"抽象思维能力"与"准确解读，以及信息的筛选和处理能力"，但后者"要重视评价学生对作品的整体把握，特别是对艺术现象的感悟和文本价值的独到理解，鼓励学生的个性化阅读和创造性的解读"①。

林语堂先生认为读书讲味，"这味字，是读书的关键"。而味，是最具个性化的东西，人人的口味都有所不同，不同口味的人，对于阅读的内容，有着不同的选择。"口之于味，不可强同，不能因我之所嗜好以强人。先生不能以其所好强学生去读，父亲亦不得以其所好强儿子去读。所以书不可强读，强读必无效，反而有害，这是读书之第一义。""所以读书必以气质相近，而凡人读书必找一位同调的先贤，一位气质与你相近的作家，作为老师。这是所谓读书必须得力一家。""找到思想相近之作家，找到文学上之情人，必胸中感觉万分痛快，而灵魂上发生猛烈影响，如春雷一鸣，蚕卵孵出，得一新生命，入一新世界。"② 由此可见，共性阅读要求不同的学生去读同一本书，而且还是一本教科书，谬误极大。

个性阅读，不仅尊重读者根据自己的口味做出的阅读选择，而且讲求在不同时间、不同地点、不同心境、不同阅历之下，同一个读者阅读同一部作品感受的差异。"四十学《易》是一种味道，五十而学《易》又是一种味道。所以凡是好书都值得重读的。""一人背痛，再去读范增的传，始觉趣味。或是叫许钦文在狱中读清初犯文字狱的文人传记，才别有一番滋味在心头。"③ 这些读法，都是把别人的书本文章，与自己的人生际遇联系起来，自然会在不同的人生阶段，得出不同的认识和感受。

我们所强调的个性阅读，一个很重要的方面就是不同的读者，对同一篇作品特别是文学作品，会有不同的感受和理解，因而会有不同的解读。教材编者千不该万不该为不同的读者设置同样的问题，然后强迫读者去求解标准答案。出这类试题来考试，只能把作品的艺术魅力和读者的艺术感受力"烤

---

① 中华人民共和国教育部.普通高中语文课程标准（实验）[M].北京：人民教育出版社，2003.
② 林语堂.论读书[M]//肖东发，杨承运.北大学者谈读书.北京：北京图书馆出版社，2002.
③ 林语堂.论读书[M]//肖东发，杨承运.北大学者谈读书.北京：北京图书馆出版社，2002.

焦"。味道是很难用语言特别是标准化的语言来描述的。假如给不同的人吃同样的糕点,要他们描述味道,一个北方人可能说像甜橙,一个南方人可能说像荔枝,一个既没见过甜橙也没见过荔枝的人可能说像他喝过的一种果汁,一个感觉更为新奇的人甚至可能说像他女友送别时的微笑。但标准答案说,你们都错了,正确回答应该是甜酸。其实错误的不是这些调动了个体经验的个性化回答,而是标准答案本身的"专横",用我们现在话来说叫"话语霸权"。

一篇优秀作品的味道,就跟一种好吃的食物的味道一样,在品味它的时候,如果你阻碍食用的人调动他们个人味觉经验,而只能用一个抽象的和标准的概念去描述,那么这文章的味道,对读者来说,就没有了。课标说得好:文学作品的阅读,是一个意义的发现和建构的过程。没有读者的主观参与,就无所谓发现和建构。读者的经验、知识、情感、想象,是跟文字材料同等重要的建构材料,在某种程度上说,还是更为重要的材料。建立了这样的阅读观,我们就不会像以前那样苦寻文学作品里的标准答案,而会尊重读者本身对作品的再创造。

(七) 课内阅读和课外阅读

在林语堂先生看来,教科书并不是真正的书,所以读书并不指阅读教授指定书目的功课。他认为:"读一部小说概论,到底不如读《三国》《水浒》;读一部历史教科书,不如读《史记》。"① 小说概论或历史教科书,都是别人读小说或历史的见解,就好比从海水提取出来的海盐,海水的蔚蓝壮阔没有了,怒涛卷雪没有了,游鱼鸥鸟也没有了。所以要领略海,最好的办法不是尝一勺海盐,而是去看海闯海,去捡自己需要的珍珠贝壳。课内阅读与课外阅读的关系,就是尝海盐与看海闯海的关系。前者眼界狭小,后者气象万千。

课标强调学生的阅读和鉴赏,要"具有广泛的阅读兴趣,努力扩大阅读视野。学会正确、自主地选择阅读材料,读好书,读整本书,丰富自己的精神世界,提高文化品位。课外自读文学名著(五部以上)及其他读物,总量不少于150万字"②。为此设置了灵活多样的课型——有必修课,也有选修

---

① 林语堂. 论读书 [M] //肖东发,杨承运. 北大学者谈读书. 北京:北京图书馆出版社,2002.
② 中华人民共和国教育部. 普通高中语文课程标准(实验)[M]. 北京:人民教育出版社,2003.

课；而且上课时间，只占半个学期，以给学生的课外阅读实践，让出时间和空间，这是极为英明的做法。

很长一段时间以来，由于无法彻底清除已经深潜进教育血液中的应试幽灵，学生的功课压力和考试压力越来越重。"减负"的口号喊了多年，学生的负担，似乎并没有怎么减下来。王富仁教授指出："从初中到高中，学生都把心思扑在未来那三个小时的高考语文上，考得着的就死记硬背，考不着的就不管不问，把语文知识和语文训练都集中到了中学课本选编的那少量的课文上。课本中的东西抠得很细很细，记得很死很死，把芝麻弄成了西瓜，而课外那么多大西瓜却一个也没有听过，一个也没有摸过，一个也没有吃过。天下的好书、好文章那么多，中学课本才能选几篇？就是把中学课本都背完，也还是只有那么些词语，那么些内容，那么些表现方法，语文水平没有得到根本的提高。"①

针对目前死气沉沉的语文课，有人认为这样死去活来地讲语文，不如不上课，叫学生自己去读书，语文可能早就学会了。这话不是没有道理。学生如果有了广泛的课外阅读，而且确实是读进去了，他没有教科书，没有老师教，照样能读能写会说，这种情况不能视为反常。十多年前，童话大王郑渊洁就让自己的儿子弃学回家，学他为儿子编的语文课本。中国台湾的三毛也是一个弃学回家搞写作功成名就的例子。当一个语文老师不仅不能为学生学语文提供正确的指导，而且用纪律来威胁管束学生，不准他看《红楼》《三国》《水浒》，指责说那是不务正业时，那么学生就没必要听这个老师的语文课。小时候，我算是个对语文情有独钟的学生。但很惭愧，让我热爱语文的，不是语文老师，而是爱讲孔孟的父亲、爱讲佛经的姑祖母，以及在小小年纪就引我如痴如醉读《三国》的街头连环画。高中时候我就开始逃语文课，后来干得更彻底，干脆逃回家里自学所有高中课程，一番拼搏后，考上了大学，读了中文系。在大学里，我继续发扬逃课传统，一头扎进图书馆里，读了很多书，我觉得这是我在大学四年里积累的最有价值的财富。如果我老老实实地去听课做作业，当个规规矩矩的好学生，那么我会像当时的多数人一样，除了到后来忘得一干二净的听课笔记，什么

---

① 王富仁.读什么？怎么读？[J].中国教育报，2001（9）.

也没有。我的语文水平到目前仍不能算好，但我不后悔自己的选择，因为我很清楚，没有当年的逃课，不偷点时间去做一点儿真正的阅读，我会比现在更差。

一个语文教师，应该对逃课读书的学生给予充分的理解和信任。他逃出了课内，可能是逃进课外找到一条生路。只要他不是逃往麻将桌、游戏厅，而是逃往图书馆，就不可能变成一个坏青年。这时一个语文老师的放任，是放生，是功德，是成人之美，而不是失职。他的当务之急，不是去往考勤簿上记下黑名单，也不是去堵住教室的后门，而是去关心并鼓励学生，问学生有没有什么需要帮助的地方，以使他今后逃课更加方便和大胆；然后回过头来提高教艺，修正自己的教学过失。

教师的课内教学质量不高，离真正的语文教学太远，没有指导性和权威性，这才是课内阅读教学最为紧迫的问题。一篇经典课文，教师连自己都没有读出感动，怎么教学生感动？教师的读法都错了，学生难道还不被教坏？所以教师要教学生，得先对要教学的文章有一番真切的阅读，而不是只要能做题就算完成任务。最理想的教法，也许是把自己从这篇文章中读出的东西谈出来，与学生达成交流。学生听了，如果感叹："老师读出来的东西，我怎么读不到呢？"他就会无形之中获得某种阅读的启示，并在课外阅读中加以运用，变为一种阅读习惯，形成阅读能力。

我们看到有些语文教师上课，想要调动学生，学生也挺配合，见解五花八门。但是普遍的情况是，教师在引导启发学生时，对学生的意见绝少补充与进行发人深省的评价，学生回答什么，不管回答得怎样，教师都一味叫好。好好先生并不是好先生。好好先生也没有对学生有分寸的鼓励与尊重。根源在于教师本身的素养尚欠火候，对教学材料没有多少真切的见解，学生牵着老师的鼻子，走到了令人费解的地方，教师就起不到导的作用。教师要导，必须比学生高明，比教材高明，至少应该跟别人、跟学生的理解不一样，这中间产生的落差，才能营造惊喜、激动和热烈的教学气氛。

现在回头去看 20 世纪三四十年代一些名师的阅读指导，那才是真功夫的指导；那样的老师，也才能算真正的导师。他们对一篇文章的阅读，绝不是照教参的标准而来，而是从扎实的学问功底来，故可谓"真"；从自身的体验而来，故可曰"切"。朱自清先生分析鲁迅的小说《药》，从他的文字记录或备课材料来看，是十分精彩的；听这样的课，绝对有收获。朱先生分析其中的环境描写，不套什么环境为表现主题服务、环境里反映了社会的肃杀冷寂这类大道理，而是结合人物当时的境况和心理，进行细致入微的发掘。他认为第一部分老栓买药，写到了静；小栓吃药，茶客谈药，是动；最后华夏上坟，是静。"动静相变，恰像交响曲的结构一般。"① 这样诗意地谈结构，照我们流行的开端、发展、高潮、结局的小说结构模式来看，恐怕要判之为错。再看他对上坟那段景物描写的分析：

> 第四段开场是"层层叠叠"的"丛冢"中间，只放着两个不相识的女人。那也是可怕的静，虽然是在白天。所以华大妈和夏四奶奶开始搭话的时候都是低声，"低声"便是害怕的表现。后来夏四奶奶虽然"大声"向她的瑜儿说了一番话，但那是向鬼魂说的，也不足以打破那个静。那时是："微风早已停息了，枯草支支直立，有如铜丝。一丝发抖的声音，在空气中愈颤愈细，细到没有，周围便是死一般静。……铁铸一般站着。"那"一丝发抖的声音"便是夏四奶奶那节余的话音。后来"上坟的人渐渐增多"，可是似乎也没有减除那个静的可怕的程度。本篇最后一节是这样："他们走不上二三十步远，忽听得背后'哑'的一声大叫，两个人都悚然地回过头，只见那乌鸦张开两翅，一挫身直向着远处的天空，箭也似地飞去了。"这"悚然的"一面表现出两人疑心鬼魂当场显灵，一面还是因为那坟场太静了。这个静是应和着那丛冢和那两个伤心的母亲的②。

朱先生的语文课是不得不听的，因为他的课确实可以培养我们精细的鉴赏力，增进我们对中国优秀语言文字的感受的细腻和敏锐，且激发我们对文学的想象。朱先生的阅读法，是对隐含在语言符号后面的丰富含义进行还原，而且是生活化的还原；通过还原，我们愈加感受到人世间的丰富，体会到小说语言的精妙。这就是课标所说的对于文本意义的发现和重新建构。

---

① 朱自清.鲁迅《药》指导大概 [M] //朱乔森.朱自清全集.南京：江苏教育出版社，1998.
② 朱自清.鲁迅《药》指导大概 [M] //朱乔森.朱自清全集.南京：江苏教育出版社，1998.

二 应用阅读：信息筛选

（一）科学阅读和文学阅读

现代社会是信息化社会，一个现代人必须具备在信息海洋中选择、分析、判断、研究有价值信息的能力。新课标把筛选信息作为一项基本的阅读能力提到语文教学的议事日程中，显得非常必要和及时。

信息筛选一般在注重事实检验和理性推导的学术论说文中完成，在文学类作品中，文字信息的确定性不明显，一般不谈信息筛选。

科学阅读求真，尊重客观事实；文学阅读求似，注重主观感受。阅读一篇科技文，我们一般看它表述是否精确，内容是否失真；但阅读一首诗歌，我们主要看它写得美不美，能不能让我们浮想联翩。没有谁去指责李白的"天台四万八千丈，对此欲倒东南倾""尔来四万八千岁，不与秦塞通人烟"等诗句把山脉的海拔和历史的年代搞错了。文学有文学的规律，那就是允许用确数来写模糊的感觉，它的真实在于语气的真实、感受的真实、感情的真实，而不是对象的真实。我们在这种主观的真实中受到了感染和激励，我们就觉得这篇文学作品写得很美。

当然，不是说科技文就一定不能用文学阅读的方法，文学作品就一定不能用科学阅读的方法。在总论的《语文教学应该将语言生成新的言语》一节，笔者所举的《邹忌讽齐王纳谏》的读法，就是用科学阅读的方法去读文学作品；而对高考试题亚马孙河流域的蝴蝶的读法，则是用文学阅读的方法去读一篇科技文。从一篇文章提供的信息中，推演出那么多的似曾相识，用的就是文学思维（直觉思维）。

科学阅读因为是求真，所以主要目的在于印证：用另外的说法印证作者和原文的观点，看是否忠实于原意；用事实印证文章的观点，看是否与客观事实相符。不管是印证作者还是印证原文，都是科学阅读中很粗浅的一环，远远不是科学阅读的核心。其核心在于用事实鉴定文章的观点，或用文章的观点去推证发现新的事实。目前的科技文或散文阅读试题，只是要求考生印证纸张上的事实（文章或作者的原意），无法要求考生验证生活中的事实、经验中的事实。以为把纸张上的事实弄得越是复杂艰深玄乎其玄，越能看出考生的阅读能力；老是喜欢把读者束缚在文章和作者原意的条条框框之中，误以为这才是科学的阅读、正确的阅读。殊不知，这种所谓的科学阅读，把读者变成了阅读的奴隶，变成了读死书的书虫、书呆子，其实就是把读者的想象力和创造力给阉割了。

理想的阅读，本应该既求真又求似。有求真的精神，才能有选择地吸收；有求似的精神，才能有创造性的超越。胡适所谓"大胆假设，小心求证"的治学方法，如果用在阅读上，"大胆假设"就是从自己的直觉和经验出发，求与阅读材料相似的事物或情境。既然有"似"，说明阅读主体联想到的事物或场景，跟阅读材料比，既有同，又有不同。有了这道思维程序，阅读者才入得进去，也跳得出来。这样，阅读中的"小心求证"，才不至于死抠原文字句。

（二）信息筛选：回到阅读主体的标准

高考语文以前有一道科技文（今天变成了非连续性实用类文体）阅读试题，命题意图就是让考生"辨别并筛选文中重要的信息""把握作者在文中的观点和态度"。

这就在语文教学界养成了一种习惯：按照练习题或试题的要求，而不是从阅读者自身的实际需要出发来确定信息的轻重与取舍；挖空心思去迎合、揣测作者的心思，而根本不问阅读者自己有何主见。

信息被动筛选是一种技术性筛选，楔入所要筛选的对象，按"搜索"键，然后完成。电脑在执行指令的过程中，只有纯技术的判断，没有价值判断。电脑检索是机械行为，而价值判断才是人脑行为。

说现在的阅读教学把人脑变成电脑或许并不过分。教师往学生耳朵里"楔入"教师或教参设计的课堂提问或课本练习题，学生大脑里的零件、程序和配件迅速启动，把教科书翻得稀里哗啦，然后有了答案：在课文第几页上数第几段倒数第几行。应该说，中国学生的阅读活动大部分时间都花在这类人脑变成电脑的课堂训练和试题操练之中了。

这里的致命伤在于：问题不是学生自己产生的，信息的筛选、组合与推证就不是体现了学生的主观能动性和创造性的活动。久而久之，学生除了卷面与别人的问题，就再也提不出自己的问题了，解决问题的机能也随之萎缩。当问起学生自己的看法时，他们的脑子往往一片空白，跟电脑"死机"的情形差不多。

阅读信息的重要与否及价值高低，不是相对于试题或别人的提问，而是相对于在解决阅读者自己所产生的问题过程中的作用和地位。信息的筛选，应尊重阅读者自身的需要。这就要破除长期以来在我们阅读教学中形成的对文章学所灌输的那些套式的迷信。在文章学的原则看来，能够体现作者的观点、文章的中心，能够显示行文脉络的语句是最重要、最关键的信息。但在很多情况下，文章结构网上重要的语句，对读者可能毫无用处；而结构网上位居低层次的语句，读者印象深、启发大，不一定不重要。以《改造我们的学习》一文为例，读了此文，如果读者后来用得最多的，不是作者提出来的学习改造的三点措施，而是"闭塞眼睛捉麻雀"、"言必称希腊"、解缙的对联，那么这些语句，对这位读者来说，就是最重要、最有价值的信息了。

对信息价值的判断，只有从作者和文章的标准回到阅读主体的标准，才能使筛选信息的阅读活动，完成从机械化的被动筛选，到创造性的主动筛选的飞跃，也才能完成对长期以来步入歧途的阅读教学的拨乱反正。为此，新版教材的范文选择、习题设计与阅读要求应增加学生主动筛选信息的实践空间，这往往是以前的编者疏忽了的地方。

（三）从一个信息筛选的悲剧典型，看读者主体的重要性

技术筛选可由人发明的机械纯技术地完成。互联网搜索引擎检索信息的能力强大，远非人力所能比，但是输入检索关键词，跳出海量的页面，检索者仍有一个分辨取舍的主观过程。由于网商出于商业等各种动机的有意植入，各种虚假或次要信息铺天盖地，检索目标信息或有价值信息的有效性和准确度越来越低，更需要检索者拥有"运用脑髓，放出眼光，自己来拿"的能力。不然则陷入魏则西式的陷阱：在百度输入"软组织肉瘤"关键词，即被导入莆田系医院，最后落得人财两空含恨九泉的悲惨境地①。

筛选者须有主体性，即以我为主，而不必顾及文本主题和作者意旨；凡

---

① 杜玮.魏则西：搜索引擎作恶的牺牲者［J］.中国新闻周刊，2020-1-20.

能为我所用的，即为关键信息；不能为我所用，哪怕是文章关键词句，也不属重点。以高一语文必修写袁隆平的课文《喜看稻菽千重浪》为例，喜欢咬文嚼字的人，关注的可能是"稻菽""单颖稻"之类不常用词的本义。"稻"是水稻，"菽"是大豆，"稻菽"合用，说明水稻和大豆是我国两种最重要的主粮和副食。"颖"是种子外壳最尖锐的部分，"单颖"就指单个谷壳的尖刺。但是"单颖稻"的意义还是很不明了，网上无解，回到文本，前有"一朵花只结一粒种子"的限定，可知"单颖"与一朵花结多颗种子的植物不同，而后者可以类推为"多颖植物"吗？关注句法的可能注意"中国是古老的农业国，又是最早种植水稻的国家之一，有众多的野生稻和栽培稻品种，蕴藏着丰富的种质资源"的表述问题：既是最早，就没有其他第一，"最早"与"之一"是否矛盾？关注作物学的可能会进一步讨论中国的野生稻和栽培稻品种究竟丰富到什么程度。以上种种，都与文章宣扬袁隆平科学精神的主旨无关，但于读者来说最为有用，这种信息筛选就是有效筛选。

其次是判断力。价值判断的主动权在读者，这个权利不可让渡，既不可让与作者，更不可让与出题人或评论者而任受他人摆布。作者属文，总带着作者的价值观。作者价值观高于读者，能引起读者的共鸣和欣赏，读者可得到启发与教化。但作者的见识并不总是高于读者，也不是总能说服读者，读者完全不用放弃自己的立场和主见。《喜看稻菽千重浪》写一位科学家脚踏实地的科研之路[1]，以此弘扬创新求实的科学精神。从科研的层次看，袁隆平的杂交水稻属于实用技术层次，是孟德尔、摩尔根遗传理论的现实运用，理论上并无革命性突破。拿袁隆平的水稻研究和法国昆虫学家法布尔的研究做比较，发现他们都是如痴如醉趴在田间地头寻找研究对象的秘密。袁隆平发现特异水稻植株的欣喜，是实用目的实现即解决自己和别人的饥荒问题之后的感情流露；法布尔观察记录昆虫的生活，把昆虫当人一样写进他的《昆虫记》，不仅有对昆虫世界的窥视，自己也变成了昆虫，与昆虫有息息相通的共鸣；他是在进行科学研究，更是在审美。法布尔研究昆虫并不想去利用它们，而是出于好奇心和兴趣。有了以上思考，我们就不会为书所囿，而能从书本的局限中跳出来，找到一番新天地。

---

① 教育部.普通高中教科书语文必修（上册）[M].北京：人民教育出版社，2019.

信息筛选一定不能停留在机械的技术层次，不能停留在作者和文章自限的范围。信息筛选是一个将自己已掌握的原始信息和可查的书外信息，与文章信息进行比较鉴别并进行判断推理的复杂过程。文章信息只是投放到读者大脑中的酵母，引起了多种信息的交汇反应，从而产生了新信息。

一个真正会信息筛选的读者，文章信息有时还会引发他的无穷遐想，从而使他产生大胆的假定。《喜看稻菽千重浪》有这么一段：

> 一种失望的情绪掠过袁隆平心头，但是对孟德尔、摩尔根遗传学有着深入研究的袁隆平进而想到，从遗传学的分离律观点看，纯种水稻品种的第二代是不会有分离的，只有杂种第二代才会出现分离现象。今年它的后代既然发生分离，那么可以断定去年发现的性状优异稻株是一株"天然杂交稻"的杂种第一代。

植物的杂种二代会出现分离，产生硕果，到第三、第四代就不行了。人类或动物是否也有此规律？要是我是主攻生物学的，一定不会放过这些灵光一现的问题，穷追下去，说不定是大学问呢。

（四）网络检索和书本检索结合的成功实例

上文论及互联网搜索引擎的缺陷，并不是说搜索引擎一无是处。网络搜索虽然会冒出大量商业推广的不实信息，但我们用可以追加关键词的限定来寻得所需要的信息。若导向学术论文搜索，或目前商业渗透不明显的博客文章，或可搜到有价值的信息。

为克服网络检索的缺陷，书本检索就显得特别重要。书本信息一般经历了严格验证，有的还经过了时间检验，与网络检索的信息对照，往往可增加信息判断的准确性。

笔者想写一些关于家乡风物的诗，觉得家乡有些地名，现在的写法十分可疑。比如地图上标注的"大响滩"，我童年记忆里不是这样叫的，而说成"大 xiāng 滩"，第二字是平声，但我拿不定是平声的哪个字。通过网络检索，搜狗百科有"大香会"的词条，说这是一种始于唐朝时在昆明市近郊阳宗镇龙泉寺烧巨大高香拜神的民俗活动，并有《澄江府志》的记载为证。我觉得这条信息是可信的。我家乡现在称作"大响滩"的地方，附近有清朝高僧丈雪禅师首建的褚古寺，属于同一个西南语系的四川在佛教文化方面与昆明有同宗性，而且距大响滩不远处还有一个叫"香同湾"（疑为"香筒湾"）的地方，因此我推测这里以前也举行过大香会的佛教盛典，"大响滩"应为"大香滩"之误。

这个推测也仅仅是个推测，得有纸书为证。手头资料匮乏，在网络或地方旧志上都难以查证，只能是一家之见。但比起只有纸书没有网络的年月，网络还是对我帮助甚大，至少借助网络的力量，我找到了足以解决我疑惑的一种比较靠谱的解释。由于这个缘故，我在写作过程中对家乡地名的文化意义有了重新认识，因此我把发生在我少年时代同学兄弟俩过河被淹死的事件，升华到文化的意义上来写，从而赋予这一题材以新的含义。这首诗是这样的：

大香滩

大香滩被叫成大响滩/是因为人们忘了不远处的褚古寺/大清流河到这里已无宗教皈依/众水凶猛　携了电闪雷鸣/吞桥　吞我同学过河的哥哥/没几年又吞我同学过河的弟弟/同学的父亲也是我初中的先生/我总是不敢正视/他时常红肿的像大香滩落日的眼睛/多年后我才知道/这里是丈雪禅师的故里/大清流河依然龙象纵横揩星洗月/那些落水的人/从大香滩的蒲团上坐化/成为天空中最美丽的云朵

网络检索便捷，书本检索繁琐，若贪图网络检索的便捷易上当受骗，只读纸书又往往陷于大海捞针的迷茫无措。纸书与网络结合，既可增强我们的分辨力，又可节约人力目力，提高检索目标信息的效率。在信息时代，对网络检索工具的合理与熟练运用，也应该成为检验当代中学生阅读能力的一个重要方面。

任何信息检索都不可没有质疑精神的参与，古人说尽信书不如无书就是这个道理。尽信网络容易上当，尽信书也容易盲从。读书有疑，可以到网上搜一搜；网络有假，可以借书来查一查。网络与纸书相互查证，可以相得益彰。

笔者在阅读纸书《斯托夫人自然教育全书》① 时，开始觉得斯托夫人教孩子学语言、学绘画、学数学等教育方法很是在理，做了不少读书笔记。但是慢慢地，我有了疑问，既然斯托夫人女儿小维尼这么优秀，她后来应该成为一个伟大的人物才对。结果怎么样呢？到网上搜索，关于这方面的材料非常少，一些零星的介绍是，维尼芙雷特给母亲做了 20 余年的教育模特之后，28 岁时只留下一句话"对于儿童来说，最可怕的事情就是被当作证明某种教育理念的工具"，从此销声匿迹。

后来我看了一个心理学家的演讲视频，说孩子叛逆才是正常的，没有经历过叛逆期的乖孩子，到成年之后往往会以极端的形式完成他在小时候未完成的叛逆。这个道理，也许可以完美解释维尼芙雷特少年天才的夭折和与自己母亲最后的决裂。

但是斯托夫人的教育方法也不是全没道理的，只不过她做得过分了些，自己打着自然教育的旗号却走向了反自然的歧路。拿我自己的亲身经历来说，我父亲在我小时候也经常夸奖我聪明，学习优异，遭到周围人讥讽，我在这一点上没少跟父亲吵架。但是父亲的夸奖给了我压力，我因此比周围孩子勤奋认真，这反过来推动我成为同龄孩子中的佼佼者。我的经历跟小维尼不同的是，我一边与父亲抗争一边奋勇向前，我有当家作主的机会，我在叛逆中成长为自己的主人，所以我顺利地度过了自己的叛逆期。等长大了，我很感激父亲对我的激励和鞭策，而不是像维尼芙雷特那样，用当一个庸人的极端方式与母亲决裂。

检索归检索，验证须亲力亲为。验证无效，知晓信息的缺陷，则要转化思路，不可在已知的过时信息上纠缠。知行相验，知行合一，免为亦步亦趋的书呆子，做个意气风发的书生，方为读书人的正道。

三　审美阅读：文学鉴赏

（一）网络沉迷叠加应试教育，造就新一代的读盲和美盲

20 世纪 90 年代以来，互联网和电子产品在中国的普及给中国语文教育

---

① （美）斯托夫人. 斯托夫人自然教育全书［M］. 亚北，译. 北京：电子工业出版社，2013.

带来的负面影响，如今已经到了必须重视的时候。

互联网创造了表面宽广的世界：无奇不有、无问不答、无人不可联通、无物不可搜寻，总之凡人所需，似乎无所不包，无所不能。网络阅读确实方便：电子书普及，书籍不再匮乏；只要一个智能手机，随时随地都可读书或听书。阅读条件越来越好，为何人们的阅读兴趣和能力非但没有提高，反而还严重退化了呢？

网络可以成人之美，使用不当则害人毁人。孩子从小就接触电子产品，看音频视频，玩电子游戏，音画信息存入大脑，构成他意识世界的一部分；从现实与书本世界导入或习得的信息，主要通过他人教育或自我教育的方式，靠父母老师同伴或靠一己之力获得。音画信息与其他信息互相映照、参证、鉴别，形成这个孩子对世界的基本态度和看法，他的社会化才能顺利完成。但迷恋于电子产品的孩子，往往不与家长沟通，不与现实或书本接触，电子产品通过网络传导的信息霸占了他的整个情感和意识世界，现实与书本世界的信息交流渠道完全堵死，这个孩子就会越来越孤独于世，与现实世界格格不入，他的成长就会出现问题。

人合宜的抉择和行动的前提是理性和逻辑，概念、判断和推理往往靠语言固化在人的意识之中。仅有音画信息的大脑往往会产生认知和推理的障碍，因为人需要有正常的思维活动，主要依靠的是语词信息而不是原始的音画信息。面对一篇文章，学生不仅不能理解，也不能概括，更不能评价和鉴赏。阅读迟子建小说《泥泞》，要求分析小说中体现出来的温情。学生要么曲解了外貌描写所刻画的人物获得新生的喜悦，要么就是不理解什么叫作温情。至于回答问题时分点没有标准，表述缺乏条理，最终还是学生思维逻辑混乱的表现。理解性的试题答不好，想要进行更高层级的评价与鉴赏是不可能的。

不识字者为文盲，不识文者可称为读盲。阅读水平差的学生，表面上也读过一定数量的语文教科书上的文章，但所谓的基本课文经典篇章并没有在他们心目中留下印象，读了与没读差别不大，虽然多认得一些字，多背了几段文，学生仍是心灵贫瘠的状态。

读盲与美盲是连体婴儿，读盲的自然恶果必是审美力的缺乏。网络沉迷者足不出户，少有对四季更替和自然山川的感知，哪能体会到"杨柳岸，晓风残月"的趣味？少与别人及社会接触，哪能体会到人情事理的妙处，更遑论对他人冷暖的体味和社会责任的担当。

一个爱电视电玩的孩子，长期处于音画信息的包围，惰于思考和行动不说，等他想思考和行动的时候，他才发现现实世界变成了一个与他熟悉的网络世界和电玩世界完全不同的世界，他不知所措，只好用电玩世界的方式来应对，于是就出现了种种在我们看来不可思议的行为。

"00 后"一代恰逢中国城市化和网络化加速发展之年，许多进城的孩子在逼仄的生存空间中只能到网络世界去寻找乐趣，许多"留守儿童"在缺失的亲情中也只能借网络来寻找慰藉，从没有哪一代孩子像这一代孩子那样对网络特别是网游如此沉迷。社会实践、大型体育活动就是他们网络狂欢的时节，几个好友组团打游戏到夜深，他们视其为人生的盛宴。

网络沉迷加剧了学生对现实世界和书本世界的隔绝，跟功利化的应试教育相叠加，基本上堵住了教育的渠道，造就了新一代的读盲和美盲。2002年，钱理群先生退休后怀着满腔热忱去南京师大附中为高中学生讲鲁迅，没想到听课者越来越少，钱先生认为是应试教育在作怪，用"针插不进水泼不进"形容应试教育的坚固，说"它反映了中学教育的一个根本问题，应试已成为学校教育的全部目的和内容，而不仅教育者（校长、教师）以此作为评价标准，而且也成为学生、家长的自觉要求。应试教育的巨网笼罩着中国中学校园，一切不能为应试教育服务的教育根本无立足之地，而应试教育恰恰是反教育的"[①]。时间过去了差不多 20 年，应试教育的大气候没改变，其间还经过了 20 年网络化洗礼，如果钱先生现在重回高中校园，他还可能遇到比二十年前更为不堪的被网游搞红了眼睛，上课抬不起头，被应试和网游弄得昏昏然茫茫然的一群学生。应试教育挤占了学生本来就稀缺的阅读时间和空间，周末除了草草完成各种堆积如山的功课外，很多学生最盼望的，不是抱一本心爱的课外书来读，而是打开电脑玩游戏，在应试拼搏与网络沉迷的双重挤压之下，学生真正的阅读可谓一片空白。这种状况，即使学生进入大学也很难改变。在最应该读书的年龄却不读书，已经成为中国学校一种令人担忧的恶劣风气。

---

① 曾鸣，袁幼林.钱理群"告别教育"［N］.南方周末，2012-9-13.

（二）文学视域下人的解放之一：从役使的人到平等的人

文学不仅仅是修辞学意义上的说话和写作技巧。文学也别于玄学和哲学，它主要不是理性思辨，而是提出问题和相应的案例。文学的题材和主角也异于史学的宏大叙事和帝王将相，而更关注个体特别是小人物的事实和命运。

"文学是人学。"提出这一观点的高尔基在 1928 年入选为苏联"地方志学"成员时的致答词中说，自己从事的主要工作是人学，而不是地方志学。文学认识人，研究复杂的人性，关注人的问题和命运，追求人的自由、尊严、权利和幸福。

在人类发展史上很长一段时期，强势的人役使弱势的人似乎是天经地义的。中国儒家认为："劳心者治人，劳力者治于人，治于人者食人，治人者食于人。"劳心者管理劳力者，劳力者从劳心者那里分得衣食，从社会分工合作的需要看，并无不妥。一个公平的社会，劳心者和劳力者所获报酬没有差别，或者差别不大。

分工越仔细的社会，没有权利的集中与施行就没法运作。有权力就一定有支配与服从，这是理所当然。但过度的支配与过度的服从所产生的役使关系，则使一部分人受到伤害。

于是平等就成为当代文明社会公认的价值追求。平等如今也纳入了我国社会主义核心价值观体系，成为一项深得人心的重要内容。

那种认为人与人天生就有分别，智愚贤不肖与生俱来，在法理上规定人与人的不平等关系，认为人与人的役使与服从出自天理的思想，是封建社会的残渣余孽，优秀的文学作品无不对其大加挞伐。

于是就有了孔子编订的《诗经》里伐檀工人的质疑：

坎坎伐檀兮，置之河之干兮。河水清且涟猗。不稼不穑，胡取禾三百廛兮？不狩不猎，胡瞻尔庭有县貆兮？彼君子兮，不素餐兮！

"君子"享有不稼不穑、不狩不猎的特权，却素餐有理，白吃无罪。君子与伐檀工人的关系，就是典型的过度役使关系。

役使关系不仅出现在社会分配关系中，还存在于封建官场和家庭中。封建礼教将人群分出等级，所谓"乐殊贵贱，礼别尊卑"。君臣父子夫妇朋友，都要严守礼教，君叫臣死，臣不得不死；父叫子亡，子不得不亡；女子要夫唱妇随，三从四德，在家从父，出嫁从夫，嫁鸡随鸡嫁狗随狗嫁个狐狸满山走。在中国旧制度下的人际关系，就是上役使下，男役使女，长役使幼，强役使弱，总之就是你役使我、我役使你的关系。

役使关系广泛存在的社会，给人性中的两大极端——奴性和暴力提供了肥沃的土壤和充分的市场。各种阳谋、阴谋大行其道，目的就是爬向役使他人的高处，尽其所能走向食物链顶端。书生皓首穷经，科举入仕，为的是改变当牛做马的命运，成为驱牛牧马的人上之人。枭雄尚力崇武，杀人如麻，依靠动物世界的丛林法则行走天下，直到夺得天下。秦皇汉武，迷恋武力征伐和威权政治，忠臣良将如司马迁、李陵行了性情中事，说了性情中言，都被认为触犯主上，要么施以灭绝人性的宫刑；要么株连亲族，连白发老母也难全身。

家庭中的役使关系也往往制造爱情婚姻的悲剧。父母对孩子感情理所当然的干预和包办，从东汉的《孔雀东南飞》，到清代的《红楼梦》，再到曹禺的现代戏剧《雷雨》，悲剧的模式都高度一致。即使没有家长影子的自由恋爱，如果掺入了役使关系，也难得幸福。《诗经·氓》中的男女私订终身，最终分手，直接原因可能是女子年老色衰（"桑之落矣，其黄而陨"），但妇人沦为"三岁为妇，靡室劳矣。夙兴夜寐，靡有朝矣"被役使的人，发展到遭受"言既遂矣，至于暴矣"的家暴，男女之间不平等的役使关系，也是家庭破裂的重要原因。

鲁迅先生终其一生都在清理这种文化遗毒。他对于国民性中的奴性的检讨和制度文化的批判，可谓空前绝后。他的立足点就是通过检讨和批判，唤醒弱者，砸碎这铁屋子的秩序。钱理群说："鲁迅是把自己批判的锋芒最终引向奴役者和奴役制度本身的，并因此对任何有可能（无论有意还是无意）帮助压迫者摆脱罪责的言行保持着高度的警惕……"

奴役关系的反面就是平等关系。社会和人的改造是复杂的，可不是向奴役关系的反面行走就可以走到平等关系上去那么简单。但是有了这种反奴役倡平等的方向感，社会中的人至少有一个基本的判断尺度，才不至于沦落为对被奴役者的冷漠的看客，也不会成为奴役者和压迫者的帮凶。在人类的精神世界建起对奴役的抵抗和免疫屏障，当面临奴役威胁时，有痛感和耻感，而不是自甘为奴，身受役使而不自知。这就是阅读鲁迅《阿Q正传》、托尔斯泰《复活》等作品时，在审视阿Q、马斯洛娃、聂赫留朵夫等人的命运以及作家所面临的社会问题时，我们应该具有的基本判断尺度。

厘清了这层价值关系，才能真正走出中学语文教学面对相关课文包括鲁迅文章时的价值困惑。被奴役者要获得解放，不是简单地推翻黑暗的旧制度，彻底消灭奴役者就能顺利实现。某老师讲鲁迅《祝福》时，提出问题让学生讨论：怎样才能避免祥林嫂的悲剧？有学生发言道：把鲁四老爷那样的人抓起来坐牢，因为他是害死祥林嫂的凶手。这名学生可曾想过：在役使关系广泛存在的社会，即使推翻了旧制度，存在于文化血液里的役使基因也可能在另一个替代它的时代中沉渣泛起，社会可能重回老路，跟旧中国几千年的王朝兴替一样，除了皇帝改名换姓，其他一如既往，只不过是役使关系的不停复制。这名学生还忽略了，一个社会的改造如果仅是把鲁四老爷那样的人打倒那样简单的话，就可能出现另一种役使关系：即曾经的弱者对曾经的强者的暴力，社会的役使本质并没有发生变化，只不过是役使与被役使的角色换了一下而已。

役使是社会改造的绝途，也是人的解放的对立面。明白了这一点，我们就不会痴迷于《窦娥冤》里的清官做主，"神灵"救世；人与人之间的役使关系不除，杀了一个陈世美，还会有无数的陈世美；杀了一个赛卢医，还会有无数的窦娥冤。

在文学的伦理中，人的解放不能靠役使特别是奴役来完成；役使者是人，被役使者也是人，不管他们是什么角色，他们都是平等的，他们都应该被当成平等的人来对待。

中学语文课本中揭露旧社会、旧制度不平等的人际关系和社会关系的优秀篇章，是我们培养学生社会主义核心价值观中的平等观念的活教材，语文教师必须将其用足、讲透。

（三）文学视域下人的解放之二：从工具的人到目的的人

《伊索寓言》里有个故事，说一个盲人和一个瘸子在崎岖的路上行走，都很吃力。后来两人合作，看不见路的盲人背了行路艰难的瘸子，瘸子指路，两人都战胜了困难。

盲人与瘸子互为工具，但也互为目的，他们从对方身上，都实现了自身的需要。他们之间相互需要、相互依存的关系，构成了良好的人际生态，是一个社会最理想的模型。

自工业革命以来，机器化大生产将田园牧歌变成机器巨大的轰鸣，人在庞大的机器和蛛网一般的流水线上，渐渐忘记了自己进城的目的，甚至在混乱和眩晕中忘记了自己本人。他变得跟一台巨型机器中的某个零件一样，遵规守纪，按部就班，精确无误地转动着。

工业化时代的役使与农耕时代的役使最明显的差别是，后者从上到下构成一个层级森严的人役使人的网络。在工业时代的役使图景里，许多中间环节由机器替代了人，役使者通过操纵机器，使役使效率大大提高。在20世纪30年代夏衍创作的《包身工》里的监工"拿摩温"，到有了摄像头的时代，只需坐在监控室就可监控每个车间工人的行动，而无需拿着棍棒到现场吆喝。机器不仅使役使层级简化，而且容易掩盖背后作为役使者的人的痕迹，使役使变得更加表面上的合理化。

农耕时代的工具简单轻便，个人人力可完全支配，工具使用者少受工具限制，有很大的自由活动空间。机器大生产的工具庞大，非个人人力可携，人的活动被机器固定在一处，表面看人通过按钮借助石油、电力、网络等外力操控机器，完成更多能耗的产品加工及产出，实际上机器在迫使人进行无限反复的机械操作，人沦为机器运转复杂流程中某个环节上的某个部件，从而沦为机器的一部分，因此不是人在操纵机器，是机器在操纵人。机器时代人的美德就是成为一件性能良好的机器：精确、守纪，放弃任何个人情感、欲望、个性和创造力。机器大生产时代，人的工具化较农耕时代要彻底得多。

机器时代的工具人在被机器破坏掉的空气、饮水、食物、住所等构成的污浊逼仄的生存空间中，更易出现各种病象。工具人或他的祖先从洁净的大自然带来的强健体魄渐渐退化，健康基因渐渐变异，而随身体的损害而来的，必是精神的病象。沈从文笔下风光秀丽的边城中，爽朗仗义的顺顺，如果置换到卡夫卡时代中的一个小职员家庭，他的儿子就不可能是身手矫健的水手大佬和二佬，而极有可能是得了肺病的卡夫卡。卡夫卡将工具人的退化通过《变形记》这篇小说深刻揭示出来。银行职员格里高尔有一天醒来突然发现自己变成了一只甲壳虫，亲人冷漠歧视，自己绝望无助。人变虫，现实中是不可能的事情，然而人身上长个肿瘤，患上绝症，却是现代人发生概率越来越高的事件。人变虫是人变非人的一个深刻的寓言。人一旦走到这样的绝境，就不能不反思人创造出来的包括家庭伦理在内的一切文明的目的：当人类的文明把人变成工具，最终变成了甲壳虫时，这样的文明究竟有没有意义？

卡夫卡不仅写人在家庭和工作单位上的荒诞，同样也写制度的荒诞。长篇小说《城堡》写一个土地测量员来到一个蛛网般复杂的城堡中，想进入城堡，最终还是没有成功。城堡中每个办事机构中的每个办事员和官员都在忠于职守，兢兢业业，但他们恪守程序而不问目的，他们只是在执行自己分内的职责而不问为什么，不去追问自己工作的意义和价值，哪怕这些职责、条款严重偏离人性和常理，他们也认为完全是天经地义的。《城堡》里的官僚机构，跟工厂里庞大的流水线有点类似，每个人都是冷冰冰的工具人，人与人的联系只有既定的指令。如果要一个工具人杀人，这个工具人也不会去问为什么，他更不会有怜悯和内疚，他也不会认为自己是有罪的凶手，因为他只是在执行与机器运转相当的某种指令而已。

工具人充斥的社会很危险，二战时期的德国法西斯对犹太人的屠戮，就是由这些自以为很尽忠尽责的工具人去完成的。工具人的残酷或者软弱，源自工具（机器）对人的生命力和思考力的腐蚀、损耗直至掏空，从而走向马克思所说的机器对人的异化。

机器大生产时代的社会运作方式所产生的文化指令，更是让不直接与机器接触的人也卷入其中，成为工具人。俄国作家契诃夫笔下的"套中人"别里科夫，就是一个很典型的工具人。别里科夫用雨靴、雨伞、车篷、房子把自己严严实实地套起来，他的思想和精神更是被套上了政府告示、法令、保守报刊等无形的套子。凡是脱离常规、不合规矩的事，虽然与他无关，他也会很不高兴且很不安心，他的口头禅就是"千万别出什么乱子"。这个人成天生活在战战兢兢之中，怕周围一切新鲜事物；周围人也怕他告密，跟别里科夫一样也生活在战战兢兢中。被掏空了一切的工具人无法充当自己的主人，他是空心人，表面上是专制制度的代言人，他手中的工具和背后的工具都很强大，但无法掩饰和替代他内在的和本质的虚弱，所以别里科夫最后被一场影射自己的漫画风波给吓死了。

想清楚工具人与目的人的区别，并将目的人始终作为人的目标去追求和塑造，就会更清醒地认识现代人的处境，不仅可深刻领会卡夫卡、契诃夫一类现代作家笔下的人物命运，也可引导学生更清楚地去认识和规划自己的人生。

工具人的特征之一是人的物化，意即人在对物的追求过程中，变成了服从机械体系的一个被动的冷冰冰的组成部分。物化的人把自己的一生变成财富珠宝，在物的积累中忘记了房子是拿来住的，珠宝是拿来打扮的，而个人之需，不过是日求果腹、夜宿一床、"弱水三千，只取一瓢饮"。物化的人物欲膨胀，只想尽量多地赚钱，尽量多地占物，把物看得比亲人和自己重要。巴尔扎克笔下的守财奴葛朗台，临死之前，还守在金库外面，生怕有人偷他的金子；弥留之时，奋力去抓神父十字架上的金坠子。拜物而忘了自身，不惜像狒狒一样，手伸进树洞取坚果，拿得太多手卡在树洞出不来，即使被抓住也不松手，为了一点儿物的诱惑，赔上了自己的身家性命。物化的人生忘记了自己作为人的目的，也忘记了别人作为人的目的，既不能为我，也不能利他，他的人生就像柳宗元笔下的蝜蝂，背上除了废物的堆积，再无其他，一个人千万不能走上这样的人生歧途。

（四）文学视域下人的解放之三：从功利的人到审美的人

功利来源于人的物质需要。人基本的物质需要是人在现实世界能够生存的前提，因而是必需的。但人的欲望在解决了基本需要之后，往往会滋生出更大和更多的需要，促使人无限度地运用自己的智力和技能去满足无限膨胀的需要。其结果，要么是社会财富集中到少数人手中，贫富不均；要么是人类活动对生态系统过度索取和开发，挤占其他物种的生存空间，物种绝灭，生态恶化。

一朵漂亮的山茶花开在那里，功利的人首先看到的是山茶花值多少钱，而不是山茶花的美。跳出功利关系来建立新的价值观，就能见到万物功利以外和人类以外的价值，往往会发现更大的价值，有时还是更重要的价值。一朵茶花不仅能卖钱，能治病，还能怡人目悦人心；不仅让人愉悦，而且与蝶舞蜂飞构成大自然和谐的秩序，还能体现其他生命物种愉悦的独立人外的价值。这些价值相对于人的现实的或者最近的需要来说，可能是无用的，但是无用之处恰恰是大用：茶花换钱，可满足人衣食之需。但仅有衣食之欲而目盲心穷的人，不是一个健康和完整的人；人的衣食固然重要，但没有蝶舞蜂飞的优美的自然生态，人之生活质量也会大打折扣。

美是对象能够引起人愉悦的属性。美学家把与功利对立的行为叫作审美。功利追求的对象也能引人愉悦。山珍海味之香，锦帽貂裘之暖，这些实用之物都能引起人的美感。但如果山珍海味只用来囤积居奇，锦帽貂裘只用来招摇过市，就显然超越了审美范畴，而滑到了功利的邪路上。凡有助于自己生命愉悦的，并能精细地感受到对象身上引起自己愉悦的属性的状态，就是审美。功利行为容易滑向对象以外的属性特别是经济属性，审美行为则始终借助对象本身的愉悦性来增进人的生命力和情感力。

庄周梦蝶是一个有名的典故。庄子梦见蝴蝶，醒来不知是自己梦蝶，还是蝶梦自己。这里有庄子齐物论思想，姑且不论。庄子将人之性情投射到蝴蝶身上，蝴蝶变成了自己，或者一个与自己同等的生命，至少是与自己有联系的对象。这种与万物不隔的亲近关系，会带来愉悦的审美关系。

人往往为了功利目的而压抑自己快乐的需要，不惜放弃审美的冲动和感动，久而久之，就会变成一个丧失审美能力的毫无趣味的美盲。功利行为再是疯狂，往往违背个人意志，从根本上说就是缺乏感情的原动力，因而缺乏创造力。一个健全的人，不能只有功利的理性，还应该保护他的审美能力，以此来营造他的情感之乡。当功利行为受挫，他还可以打开无限丰富的情感世界，在任何情况下都可以深情拥抱这个世界，而不至于走上绝路。

朱光潜在分析饮酒的快感与美感之间的差别时，说得极有见地："陶潜、刘伶、李白之流都是用酒来把实际人生的距离推远，酒对于他们只是造成美感经验的工具。"① 因此李白饮酒，是为了远离功利场，捍卫自己一贯的审美立场，表面是及时行乐的享乐主义，实际上李白的享乐与一个酒徒的享乐大不相同。李白是捍卫审美立场，酒徒是追求生理上的快感。欧阳修在《醉翁亭记》说得更为直截了当："醉翁之意不在酒，而在乎山水之间也。"酒刷新了自己，使自己从名缰利锁中解脱出来，以往与山水形成的"太守—辖区"关系，变成了审美关系。所以古时之官，许多是审美素质极高的文人墨客，

---

① 朱光潜. 朱光潜全集 [M]. 北京：中华书局，2012.

为官一方，能以审美方式行使手中权力，对山水不是破坏性开发而是审美性保护。杭州西湖之白堤、苏堤，除了有施惠于民的功利考虑，又何尝没有"水光潋滟晴方好，山色空蒙雨亦奇"之审美动机呢?

人固然需要理智的生活，但情感生活也很重要。理智表露于外，能为人所知;而大部分隐藏于理智之下的情感，却易被教育所忽略。审美则可护情护心，防止过于发达的理智对情感生活的挤压与挤占;审美能力有助于形成人在现实世界强大的抗挫能力，即使实用世界、功利世界的路断了，有审美力的人照样可以走下去，因为他还可以通过寄情于物、物我同一的移情作用，不失热爱和希望。审美力强大跟生命力强大是成正比的。

我教过一个学生，患有重度抑郁。其母平时要求严，尽管她已尽最大努力，母亲还是怪其拖沓懒散，不勤于学业。某日早读迟到，她被学校记名，不能接受，上正课时消失不见。师生紧张，于教学楼顶寻得她时，她神情呆滞，对谁都不肯开口说话。心理老师前来温言劝回，她道出原委:这次她迟到，全校师生都通过班级摄像头看到了她，都在幸灾乐祸地嘲笑她。校方担心出事，通知家人来接。作为班主任，我与她父亲有过一次倾心长谈。我说母女矛盾的实质，是母亲功利性的期待对女儿情感世界的挤压变形，最原始的那点儿母女依恋之情都没有了，整个世界都变成了她的敌人。当务之急不能继续用升学的功利需要去施压，如此下去，她的精神必断裂坍塌以致无可挽回;而应该解除她与功利世界的关系，让她觉得最信任的人去陪伴她，让她找到人间之爱;换个环境，最好回到乡下的大自然中去，去结识山川草木鸟兽虫鱼，与这个世界形成一种超越考试的审美关系。人与人有爱，人与自然有美，她受伤的情感世界才能修复。

一个学生语文课上学会了领会文学之美，图音课画得一手好画弹得一手好曲，他的不良情绪有艺术渠道来引导、矫正与宣泄，抑郁的可能就要小得多。一个喜欢诗词的人，能用诗词消愁破闷，即使抑郁，问题也不会很大。且看下面这首《醉花阴》:

薄雾浓云愁永昼，瑞脑销金兽。佳节又重阳，玉枕纱厨，半夜凉初透。

东篱把酒黄昏后，有暗香盈袖。莫道不销魂，帘卷西风，人比黄花瘦。

李清照白天愁（"愁永昼"），夜晚也愁（"半夜凉初透"）；睡下愁（"玉枕纱厨"），起来也愁（"帘卷西风"）；不喝酒愁，喝了酒（"东篱把酒"）还是愁。这一切愁，都有寄托，就是她心中还有一个钟爱的丈夫赵明诚。她把对赵明诚爱而不能实现之愁，投射到"薄雾浓云""瑞脑金兽""玉枕纱厨""东篱暗香""风帘黄花"之上，仿佛这一切都成了她愁苦的证人，愁苦的同谋，于是词人之愁，因投射移情就成了对愁的审美而非对愁的绝望，愁就变成了一缕飘向外界的淡烟而不是积郁于心，愁就变成了审美之乐。李清照的感情世界是健康的，是丰沛的而不是病态的。

前文所述，语文教育应培养学生的思想道德，这是智性教育。但语文课不是思想政治课，不仅要引导学生智性的完善，还得关注其感情的健康。文学审美教育与思想品德教育完美融合，才是完整和完美的语文教育。

（五）文学阅读应成为学生人生的预演

文学关注人。文学阅读中的"人"有两层意思：一是要把文学作品中的人当"人"，而不是其他符号，如历史符号或者试题符号，来进行解读。二是要把阅读文学作品的学生当一个个具体的"人"，而不是应试者，也不是有了社会阅历的成年人。"人"是文学作品与学生的一个衔接点，学生通过这个衔接点进入作品，作品中的人与学生产生了某种关切，有效的阅读行为才能发生。而教师解读的或作品蕴含的意义丰富的"人"与学生感受和理解的"人"会有落差，这个落差会化为改变学生的一种力量，学生才会感到文学阅读的必要，从而内化为阅读的原动力。

周代有采诗官，下到民间采集歌谣，当政者以窥民心所在，作为施政参考。孔子说："诗可以观。"后世文学史家们读《诗经》，往往也随了当政者的视角，借诗证史。毛亨言：《关雎》颂周王后妃之德，《伐檀》刺贪，《子衿》刺学校废，都与政客、与政治扯上了关系，唯独作品中除政客以外的那些"人"，"毛亨们"视而不见。难道小百姓的微言，扯上政客们的大义，作品才有意义吗？文学作品的价值，显然不仅有政治价值，最重要的还在于对人的价值的关注。为什么我们不能借这些优秀的文学作品，读那一个个有着自己的喜怒哀乐的活生生的人，而非要读出一些靠捕风捉影而来的政治幽灵呢？

《牡丹亭》第七出《闺塾》①，写陈最良在杜衙设帐，教杜丽娘读《关雎》：

[末] 昨日上的《毛诗》，可温习？

[旦] 温习了，则待讲解。

[末] 你念来。

[旦念书介] "关关雎鸠，在河之洲。窈窕淑女，君子好逑。"

[末] 听讲。"关关雎鸠"，雎鸠，是个鸟；关关，鸟声也。

[贴] 怎样声儿？

[末作鸠声] [贴学鸠声诨介]

[末] 此鸟性喜幽静，在河之洲。

[贴] 是了，不是昨日是前日，不是今年是去年，俺衙内关着个斑鸠儿，被小姐放去，一去去在何知州家。

[末] 胡说，这是兴。

[贴] 兴个甚的那？

[末] 兴者，起也。起那下头窈窕淑女，是幽闲女子，有那等君子好好的来求他。

[贴] 为甚好好的求他？

[末] 多嘴哩！

[旦] 师父，依注上书，学生自会。但把《诗经》大意，敷演一番。

【掉角儿】[末] 论《六经》，《诗经》最葩，闺门内许多风雅。有指证姜嫄产哇，不嫉妒后妃贤达。更有那咏鸡鸣、伤燕羽、泣江皋、思汉广，洗净铅华。有风有化，宜室宜家。

[旦] 这经文偌多？

[末] 《诗》三百，一言以蔽之，没多些，只无邪两字，付与儿家。

---

① （明）汤显祖. 牡丹亭 [M]. 上海：上海古籍出版社，2016.

陈先生的教法来自他的读法：他按毛亨的说法，把诗中的恋人读成了周王后妃，把一个普通的鲜活的人，读成了一个政治和历史的符号。他认为不仅《关雎》，那些写鸡鸣、燕羽、江皋、汉广的诗，无一不跟政治风化有关。这就是陈先生的第一个错误：不把作品中的人当"人"。先生读解出来的非关人与人事，学生与作品的接入点没有了，这就堵死了学生进入作品的通道。

丫鬟春香（贴）总在陈先生授课时插科打诨，或问先生鸟的叫声，或故意曲解文意，把"河之洲"扯成"何知州"，完全是一个故意捣蛋的坏学生的样子。无论春香是否故意，陈先生都没有把他的教学对象当作"人"，没有从一个未成年女子的阅历、需要，以及她的理解力和当时的心境出发，找到师徒之间的共同话题；而是借教师的权威，以毛亨的标准答案去压制她。"何知州"固然不对，老师抛出一个所谓叫"兴"的写作手法，又能解决怎样的问题？

把君子当成一个普通的恋人看待，先生就可能会问学生，君子该不该恋爱？君子在诗中的恋爱方式是否得体合宜？把学生当作一个人来看待，他设置的问题可能是："假如你是君子追求的那个窈窕淑女，你是否接受君子的求爱？一个男孩子对你有好感，你要做出怎样的反应和回应，才是美的？两人谈恋爱，选择怎样的环境才具有诗情画意？"如此等等。

应该说，目前应试性的文学阅读教学还没有走出陈最良时代的误区，在读不到"人"和不是"人"在读这两点上走不出来，不管今天的教学加入多么先进的科技含量，依然是陈最良式的貌离神合。

读《苏武传》，我们只读到苏武如何爱国和忠义，像汉宣帝把他的形貌图画在麒麟阁一样奉之为神。苏武一旦成神，他身上人的属性就越来越被忽略，以致成了一个空洞的爱国符号。其实苏武身上似乎高不可攀的神性，来自他作为普通人的人性：任何情况下都说真话，卫律诬他与副手张胜谋反，他不承认，因为这事他确实没有参与，以死相胁也不低头；李陵劝降，他顾念汉武帝对他们父子兄弟的栽培，无论如何也不愿叛主背亲。说真话、记恩德，难道不是一个普通人也应该遵守的做人行事的底线吗？我们把苏武当成一个普通人，把自己也当成一个普通人，我们才能设身处地将心比心地去理解苏武，并借苏武观照自己。我们会发现，苏武几次自杀，未尝没有权宜之计；甚至当卫律面拔刀自刺那次，苏武也不是没有一点儿故意不刺中自己要害部位的小心思。我们不会去责怪苏武表演，反而更加敬佩他智勇双全。后来卫律置他于大窖，绝其饮食，他食毡饮雪几天不死；北海牧羊廪食不给，他掘野鼠藏草籽充饥，而且织网矫弓，得单于弟弟赏识；牧羊19年，与胡妇产得一子……这些作为一个普通人在恶劣环境中活下去的生存技巧和行动能力，同样让我们赞叹不已。面临困难积极求生，我们就是读懂了苏武，也实践了苏武精神。

小说、散文、诗歌里的情境，都是人的境遇的陈述，我们于其中读到了人，文中的境遇就是一个个人生的案例，于作者或文章角色而言，是已经过去的历史；于读者而言，不妨将其作为即将或者可能发生的情境，即将或者可能遇到的问题，将自己置换到文学作品中去，去感受角色的悲喜，去思考如果成了当事人，是否也会效仿他，或者会比文中的角色做得更好。读了文学作品，便有了美丑善恶的标本作为自己未来人生的参照，以后说话行事，会不自觉地将文本角色与自己或别人进行比照，得出判定与取舍。这种文学阅读行为从本质上说，就是读者人生的预演。

将文学阅读变成自己的人生预演，这不是什么高难度动作，而是回归文学阅读的本义。现在的难处在于，从小就接受应试阅读训练的学生，已经很难有一颗这种读文学作品时天然的初心。应试的思维和习惯已经使学生很难产生对于文学作品中人、事的关切，其中一个重要原因就是语文教师把文学作品中丰富的"人"肢解成了一个个毫无"人"的意义的考点。

应试的困局，并不是意味着就不能改变。试看李海林先生记湖北余映潮先生上的一堂鉴赏课：

余映朝老师提问：同学们，你们都在这个世界上活了十四年了吧，说一说算得上是"生活欺骗了你"的事情。

第一个孩子说了，却是笑嘻嘻地说的。第二个孩子说着说着哭了。她妈妈昨天晚上未经她批准，偷看了她的日记，她心里难受。其实她妈妈是关心她，但孩子不管，反正孩子认为这就是生活欺骗了她。余映潮老师就把这个孩子叫到台上来，说："你妈妈没有经过你批准，就看了你的日记是不对的。伤心了，对吧？难受了是吧？同学们啊，你看看某某同学好伤心的，这样吧，我们大家来安慰安慰她好不好？怎么安慰呢？你们都站起来，都把书打开，翻到第十二课，《假如生活欺骗了你》，请大家齐读安慰她。"

孩子们读了。有一些男同学还鬼鬼地笑着，这个女同学站在台上，还有点不好意思。余老师说不要悲伤，不要心急哟，因为这个地方所有的同学都很真诚，台上的那个孩子也没有不好意思了。余老师说："某某同学，你面向我，假如生活欺骗了你，孩子啊，你听我说，不要悲伤，不要心急，忧郁的日子里需要镇静。孩子啊，相信吧，快乐的日子将会来临。心永远向往着未来，现在却常是忧郁。一切都是瞬息，一切都将会过去，而那过去了的都会成为亲切的怀恋。同学们，这诗歌好吗？"

"你们还想读吗？我再给你们一首诗，行不行？"同学们说，好啊。余映朝老师读《假如你欺骗了生活》，又用一个方法教完以后，"同学们啊，你们喜欢诗歌吗？喜欢啊。来来来，写一首诗歌，我给个题目给你，《假如生活可以重新开始》。"

首先，余先生没有去讲普希金创作这首诗歌时的历史背景，没有将这部作品当作一篇文学史的符号或者控诉沙俄黑暗时代的政治符号；诗中的生活，去除了政治意义之后，就是每个人都要面对的普通生活，而不仅仅是斗士和诗人面对的生活。抒情主人公就从政治的高处降了下来，变成了能与一个初中孩子对话的普通人。其次，创设课堂情境，让读诗变成学生人生的演练，争取尽量多的学生都参与进来，用这首诗里面的情感和逻辑，去处理自己遇到过的人生问题：假如生活欺骗了你——然后又虚拟一个情境，写一首诗：《假如生活可以重新开始》，让学生通过普希金的诗兴发感动，去预演另一场人生。

这难道不是诗歌教学以及其他文学作品教学应有的样子吗？

（六）文学鉴赏与生活

朱光潜先生在鉴赏问题上有很多精彩言论，可谓深得其中理趣。照他看来，鉴赏即是通过发现作品的情趣进而发现生活的情趣，使自己的生活变成情趣丰富的生活，也就是艺术的生活。"人可以分为两种，一种是情趣丰富的，对许多事物都觉得有趣味，而且到处寻求享受这种趣味。一种是情趣枯竭的，对于许多事物都觉得没有趣味，也不去寻求趣味，只终日拼命和蝇蛆在一块争温饱。后者是俗人，前者是艺术家。情趣越丰富，生活也愈美满，所谓人生的艺术化就是人生的情趣化。"① 鉴赏可以促进生活，反过来，鉴赏也依赖于生活经验的丰富。前者是到生活中去，后者是从生活中来。"从前中国文人喜游名山大川，一则增长阅历，一则吸纳自然界瑰奇壮丽之气与幽深玄妙之趣。其实这种'气'与'趣'不只在自然中可以见出，在一般的人生世相中也可得到。许多著名的悲喜剧与近代小说所表现的学识精神气魄正不让于名山大川。观察体验的最大功用还不仅在此，尤其在洞达人情物理。文学超现实而不能离现实，它所创造的世界尽管有时是理想的，却不能不有现实世界的真实性。近代写实主义者主张文学须有'凭证'，就因为这个道理。你想写某一种社会或某一种人物，你必须对于那种社会那种人物的外在生活与内心生活都有彻底的了解，这非多观察体验不可。要观察得正确，体验得深刻，你最好投身他们中间，和他们过同样的生活。你过的生活愈丰富，对于人性的了解愈深广，你的作品愈有真实性，不致如雾里看花。"② 这是谈创作与生活的，但创作里的观察和体验，其实可以看成是鉴赏现实中的生活，与鉴赏书本上的生活，本质上是一样的，因为都要用到生活当中的经验与智慧。

一个读者，如果没有生活经验，或者生活经验浅薄，他对作品，就不能理解，或理解肤浅，体会不到里面的味道。欧·亨利的小说《警察与赞美诗》开头有段景物描写："每当雁群在夜空引吭高鸣，每当没有海豹皮大衣的女人跟丈夫亲热起来，每当苏比躺在街心公园的长凳上辗转反侧，这时候，你就知道冬天迫在眉睫了。"读者要知道雁为候鸟，天气转冷时，也就是秋天由北向南迁徙，"雁群高鸣"这句话字面以下的意思——天气转冷，才读得出来。这是自然界的反应。"没有海豹皮大衣的女人与丈夫亲热起来"，也是写天气转冷，人群世界的反应。但还有更为深刻的意思：天气转冷时，这种女人才跟自己的丈夫亲热；那天气暖和的时候呢，自然是人情寡淡。这种亲热，纯为自然生理意义上的抗寒，而不是因为感情上的相依为命。再追问

---

① 朱光潜. 艺文杂谈 [M]. 合肥：安徽人民出版社，1981.
② 朱光潜. 艺文杂谈 [M]. 合肥：安徽人民出版社，1981.

一步，为什么会是这种感情呢？因为丈夫没有给女人买贵重的海豹皮大衣，可见女人把皮衣看得比感情重要，这更是感情寡淡的证明了。没有皮大衣御寒的女人，还有一个形式上的丈夫可以当作衣服御寒。没有了暖和的天气的大雁，可以借群体的力量通过迁徙来逃避寒冷。但是苏比这个流浪汉，既没有衣服，又没有可以亲近的同伴，更不能像大雁那样长出翅膀迁往他乡。这就是那种渗透到了骨子里的人生的悲哀。这些文字，不写一个"冷"字，但天气的"冷"和人情的"冷"全藏在文字之下，可谓尽得"冷"字之风流。这么丰富的味道，没有生活经验，就只能得到一些皮毛。

《红楼梦》中说"世事洞明皆学问，人情练达即文章"，即是说学问文章，原是与生活中的人情事理分不开的，对人情事理体察得深刻细腻的人，无论是写文章还是读文章，都有了深刻细腻的前提。《三国演义》中的《群英会蒋干中计》一节，曾被选进中学语文教材，读者需有一些社交经验，才能读透在军事政治斗争场合，那些精彩描写的玄奥。比较周瑜、蒋干二人在群英会上的表现，有两点值得注意的地方：周瑜的习惯性动作是挽蒋干的手臂，习惯性的神态是"笑"。挽手这个动作在文中出现了4次："携干手""执干手""携干入帐""携干入帐共寝"。"笑"就更多了，共5次："笑谓诸将""瑜笑曰""瑜笑而挽其臂曰""大笑畅饮""佯醉大笑"。没喝酒时动作神态双管齐下。初见蒋干，周瑜是"拜迎"，这是宾主相见之礼，表明宾主之间还有一段距离。蒋干"昂然而来"，因为他是强大曹军的使节；周瑜"拜迎"，而没有一开始就上前挽老同学蒋干之手，因为周瑜是三军统帅，不可失去身份。待周瑜一席话激怒了蒋干后，他才又"笑"又"挽"，缓和气氛。喝了酒后的醉态，是为了迷惑对方，使蒋干误以为周瑜在朋友面前失去戒心，为下文的泄露军机埋下伏笔。蒋干的神态在整个过程中表现出很大的被动，原因是不了解对方虚实，胆小且愚蠢。

于是读《三国演义》，我们就获得了以下启示：用手挽着你走路的人可能不是真正的朋友。他挽着你的手，他可能会想利用你，或者见你身上有利可图。一旦撕破脸来，可能把你推向悬崖。面对笑脸要当心。不少情况下笑脸是一张迷惑人的面具，后面隐藏着弓箭和杀气，所谓"笑里藏刀"是也。王熙凤爱笑，《红楼梦》中写她"粉面含春威不露，丹唇未启笑先闻"，但"明是一盆火，暗是一把刀"，即是此类人等。

这样读《三国演义》，因是带着自己的生活去读，也许才算把死书读活。那些启示，也许会化为自己生活中的智慧，为自己对人世的观照，提供参照。生活化地鉴赏，鉴赏化地生活，将书本与生活有机地融会，灵活地贯通，不为读书而读书，而是为生活而读书，用生活来读书，这样的读书人，必能使自己在学问与生活方面，都获得不断的进步。

要生活化地鉴赏，就得有读书以外的生活。科学家李四光主张读自然之书："读自然书，种种机能非同时并用不可，而精确的观察尤为重要。读书是我与著者的交涉，读自然书是我和物的交涉。所以读书是间接的求学，读自然书乃是直接的求学。读书不过为引人求学的头一段工夫，到了能读自然书方算得真正读书。只知道书不知道自然的人名曰'书呆子'。"[①] 这种思想，在美学家宗白华那里，也得到同样的强调："这种活动就是走到大自然中，自动地观察，自动地归纳。从这种自由动作得来的思想，才是创造的思想，才是真实的学问，才是亲切的知识。这是一切学术进步的途径，这是一切天才成功的秘诀。这个途径不唯近代大科学家如是，就是古代天才的思想家也是如此。"[②] 接着他举了庄子在书中很多地方引用自然现象做比喻的例子。除了自然，一个读书人还要走向社会、走向人群，去观察人、研究人。毛泽东年轻的时候，带了几个铜板、一些干豆子徒步考察湖南农村，他写出来的《湖南农民运动考察报告》比那些成天坐在书斋中研究出来的马克思主义还要马克思主义，因为他从社会中得出来的思想，比书本上更有创造性。所以毛泽东对于马克思的解读，有破天荒的创见。

（七）文学作品的辞章之美

以上诸节，重在文学作品意义的讨论。虽然意义是最重要的，但一个中学生欣赏文学，不能只是领悟其义，还需明白意义的表现手法，这就进入了辞章的范围。《牡丹亭》中陈最良所讲《关雎》的"兴"，就属于诗歌的辞章问题。

辞章属于作品的形式范畴，但分析辞章无疑有助于理解作品内容和深蕴

---

① 李四光. 读书与读自然书［M］// 肖东发，杨承运 北大学者谈读书. 北京：北京图书馆出版社，2002.

② 宗白华. 读书与自动研究［M］// 肖东发，杨承运. 北大学者谈读书. 北京：北京图书馆出版社，2002.

其间的意义。对于一些内容比较繁复的文学作品，更应该去梳理其内容要点，每个要点前后的关联，在要点的关联与推进中去推导文字背后的意义。陶渊明的《归园田居（其一）》比较长，前八句写"归"，八至十六句写"园田"（人的居住环境），最后四句写"居"（人的居住状态），可谓精致之至。"归"又分为前四句的"为何归"以及五至八句的"怎样归"。"园田"八句中四句近景，两句远景，前六句远近视觉与后面两句听觉相得益彰。"居"则突出清闲（"余闲"）与自由（"返"），最后一句"复得返自然"与首联的"性本爱丘山"照应，圆转开合十分自然。这样分析，我们就知道陶渊明在诗中告诉我们为何归、归向哪、做什么、归后结局，他用"归园田居"这样的行为，解决了他人生的大问题。

前面我们讲到，文学作品的阅读应该成为人生的预演，但是预演建立在对于作品意义的全面而深刻的领悟上，而领悟意义首先必须从分析文本开始，方可悟得文中真义与精义。如果你遇到人生挫折也想走"陶渊明式"的道路，你得掂量掂量，能不能归向陶渊明那样的田园？有没有"方宅十余亩，草屋八九间"？要归去的地方是否有"暖暖远人村，依依墟里烟"？要是连一个人都寻不到，荒山野岭中去哪里找"狗吠深巷中"？你还能有"余闲"和"返自然"的怡然之感吗？陶渊明的归隐，只不过是从一个人群回到了另一个人群，并不是纯粹的离群索居，成为一个"野人"。没有辞章的分析，读者就可能一知半解、断章取义，造成对作品的误读；一旦用误读的东西进行人生预演，势必误判前路，贻害无穷。

我们提倡生活化鉴赏，并不是完全地反对文章学的某些合理成分。有段时期，语文阅读教学追求整体感知，教师不再教授以前文章学那一套严谨的读文方法，使得学生阅读形成了一种蜻蜓点水泛泛而过的浮躁之气，影响很坏。其实不管什么时候，注重辞章都是一种良好的读书方法和读书习惯。

辞章除了结构，还有技法。技法无疑是文字之美的一个很重要的方面，是优美文字的成因。吃美味佳肴固然不用了解做菜方法，但文字运用不一样，我们要习得文字的优美，就得明白它的技法。

像陈最良那样的腐儒，当然不会去深究"兴象"之美，因此他只能灌输概念，不会引导学生去体会其中的所以然。一个人对"关关雎鸠"有兴发的触动，鸟儿的求偶还能引发他自己对求偶的渴望，说明这个人还有敏锐的感知力，心还没有死。找女友的想法不分场合直接说出来，是不美的；有鸟语花香的情境烘托，窈窕淑女没说出来，关关雎鸠说出来了，两相补充，就显得意味深长、美不胜收了。

"美"这个问题是最不好讲的。仅仅用一个形容词去概括，就把活的美讲死了，反而让学生感受不到美。这时候讲一点儿美的成因即美的技法，把美的源头挖出来，美就会在我们心中复活。杜甫写《登高》，他笔下的秋天很美。是什么样的美呢？你可以说"阔大"，也可以说"悲怆"。只是得出这两个形容词，鉴赏还远远没有完成。还得问，"阔大"与"悲怆"的联系是什么？原来"阔大"是物之境，"悲怆"是"我"之投射。美学家用内模仿来描绘审美的心理活动，即看到物，物会刺激人的感官产生运动的感觉，这种动感又移情到物上，从而产生美感。所以动的画面，要有气势；静的画面，要有内在张力，也就是静中有动，产生的刺激才强烈，欣赏者的内模仿才容易被激发起来。静中有动如此，动中有静亦如此，化动为静，本质上还是在动，因为它们中的静是延长的动，是积蓄了更大力量的动。抑或静是目的和结果，也能让我们紧张的感官松弛，这也是感官的内模仿。王维的《山居秋暝》，"空山新雨后"，"新雨"是动，"晚来秋"是静；"明月松间照"是静，"清泉石上流"是动。"竹喧""莲动"是动，"王孙留"是动后之松弛。没有紧张就没有松弛，所以表现静，如无动，就是死静，是不美的。

有一种观点，将美的感知分为四个层级：

> Good 是常识，就是做到还不错，需要对一件事一个行当有常识性的认知。
>
> Better 是技术，需要做到一定程度的复杂刻意训练才能把一件事做到优良品质。
>
> Best 是秘密，需要洞察一些隐秘的逻辑和关系，才能发现做好一件事的真正秘密。
>
> Great 是艺术，就是能够随心所欲地协同要素，道法自然地做出真正伟大的作品或者服务①。

---

① 设计与哲学：《没有审美力是绝症，知识也救不了》，苍山夜语（微信公众号），2022-11-2。

上面我讲的对美的技法的强调，对美的秘密的探寻，就是在 "good"（常识）之上的较高要求。而要进到这两个比较高级的审美阶层，语文老师需有较高的美学素养，读一点儿相关的美学著作，吃透其中的美学原理，应该是大有裨益的。

（八） 文学鉴赏的趣味及标准

单词独句，无所谓趣味。"你好！" 用在礼仪社交场合，已经成为一句刻板平常的礼貌用语，一句客套话，它已沦为一种形式的语言，内容虚化，意义公共化。但是，假如一个人对你恨恨地说："你好！" 那他就有特殊的内涵。你得去联系他说此话时的背景，他的语气语调、神态动作，去揣测他的深意。语言在一定的语境中，获得了趣味。

文学就是通过语境，赋予程式化语言以丰富趣味的文体。文学鉴赏就是解除人与世界的疏离与阻隔，使世界呈现出崭新的面貌，与读者相关，让读者发现没发现的，从中获得趣味。人的趣味投射在事物上，再创造了事物。"蜡烛有心还惜别，替人垂泪到天明"，这里的蜡烛已经不是只有照明的实用功能的蜡烛，而是获得了审美功能的蜡烛。读这样的诗句，人就获得了审美的趣味，从而再创造了自己。

美学家朱光潜先生在《文学的趣味》一文中说："文学作品在艺术价值上有高低的分别，鉴别出这高低而特有所好，特有所恶，这就是普通所谓趣味。辨别一种作品的趣味就是评判，玩索一种作品的趣味就是欣赏，把自己在人生、自然或艺术中所领略的趣味表现出来就是创造。趣味对于文学的重要于此可知。文学的修养可以说就是趣味的修养。"① 在朱先生的表述之中，"辨别""评判" 其实就是我们所说的 "鉴"，"玩索""欣赏" 就是我们所说的 "赏"。

文学趣味对于个人而言，是通过阅读文学作品而积累下来的审美经验；对于有类似审美倾向的群体来说，则是这个群体所承认的共同审美经验。不同作家的创作风格，相同创作风格的作家形成的文学流派，都显示出不同的文学创作趣味。因此趣味不是个人的，也不是完全没有标准的；较高的趣味

---

① 朱光潜. 艺文杂谈 ［M］. 合肥：安徽人民出版社，1981.

往往是优秀的经典作品在许许多多读者或创作者那里的逐渐累积和沉淀。

但是趣味的标准一旦概念化之后，就容易在鉴赏过程中公式化，从而成为后来的鉴赏者的桎梏。而一旦把这种标准作为唯一的答案生搬硬套，读者与文本的通道就容易被堵塞，读者反而产生不了趣味。

这种矛盾在一些鉴赏试题中最为明显。1998 年的一道高考题，对贾岛的五言绝句《题李凝幽居》进行鉴赏。其中 D 项是这样的："全诗所写之事虽然不大，感情亦无跌宕，但由于注重炼字，故读来回味无穷。" 如果这首诗是因为炼字才有"回味无穷"的阅读效果，哪首诗不注重炼字？贾岛要拜访的李凝要是个名僧或者文化名人，或许这次拜访是对贾岛一生都有影响的事件，那他的拜访怎么一定就是小事呢？如果仅仅是某一个字写得好，而不是某些诗歌场景相映成趣的配合，能够让人回味无穷吗？可见回味无穷的作品，其审美因素是多向度的，并不仅在炼字；与其说炼字，倒不如说炼意确切。正因如此，有些诗词版本不同，其中一二字稍有差异，并不损害整首词的意境。著名的《念奴娇·赤壁怀古》，有的书上不是"乱石穿空，惊涛拍岸"，而是"乱石崩空，惊涛裂岸"，是"强虏"而不是"樯橹"，这些微小差异，无损该词的壮美。根据以上理由判定，D 是站不住脚的，但是标准答案说，这个判断错了。

再如关于孙犁的《荷花淀》有一道课外练习题，给出一段文字，然后找出判断正确的一项：

水生小声说："明天我就到大部队上去了。"女人的手指震动了一下，想是叫苇眉子划破了手。她把一个手指放在嘴里吮了一下。

A. 水生嫂编席技术不佳，所以把手划破了。

B. 水生嫂编席时心不在焉，不小心把手划破了。

C. 水生嫂听了水生的话，思想一走神，划破了手。

D. 水生嫂听到水生的后，手指震动说明水生嫂复杂激烈的内心活动。

标准答案是 D。为什么其他三项都错了？因为教参里面没像 A、B、C 那样解释。A 的错误可以说得过去，B、C 的说法，又何尝不可？水生嫂当时的注意力，确实是放在丈夫水生的说话上，对于编席这件事来说，水生嫂的心理状况确实是心不在焉，思想走神。在出题人眼里，教参是一个绝对标准，凡与标准相违背的表达与理解，都是错误的。

作家王周生曾谈到一部美国电影《死亡诗社》，说美国某私立学校有位语文老师，一次讲诗歌，叫学生把课本上的前言撕去。这位老师说，诗歌要用自己的心去体会，不是人云亦云。学生还是不敢撕。这位老师就猛地站到讲桌上，叫学生也站到自己的桌子上看教室外面的风景，说这样就会体会到与站在地上看到的情景绝对不同。学生这样做了，并纷纷撕掉了课本的前言。这位教师最终被校长解聘了。

鉴赏没有绝对标准，也不是只有一条路子才能达到作品的美的境界，因为文学作品本来就是多义的，读者的阅读经验不同，生活经验各异，对作品的鉴赏就有很大差异。一部《红楼梦》，古今中外，多少人读它，但对《红楼梦》的鉴赏，至今还未停止，将来也不会停止，不同时代的人们从《红楼梦》中看到不同的东西，得出不同的看法，你能说哪个是绝对标准、绝对正确的看法吗？所以我们要承认鉴赏的差异和个性。

死套标准及概念往往扼杀鉴赏者趣味的丰富性。所谓"死"，根源就在没读者的"活"的参与。鲁迅小说《药》把坟墓比做馒头，对这个比喻，富人的幸福建立在穷人的痛苦之上是一种理解，这个理解未尝不可，但是不可规定只许有这一种理解。如果只套比喻的概念和规则，套出来的还是概念和规则本身，这些概念和规则把读者理解的丰富性和文章解读的多种可能性扼杀了。我看到的则是与教参不同的其他方面。通篇写人血馒头，馒头"吃"了革命者夏瑜的血，华小栓吃了人血馒头，像馒头一样的坟墓"吃"了华小栓，富人吃了像坟墓一样的馒头。这就是鲁迅先生揭示的中国传统文化生态系统中的一条食物链。俗语也曾揭示出这条规律，其说法是"大鱼吃小鱼，小鱼吃虾米，虾米吃塘泥"。但这是对于不同种类的生物而言，因此没有悲剧性。鲁迅揭示的这条生态链说的是人类的自食和自残，是为民众献身的优秀生命既被"食人者"吃，又被病态的民众"吃"。这就是这个隐喻的深刻性。这种阐释，是我参与其中的发生性和不定向性的理解，是将文本朝不同的方向发散之后，跟不同的义域联系起来获得的意义，是不是更有道理呢？

在一些接受主义美学家那里，文学的属性是不确定性。读者—文本的动态联系后产生的东西，也被看作是作品的属性。捷克的沃迪卡认为："一旦作品以被整合到另一个关联域（事件的某种被改变了语言的状态、另一些文学要求、一种变化了的社会结构、一套新的关于心灵和时间的价值）之中为基础而被理解，那么，精确地讲，这件作品的这些性质就能够被理解为审美效果，而这些性质原先并没有被理解为审美效果的。"另一位美学家尧斯认为，不确定性是在历史过程中构成不同意义的条件。阅读使读者的预期视界得以重建。他认为，预期视界的重构对于精确理解艺术作品的反常与翻新是一种帮助。研究发现，这一理论与波普尔的观点相合。"在我们的前科学或科学的发展的每一时刻，我们拥有一些我经常用'预期视界'来表示的东西……。在每一个场合……，这种预期视界起着一种参照框架的作用，没有它，那些经验，那些观察等等就没有意义。"他在解释预期的失望时说："因为在我们开始认识许多期望的时候，就是它们已经落空的时候——比如，当我们偶然碰到一个意想不到的步骤的时候。（只有这个步骤的出人意料才告诉我们，我们原来所预期的乃是极表皮的东西。）预期的失望迫使我们去修正我们的期望。学习的过程很大程度上就是由许多这样的修正所组成的，由许多期望的排除所组成的。"①

综上所述，鉴赏要以真正典范优秀的语言文本为提炼标准，在读者的趣味里形成对人的健全健康发展有利的思想性标准和较高语言水平的艺术性标准。在作者、文本与读者三者之间，应该找回以前忽略掉的读者的环节，由以前作者—文本关系的定向性意义追寻，兼顾读者—文本关系的不定向性意义和发生性意义的探究。

关于文学鉴赏，我在理论上的探讨就此告一段落。就它们的逻辑关系而言，从第二节开始用了三个章节，讨论文学在人的解放中的作用，这是文学的基础价值。从第五节至此章节，才直接触及文学鉴赏"教"与"学"方法层面的问题。我们教学中的许多歧路和迷途，往往是基础价值没有厘清所致；基础价值弄明白了，教学操作的基本方向才不会错，语文教师对此不可不察。

---

① 王鲁湘，等.西方学者眼中的西方现代美学［M］.北京：北京大学出版社，1987.

（九）鉴赏教例：《宋词二首》

导入主观性鉴赏

　　课前我为学生印发了三则阅读材料。《一个现代人眼中的唐诗宋词》是典型的主观性鉴赏。没有字词解释，没有中心分析，没有写作特点肢解，一句话，一扫我们传统诗词分析的那种陈腐之气。作者把在唐诗宋词中感受的美，作为一面面镜子，照出了现实生活中种种假恶丑；在真善美与假恶丑的对比鉴别中，鉴赏者对社会现实和人生问题产生了独特的感悟和前所未有的发现，足以影响鉴赏者的心灵、思想与行为，因此是有效阅读，是为了人生有用而阅读，跟为了考试、为了做题而不是为了做人的无效阅读，完全是两码事。

　　另外两则材料，分别是与两首词相关的两首现代诗。对于《沙沙》《辛弃疾》，阅读要求之一是要学生向别人讲述这两首诗。看似普通平常的要求，包含了多种能力。学生必须借《念奴娇·赤壁怀古》读懂这两首现代诗，在理解过程中，对《念奴娇·赤壁怀古》又进行了一场活的运用；要向别人讲述，必然牵涉对诗的意旨、韵味的分析，这其实就是在鉴赏。要把自己的审美体验传给别人，还必须有较好的口头表达能力。这个阅读要求的设计是为了使学生形成由古诗阅读到新诗阅读，由"听"的被动状态到"说"的主动状态的两大能力迁移。

　　阅读要求之二是要学生进行主观鉴赏，训练学生的书面表达能力，也是把书面信息变为自己活的灵魂。对两首现代诗《沙沙》《辛弃疾》的阅读要求更高：在读懂两首现代诗的基础上，仿其写法，以前篇课文《唐诗三首》作为材料，写一首现代诗，进行到这里已经不仅仅是鉴赏，而是在创作了。

　　我鼓励学生大胆地融进主观的东西，不要怕误读，不要顾及标准答案。按现在高考鉴赏题的标准答案来看，《一个现代人眼中的唐诗宋词》没有哪一点是正确的；而这几首现代诗，对《念奴娇·赤壁怀古》和《永遇乐·京口北固亭怀古》的误读更是严重得离谱。可是我们想想，苏东坡和辛弃疾写这两首词时，要是没有对历史人物和历史事件的误读，而是照历史原貌毫不遗漏、毫无误差地搬进词中，他们的词还算是词吗？苏东坡写的黄州赤壁，经史家考证不是赤壁之战的发生地。词中的"……遥想公瑾当年，小乔初嫁了……樯橹灰飞烟灭"也不符史实，小乔初嫁时周瑜24岁，赤壁之战是周瑜30多岁发生的事情。但正因为误读，苏东坡才在词中创造了融为一体的自然景观和魅力十足的人物形象。由此看来，误读并不是什么坏事，甚至可以说，没有误读就没有艺术创造。

《沙沙》是对《念奴娇·赤壁怀古》的误读，或者说是化用。"沙沙"的本质是不好的，是"沙"，是被历史淘汰掉了的劣品，却被现代人重新捡起来，被人们羡慕，被大众追求，被当作金子一样赢来经济利益，而真正宝贵的东西人们却丢掉了，被滔滔东去的大江淘汰掉了。作者在这首诗里讽刺的是现代人价值观上的浮躁、盲目和迷失问题，这是我读这首诗时的感觉。

和学生讨论《念奴娇·赤壁怀古》

先与学生聊海南留下的苏东坡的遗迹，有的去过儋州的东坡书院，有的去过海口的五公祠，但除了看到一大堆名人的题词外，他们似乎对苏东坡都印象不深。我说："那很自然，要了解一个作家，最重要的是进入他的作品。你们游览这些遗迹时，回想不起苏东坡的名作，所以感到陌生。但是学了他的作品，你试着再去游览一次，感觉和收获肯定不同。"

我说："我读苏词时，觉得字里行间有一股气，你们用一些词来帮我概括一下这首词里不同角度的'气'。"有说豪气，有说怨气，有说杀气，都很好，但只说到周郎和作者，没有讲到景物里面的气。我说这奔流的大江，拍岸的惊涛，穿空的乱石，确实没有一个含有"气"的词来准确形容，"寒气"行不行呢？有的说行，有的说不好，因为"寒气"只是冷暖的感觉，说不出赤壁风景里面隐藏的力量。我又问这是不是意味着赤壁景物的"气"，都可以用"豪气""杀气""怨气"来形容呢？也就是说，赤壁的"气"，除了客观的物理属性，还有没有人的感情色彩的赋予？学生点头，明白了诗词里的景与人之情浑然不分的道理。

然后我们一起分析上、下阕的两幅图景。两幅图的重心有何不同？学生很快找了出来，上阕重心是赤壁，下阕是周郎。于是可以把上阕概括为"周郎赤壁图"，下阕是"赤壁周郎图"。我说赤壁是景，周郎是人，景与人相互烘托。赤壁是重心时，周郎是赤壁的底影；周郎是重心时，赤壁变成周郎的底影。最后"我"酹江月，周郎、赤壁都变成"我"的底影。所以这首词不仅江山如画，而且周郎与"我"之人生也如一幅幅图画。

图画讲美。画的景美，画的人也美。一幅画有底影，就有了丰富的层次。"我"是三幅画的核心，"我"就在画中不孤不薄。周郎赤壁图中，画面的动与静是参差交错的。"大江东去"是大动，"浪淘"是次动，"尽"则是由动转向"千古风流人物"的静的过渡。"乱石穿空"是静中有动，"惊涛拍岸"是大动，"卷起千堆雪"是次动，再转入"江山如画"的静。赤壁周郎图中，"小乔初嫁了"是事动，"雄姿英发"是貌静，"羽扇纶巾"是扮静，"谈笑间"是态动，"樯橹灰飞烟灭"是事动转为事静。在事中写人，人就是活的。在家事、国事等多个事中写人，人就是丰满的。情感随动静的交替而发生相应的变化，变化不大起大落，呈优美的弧线，有一种内在的旋律。

然后讨论苏轼的"人生如梦"和喝酒（"一尊还酹江月"）。苏轼喝酒与酒鬼喝酒不同，酒鬼喝酒只会烂成一摊泥，只会打架滋事，不会像苏轼那样祭奠江月和英雄。苏轼的"人生如梦"不是人生的虚无感，而是对人生空幻之美的欣赏。他自己尽管一事无成，毕竟还有天地山川、历史云烟，依然浩气盈胸，格局和胸襟还在那里，所有的沧桑与悲哀都通过审美净化提纯了，这是值得我们学习的地方。

关于《永遇乐·京口北固亭怀古》

该词可与苏轼的《念奴娇·赤壁怀古》对比鉴赏。

《三国志》中写孙权曾于建安二十三年在吴郡乘马射虎，坐骑被虎所伤，孙权将双戟向虎投去，老虎被吓跑。能吓跑老虎，可想见其威风。孙权有虎威，是位虎帅。难怪曹操半开玩笑说："生子如当孙仲谋。"苏轼心中的英雄，是情场英雄加战场英雄的周瑜；辛弃疾心中的英雄是射虎英雄孙权，虽然孙权跟小乔沾了点儿亲戚关系，但似乎与脂粉无关，而跟历史镜头里从古树上掉落的露水、老虎的咆哮与鲜血关系更为密切。在辛弃疾看来，孙权的江山里也有舞榭歌台，但这种地方是孙权治下政通人和、繁荣昌盛之象征，是用以佐证孙权治国能力的景象。所以辛弃疾笔下的风流人物孙权，是一个"打虎英雄+治国英雄"的形象。

跟作者所处地点京口有关的另一个英雄人物刘寄奴（刘裕），也是在一个荒凉的现实场景（"斜阳草树""寻常巷陌"）中隐身而去、消逝无踪的征战英雄（"金戈铁马""气吞万里如虎"）。刘裕与孙权都是虎帅（孙权打虎，刘裕如虎），都是不屈于外敌的明君圣主（孙权不屈于曹，刘裕不屈于南燕、后秦等）。"无觅"孙权的苍凉；能觅刘裕，但见到的却是一片衰败凄凉的景象，两个用典，暗暗影射出现实中南宋国君的软弱、平庸、无能，缺乏孙权、刘裕那样的政治军事魄力。

上阕是历史场景与自然景物交相辉映，以自然景物的冷冷清清反衬历史场景的轰轰烈烈。下阕则是正反面历史场景、历史人物与现实场景和现实人物相比照，从中得出沉痛的历史教训，表达自己抗击金人、恢复中原的决心，也有不被重用的激愤。

李春林在《大团圆》一书中说："宋代国力不振，内忧外患不断。但朝廷不思进取，重文抑武，加上理学兴起，国民的心理逐渐衰老了。人们能感受到的是'秋气'，由'秋气'引起的是深沉的迟暮感。人们虽也狂欢，也高歌，也有追求和希望，但大江东去的声音还未消逝，人生如梦的喟叹接连而至。"①

扩展材料

沙　沙②

大浪淘沙/被淘汰掉的/重新捡起/捡起一粒叫沙/捡起两粒叫沙沙

沙沙是美人/是中不溜的/风流人物/沙沙到处享受着人们/美慕的目光

沙沙再不是过去的尘埃/沙沙飞进人们的眼里/人们多用眼泪表示感激/谢谢了沙沙/谢谢你磨红了我们的眼睛

都说沙沙的先生/淘了一辈子金子/自从淘出沙沙/才算真正发了洋财

沙沙微笑在阳光里/有时/也哼几句唐诗宋词/诸如大江东去

---

① 李春林.大团圆 [M].北京：国际文化出版公司，1988.
② 李老乡.沙沙 [J].人民文学，1997 (7).

辛弃疾①

从宋词的殿堂里飞跑出一匹快马/驮壮士辛弃疾驰过中原/英雄出剑/就有一声无比感人的慨叹/让中国的大好河山为之一惊/将一阕《破阵子》的壮词挑到灯下/看自己的白发成了后来的名句/忽听得连营鼓角连声召唤/扯出八百里一大段当年旧梦/自古君王的事谁也说不明白/英雄进入沙场就是一团奔腾的火焰/反正燃烧一路生死由它去了/拍遍栏杆之后醒过神来/辛弃疾发现自己醉倒在自己的词中

遥想当年马踏敌营气吞万里如虎/夕阳落下山来看烟柳断肠/手中空握一卷万字平戎良策/无奈没有壮士冲锋陷阵的一条大路/报国无门把热血托付给笔墨是了/写成响亮的名字放在宋词的经典里

数百年之后我远望南宋风光/仍看见辛弃疾的快马在词中飞奔/而后我听懂了一头白发的长叹/那是大地生命深处的呼吸/证明英雄在宋词的环境中永远活着

学生鉴赏实践

李　白②

你从白帝的朝霞中荡来/衣带飘舞着晨风/以豪迈轻舟送走刘备沉郁马蹄/千里江陵对啸古猿/绣口一吐就是半个盛唐

你从九天银河中飞流而来/与山水周旋/与天地和亲/你从李氏宫中赤脚而来/留下高力士的一脸无奈/带出亿万臣民的痛快/大丈夫生当狂歌五柳/安能摧眉折腰

你从来处而来/无根浮萍真不知他乡何处/采石矶边/抱酒揽月/此处方是你静夜所思/江风冷月/万古犹响/人间至贵/唯桃花潭水三月烟花/青梅竹马千丈白发

① 邢海珍.辛弃疾 [J].星星，1999 (9).
② 本文作者为海南省乐东黎族自治县乐东中学 2001 届高二 (5) 班学生陈翠华。

四　其他阅读课型

（一）探究阅读：问题追索

人类的探究行为始于疑问和梦想，因而是人类浪漫主义精神的一种表现。在个体的成长史上，人自知事起，就有不少的疑问，有些看起来极为简单的问题，实际上极不简单。比如你教一个 4 岁孩子算术，说 1+2＝3，那么孩子问你，为什么 1+2＝3，而不是 1+2＝4？你千万别认为这孩子愚笨，或是觉得他难缠，连这么简单的问题都要问。这里面可包含了一个大学问，即被称为数学皇冠上明珠的"哥德巴赫猜想"，数学家陈景润探究了几十年，才把它弄清楚。

小孩的创造力往往体现在他们提出的问题上，具有与成人经验世界完全不同的切入角度，他们的问题正是成人视界的盲点。《列子》中所记两小儿辩日，讲的是关于太阳是初升时离我们近，还是正午时离我们近的争论，连当时的大圣人孔子都无法回答。而科学史上的大发现，社会中的大学问，往往基于小孩子式的问题。"苹果为什么会落地？"这像不像小孩子的问题？但它导致了牛顿万有引力定律的产生。人处在自由落体运动状态时为什么感觉不到自己的重量？这是爱因斯坦广义相对论的由来。风靡一时的中国台湾绘本作家几米，完全借儿童视角来重新审视这个被经验化和程式化了的世界，获得了极大成功。"为何鱼只用一种表情，就可以面对全世界？""要动物跳火圈，究竟有何意义？将野兽变成小乖乖，究竟有何意义？""春天什么时候来？花什么时候开？""上面的牙齿先刷，还是下面先刷？"有报道说，几米告诉记者，他的新书的构思来自人小鬼大的女儿。"为什么飞机会飞？""为什么大人可以睡觉，我就要去上学？"女儿成天的"为什么"，让几米创造出童心漫溢的《布瓜的世界》，布瓜是法文"为什么"的音译。几米形容自己是"住在中年身躯里的幼稚小孩"[1]。

随着一个人渐渐长大，他被教以许多成人世界的经验和常识，融入了成

---

[1]　在城市的角落默默画图 [N]. 参考消息，2002-10-22.

人社会，他的问题也越来越少。他只知道老老实实地工作，养家糊口，按部就班地吃饭和上班，天经地义地睡觉和游玩。而一些保持童心的人，如果还生活在小孩子的问题里，对于成功地做出了伟大发现和创造的人，我们称为天才伟人；一事无成者，我们称其为"神经病"，在我们的文化习俗里，"老顽童""老天真"是不好当的。但是做学问写文章，如果没有一点儿童心的直率、疑虑和痴傻，似乎就缺了灵性，失于创造，最终落入冬烘先生的酸腐之中。从这个角度说，人老而疑问不老，就是心灵和大脑活力不衰的证明。如果有了这样的认识，我们就不会去责怪像小爱迪生那样，蹲在鸡窝里试图孵出小鸡的可贵的疑问和可贵的探究行为。我们也不会去责难说永动机的想法过于荒唐。莱特兄弟小时候想要像小鸟一样飞起来，后来他们真的就在北卡罗来纳州的基蒂霍克海滩，第一次成功地使一架用内燃机做动力的双翼飞机飞行了几十秒钟，完成了可控制的起飞、飞行和降落。当时科学家们说，不可能制造一个比空气重的能飞的机器。但这两位小青年就是创造了科学家们所说的不可能。

有了问题才会有探究，有了探究才可能有创造，创造前面的这两个环节，是缺一不可的。如果没有问题意识，创造的一切路子都会被堵死。这一点，正是中国学生创造力培养的致命障碍。有资料显示，我国学生的质疑能力是不强的。有人曾对北京市 10 所中学的 1200 名学生进行问卷调查，结果表明：课后敢于向老师质疑的占 66.8%，课堂敢于向老师质疑的占 21.5%，而课堂敢于当面指出老师错误的学生仅占 5.5%[1]。

华南师范大学外语系从事英语教学工作的约翰夫妇，认为中国学生不善提问。"约翰不止一次对学生讲，多思、多问、多质疑是学生的本分。结果呢？'尽管我很努力，但很少有学生找过我'，约翰说，学校和老师忽略了对学生思考和提问能力的培养，学生过于依赖老师。""尽管他们很刻苦，也很勤奋，但长此以往，会形成一种治学上的惰性。"[2]

探究就是要动手，自己独立地去解决问题，这也是中国学生的弱点。对于中国学生的"动手能力差"，杨振宁的看法是："这是一个错觉。"他认为中国学生不是天生的动手能力差，而是在国内没有动手的习惯，也没有动手

①　鲍守毅. 质疑不可缺［N］. 中国教育报，1999-3-2.
②　老外给中国学生打分［N］. 羊城晚报，2001-3-7.

的条件。一去到国外，教育环境变了，他们的动手能力非常优秀。他说："今天，在美国的国家科学院里，念物理的有中国血统的人差不多有 20 个人，这 20 个人绝大多数，我想是 5∶1 吧，都是念实验的。"①

且不去管他出不出国，就看看我们国内目前的情况，虽然并不是天生的动手能力差，后天的动手能力差却还是一个不可否认的事实。这个现象的根源，正如杨先生所说，一是没有动手的习惯，其中很重要的是没有动手的文化习惯，因为我们的文化环境是好静的，不是好动的；一个好孩子的标准是静如处子，不是动如脱兔。二是缺少动手的条件，即教育条件，想动手而不可为。

就语文的阅读教学来讲，学生不是没有问题。但问题提出来了，他却不能去动手解决，也就是不能自己得出结论，而是期待老师提供问题的解答，这又会落入标准化教育的窠臼中。笔者曾尝试让学生自学古文《谭嗣同》，要他们提出自己的问题。这些问题有的提得非常好，如：

（1）光绪帝为什么怕西太后？为什么要促使康有为、谭嗣同变法？

（2）慈禧太后和武则天为什么要垂帘听政？

（3）怎样看待谭嗣同的宁死不走？

这些问题，前两个可以看成学术问题，最后一个与我们的社会和人生息息相关，需要查找相关历史文献资料，或者联系自己的社会观察、人生体验加以解决。其实每个问题，都可以叫学生自己动手，去搜集材料，写成一篇学术论文。但是学校图书馆没有几本藏书，问题再好也是白搭。这就是杨先生所说的"没动手条件"。

一个老师，不管他能提供如何高明的回答，也终究是老师的，最多也只能算作一个参考。如果老师把他的见解强调成绝对真理，那他就是在灌输一种答案，学生把他的见解当成标准答案来记，仍然会造成思维的僵化，不能形成学生的思考能力和评判能力。当学生第二次面对问题的时候，他照样不

---

① 杨振宁答问录 [N]. 羊城晚报，2000-4-28.

能解决，如此恶性循环。

（二）灵性阅读：文章评点

我们读书，大多数时候是去注意引起我们兴趣的部分，而不管作者原意或其他意思如何。于我有兴趣者，我精品细尝，觉其韵味无限，浮想联翩，或感觉新异，印象深刻，共鸣巨大，而且我于此还有新的思想冒出，这种情况，就不要放过，而要提起笔来，将其记录下来。因为这是第一感觉，十分新鲜准确，是文本文字在我的水面投下第一块石头激起的第一轮涟漪，但是又短暂匆促，稍纵即逝，如不留下标记，事后回想则可能记不起来。我们读一篇文章，往往有这种感觉，当时觉得很好，可是一合上书本，抬起头来，茫茫一片，或了无所剩，或好东西太多，杂乱无章，理不出个头绪，总是只能寻个大概的印象，入不了文章的细微之处。如果边读边做标记，就不会将我注意过的地方遗漏，梳理这些细节，就会得到对于文章十分切实的印象、十分中肯的见解、十分独到的评鉴。所以这种随看随记的评点批注，就像是打仗的时候，一步一步地建立稳固的据点，最后把别人的文章，全面地占领，成为自己的阵地。

古时印刷业不发达，购书艰难，拥有个人藏书者甚少，所读的书，多为借别人的，就得爱惜。不像今天，丰衣足食，对于一本自己喜欢的书，很多人还是消费得起的。既是自己的书，则可在上面任意勾画圈点，信手涂鸦，记下当时的所感所想。倘若一本书，买来的时候新崭崭的，读过以后也新崭崭的，这不是爱书，这是对书缺少玩味享用。就像人家为你呈献一盘美味佳肴，你却不肯动箸，这不是对主人的尊重。真正的尊重，是拿起你的筷子，狼吞虎咽，吃得大汗淋漓。对于一个读书人，笔就是他的筷子，他要动筷，"吃"书，将书消化成自己的营养和力量。

现在一般讲究一点儿的书，在印刷装帧方面，都留了很宽的空白，不唯版式设计的美观，还有供读者批注圈点的用处。不把这些空白利用起来，驰骋你的笔墨，则是对书本的极大浪费。特别是目前的新版教科书，开本很大，可供标注的地方很多，学生仅记下一些在课堂上从老师那里听来的"教条"，没有记下自己的想法，这是很可惜的。一个学期下来，除了书角卷曲了一点儿，内页崭新不留痕迹，高中三年毕业，就拿来卖了废纸，此非暴殄天物者乎！设若他在上面留下了自己的东西，他扔起书来，还有那么大方吗？

有些时候，自己的感想可能如潮水一般，书边上记录不下，怎么办？记在字里行间也可。只要是自己有感而发，你的活文字就比死文字的原文字重要，不妨涂它上去。把书变成读书笔记，是对书最好的开发利用。在我的感觉中，这种读法，就好像种地的人，在买来的田地上，把别人的野草，变成用自己汗水浇灌出来的庄稼，有一种成就感。

蔡元培在谈自己的读书经验时说："我的不得法，第二是不能勤笔。我的读书，本来抱一种利己主义，就是书里面的短处，我不大去搜寻它，我正注意于我所认为有用的或可爱的材料。这本来不算坏，但是我的坏处，就是我虽读的时候注意于这几点，但往往为速读起见，无暇把这几点摘抄出来，或在书上做一点特别的记号。若是有时候想起来，除了德文书检目特详，尚易检寻外，其他的书，几乎不容易寻到了。……我记得有一部笔记，说王渔洋读书时，遇有新隽的典故或词句，就用纸条抄出，贴在书斋壁上，时时览读，熟了就揭去，换上新得的，所以他记得很多。"① 蔡元培先生说的动手是做记号，以便查阅。在胡适那里，动手还有更为丰富的内容：标点分段，翻查资料，读书札记。我在这里所说的动手，就是胡适先生所说的做札记，只不过我是强调把札记做在书上。胡先生认为，札记分为抄录、节要、记录心得、参考诸书融会贯通创作有系统的著作。他说："发表是吸收知识和思想的绝妙方法。吸收进来的知识思想，无论是看书得来的，或是听进来的，都只是模糊零碎，都算不得我们自己的东西。自己必须做一番手脚，或做提要，或做说明，或做讨论，自己重新组织过，申述过，用自己的语言记述过——那种知识思想方才算是你自己的了。"② 王力说，读书要摘要做笔记，要做眉批。"看一本书如果自己一点意见都没有，可以说你是没有好好看。你好好看的时候，总会有些意见的。所以最好在书眉，又叫天头，即书上也空的地方做些眉批。……自己做眉批，可帮你读书，帮你把书的内容吸收进去。"③

因是随想，所以对书的看法，往往是最直觉的感悟、最原始的创造。抓到这些感受，做进一步的探究，往往会做出大的学问。我相信，世间的大学

① 蔡元培.我的读书经验［M］// 肖东发，杨承运.北大学者谈读书.北京：北京图书馆出版社，2002.
② 胡适.读书［M］// 肖东发，杨承运.北大学者谈读书.北京：北京图书馆出版社，2002.
③ 王力.谈谈怎样读书［M］// 肖东发，杨承运.北大学者谈读书.北京：北京图书馆出版社，2002.

问，有很多是这样诞生的。即使没有大学问，也是没关系的。这类阅读感觉，有些可以成为经典见解，传之后世。毛宗纲评《三国演义》，金圣叹评《水浒传》等七才子书，以及脂评《红楼梦》，那些眉批、圈点、印象式的评注，寥寥数语，却包含了极为深刻和准确的见地，为后世所传诵。比如脂评《红楼梦》第一回写娇杏"生得仪容不俗，眉目清秀，虽无十分姿色，却也有动人之处"："更好。这便是真正的情理之文。可笑近之小说中满纸闭月羞花等字。"写贾雨村"生得腰圆背厚，面阔口方，更兼剑眉星眼，直鼻权腮"，脂评"最可笑世之小说，凡写奸人则鼠耳鹰腮等语"。这些见解，极具灵感，我相信这是其读《红楼梦》的第一感觉，胜过对这部巨著千言万语的阐释。

第四章　分论：作文教学

一　作文总论

（一）回归作文之"真"

20世纪70年代，我还在读小学，父亲叫我给远在成都平原的姑姑写信，因此严格说来，我的作文不是在小学语文课上学来的，而是在家庭的这种实际需要中开始的。表哥大我两岁，有段时间寄宿在我家，我们一起放羊、玩弹弓、掏鸟窝，十分快乐。表哥被姑姑领走时我哭得很伤心，几天过去还精神萎靡。父亲说，你想表哥就给他写信吧。于是我就在煤油灯下铺开劣质的包面纸，开始了我人生中的第一次作文。

当时写了什么，我已经忘了。记得母亲和小姨坐在旁边借光纳针线，我问家中每个人想对姑姑家说的话，然后添加上去。写完了念给大家听，再根据他们提出的意见修改。信寄出后天天盼着回信，回信一到全家好似过节，围坐在一起听父亲或我念信。过了好些时日，母亲一旦思念他们，就叫我拿出信来，再给她念一遍。

我小时语文是强项，作文尤其居前，就跟这种写信的训练有很大关系。写信完全是出于倾诉的需要，且有明确的倾诉对象，然后把要说的话写出来。这难道不就是一切书面表达的目的吗？

无独有偶，后来我读到夏丏尊、叶圣陶写的《文心》，书中的语文老师王先生训练初中学生作文，也是鼓励学生向以前的小学老师写信。书中描述他们合写这封信时的情境：

> 一名学生却自言自语道："明天星期日没定要去看看我的屠先生了。这几天下午总想去，只因在运动场上玩得晚了，一直没有去成。"
>
> "你的屠先生就在本市，"王先生说，"所以你可以去看他。他们的先生不在这里，而要同先生通达情意，除了写信还有什么办法？现在我要问从别地来的诸君：写一封信寄给你们的先生，是不是你们此刻的实际需要？"
>
> "是的。"大半学生同声回答。
>
> "信的内容是不是你们原来就有的？换一句说，是不是原来就有许多的话想要告诉你们的先生？"
>
> "是的。"
>
> "那么，我的题目出得不错。题目虽然由我出，那么作文却还是应付真实的生活。"
>
> ……
>
> 大文听了，跳动着身体说道："这很好。你把我要对李先生说的话都说出来，共同讨论；去掉那些无关紧要的，合并那些合得来的，前后次序也要安排得好好的。……"①

这情境跟我小时写信太像了，因此读来特别亲切。原始社会的先民留下的诗歌，往往没有名字，往往是异于后来文人个体创作的集体创作。先民在集体创作文字时，应该也像我童年写信或这群初中生写信时一样，大家都怀着虔敬而热烈的心情，把写作当成一场人生的盛典。

作文出于倾诉的需要，这个朴素而古老的道理，现代人把它给弄丢了。现代社会资讯比以前发达，有什么话打个电话发条留言就解决问题了，谁还会提起笔来写信呢？即使想写信，也找不到贴几分钱邮票就可以寄走的邮递服务了。现代人最经常的书面表达活动，可能仅仅停留在学生时代写作业、

---

① 夏丏尊，叶圣陶.文心［M］.北京：中国友谊出版公司，2019.

做试题的应试行为上。面对试题的作文已经失去了真实的倾诉对象和真切的倾诉冲动，考高分的目的使作文的本来目的完全异化了。一些面临书面表达实际需要的场合，普通民众订合同、写请帖有律师或其他专门机构服务，似乎也用不上多少作文能力。久而久之，作文的本来样子就不见了。

这些年，高考作文命题开始回归书信这类古老文体。以新课标卷为例，2018 年是给 2035 年 18 岁的一代人写信，2020 年是为高速路上打电话发生争执的父女或其他相关人员写信。英语高考作文命题也随之跟进，偏爱书信文体。命题人初心很好，试图将考生拉进一个具体情境之中。但不管怎样命题，都不是学生亲身经历的境况，说话对象也是假的，真实的倾诉行为无以发生，虚拟的动机生出虚拟的情感，虚拟的场景过滤了真实场景的丰富性，学生无话可说也很自然。无话可说就说大话、套话、空话，虚拟训练多了就变成了虚假，经常性的虚假成为习惯，对学生影响很坏。

说实话，书信体作文较其他类型作文题更能打开学生的话匣子。相较于 2017 年全国卷 I 从"一带一路"、大熊猫、广场舞、中华美食、长城、共享单车、京剧等词汇中任选三个关键词来作文，书信体就"仁慈"多了。但任何应试作文题，不管出得多么好，都是虚拟表达，都可能远离学生的实际生活，对初学者的写作训练来说，是一条歧路。

作文应该回归它本来的样子：有真切的境遇，产生真切的动机和目的，表达真切的思想，抒发真切的感情。这"真切"二字，是与一切虚拟和虚假为敌的。所以初学作文，第一关要把好：你要说出来的人与物，你见过吗？你要讲的事，你是否亲历？如没有亲历，你的熟人有没有在场？真切的境遇是作文的第一步，你如果不在场或没见过在场人就没发言权。有了这一步，你才可能有触动，产生想法和情感，才有作文的需要，写作后面的环节才含有真切的品性。

我家小女儿 5 岁，写得一些字，某个雨天来到我书桌前，说也要写文章。她要给月亮姐姐写信。信是这样写的：

　　亲爱的月亮姐姐，你好！好几天太阳公公都不出来，我看不见你，好想念你。有天晚上，我梦见你变成精灵梦的公主，我当时在书房画画，你知道我感冒了，对我说了很多话，然后你飞走了，后来又飞上来，这个梦就结束了。我什么时候能再梦见你呢？是不是过两天就可以？我们先约好，到时你一定要到我梦中来啊！

女儿还写不了这么多字，不会写的我告诉她，难写的字我手把手地教。她也说不出这么连贯的话，我在旁边为她出主意，她同意了才动笔。有的字写错了，如"想"字，把"目"与"木"的位置写反了，"你""气"的笔画钩也写反了，好多字没有按笔顺来写，而且一边写一边玩儿，一边凝神遐想，一边对我附耳低语，好像这是她心中的秘密，不能被外人知道。她得意时大笑不止，不小心弄花了字就唉声叹气，然后又自我安慰，说月亮姐姐会用白云作为橡皮擦擦干净。写好以后，女儿叫我用手机拍下来，在月亮出来的晚上将这封信发给它，还多次小心地问，月亮姐姐收得到吗？

我很珍视这篇作文，把它珍藏起来，准备以后她长大了，拿给她看。

女儿在写一个她亲历的梦，"月亮姐姐"是虚拟，但是她自己的虚拟，不是试题所强加的。她要把这个梦告诉月亮，表达对月亮的思念和约定，动机强烈，目的明确，愿发由衷，这就是作文前最好的状态。她这样作文一点儿不苦，不仅不苦还十分快乐。要是所有的写作都这样，能够回归到原始的状态，作文就是一件再幸福不过的事情，用得着愁眉苦脸、抓耳搔腮吗？

（二）阅历与阅读

文章是作者思想感情的成品，思想感情来源于作者对现象世界和书本世界的信息的综合，所得刺激的反应。这种综合和反应，只要有一个触发点，就能成为作者的审视对象，其感官和思维调动大脑储备，形诸文字即成文章。

一篇文章可以说是作者阅历和阅读的产物。我们常说文如其人，因为文章中暗藏了作者的阅历背景和阅读背景，以及对这些经验特殊的调取方式、处理方式及表达方式。一个人游山玩水，眼之所见、耳之所闻只是表面，客观记录下来只是一部摄像机就能完成的行为，这种文字叫旅游说明书，而不能称为文章。眼耳所得必与作者固有的经验相互比照、佐证，有一个兴发联想的前奏，作文接下来的步骤才能顺利进行。王安石游褒禅山，看见"有碑仆道，其文漫灭"，想到"华"字读音之谬；再想到"古人之观于天地、山川、草木、虫鱼、鸟兽，往往有得"，此为他阅读经验的调取；"世之奇伟、瑰怪，非常之观，常在于险远"，这是他生活阅历的流露。他一生对解字情有独钟，曾著《字说》，因他身处高位，"一时学者，无敢不传习。主司纯用以取士，士莫得自名一说。先儒传注，一切废而不用"。但王之解字，很多穿凿附会之说。民间流传他与苏东坡解字分歧故事颇多。比如王认为"'坡'乃土之皮"，苏东坡反问，那么"滑"则是水之骨了？解字为其个人附会，却用作考试的标准答案，可见其偏执之甚。一个热衷于字者，到哪里都在辨字，旅游也不例外，这就是有着特殊阅读经验的王安石所追求的"瑰怪"。王安石的官场经历何尝不是险远及非常之观？丁忧结束，英宗诏而不就；英宗死，神宗诏也不理。朝廷要职，多少人趋之若鹜，王安石不按常理出牌，就低不就高，只受江宁知府之职，却反而赢得神宗青睐，诏为翰林直至宰辅，这就是他"奇伟、瑰怪常在于险远"之明证。

拿苏轼游记与王安石游记比较，苏轼游记则显出完全不同的阅读素养与人生素养。在前、后《赤壁赋》中，儒道佛禅、文学史学，随手拈来，苏轼的兴趣点不像王安石那样抠字音义，而在于文化道义，读书趣味要丰沛得多，范围也要广博得多。他的阅历则跳出了儒家的死胡同，不在王安石的牛角尖上求险远，而是在纵横的历史与永恒的天地间穿越，追寻生命的圆通与永恒之真义。游记的写作，都是作者对阅历和阅读库存的调取，其他题材的文章，或显或隐，更是莫不如此。

作文之前，作者脑子里有多少阅读和阅历的库存，有多少东西与写作对象有相关性，至关写作的成败。库存的相关信息越丰富，作者提笔就越能左右逢源。作者写作前积累的重要性就显现出来了。

一般年轻有才的作家，阅历不丰，作文往往需要在阅读经验和文采上下力。王勃的《滕王阁序》，通篇都是五彩缤纷的典故，可观可赏的自然，自己的人生阅历微薄，难以借来说事，只能在常理的表达上独特一些，华丽一些。贾谊的《过秦论》也是论少赋多，同一个意思则用繁复的修辞来增强语势，如说秦吞并天下，要用"席卷天下，包举宇内，囊括四海之意，并吞八荒之心"来形容。他们的文字有一个共同点，就是文胜于质。但苏轼前、后《赤壁赋》，文中有作者读来的，更有作者亲历的，书本与现实的水乳交融，极尽人生沧桑，文质皆美，甚至有时质胜于文。

不同作者、同一作者在不同人生阶段的阅读经验和生活经验在文章中的构成比例往往会有差异和变化，有人有时以阅读经验胜，有人有时以生活经验胜，他们的文章便显出不同的风姿。阅读经验多的，文章有书卷气，显得典雅端庄；生活经验多的，文章有烟火味，则清新活泼。辛弃疾仕途中的吟咏比如《水龙吟·登建康赏心亭》，与回归田园后的《清平乐·茅檐低小》相比，文字的味道和情趣大不相同。近代诗人中，学者型的俞平伯，与乡野型的刘半农，对比他们的新诗，前者阅读经验足，后者人生经验丰，比较而论，还是刘半农的好。一个作家往往写自己人生阅历的作品是代表作和成名作，阅历写完了如不能再去丰富阅历，而是一头扎进书袋中，靠想象和编造来写作，就写不出有品质的作品，创作必走下坡路。因此能对文学史有贡献的，能形成作家独特风格的写作，人生经验的融入最为关键。

初学写作的人都有人生阅历不丰的短板，不能说等到有了人生阅历才能下笔。但至少可以多读点书，多经历些事；家事国事天下事要关心，自己身边的人事更不能熟视无睹充耳不闻。现在时态的人事，不管跟自己有无关系，都当作能增长自己见识的审视对象，不仅看过听过，而且动了心神感动过思考过，久之亦成人生阅历的一部分，而且是很生动深刻的一部分。书本则帮助我们学习观察世界的角度，掌握评判万物的原则，是我们的显微镜和望远镜，能助我们超越自己感受和思想的局限，见目之不能见，听耳之不能闻，思心之不能想，达足之不能达。读书而无生活，书本信息是僵死的；生活而不读书，人生经验也是寡淡的。两相结合交融，才是写作的沃土。

一篇好文的构造，断然离不开作者在这两方面的积累。不妨再拿一首宋晓婷的现代诗《春风十里当如你》为例：

> 北平立冬的第一场雪/每一片雪花/都拿出了它最美的几何图形/来融入这个世界/我在想它融化之后到底/是去了哪里/大自然的神奇与洁白的光阴/合二为一/要具备足够的灵犀才得以体会/润物细无声的过程/既短暂，又漫长/一泓在秋水中流动的金曲/难免对桃之夭夭的后生/有所寄予/春风十里当如你①

---

① 宋晓婷：《宋晓婷的诗》，诗人文摘（微信公众号），2021-12-28。

作者在记忆库里调取的信息，有歌曲（"金曲"）的歌词，更有雪花的几何图形、杜甫写春雨的"润物细无声"、《诗经·桃夭》"桃之夭夭"、李商隐"心有灵犀一点通"、杜牧"春风十里扬州路"、姜夔《扬州慢》"过春风十里，尽荠麦青青"等阅读信息。推开一点说，作者所用的每个词，其意义、适用范围、语体色彩和感情色彩，无一不从她的阅读经验里来，尽管使用时可能忘记了，但词的分寸早已进入了作者的潜意识，就像雨点飞进海水而不易发现一样。诗人之所以能想念"你"，除了现实中天上掉下来的雪花的触动，更多的是借助了自己阅读积累的词汇，没有这些阅读的积累，诗人仅凭雪花写不出那么动人的想念。现实经验中的雪花，借了书本经验，获得了如此丰富的语义，诗人所经历的这场雪，就不是一场普通寻常的雪了。

（三）纸笔书写与键盘书写

前人讲究习字。字是画的一部分，国画家深得其道，对纸笔墨砚都要求甚高。高阳的《张大千传》记：

> 制笔通常用羊毫、紫毫、狼毫、鸡毫、兔毫，杨振华曾用过马毫，张大千则特制过牛毫。这牛毫须在牛耳内采集，而且只有英国某地所产的黄牛耳内才有这种毫毛。英国最名贵的水彩画笔即用此牛毫所制，但讳言为牛，称之为貂毫，每支售价在三四镑间。
>
> 这牛毫来之不易，据说要两千五百头牛，才能采集到一磅。张大千托了人情，花了重价，好不容易才弄到一磅，带到东京，委托全日本制笔最有名的玉川堂及喜屋两家笔店，洗挑精选，只制成五十支画笔，工钱却花了美金七百有余。
>
> 制成试用，牛耳毫果然有它的长处——吸水饱满而仍有筋骨，行内称之为"有腰劲"，最宜于作字。画则写意最佳，可惜制法还欠精到，毛扎得不够紧，有时有难以着力之恨①。

汪曾祺回忆："写字总是从临帖开始。我比较认真地临过一个时期的帖，

---

① 高阳. 张大千传［M］. 上海：文汇出版社，2020.

是在十多岁的时候，大概是小学五年级、六年级和初中一年级的暑假。我们那里，那样大的孩子'过暑假'的一个主要内容便是读古文和写字。一个暑假，我从祖父读《论语》，每天上午写大、小字各一张，大字写《圭峰碑》，小字写《闲邪公家传》，都是祖父给我选定的。"20世纪80年代，对于北京城店铺的招牌字，他赞美赵朴初和启功的书法，而看不惯那些有毁市容的工艺字体：

> 　　近二三年，写的字在商店、公司、餐厅间最时兴的，似是刘炳森和李铎。他们是中年书法家。刘炳森的字我在京西宾馆看过两个条幅，隶书，规规矩矩，笔也提得起，是汉隶，很不错。但是他写的招牌笔却是扁的，完全如包世臣所说"毫铺纸上"，不知是写时即是这样，还是做招牌做成了这样？他的字常被用氧化铝这类的金属贴面，表面平滑，锃光瓦亮，越发显得笔很扁。隶书是不宜用这样的"工艺"处理的。李铎的字我在卧龙冈武侯祠看到过一副对联，字很潇洒，用笔犹有晋人意（不知我有没有记错）。但他近年的字变了，用笔掀转，结体险怪，字有怒气。这种字写八尺甚至丈二匹的大横幅，很有气势，但作商店的招牌不甚相宜。抬头看见几个愤愤不平的大字，也许会使顾客望而却步。
>
> 　　北京街上字多，而且越来越大，五颜六色，金光闪闪，这反映了北京人的一种浮躁的文化心理。希望北京的字少一点，小一点，写得好一点，使人有安定感，从容感。这问题的重要性不下于加强绿化①。

钢笔传入后，人们逐渐告别了毛笔。这些年，电脑和手机广泛普及，人们逐渐告别了纸笔书写，而进入到键盘书写时代。自从有了语音输入，连键盘都免了，写的环节都消失了，直接将声音变成文字，不用动手只要动口就可以搞定。

在叶圣陶先生时代，硬笔书写成为一种更为便捷的行为，为当时语文教

---

①　汪曾祺. 汪曾祺散文全编［M］. 北京：人民文学出版社，2019.

育所倡。《文心》一书中有这方面的讨论：

> 生活和职业逼迫你非每天执笔写字不可；而且所写的东西都与生活和职业有着密切的关系，不能有丝毫忽略。……现在人写字的意义与前人完全不同了；前人写字是一种闲暇的消遣，是一种不可必得的锦标竞赛；而现在人写字却是实际生活的一部分。……我想现在人写字，该有四项标准，就是迅速、准确、匀称和合适这四项①。

> 在新兴的工商社会里，在一切都讲求快速的时代，毛笔说不定会被淘汰干净。但是，使用钢笔、铅笔写字，应当达到的标准还是我们刚才说的四项：迅速、准确、匀整和合适……因为讲求快速，行书比楷书更有用处②。

但是，钢笔代替毛笔，牺牲了汉字书法几千年传承下来的图画美与气韵美，汉字线条、笔锋和结构的变化逐渐减少甚至消失，这是汉字书写的第一次退化。汉字为了更加实用，后来还进行了一次大规模的简化运动，伴随着这场从字形到书写方式追求实用的浪潮，人们更少关注汉字之美，书写的问题也出现了。语文教育界前辈张志公先生曾谈到语文教育应避虚就实，认为目前中学生语文"实"的问题，还远远没有解决。"无论读的能力，写的能力，还是听和说的能力等等，在应付日常生活时常常捉襟见肘。"张先生举了一个例子，看到医生、护士的医疗日志、病历，"字认不清，文念不通"③。这是 20 世纪 80 年代的事情。

再来看看 20 世纪 90 年代的报道。"一个班学生中，汉字字体工整的仅占10%左右，而字体潦草、难于辨认的约占 60%。有许多学生不懂得汉字笔顺、结构，不了解正确的书写姿势。他们写出的字傻、大、歪、怪，很难看。"④以笔者教学经历验之，这个估计大致不差。一则笑话说，一位学生把自己的

---

① 夏丏尊，叶圣陶. 文心 [M]. 北京：中国友谊出版公司，2019.
② 夏丏尊，叶圣陶. 文心 [M]. 北京：中国友谊出版公司，2019.
③ 张志公. 迫切需要研究一些亟待解决的实际问题 [J]. 中学语文教学，1997（1）：2.
④ 中学生书写存在问题严重 [N]. 海南日报，1996-10-5.

名字"朱月坡"写得字迹难辨，老师念成"朱肚皮"，惹得哄堂大笑。

当时曾有一则广为人知的报道，说江浙某高校大学生作文，短短 6 篇千字文中，有 100 多处错误；"13 篇稿件中，仅有少数几篇字迹清晰文笔稍微流畅；其余各篇不是语法不通就是错字连篇，抑或通篇言之无物，缺乏自己的独特感受和个性特征"①。在 20 世纪 90 年代中期，这样的问题实在是泛滥成灾，以至一些高校和地方机构，不得不开展净化语言的活动②。

笔者从 20 世纪 90 年代开始教书，觉得随着电脑的普及，学生纸笔书写的退化更是迅速。现在学生的书写不是钢笔字的楷书行书问题，而是将汉字写成了没有任何字法的"天书"。2000 年时，书写工整、文从字顺的学生，一个班有那么一两位代表，到现在 21 世纪 20 年代，连这样的代表也很难找到。改作文或评卷时，每遭"天书"包围，不得不使出很多精力，去纠正比比皆是的错别字。"望兴而叹"（望洋兴叹）、"野间"（田野）、"一颗（棵）蒲公英""自力建（更）生""片（遍）地落叶"……如此等等，不一而足。而字不成形，歪歪扭扭，卷面凌乱，满篇涂抹，形同"天书"——这样的学生实在太多，到了高中已成习惯和气候，很难纠正过来。

用键盘书写替代纸笔书写，造成了汉字书写的第二次大退化。通过键盘敲出来的汉字，已经没有了纸笔书写时的个人痕迹，成了千人一面的机械字。汉字在钢笔书写中可能保留下来一点点美的残痕，在键盘书写时代已经彻底消亡。任何实用便捷都依靠机械和技术之力的进步，机械和技术的依赖必然带来人力的退化。键盘书写直接毁掉了我们用手写汉字的能力，岂不说写出美感来，许多学生连正确的握笔姿势、正确的坐姿都不懂，基本的笔画、笔顺和结构更是一塌糊涂。

从《文心》一书中，我不止一次读到学生作文对机械和机器的礼赞。那时的师生，对工业化时代充满了太过天真的幻想。他们可能万万想不到，机械和机器的力量尽管强大，人可不是随时都能操纵的，机械化过度了，人反而变成了机器的奴仆。就拿书写这事来说，电脑把书写的个人痕迹完全抹掉，

---

① 大学生的汉语到底怎么了 [N]. 中国青年报, 1995-11-2.
② 笔者搜集到的一些资料可作引证：《繁体字不可随意乱用》《请爱护祖国的语言文字》（《大学生》1992 年第 3 期）；《维护祖国语言文字纯洁》（《中国教育报》1994 年 11 月 4 日）；《行动起来，为汉语洗脸》（《中国教育报》1996 年 1 月 7 日）；《开展净化语言活动，辽宁师大率先垂范》（《中国教育报》1995 年 10 月 27 日）。

让一个人的手会敲键盘而不会写字，确实不能说完全是好事。书写本就是确证自己的行为，现在呢，书写没法确证自己，岂不背离了书写的初衷？

我曾坐在键盘前长时间写作，有一天突然发现右手食指关节上冒出一个硬物，心下惶恐，担心是肿瘤，连忙去医院拍片检查。医生说是肌腱炎，幸好贴了一段时间膏药，远离电脑，一个月后肿块消失。我了解到电脑特别是一体机有辐射之害，写作者不得不防范，从此对电脑心存畏惧。键盘写作伤手伤眼伤身，于是我念起纸笔写作的好处，将废弃的本子翻开，将生锈的钢笔吸上墨水，开始重操旧业。遇到比较有把握的文字，才把它们用电脑输进文档保存，以节约自己的体力和目力。

在旧时代书写工具还很落后的时候，人们敬惜字纸，写起字来横平竖直，一丝不苟。这是对字的尊重，人们从字那里得到力量，也得到尊严。余秋雨在《中国文脉》中写道，他的老家有一种规矩，路上见到一片写过字的纸，哪怕只是小小一角，哪怕已经污损，也万不可踩踏。过路的农夫见了，必弯下腰去恭恭敬敬地捡起来，用手掌捧着，向吴山庙走去放到石炉中焚化，炉上刻有"敬惜字纸"四字。对纸的敬惜源自对纸上之字的敬惜，敬惜字纸的人，对文化和读书，也应该是虔敬的、认真的。

汪曾祺曾反对用电脑写作：

现在的小学生很麻烦，因为老师不懂书法，写的都是印刷体、仿宋体，我认为还得从楷书入手。现在有个麻烦，换笔问题。我是换不了笔的。多年以前，我是用毛笔写稿的，改成横写，我别扭了好几年。到现在我也很难想象用电脑写作，我认为电脑写作是机器在写作不是我在写作，感觉不一样。你让我用电脑思维，我至少在相当长的时间里办不到。当然写几十万字的长篇小说也可能用电脑方便，我因为不写长的，所以还是喜欢用笔①。

在键盘书写的时代，学生已经找不到对汉字的感觉。每到学期末，特别是每到高考完毕，他们就带着一种复仇的痛恨撕书扔书，教科书课外书、笔

---

① 汪曾祺. 汪曾祺散文全编 [M]. 北京：人民文学出版社，2019.

记本作业本，统统当作垃圾扔掉。厕所门口堆积如山，忙坏了收拾书山的清洁工。这样的学生，至少是对自己和别人的字没有建立起依依不舍之情。他从来都没有认真去书写过，即使书写也出于一种外力的强迫，不是他自己要写，他能够对字有感情吗？

一个人在汉字书写上的感情和态度，实为生活态度、工作态度的折射。旧时代的人写字的认真严谨，在某些今人洋洋洒洒的大手笔下，可谓荡然无存。同理，现代怪字招牌所反映出来的商业秩序与商业理念，何尝不是对诚信不欺、重义轻利的老字号商业精神的嘲笑与背弃？

我又回到了自己的纸笔书写时代。如今很难在小店里买到好的钢笔和墨水了，我就到大商场卖笔墨的专柜去，不惜买 500 元一支的进口笔，200 元一瓶的法国墨水，在淡黄色的最柔软的纸张上，写下自己的字和话。每有得意之作，还买来专门的书法纸，用软笔和繁体写下来，不时拿出来自我欣赏。字写得不好，但那上面有我的体温，笔画中有我的情感，字好像我，我好像字，似乎把自己最美好的一面呈现出来了。

汉字书写应该成为从小学到大学语文教育的一项独特内容，每个阶段都应该设书写必修课，并在有导向性的升学考试中设立 20 分以上的分值，让轻视书写的学生遭受损失，让重视书写的学生真正受益。现在某些大学虽然把书法特长生作为招生对象，但那不是能够改变大气候的普适性做法，真正能提高民众书写意识的做法还是书写专项设分。

鉴于这个认识，我对自己的孩子从小加强书写教育。在幼儿园年龄，当孩子有了握笔的能力，又有了模仿写字的冲动时，我选了一种在硬纸上印制的凹槽字帖，叫孩子练笔画和间架结构方面的手感。孩子的可塑性大，先在大脑里定型汉字的模样，往往会影响终生。我并不提倡早教，每次练字以孩子能接受的时间和强度为限，不用成人的标准去强行要求，只是小心扶着她往这个方向一步一步地靠近。

靠写字建立对母语和作文的感情，我是有亲身体验的。作文要作，而不是敲；要写作文而不是敲作文。字应该成为作文的有机部分，而不是被电脑剥离然后丢弃。文章最初的样子应该是手稿，而不是铁板一块毫无个性的印刷字的组合。书写的痛感和遗憾，在我下面所附案例文章《春联》中可窥一二。我也把这样的体验告诉学生，叫他们像对待自己的心，对待自己身上的一个部位，或者对待自己的亲人那样对待自己写出来的字。键盘敲出来的字，好像从别人那里抱养的娃，不是自己亲生的。自己的字，要像母亲育孩子那样怀它，生它，养它，倾尽感情爱它，让写字成为自己的心跳，成为自己在钢琴上飞翔的美丽的旋律。

（四）语法与章法

语言的安排组织之法，分为语法和章法。语法安排词和句子，章法安排句群、段落和篇章。懂得语法和章法，吃透基本的作文要则，写出文通句顺、结构规整的文章，是一个写作者的基本功。

记得 20 世纪 70 年代我上初中的时候，语文课本从词性开始讲语法常识，然后是短语、句子成分、复句，到初三学完句群，有一套由浅入深、由简到繁体系完整的语法教学体系。20 世纪 90 年代我们提倡素质教育，语文教学开始淡化语法，强调语感，语法被逐出语文教材和教学之外，结果如何呢？学生的语感越来越差，在文言翻译、阅读问答、作文里结结巴巴，语病连连，语言表达素质下滑严重。

> "掌灯清影立，开卷暗香流"，在阅读《乡土中国》《乡土情结》等作品时，很多人都会产生此种感触，并极其自然想说说乡土文化。

题目要求分析"掌灯清影立，开卷暗香流"的对仗的修辞构成和表达效果。学生有如下回答：

> 表达了人们阅读乡土文化作品时产生的种种感触，引发读者思考；表达了人们对乡土文化的熟悉，美好地展现出阅读《乡土中国》等作品时，清晰又内含深意的感触，更有着诗意。
> 对仗工整流畅，读来朗朗上口，富有诗韵。
> 对仗工整，音律整齐，使文章开头富有特色，增添文采。

且不说学生是否理解诗句的意思，就从这些答题语言的语法来说，也是有问题的。"美好地展现""有着诗意""对仗……流畅""音律整齐"……
搭配不当、指代不明、结构混乱、语义重复，在学生的答卷里是非常普遍的
现象。

脱离语法讲不了语感。语法正确，是语感最基本的层次。句子的正误没
有了语法系统的监督和预警，语感从何谈起？

由于语法的天生缺失，中学生难以区别古今汉语表述上的区别，文言文
中特殊句式和特殊语法现象没法弄懂，文言文读不懂成了他们最头疼的问题。
"吾得兄事之"往往按现代汉语的习惯误解为"我叫哥哥去对付他"。"甚矣，
汝之不惠"误为"你太糊涂了，你太不聪明了"。文言不通，最多考试得不
了分。但在大庭广众之下演讲，说出"在各位领导的支持下，使我们的工作
有了突飞猛进的进步"之类的病句，就颇倒众人胃口了。

报纸语法病症较集中的地方，往往是花边新闻、科普文章。花边新闻力
求简短，信息高度浓缩，往往弄得缺牙少齿。科普文章则比较集中地反映了
我国科普编辑、科普作者和科研人员在语言方面不仅没有高士其、竺可桢、
钱学森等老一辈人士的深厚功力，而且连最基本的语言关都没过。例如：

> 这次活动旨在青年学生中进行爱国主义教育，以（漏掉"使他
> 们"）肩负起振兴中华的历史重任。[1]
>
> 美国警匪影片《蓝霹雳》，描写的是一架先进的直升机集中了
> 大量高科技产品。（句子的后半部分是否指该直升机有很高的科技
> 含量？）[2]
>
> 美国是科技比较发达的国家，在大量的商品中都包含着一定的
> 科技知识。（作者是否意在说明：美国商品的科技含量很高？）[3]
>
> 两星期以后，积压在仓库里的电褥子全部销售一空。（"全部"
> 与"销售一空"重复）[4]
>
> 经过医学、生理学的漫长研究和临床验证过程（"过程"一词

---

[1] 北航等四校举办英文演讲比赛 [N]. 中国教育报，1995-12-11.
[2] 市场经济中的科学方式 [N]. 人民日报，1995-12-18.
[3] 市场经济中的科技方式 [N]. 人民日报，1995-12-18.
[4] 市场经济中的科技方式 [N]. 人民日报，1995-12-18.

多余），科学家们终于在 20 世纪后期确认，疲劳是人类的第一病因。①

　　经过伦琴穷追不舍的研究，终于获得了一些成果，并将该"亮光"命名为 X 光，震惊了科学界。（词序不当。"经过"应放在"伦琴"之后)②

　　X 光问世以后，通过（"通过"一词多余，应删）大批科学家对 X 光的研究或利用 X 光进行的研究，使金字塔尖的高水平研究成果接踵而至……③

　　现在是网络时代，网络语言更加泡沫化、碎片化，作者、读者再无纸笔时代的严谨了。因此语法问题的严重性被低估乃至忽略了。

　　语法的重要性，远不止写出文通字顺的文字那么简单。现代汉语欧化之后，吸取了欧式语言的许多优点，指称更加明确，限定与补充更多，表意与古汉语相比，更加明朗和严谨。古汉语只要前文出现过的人或者物，不管是出现在句子的主语还是宾语，主干还是枝叶，都可以承前省略；现代汉语只有前后句子主语相同方可省略，不然就是病句。这无疑使句意更加明确。就严谨而言，现代汉语主宾之修饰，谓定之限定与补充较文言文更加繁复和灵活，因而较文言文更能表达缜密的意思。

　　思维活动非常复杂，诉诸语言之前，可能精芜混杂，凌乱无序，指向不定，作者需用语言爽利之快刀，斩思绪纷纭之乱麻，去芜杂，择精要，顺无序为有序，显模糊为清晰，时间、空间、条件、因果，事之状态，人之情态，物之属性，分别根据表达需要遣词造句。词的调遣，句的生成，必须在语法规则内进行；一个不懂语法的人，不仅易出语法错误，而且表述时可能无法准确与严谨，更无法丰富与生动。现在的学生作文，叫他用平常话去写简单的叙事说明文字，可能还可勉力为之；一旦要写严谨的议论文、复杂的抒情文，他们则感觉吃力。语病是思想的结巴，说不清道不明时就只好去重复别人或政治历史教科书上的现成结论，这样的作文往往既无主见，又无真情。

---

①　雪域红景天 [N]. 人民日报，1995-12-18.
②　X 光一百年 [N]. 人民日报，1995-12-18.
③　X 光一百年 [N]. 人民日报，1995-12-18.

语法能力还关系到一个人语言的创造力。现代汉语中还在广泛运用的成语，都出自前人的创造，往往因为它们特生动，或特有蕴含，而为世世代代所沿用。后人在运用这些语言经典时，往往要根据自己的需要对其做出创造性的改变，构造新词；或者干脆越过前人的词汇，自己去创造一个新词。例如后唐庄宗李存勖父亲留下三矢，分别代表三个愿望，《五代史伶官传序》是这样写的：

> 世言晋王之将终也，以三矢赐庄宗而告之曰："梁，吾仇也；燕王，吾所立，契丹，与吾约为兄弟，而皆背晋以归梁。此三者，吾遗恨也。与尔三矢，尔其无忘乃父之志。"

在我自己的文章中没必要像欧阳修说那么多，我就可以将其概括成为四个字：三矢托愿。这是我自己创造的一个新词，我知道它是合乎古汉语语法的："三矢"是名词做状语，"三矢托愿"是一个没有语法错误的偏正短语。懂得语法规则，就有了创造新词的自觉与自由。

不懂章法的人，文章组织散乱，思维没法形成一个完整的链条，就像断流的河道，连不成一个整体。文章段落的组织拼接，跟雕塑家的构图是一个道理。同一块石头，甲雕塑成大卫，乙雕塑成维纳斯，石块的去留决定了图形，图形与图形之间的完美组合形成了艺术形象。同理，同写杨贵妃与唐明皇，白居易的《长恨歌》与李商隐的《马嵬》不一样，因为两位诗人对同一历史素材的剪裁和安排不一样。同写一道高考作文，所运用的材料都差不多，有的写成了霓裳羽衣，有的写成了弊衣烂袍，全由作者的章法之功决定。

本来形式技巧是作品生命的一部分，不可与内容截然分开，不可单独剥离出来区别对待。语法章法，当它们融进了文章的有机体中，参与了文章生命的贡献，就是不可剥离的东西。它们的合体得宜，在于它们与文章的其他要素一起，构成了文章的趣味与魅力。一篇作品的成败，决定于技巧，沈从文谈道："就'技巧'二字加以诠释，真正的意义应当是选择，是谨慎处置，是求妥帖，是求恰当。"技巧和方法恰当，就不会成为作品的异物。

作为一个中学生，作文的技巧不必如作家要求那么高，但不可以不学一点儿各类文体最基本的组织方法。记叙类知道叙事的要素有时间、地点、人物、事件，说清前因后果，懂得顺叙、插叙、倒叙、补叙等；议论类知道如何安排论点、论据，如何进行论证，了解议论文的基本结构，对作文无疑都是大有裨益的。

初学写作者往往没有章法概念。写议论文时，很多人容易犯的错误就是讲一个故事，最后简单总结一下感悟；或者讲几个冗长的故事，就匆匆收尾。用写记叙文的方法来写议论文中的事例，没有文体概念，其实就是没有各类文体的章法概念。

无论语法章法，都为语言表达服务；我们总结出来的相关概念，是为了语言实践时更方便，更有规可行有据可依，断不是用来做考试的标准答案的。将语法章法应试化之后，就脱离了这些体系概念的初衷，变成了僵死的东西，这是我们教学语法、章法时应该避免的陷阱。

（五）修辞与逻辑

一般意义上的修辞，是指言说者用以突出对象特征、情意重点的技巧和方法。常用形式有意义类的比喻、比拟、借代、夸张、反语、双关、象征、引用、化用等，结构类的对偶、排比、反复、叠字等，语气类的反问、设问、呼告、感叹等。这些手法，无一不是在与相关物的比较中凸显言说的重点。意义类修辞本体与借体的相关关系容易理解。结构类的反复等、语气类的设问等，也有相关关系吗？答案是肯定的。语气类的拉近言说对象与言说者的距离，结构类的反复将言说对象的不同时态、不同状态对照关联，意义类的反语，暗含关联言说对象的正反两面，夸张也是常态与非常态的关联，所以修辞的思维本质就是相关物之间的比较。

修辞是一项重要的语言能力。我们往往对文章中某些使用了修辞的语句印象特别深，觉得新奇、活泼、有味，因为修辞出自个人经验，能让我们将言说者笔下的对象与读者听众的经验区别开来。有位同学写冬天出去社会实践，大家看到旅游景点里的游乐设施都一哄而上，尽情玩乐起来，老师催也不走。离开的时候还一步三回头，"就像不忍告别自己的童年，不想离开那个记忆中的夏天"。拿游乐设施与"童年"做比较，且化用了歌词"那个记忆中的夏天"，写依依不舍之情，比直接说出来动人得多。然后写到一座吊桥上玩"摇笑桥"，"一个个像刚出场被人认出的影视明星一样，总有一阵轰动"，这个场面也颇为有趣。游记一般难写，如果没有个人的内容，很容易写成"流水账"，但这位同学用独具魅力的修辞，克服了这个毛病。

惠施是战国时期的哲学家，当过魏国宰相，说话时常常打比方。一次梁惠王对他说，直说算了，不要打比方了。惠施说不打比方讲不清道理。有人不知什么是"弹"，回答"弹"就像"弹"，就没有说清楚。如果说"弹"的形状像射箭的弓，用竹片做弓梁，用丝绳做弓弦，这样说就明白了。

《荷塘月色》的诗意，来自比喻、拟人、通感以及叠字、儿化、口语等手法的综合运用。这篇散文写荷叶像裙，荷花像明珠、星星，月光如流水，有人批评这是庸常的比喻，我不这样认为。比喻用得好不好，还要看整体的语境。本文的喻体多选年轻女子相关的穿戴，表现对山水的爱恋；山水即美人，美人即山水，是中国传统文人消愁解闷之所。所以这种比喻，含有一种文化精神在里面。

物可拟人，人也可拟物，但选象要美。说"我是苹果"，可以；说"我是萝卜"，恐怕惹人反感。"双兔傍地走，安能辨我是雄雌"，"兔"换成"狗"，那就不行。本文说"荷花袅娜、羞涩，宛如出浴的美人"，若把美人去掉，恐怕难言其美。

一般认为，修辞的作用就是描摹物态、动态、情态，对于修辞能力更深处的思维心理，可能忽略不见。修辞能力源于人通过比较认识对象的相似点和相关点而产生的联想或想象的能力。修辞可能更倾向于对言说物的感知或直觉，它呈现事物的相关性，这些相关性中可能没有逻辑性，或者不以逻辑性为目的，但有许多意义隽永的修辞，却能暗示事物的逻辑性，从而成为文章的意义指向或内在逻辑。例如笔者在前面章节提到的鲁迅先生小说《药》里将坟墓说成"宛如阔人家祝福时的馒头"，喻体"馒头"本与坟墓仅有形状上的相似性，但是联系康大叔卖革命者夏瑜的人血馒头和华小栓吃人血馒头来看，"馒头"不仅仅是单个句子里的喻体，而且是一篇文章的一个喻指，从而融入篇章的深层逻辑之中。读者从相似性中读解出文章的逻辑性，就会体会到修辞更深刻的魅力。

揭示言说对象的相关性，在句子中是修辞，在篇章中可能成为一种跟事物本身的逻辑性以及文章意旨的逻辑性相关的思维方法。关于相关性和逻辑性的关系，下面的论断说得很好：

> 相关性是指事物之间的相互关联，因果性是其中一种。从包含关系上来理解就是相关性的范围比较大，因果性的范围较小，相关性包含因果性。随着大数据的兴起，很多本无关联的事情在数据统计背后有着很大的关联性。人们经常把相关性和因果性混淆，这也成为一种某些人为达到目的时歪曲真理的方式。
>
> 有统计表明游泳死亡人数和冰糕的销量呈正相关，也就是说冰糕卖得越多，游泳溺亡人数越多。如此就得出"吃冰糕会增加游泳死亡风险"的结论显然不正确。夏天气温升高导致冰糕销量和游泳人数增多，而这两个事件没有任何直接的因果关系。数据统计可以得出相关性，却不足以得出因果性，真正的因果性是两个变量之间确实有因果关系，并且没有第三个变量同时影响这两个变量①。

由于相关性大于逻辑性，因此相关性可以有包含逻辑性的可能，而且有多个逻辑性的可能，只不过文章不予揭示，往往只是把相关性呈现出来，让读者去探索，去玩味，去想象，这就是所谓的"言外之意"。美国作家海明威的说法则是"创作的冰山理论"。一部作品，藏着的部分远远大于显露的部分，远比将所有都暴露出来更具艺术魅力。这不唯文字的俭省，更在于相关性的留白比逻辑性的清晰有更宏大的艺术想象空间。

《关雎》开头写"关关雎鸠，在河之洲"，然后写"窈窕淑女，君子好逑"，鸟叫与人求偶只有相似性，中间没有很明显的因果关系。但是，如果君子听到鸟儿的叫声，产生了欢快的心情，这种欢快也投射到采摘荇菜的窈窕女子身上，从而对女子产生爱慕之情；或者君子从鸟儿求偶中得到暗示，从而产生恋情，人、鸟之间就有因果关系了。《关雎》只把这种相关性写出来，没有说鸟儿与人之间的逻辑性，反而使这首诗里包含了更多的逻辑性的可能，我们读起来就觉得特别具有韵味。

---

① 郭浩. 逻辑思考力［M］. 北京：民主与建设出版社，2020.

再以李商隐的《锦瑟》为例：

> 锦瑟无端五十弦，一弦一柱思华年。
> 庄生晓梦迷蝴蝶，望帝春心托杜鹃。
> 沧海月明珠有泪，蓝田日暖玉生烟。
> 此情可待成追忆？只是当时已惘然。

诗中的"五十弦"与年龄，只是数字上的相似与相关。庄生晓梦、望帝春心、沧海月明、蓝田日暖四个场景，都是"华年"的四个象征性场景，与"华年"的"华"相似；颔联庄生之迷茫，望帝之悲哀，是"华年"的两大情感状态，在颈联又用了两个表悲伤（"珠有泪"）和迷茫（"玉生烟"）的具体场景来再次描摹。这种华丽的迷茫，在尾联再次总汇和强调（"当时已惘然"）。不理解文学修辞的相关性，而拘泥于逻辑性者，就读不懂这首诗。

明白了以上道理，我们在写文章的时候，就知道怎样运用修辞与逻辑去写不同类别的文章。一般说来，文学类的文章往往用修辞去写事物之间模糊的相关性，议论文则要追究事物之间清晰的逻辑关系。文学类文章需要含蓄，议论文则要求清晰明朗。这并不是说议论文中不能用修辞手法，文学类文章不能讲道理。议论文中也经常有比喻，而且比喻论证还是一种很重要的论证方法。某些小说在写人物的心理活动时，往往也有逻辑推理，如海明威那篇很出名的《老人与海》，写渔夫圣地亚哥对于"人生来就不是被打败的"的思考，就是这类情况。不过，在文学类与议论类的文章中，思维方式和表达方式很不一样，前者往往写直觉的相关性，不需要严谨的推证；后者写思辨的逻辑性，要有严谨的概念、判断和推理。

一般说来，儿童有相关性思维的直觉，但逻辑思维缺乏；成人有逻辑思维的清晰，往往丢失了相关性思维的直觉与感知。儿童的很多话成人听起来有深意，成人可以将其记录下来但无法自己产生这种感受；因儿童感觉器官全新，他剥离出来的世界，跟成人有很大的差别。成人受自己理性及经验的束缚，看不到从儿童视角所看到的东西。但是没有成人的逻辑，又发现不了儿童视角的价值，所以儿童能感受，但无法发现和表达其中的深意。能将这两者统一起来，既有直觉的敏锐，又有逻辑的精准，表达能力才能趋于完美。

许多作家在写作时，都用自己喜爱的物理方法来刺激和保护自己感官的直觉力。巴尔扎克酷爱咖啡，陶渊明、李白喜欢饮酒，海明威站着写作，村上春树喜欢跑步。据说王勃写《滕王阁序》时先用被子蒙头以培养灵感。我们通常所说的灵感，实际上就是大脑突然冒出来的东西，没有理由和根据，就是一种直觉，但这种直觉对于创作者来说，就像蜻蜓的复眼，是非常重要的。

（六）纸笔书写案例：春联

每到春节，我都要回老家过年，今年是个例外。父亲寄来一封家书，说："这个年关，什么都不缺，就缺你了。既然无法弥补，你就写一副对联邮回来，见到你的文墨，就像是见到你本人了。"

我不敢怠慢，赶紧买好纸笔墨。墨汁方便，无须砚台。少了文房之一宝，不免心中空落。就想起我家那方砚台，父亲爱用手指在上敲打，声音脆如玉盘珠落。父亲说，这是一块传家宝。在那上面，磨出了我家三代读书人，使我们家族很是风光了一阵。我相信父亲的话千真万确，在我不到桌子高的年纪，便跪在条凳上，很卖命地磨墨。父亲主笔，他读过私塾，楷体书法尤绝。年年春节，父亲的字总要挂红整个村庄。

但我最终没接过父亲手中的毛笔。我接受的是现代教育，现代教育似乎比古代教育忙，爬题山，过题海，等上了大学，还要忙着补因高考而耽误了的真正的读书，没那份在荷花池洗砚、舞雩台吹风、柳荫下泼墨的闲情逸致。如今临纸捉笔，像拿起关云长生锈的大刀，笨重而别扭。回想父亲小时候教我的"一点如桃，一撇如刀""全神贯注，意念相随"之类的话，我勉强写出几个字，总是不成体统，没那个味道了。扔了一地纸团，最后兴致全无。

父亲曾经很失望于我的这种退化。他说祖祖辈辈相传下来的文墨，怕要断在我这代身上了。我上大学后，父亲稍得心安，只要求我能把这方砚台传下去。在他看来，此砚乃我家好几代人的无字之碑，代表了我家族的一种荣耀和精神。族谱载：显祖考习字皆端楷，终身不作行草，故能本自强不息之精神，创业兴家，积善余庆，其贞恒如此。

前些日子，一个学生家长提早给我拜年。他说现在贴的春联，就讲怎么发财，怎么有福，什么"生意兴隆通四海，财源茂盛达三江"，什么"天增岁月人增寿，春满人间福满门"，太俗气。他一直在想少年时他家年年贴的那副对联，回忆得很苦，原来是："忠孝传家久，诗书继世长。"但是横额不知为何，要老师代拟。我沉吟半响，就说："上联讲道德，下联讲读书，这样的门庭，一定千秋万代兴旺发达。横额就是'门庭光耀'吧！"家长大喜，说没有比这更合适的了。然后又印证了哪联挂在左边，哪联挂在右边。

这里是中国南方的大地。这里方言的声韵跟我的家乡话没有丝毫关系。但是，所有的精神和美丽都凝聚在这些被一代又一代人书写的方块字上，都凝聚在对联这种传之久远的古老形式上。当我漂泊异乡，倚门远望，只要是站在贴了中国对联的门口，我就能望到悠久的过去以及遥远的故乡，我就能找到回家的感觉。

故乡杳渺。那散发着汉字清香的故乡，那贴了春联像涂了口红的故乡，那门前屋后我手植的柏树渐渐长高的故乡，那暮春三月江南草长杂花生树群莺乱飞的故乡……

方块字是有肩膀的，平稳厚重一如我的父亲，它托着我，看一望无垠的蓝天，鸽哨悠扬，消失在远处。

春联是人居的春衫。华堂玉殿也好，茅屋柴门也罢，一贴上就有了明朗，就有了朝气与灿烂。春联是女性的，是口吐锦绣的中国式贤妻良母的教诲，是孤寂时的陪伴和贫寒处的温存……

我的故乡可安好？我的父老乡亲可安好？我给父亲回信说："我的毛笔字退化了，写出来不像话。还是依惯例，你写我编。今年多编几幅，一一送给记挂我的乡人，并代我向他们问安。"

我给自家拟的对联是："树隔二十年了依然庭前绿，人在三千里外总是故园情。"横批："归思难收。"

（七）思辨作文教例：从经典中寻找语言资源①

师：大家写议论文或者应试文时，总觉得无话可说，拿到作文题目要想半天；好不容易写成了，作文里不是袁隆平就是钟南山。不是说这些内容不

---

① 本节为笔者 2021 年底在深圳第二外国语学校 2023 届高二（4）班所上的一节作文课实录。

可以写，大部分的人都这样写，而且是鹦鹉学舌毫无主见地写，就有些问题了。其实我们的世界何其广大，天天都有新鲜事，你们每天关在校园里，看不到听不到情有可原；但你作为一个学生，总读了不少文章，还背了不少经典，作文时完全可以借过来一用。这节课，我们就一起来学习如何在议论文里引经据典。先来看一下今年新课标卷 I 的作文题目：

> 1917 年 4 月，毛泽东在《新青年》发表《体育之研究》一文，其中论及"体育之效"时指出：人的身体会天天变化。目不明可以明，耳不聪可以聪。生而强者如果滥用其强，即使是至强者，最终也许会转为至弱；而弱者如果勤自锻炼，增益其所不能，久之也会变而为强。因此，"生而强者不必自喜也，生而弱者不必自悲也。吾生而弱乎，或者天之诱我以至于强，未可知也"。
>
> 以上论述具有启示意义。请结合材料写一篇文章，体现你的感悟与思考。要求：选准角度，确定立意，明确文体，自拟标题；不要套作，不得抄袭；不得泄露个人信息；不少于 800 字。

师：这则材料是毛泽东写的文章中的一段引文。毛泽东的讨论对象是什么？

生 1："强"与"弱"。

师：毛泽东文章的题目是什么？

生 2：《体育之研究》。

师：既然是《体育之研究》，研究的是"强"与"弱"吗？

生 3：不是，是体育。

师：那么，你在自己的文章中，是谈论强与弱好，还是谈论体育好呢？

生 4：谈论体育好。

师：对了。我们经常讲作文审题要严谨，就是要注意所给材料里的话题对象。强与弱虽然也是毛泽东讨论的问题，但他是在强弱转化规律里强调体育的作用。所以如果你离开这个分析，就容易在所给材料里不加选择地乱点鸳鸯谱，以致审题出错。有的同学审题时不加分析，随便抓一个词来写，如自卑、聪明、勤奋锻炼、中国当自强，那就容易走题了。我们接下来要弄清楚：毛泽东对体育的基本观点是什么？

生5：弱可以变强，强可以变弱。

师：这里面的前提条件是什么？

生6：勤自锻炼。（教师板书）

师：勤自锻炼的反面是——

生7：滥用其强。（教师板书）

师：对了，那么接下来你要问自己，这个观点你同意吗？

生齐答：同意。

师：好！到此，我们就确定了文章的论点。但这还不够。如果锻炼仅仅就是强身健体，那是一个医生去关注的事情。仅仅在这个层面立意，还是太肤浅了。体育除了健身，还有没有其他更重要的东西呢？某某，你起来说说？

生8：我还没有发觉。

师：昨天下午我还看见你在我宿舍背后的网球场打球，姿势优美，动作专业，说明你也是一个体育爱好者，对体育的作用应该有深刻领会吧？

生8：想不出。

师：我在你打网球的时候向足球场走去，我也是去锻炼。我每天只要有空就往那里走，你们猜我要做什么？

生8：踢足球。

师：不，我是拉引体向上，做双杠。引体向上我每次能拉20个，以前年轻的时候可以轻轻松松拉30个，现在老了，不行了。

生：哇！

师：回到正题上来，体育还有什么作用？

生9、生10：强健人的精神。

师：对了，身体、精神（板书）。某某请坐。立意如果落在体育强健人的精神上，你的思维就上了一个档次。立意完成之后，我们要找材料来佐证自己的观点。在你读过的书或文章中，有没有体育强身的例子？

生10：有。毛泽东20多岁时考察湖南，身上不带钱，徒步走遍全省，写下了《湖南农民运动考察报告》。

师：这是体育锻炼吗？这只能说明毛泽东身体好吧？

生10：他有游泳的习惯。80岁还能畅游长江。

师：这个算是体育锻炼的效果。还有没有其他的例子呢？我记得在高一跟大家上《沁园春·长沙》的时候，我还跟大家补充过埃德加·斯诺《红星照耀中国》上面记载的毛泽东在长沙读书进行体育锻炼的情形。

生11：他年轻时也游泳。从《沁园春·长沙》中的"曾记否，到中流击水，浪遏飞舟"就可以看出。

师：很好！想到毛泽东的具体作品了。这首词我们在高一背诵过，里面还有没有其他跟我们前面确定的立意有关系的句子？除了能体现锻炼对身体的好处之外，还有没有精神方面的体现？

生："同学少年，风华正茂。""书生意气，挥斥方遒。"

师："指点江山，激扬文字，粪土当年万户侯"，是不是？

生：是。

师：好了，正面的例子有了。现在我们一起来找反面的例子："滥用其强"。想想看？

生12：秦——

师：某某起来大胆讲。我刚才听到你在说"秦"，你是指我们刚背过的《过秦论》吧？

生12：是。

师：《过秦论》中哪些句子写秦的"至强"？

生12："席卷天下，包举宇内，囊括四海之意，并吞八荒之心。"

师：还有吗？

生："强国请服，弱国入朝。""奋六世之余烈，振长策而御宇内，吞二周而亡诸侯，履至尊而制六合，执敲扑而鞭笞天下，威震四海。"

师：很好！那么哪些句子写秦国"滥用其强"？

生12："于是废先王之道，焚百家之言，以愚黔首。隳名城，杀豪杰；收天下之兵，聚之咸阳。销锋镝，铸以为金人十二，以弱天下之民。"

师：很好！分析的时候，可以说这种"强"，是一种自毁其强的行为：用强盗的办法对付百姓，不是"自杀"行为是什么？所以秦王朝最后变成"至弱"，连陈胜、吴广那样的流民也可以将其推翻。

生12：确实。

师：某某请坐。分析到这里，正反面材料都有了，是不是可以提笔写成一篇很漂亮的文章了呢？一首词，一篇文章，都是我们背诵过的，里面的句子信手拈来毫不费力，写作是不是变得很容易了呢？我昨天晚上也试着写了一篇下水作文，说实话，我最初想到的，还不是《沁园春·长沙》和《过秦论》，而是另外一篇——欧阳修的《五代史伶官传序》。现在我们翻开课本，把这篇文言文一起来朗读一遍。

（学生齐读课文。）

师：这篇课文能与我们的立意挂上钩吗？首先来看庄宗的"强"，文中有哪些句子呢？

生："系燕父子以组，函梁君臣之首，入于太庙，还矢先王，而告以成功，其意气之盛，可谓壮哉！""方其盛也，举天下豪杰莫能与之争……"

师：哪些地方是庄宗的"滥用其强"？

生：没有啊。

师："谦受益"，是不是图强的表现？"满招损"，是不是在"滥用其强"？文中总结庄宗的教训还用了哪两句话？

生："忧劳可以兴国，逸豫可以亡身。"

师："忧劳"可不可以跟"锻炼"挂上钩？"逸豫"可不可以跟"滥用其强"挂上钩？

生：可以。

师：庄宗在文中如何"逸豫"？

生：重用伶人，不理朝政。

师：还有没有？你们在做《跟踪检测》上的课外文言文练习时，上面提到庄宗荒淫无度的例子是什么？

生：（茫然）——

师：我还记得里面有一个令我印象深刻的事例：一次，庄宗外出祭祀，回来的路上一路搜罗美女一千人入宫。这是庄宗"滥用其强"吧？庄宗这个反例，能说明他精神坍塌的例子较多，能说明他毁掉了身体健康的例子找不到，但是我可以用逻辑去补充，身体和精神的垮塌应该是同步的。这样分析，没有谁会说你站不住脚。现在来看一看我昨晚为大家写的一篇范文。

强身以平天下

毛泽东《体育之研究》中讲，一个人的身体可由弱变强，也可由强变弱，其中的关键，是锻炼强身还是"滥用其强"。锻炼必须忍受肌体苦累，冬练三九夏练三伏，不得有怠惰之心；滥用其强则是放纵欲望，享乐无度，虽很舒服，却易自毁其强。所以锻炼与滥用，表面看是行为差异，实际上是有无自强不息精神的差别。

儒家经典《大学》开篇即讲："大学之道，在明明德，在亲民，在止于至善。"其修身的具体途径和目标即齐家、治国、平天下。所以一个人身体的锻炼，不独是让自己身体强健，而是以强健之身养浩然之气，近者侍亲齐家，远者事君治国平天下。有了这样高远的目标，才有自强不息的强大与持续的动能，自强不息的精神也才有格局和境界。

后唐庄宗李存勖，牢记父亲之三矢托愿，杀叛将，捕梁王，履至尊，"其意气之盛，可谓壮哉！"然而得天下之后即迫不及待贪图享乐，滥用其强，宠幸优伶，胡吃海喝，终日鬼混，祭祀路上沿途搜罗一千美女入宫淫乐。庄宗平天下时的金刚不坏之身，怎经得守天下时如此滥用其强？他那身子骨纵使铁铸钢浇，从身体到精神也得坏掉，哪有精力治国平天下？于是将治国大事交与伶人，朝廷内外乌烟瘴气，后来兵败如山倒，终被所宠幸的伶人杀掉。欧阳修在《五代史伶官传序》中总结庄宗的教训，言其"忧劳可以兴国，逸豫可以亡身"，信夫！

锻炼是到体育场、健身馆做运动，忧劳是体育锻炼的接力，需强健的体魄、卓绝的精神。逸豫往往从毁灭身体销蚀精神开始消灭个人意气，要是这个被消灭的人是大权在握的政要，则不仅危及自身而且贻害国家。弄清了这个义理，就能把体育锻炼的境界提高到家国的层次来看待，才能更好地培养艰苦卓绝的精神，坚忍不拔的毅力，像南北朝名将祖狄那样，闻鸡起舞以自强，击楫中流以高歌，实现自己"直挂云帆济沧海"的宏伟抱负。

总而言之，身体是精神的物质基础，无强健的身体就无强健的精神。但光有强健的身体还不够，强健的精神也必不可少，因为它能保证身体之力的合理方向，不至于滥用其强伤害身体，也不至于浪掷体力在无意义的事情上；既利于自身，又利于家国。作为即将迈入社会的青年学子，我们必须获得身体和精神上的"双丰收"，有国防的身体，有家国的情怀，以矫健的姿态，做一个在苍茫大地上能主沉浮的大写的人。

师：好了，我今天的讲解就告一段落。现在该轮到你们动手了。我先把这道 2021 年全国高考作文乙卷的作文题发给大家。今晚的作业就是去审题，立好观点，想想要用的材料，明天用一节课完成作文。附加要求就是，至少用上你在语文课上学过的一篇课文作为你的素材。

古人常以比喻说明对理想的追求，涉及基础、方法、路径、目标及其关系等。如汉代扬雄就曾以射箭为喻，他说："修身以为弓，矫思以为矢，立义以为的，奠而后发，发必中矣。"大意是，只要不断加强修养，端正思想，并将"义"作为确定的目标，再付诸行动，就能实现理想。

上述材料能给追求理想的当代青年以启示，请结合你对自身发展的思考写一篇文章。

二 作文的词库：自然、人生与社会

（一）自然是一个人真正的"诗经"

记得 2000 年年初，我在"新华网"上看到一则报道，根据伦敦国王学院教授菲利普·阿迪的一份相关调查，现在儿童的智力，比起 30 年前，呈急剧下降趋势：如今 11 岁孩子的能力、水平只相当于 30 年前 8 岁的孩子。受试者做的是 30 年前相同年龄段的相同测试题，如有两个体积相同的物体，一个用黄铜制成，一个用橡皮泥制成，把它们分别放入一个盛满水的容器里，放入哪个物体的容器溢出的水更多？回答正确的只有 20% 的孩子。研究者认为，智力下降，其中最重要的原因是亲书本而远离自然："孩子们不再到户外玩泥巴，沙坑也已经逐渐在小学校里'灭绝'，孩子们的时间都被应考填满。""孩子们被教导为强化基本功—读和写而忙得团团转，还要应付那些令他们焦头烂额的大小测验，这限制了他们认知水平的发展。他们只掌握一个结果，却弄不清原因，不善于思考，也很少有机会亲身体验。"

有一次我为某校中学生讲海子的诗歌，有学生问："什么是麦子啊？"南方学生不知道什么是麦子，似乎情有可原，因为麦子是北方的农作物。但是他照样不知道什么是水稻，什么是松鼠，什么是桑树。因此他读不懂"在甜蜜果实中/一枚松鼠肉体般甜蜜的雨水/穿越了天空蓝色/的羽翼"这样的诗句，甚至误认为松鼠就是一种果树。

有一道语言应用题，要求结合平时所见到的自然景物，将"自然是绿色的，它代表着活力"扩展为不超过80字的文字。下面是一些学生的描写实录：

小草是自然的一个表皮细胞。（生硬至极）

草是绿色的，叶也是绿色的。（难道草没有叶子吗？）

嫩绿地捅破僵硬的泥土，抬头望着那碧绿的天空，毛毛虫慢慢地蠕动着，向大地炫耀着浓绿的衣服。披着深绿色的皮的蛇，望见那绿绿的湖水，猛地一头扎了进去。（这是超现实主义的，还是非现实主义的？现在的孩子迷恋网络和游戏，在虚拟世界里待得太久，哪能准确描绘出现实景物？）

绿色的小溪在缓慢轻唱，绿色的山峰苍翠欲滴。

它是生命的象征，万物复苏离不开绿色自然的哺育。它是高尚的，给予人高尚的情操，让人懂得了珍惜。

冰雪消融，秋去春来，万物复苏，种子破土而出。（连季节都分不清楚）

绿色，是最省略的色彩。它孕育了娇艳的红花，它开导了多情的蝴蝶，它毫不保留地支持勤劳的蜜蜂。

秋高气爽，清风徐来，浓绿的层层麦浪，展示着生命的活力，劳动的魄力。（四体不勤，五谷不分，更分不清庄稼的节令）

大自然是氧气的制造者，是二氧化碳的消费者，也是有机物的制造工厂。（科学的废话）

　　……

以上描写自然景物，多有常识性错误，学生与自然隔膜，不可谓不真。再看下面是诗歌的仿写。

请仿照下面构思，选择特定事物，仿写两例，构成排比形式。

　　竹子，每攀登一步，都做一次小结。

下面是五花八门的仿写：

　　黄鹂，每高飞一次，就唱一曲动人的歌谣。
　　毛毛虫，每换一衣，就改头换面。
　　芝麻，每开一次花，都比前一次高。
　　含羞草，每碰一下，都要害羞一次。
　　卫生纸，每用一点，都要瘦一圈。
　　生猪，每长一斤，都离死亡更进一步。
　　蛇，每前进一步，都要得意地扭动身子。
　　牵牛花，每次日出，都是新的开始。

这些例子，除了卫生纸以外，基本上都以自然中的动植物说事，学生不仅写不出美感，而且毫无深意。

再如，仿写诗句：

诗人说：花朵把春天的门推开了。绿荫把夏天的门推开了。果实把秋天的门推开了。飞雪把冬天的门推开了。

　　我说：＿＿＿＿＿＿＿＿＿＿＿＿＿＿＿＿＿＿＿＿＿＿。

这个题，可以"推开"之义生发，亦可以"推开"的反义"关闭"之义生发，如写成：

> 星辰把黑夜的门推开了。坚韧把苦难的门推开了。真诚把爱情的门推开了。爱情把生活的门推开了。
>
> 仇恨把和平的门关闭了。嫉妒把幸福的门关闭了。罪恶把光明的门关闭了。偏执把生活的门关闭了。
>
> 风雨把节日的脸庞照亮了。阳光把大地的辽阔照亮了。月光把游子的乡愁照亮了。烛光把父老的皱纹照亮了。

但是，一个对自然一知半解的人，哪里能够写出这些光洁闪亮的句子。

一个人对自然的了解程度，绝对可以影响他的语言智能。诗歌中有很多意象取自自然，没有对大自然中天气、动物、植物、山川等的直观经验，再美的诗句，也很难唤起阅读者的共鸣。同样的道理，一个与自然隔绝的人，很难想象他的遣词造句会有诗情画意。现在不少中学生作文时想象枯竭，语言干巴，老是在一些枯燥的概念上转圈，像狗咬着自己的尾巴原地打转，遇到什么话题，都拿爱迪生和爱因斯坦的事迹往上面贴，情感思想假大空不说，还没有美感。中国古人，形容一个女子的美，用的是"脸似银盘，眼如水杏，有沉鱼落雁之美，闭月羞花之貌"，把人的五官态貌，用自然之物做比，这样的句子，可谓美丽绝伦。现在的孩子，可能吃过杏子，哪里看过杏子结在树上，露水下滴的情景；可能在野味餐馆吃过大雁，哪里看过平沙落雁的风姿。"吃过猪肉，没见过猪跑"，可能是现在孩子的一种奢侈，但是从另一个角度来看，却是成长的不幸。他没见过被都市高楼遮蔽了的天上的银盘，也没见过原生态的水杏，你要他写女子之美，可能就只好写出"脸似方向盘，眼如水果冻"之类的句子了。

泰戈尔是大自然哺育出来的伟大诗人。郑振铎在《泰戈尔传》中这样描写他①：

> 泰戈尔的母亲，死得很早。他在儿童时代，寂寞而不快乐。很

① （印）泰戈尔. 泰戈尔诗选 [M]. 郑振铎，译. 杭州：浙江工商大学出版社，2018.

少出外——到街上，或园林里去游玩。离开家塾以后，他进了本地的"东方学校""师范学校"，又进了英国人办的"孟加拉学校"，后被送到英国去学法律。但是对学校里的刻板而无味的生活，他是十分憎恶的。无论到哪个学校都不过一年就退学回家。他父亲很知道他的性情，并不强迫他去服从学校里的冷酷而不明了儿童个性的教师，只在家里请了人教他。

但他还有两个大教师呢！一个是自然界，一个是平民。泰戈尔他自己告诉过我们：自然界就是他亲爱的同伴，她手里藏了许多东西，要他去猜。泰戈尔的猜法真是奇怪！凡是她给他猜的东西，他没有不一猜就中的。这因为他与自然界相处，已久而且深了。他很小的时候，就爱她；他家里有一棵榕树，他少时常到树下洗澡游玩，到了后来，还记住它：

绕缠的树根从你枝干上悬下，呵，古老的榕树呀，你日夜不动地站着，好像一个苦行的人在那里忏悔。你还记住那个孩子，他的幻想曾同你的影子一同游戏的吗？

以后，恒河的风光，喜马拉雅山的景色，几乎无不深深地印在他明澈的心镜里。

为了遏制孩子们能力退化的趋势，上文提到的专家们开出了一些"药方"，希望家长们应该注意一下，孩子们是什么时候不再玩泥巴和拼装玩具，转而投向电视和电脑游戏的怀抱中的。甚至建议说，家长们应该关掉电视，和孩子们一起围坐在餐桌前，讨论一下诸如"如何救助受困泰晤士河里的鲸鱼"这类问题。儿童年幼时，需要家长牵着他们的手走路；而中学生已快成人，则完全可以主动投奔自然的怀抱，补上自然这一门中国中学生普遍缺失的功课。

投奔自然，绝不像当年投奔革命那样艰难。你只需在繁忙的功课之余，到自然中去走走，听清风半夜鸣蝉，看天上云走云飞。你只需在下雨的时候抬起酸涩的眼睛，看雨点如何用它毕生的精力和情感，在你的玻璃窗上刻出一道道泪痕。或在月明星稀之夜，开窗窥月，让金子般的月光照见你心灵中最温柔、最高贵的部分。有条件的时候，和伙伴出去玩玩。试试看，在体育馆的水泥地上，与在软绵绵的草坪上跳绳，那感受有何区别？在林中欢笑，与在教室里打闹，是否有所不同？你会惊讶地发现，自然不仅给你以快乐，而且给你以平时关在笼子里不可能产生的灵趣。

我们不是为写作而走向自然的。对于我们的心灵和精神来说，大自然应该成为我们的一种情感态度，一种终极的价值观，写作只不过是这些情感态度和价值观的自然而然的流露。对于自然，我们应该是感恩而不是仇视，是亲近而不是对抗，是欣赏而不是占有，是顺服而不是征服，即在自然面前，人应该持有一颗虔敬之心。有人可能问，在自然灾害面前，人也该顺服吗？人也要感恩吗？首先，像印度洋海啸那样的自然灾害，在人类的宜居环境里，毕竟是极少数的，大自然在绝大多数的时间和空间里对人类的恩德，不能以偶然的自然灾害而加以否定。其次，人可以在不违背自然本身的规律和秩序的前提下，采取预防措施，提高自己在灾难面前的抵抗力，因此，人即使要保护自己，也不必忤逆自然。人为了自己一时的利益破坏了自然的规律和秩序，受到报复的，最终也是人类自己。

被誉为"20世纪中国最后一位散文家"和"乡村哲学家"的刘亮程，他那些写家乡黄沙梁的美文，实实在在有一种刻骨铭心的美。那美丽的语言和独特的美感是从何而来？不妨听听作者的妙论。他说："曾有人问我，对自己没上过大学、没受过高等教育是否有遗憾。我说什么是高等教育，对一个作家来说，最高等的教育是生存对他的教育。你在大学念书那几年，我在乡下放牛，我一样在学习，只不过你们跟着导师、教授学，我跟一群牲畜学。你们毕业了，我也弄懂弄明白了，只是没人给我发毕业证。"① 这位作家的成长历程说明了，一个人放牛的时间、背柴火种地的时间、在村民中闲聊的时间，也就是深入自然、社会、生活的时间，在对他语感的形成意义上，比在学校上课的时间还要重要。

几千年前，圣人孔子与弟子座谈，弟子曾皙坦言理想抱负：暮春三月，穿上春装，与五六个大人、六七个小孩去沂河洗澡，再到舞雩台吹风，最后歌咏而归。圣人长叹一声表示赞同。我常想，把这种既包含了"天人合一"深远哲学内涵又具有强烈诗性色彩的人生境界，其中的五六个大人、六七个

---

① 刘亮程. 一个人的村庄 [M]. 乌鲁木齐：新疆人民出版社，2001.

小孩替换成几十个学生，师生一起在沂河浩荡的春风春波中沐浴、戏水、玩沙、晒太阳，吟诗作赋或放声高歌，则我们现在口水之声与呼噜之声响成一片的语文课堂，或可升至一个无可比拟的教学境界。

（二）日记：固化人生和社会的记忆

按照活了100岁的翻译家许渊冲的说法，生命不是你活了多少日子，而是你记住了多少日子。

很多人人生中的相当一部分时间，都是在重复着相同的内容，今天跟昨天没有两样，这种人活100岁跟活一天没有什么区别。

本来每一天都有新鲜事，都有新面孔，但是一个人如果没有记忆，他就不会感知一天与另一天的不同，自然也不会有情绪的波动与经验的积累，更谈不上人生的进步。这种活法，与一个无知无识的动物没有两样。

为了对抗遗忘，人类发明了结绳记事，后来有了成熟的语言和文字。我们用文字来记账、订立契约，也用它来记住我们的思维成果。我们在人群共同的语境中学习、劳作和生活，但我们往往忘记了自己的存在。而在共同的语境中要找回自己，我们得有个人的记忆库。于是我们拍照、录视频、写微博，试图留住我们生命中珍贵的时光。但是这些颇有科技含量的方法，都不如记日记这种古老的方式来得亲切、简便，保存久远。

人生和社会道路上的沟坎与陷阱，是需要记忆的，因为只有记住了教训，下一步或后来人才能避让危险，走上坦途。一路上的风雨和阳光、伤痛与欣喜是需要记忆的，因为人在这种记忆中可以获得疗治伤痛、永怀希望的力量。人与苍蝇不一样，苍蝇在玻璃上无数次撞头不知反省，人则会发现玻璃的视觉欺骗而回头。

对抗历史的遗忘，靠文学；对抗个人的遗忘，靠日记。日记不需要文学的技巧和规范，无需面对读者，只是写给个人，随写随记，日久天长，涓涓细流即成人生的汪洋大海。

日记可以修身。当事人在此情此景中可能无法看清自己，所谓"不识庐山真面目，只缘身在此山中"。但是当他过了一段时间，有了一定的距离，回过头来看过去的所作所为，他可能会认识得更加清楚，在错误处调整自己的行为姿态，在优势处对自己多加鼓励。

日记还可识人。将别人的行为记下，单个行为可能无法立判高下，对此人一贯以来的行为连续考察，即可获得关于此人的比较准确的认知。

尚未踏入社会的学生对社会的了解不够，也可通过日记来记录社会点滴，积累社会经验。假设某个周末，你的父母突然有事不能开车来接你回家，下午很炎热，寸步难行，这时你要走出校门，怎样去面对社会呢？我有个学生很聪明，她首先借门卫的手机搜了一下公交站台。但是一出校门，对公交站台的记忆就被炎炎烈日蒸发掉了。她就只能一条路一条路地硬着头皮走下去。到站台后，看见一个叔叔，戴一对蓝牙耳机，胳膊夹着一个精致的文件夹，穿着一身笔挺的西服，手里拿着手机，嘴里在念叨着什么。但是她不敢前去与他交谈。叔叔主动来问有什么可以帮到她的，她才说自己迷路了。叔叔取下文件夹，拿出纸笔，给她画了一个简易的路线图，写上要搭乘的公交车编号，问她有没有车费。她把这些写进日记，就是对这个社会的门卫和白领的最直观的印象。

其中颇为重要的是，日记是一种倾诉自己内心积郁的最有效的方式。有些心理学家称其为"表述性书写"。心理学研究发现，人内心的隐秘如不表述出来，久而久之会沉入潜意识中，成为一种自己意识不到的心理疾病。实验表明，很多抑郁症病人说出或写出这种隐秘之后，他们的抑郁倾向就大大减轻甚至消失了。

一个语文老师，当他鼓励学生写日记的时候，就有很多接触学生内心世界的机会，还可以对他们内心的某些不良倾向加以疏导。

下文是学生写的一篇关于失眠的日记①：

> 天越来越沉，月越来越美。经过一天的忙碌后，我无力地躺在床上。又是平淡无奇的一天。
>
> 夜深了。我想早点入眠，舍友们熟睡后平缓的呼吸声，窗外的风声、蝉鸣、车辆的轰鸣声却清晰地传入我的耳朵。我睁开眼睛，望着空调上的数字显示屏，直到舍友的呼噜声刺入我的耳膜，我才回过神来，彻底清醒了。

---

① 本文作者为深圳第二外国语学校 2023 届高二（3）班学生陈一鸣，收入本书时已征得本人同意。

我只有一个想法——睡觉。我努力地闭上眼睛，却感觉与平时大不一样。大脑像一个空荡的房屋，我在房屋里游走。时间滴答地流逝，我翻来覆去，眼睛似乎开始微微肿起，舌头也紧紧地顶着上颚。我却不知道怎么睡觉了。舍友鼾声如雷，床板嘎吱嘎吱地叫着，我的内心狂躁万分。

疯狂到了极点便也绝望了。我坐了起来。见其他五位舍友酣睡如泥，我只能心生羡慕。街道边残留的一丝光线挣扎着挤入我的宿舍。我摸黑走到阳台，顺着这一丝光望向操场，亮红和浅绿在玉轮的柔光下珠联璧合，天上的瑶轮如淑女般端坐空中。听着远处蝉鸣的伴奏，一切都如诗情画意的仙境。

我的心平静下来。遥远的星星使我想起了《卖火柴的小女孩》里的一段话："她的奶奶曾给她讲过，划过天际的星星代表逝去的人陨落的生命，而她有一天也会变成星星从天际划过。"我想起了曾读过的天文学书籍，与地球相比，我是这么的弱小无助；同宇宙相比，我简直微乎其微，不值一提。

时间一点点地逝去，渐渐地，困意向我袭来。回到床上，我的万千思绪被潮涌的困意抚平。在失去意识的瞬间，我感受到夜为我带来的平静。

这位学生解决失眠的方法，是到阳台去欣赏大自然，这是多么智慧，又是多么古老的方法啊。李清照失眠，不也就是去欣赏院子里的黄花，看夜晚鸣雁飞过的天空，吟诵"怎一个愁字了得"的词句吗？学生的文字没有李清照的经典，却都是心理学家所说的表述性书写，都有释放内心压力的功效。

焦虑和抑郁的标志性特点就是失眠，无法好好睡觉。

当你躺在床上时，一方面疲惫不堪，另一方面又感到精神紧张。你也许开始思考一些人际关系方面的问题，然后会想到明天需要做些什么，为什么房间的温度不合适，昨天本来应该做却没有做的事情，然后再次回到关系问题上。如果不在10分钟之内入睡，你明天将会筋疲力尽，没有精神。你的思维方向在不断疯狂地改变着。在漆黑的房间中，没有任何能够让你分心的东西，只有你，只有你的想法在疯狂驰骋。

很多年前，詹姆斯在一个失眠的夜晚沉思："是否有一些方法能够把脑子里所有的想法吸出来呢？比如某种思维的提取器，就像精神的真空吸尘器一样。"也许我们只是采用了吸尘器的类比，其实可以对着麦克风谈论自己的想法和感受，就好像从某种程度上清空自己的想法一样。那些我们并不想要的想法能够从我们的大脑中被吸到录音机里面。

由于詹姆斯不能入睡，他决定起来尝试看看。他安静地起床，找到一个录音机，然后躺在起居室的沙发上，闭上眼睛，让录音机开着，悄悄地按照意识说出自己的想法和感受。10分钟之内，他就入睡了。

其他人仍在继续探索表达对于改善睡眠的价值（一般是通过书写和诉说的方式）。在一个对睡眠不好的人群进行的研究中，这些被试者被邀请书写他们的烦恼和担心，或者书写一些自己的兴趣爱好。结果表明，书写烦恼和担心组的被试者比书写兴趣爱好组的被试者入睡更快。一系列其他的研究表明，在入睡前进行表达性书写能够减少反刍性思维，并从多个维度改善睡眠[1]。

再看看这位学生期中数学考试失败后的日记[2]：

我于睡梦中醒来，听见雨打在窗台上的声音——清脆而又沉重。

努力回忆着入眠前的事情，我的思绪陷入了一片混沌。后来才发觉，果然是在数学的汪洋中迷失了方向，陷入绝境了。

缓缓步入雨中，秋日冷雨如利箭般射向我，犹如审判者在不停地叩问着愧疚——不如说是徒劳无力的心胸。函数、基本不等式、撕裂的试卷、怀疑、冷漠、询问、逃离，我奔跑起来，泪水与雨水

---

[1] 詹姆斯·彭尼贝克，约书亚·史密斯. 书写的疗愈力量［M］. 何丽，译. 北京：机械工业出版社，2018.

[2] 本文作者为深圳第二外国语学校2024届高二（2）班学生殷子睿，收入本书时已征得本人同意。

在我扭曲的面孔上糊成一团，丑陋不堪。但我知道不会有人注意到这般光景，谁会在意一个被数学如此摧残从而对生活一筹莫展的平凡学生呢？草丛里有一只躲雨的黑猫，也许是受爱伦坡小说的影响，我越看越觉得厌恶。这只四脚动物竖着双耳，透过碎叶默默注视着我，我立刻感到身体中一股情绪的泥石流在野蛮奔涌，直冲头顶。我向那一团黑色冲去，向着它怒吼了几声，如同一只野兽被触发了最低等却又最直接的表达愤怒的反应，随着黑猫的逃离，我的皮肤上仿佛长出了动物的绒毛，十指连心的手仿佛变成了利爪，眼睛里的目光愈发凶狠，愈发失去人类那最后一丝理性。仿佛这时黑猫变成了人，而我却成了动物。

　　数学的打击像漩涡一般将我卷入了无尽的黑暗。耳朵中的无数声音，就像从地狱中伸出的无数只手：我的智商是否低于常人？我或许真的没有可能学会数学？而我仅有的一丝精神力量却将我死死地往回拉。于是乎，我就在这两者之间痛苦挣扎。我蹲在水洼之中，无力地捂上双耳，双眼逐渐闭合，失去了意识，只觉得天旋地转。积极、消极、厌弃、徒劳、彷徨，失去的时间、无声的斥责、残破的落花、冰冷的雨、凌乱的头发，忧郁、愤怒、不可原谅。再次醒来时，我的手背上掐出了无数道红印。我看见了一块废弃的砖头，便用力拿起，向已经伤痕累累的手砸去，痛感随之袭来。不知是无助、困惑、痛苦，还是愤怒的情感所促，我再次将砖块向手摔去，惩罚这不争气的自己，直至青紫色覆上肌肤。雨停了，黑猫也回来了。仿佛无事发生。而路边的一块残破的砖却承载了不为人知的极端愤怒与悲痛。

　　回溯我与数学斗争的诸多年华，可能更多的是不甘、嫌恶与悲伤之类的情愫。而当我发现自己依然走投无路时，再多的情感，也就成了无可奈何的愤怒。

多好的文字啊，看得我心痛。但我宁愿世间没有这样的痛苦。这么好的文字应该用来写一个少女心中那些如丝绸般高贵华丽的情感，就如当年的才女李清照那样。读了这样的文章，我的第一个冲动是想找她聊聊，关于数学，关于人生，我作为一个过来人的想法。我又很感谢这样的文字，让我能走进一颗痛苦的心灵，感受它传递给我的痛感。作为一个教育者，我的心中因此涌动起一股父亲般的慈悲，一种想伸出手来去护住她的愿望，一种对自己的职业近乎沉重的责任感和羞愧感……

（三）社会大文章

《文心》中学生乐华失学进厂，同学们开了一场告别会，他们的语文老师王先生说了一席话，我觉得令人深思：

> 我们要知道，进学校求学只是中产以上阶级的事。缴得出学费的，学校才收；缴不出学费的，便无法进学校的门。……我们更要知道，进学校固然可以求得知识，但是离开了学校并不就无从学习。学习的主体是我们自己。学校内、学校外，只是场所不同罢了。我们自己要学习的话，在无论什么场所都行。假如我们自己不要学习，便是在最适宜的场所，也只能得到七折八扣的效果。所以，退学不是"失学"，唯有自己不要学习才是真正的"失学"①。

现在我们国家已经普及义务教育，并有望普及高中教育，教育不再是中产以上阶级的特权。王先生认为进厂后可以边做工边读书的主张，有点儿职业教育理念的萌芽，但是具体实施起来，恐怕不会像王先生所说的那样简单。且不说一个学生入了社会，他首先要应对的是繁重的工作与生计，关键是他没有了学校的条件和氛围，读书的难度可想而知。我还是倾向于学生在不辍学的前提下，将读书与读社会这本大书结合起来的求学方法。在书与社会之间寻求折中的方案，在 20 世纪 30 年代一些教育前辈那里，有比较成熟的建议：

> 利用社会服务事项。现在中学生的所谓"爱国运动""社会服务"，不过是游行开会，喊几声"打倒"，叫几声"万岁"，最好的

---

① 夏丏尊，叶圣陶. 文心 [M]. 北京：中国友谊出版公司，2019.

也不过做些监察仇货、游行演讲罢了。我认为要利用学生做社会服务，仍然要施行我们的教学计划，达到我们的教学目的，绝不能听学生去半嬉半闹，毫无计划目的地乱做。譬如家庭工艺的调查、国货产物的调查、失学儿童的调查、失业人数的调查、民众教育的实施、卫生运动、农业指导以及各种改良风俗的演讲，都是可以利用学生去做的很切要的社会服务。在这些服务中，教师便可因材施教、因地施教，使学生得到切实的知识经验。杜威说学校的社会化，是要把学校和社会打成一片，并不是抛弃了学校的教学计划和目的教学生去做些胡闹的活动。譬如以作文教学而言，各项调查是要有计划的，那么便要学做计划书；调查的过程，要笔记，要通告，要组织材料，最后还要做成报告，那么在这些工作中间就可练习各种应用文字。至于各种讲演、口语和笔述的练习，都是不可少的。教师能够利用这样的设计，不是可得到很好而切实的作文题目吗①？

新课标部编版语文必修教材上册第四单元《家乡文化生活》的设计，与上述观点和做法基本一致。鼓励学生走出教室，走进学生最熟悉的社会——家乡，促使学生写出更有厚度和分量的文字，这样的方向无疑是极有必要的。

平时我们遇到的学生作文，基本没有什么社会内容。他们的生活面太过狭窄，在学校—家庭—培训点之间为小学到高中的各种考试耗费了童年到少年的大好时光，与社会基本上处于绝缘状态。一旦有了社会内容方面的文字，往往令人眼前一亮。

有个学生写他在疫情严峻期间去小区做测体温的义工，近距离接触了小区里各种为生计而奔忙的蓝领，使用老式手机不能出示健康码的老人；站在自己新开的门店边，拿着一个招揽生意的牌子，在寒风中站了整个上午都招不到一个顾客的小姑娘……也有学生写疫情中的希望，而且写得更为真切动人。有位学生写她家开在工厂旁边的小店，随着疫情的解封，小店也渐渐有了生气，隔了门窗的叫卖之声不绝于耳，作者写道：

---

① 朱光潜，等.大师的作文课［M］.北京：台海出版社，2015.

大家渐渐回来了，说着笑着谈着。饭馆的香气飘来了，市场的喧嚣回来了，整个街道都醒了！年味儿开始慢慢发酵，日子变得香甜可口。看吧，疫情也是锁不住什么的。锁不住人们脸上灿烂的笑，锁不住春天的鸟语花香，更锁不住人与人之间的温情。对生活的热爱，对未来的期待，对陌生人的牵挂，它们都会原汁原味地在人世间奏响！

于是我相信，高中生不是没有洞察力，而是少了接触社会的机会。一个学生写一次乘地铁，一个妇人坐在四人位的座位中间，她们三个好友不能一起坐下，于是问能不能换一下座位。没想到妇人冲她们大发雷霆："谁是你阿姨啊？我坐得好好的，凭什么跟你换啊？"学生写道："我很不甘心，也很不理解，为什么她那么大的火气呢？"我说，这个问题问得好。不去接触社会，怎么会有这样的疑问？文章中有了这样的疑问，作者试着去解答，就是向深度和厚度迈出了一大步。

我还对学生说，你们这样走向社会，就认识了社会的复杂性：大街上有满面春风的"雷锋叔叔"，也有带着各种复杂情绪的人。遇到后者也不必对社会灰心丧气，毕竟满面春风的人还是很多的，只不过你没有遇到罢了。有"狼"有"羊"，这才是一个社会真实的面孔。

中国的城市化进程还在进行中，像深圳这座移民城市，很多人的家乡都在远方。在一个有着时间和空间距离的远处回望自己的家乡，或者回到自己的家乡，去触摸家乡久违的文化体温，是很多移民家庭学生的热切愿望。因此这个题目一布置下去，他们都很踊跃，个个跃跃欲试，写出了不少优秀作文。

老戏台①

唱别久悲不成悲，十分红处竟成灰。愿谁记得谁，最好的年岁……

我的故乡是北方一个贫困的小山村，逢年过节，没有花火、宫

---

① 本文作者为深圳第二外国语学校 2023 届高二（4）班学生杨圳，收入本书时已征得本人同意。

灯，有的只是老戏台，以及老戏台下簇拥的人们。

小时候，我常被大人拉去听戏。当时我只是觉得华服锦绣的生旦净丑只是一群白得可怕的人在咿咿呀呀。长大后，偶然读到古人称颂戏子"时而抟扶摇击长空，时而轻落珠敲玉盘"，那些不平凡的角色，使我想起了老戏台。

老戏台是全村人的精神依靠。红白喜事都会请人唱戏，村人会放下锄头，拿上木板凳在北风中等候。据说村人听戏的规矩已经传了几代了，小孩子耳濡目染，也渴望穿上戏服，"绫罗飘起遮住西下夕阳"。

那一天，我听到老戏台即将拆除的消息。

恰逢清明回家祭祖，父母上坟，我一人来到熟悉的红漆戏台。喜庆的颜色里，几条白线是那么冰冷刺眼，如同鬼画符——那是拆迁线。我绕着戏台踱步，望着熟悉的黛瓦，喃喃自语：

"这是刘大娘最喜欢的位置，她说在这里可以更清楚地看见她家闺女。"

"这根柱子曾经被包公砍了一刀。"

"这里，我曾在这里说过我也要在台上唱戏。"

我有些泪湿。经年阅岁的老戏台，终于走到了尽头。

当我走到前院，发现村人会聚，冷清的戏台又开始熙熙攘攘。

刘大娘依旧站在老位置上凝视台面，挠头叹气道："别了，老台子，俺家闺女还全仗了你……"大娘的闺女已成为一名正式的戏曲演员，走上了更加富丽堂皇的舞台。

饰演包公的陈大伯正抚摸着柱子上的"伤疤"，引吭高歌"铁面无私包青天"。老伯已经当选为村委会主任，我相信他会成为包公那样大公无私的清官。

黄发垂髫，男男女女，都在用自己的方式，跟老戏台告别。此情此景，一如大家曾经欢聚台下谈天说地的岁月。"别叹息太多告别，至少相遇很真切。"纵使老戏台即将不存，可悠扬的戏腔，仍在人们心中袅袅不绝。

广东的很多村庄传统文化保护得很好，至今还可以看到古色古香的祠堂和祠堂外面的戏台。每到春节、清明等节日庆典，大家都要凑份子钱来请人唱戏娱神祭祖。哪怕观众稀少，还是照唱不误。我常为这样的场景里所包含的坚忍不拔的继承传统的精神而感动。学生为什么非要去说废话，而不能说一点儿他们记忆里这些令他们动过真情的"城南旧事"呢？

客家山歌是岭南文化里保存比较完好的民间文化，至今广东一带的客家人在婚娶、丧葬、节庆等活动中，还有喝酒对歌的仪式，我的一位学生对此进行了较为深入的考察。他不懂乐谱，于是请了一位识谱的同学随行，将录得的山歌以歌谱的形式记录下来。两位同学中有一个看过老电影《闪闪的红星》，发现主题曲《映山红》与流传在粤东地区的古老的客家山歌有相似之处。他们追索其中的原因，发现这些客家人祖上是从江西入粤，而《闪闪的红星》讲述的正是江西红军的故事，可见这部电影在某些艺术形态上受到了客家文化的影响。他们进而得出结论：某些革命歌曲的创作较为完美地吸收了客家山歌的滋养。这个结论不是从书本上抄来的，而是带了自己的创见，因此尤其难能可贵。

在调查的过程中，我将一些语言学常识提供给他们，建议他们以国际音标对客家山歌的歌词进行标注。因为客家话中许多字音保留了古汉语的痕迹，如果用现代汉语去读，歌词就没法合辙押韵了。我还让他们尝试用转译的办法，将客家山歌的歌词加以润色，使其变得更加流畅圆润，合乎现代人的语言习惯。这些做法，无疑是极好的语言训练。

学生在进行文化调查过程中遇到问题，师生之间可以合作解疑，这个过程是不是比枯燥地讲背现成结论要好很多呢？因为它不仅仅是一个写作的过程，更是一个思维的过程、一个探究的过程，哪怕没有得出明确的结论，而只是一些推断，都是思维和语言的成果，都是厚重的文章。这种教学，在西方国家如芬兰那里，被称为"现象教学"。且看他们的做法：

所谓"现象教学"，就是老师在课堂上以实际生活中的某个话题、某个现象为主题，让学生对该主题进行讨论和分析，鼓励学生主动参与，提高学生的主动思考能力，避免单向知识灌输，并在一堂课中将多个学科的内容包含其中。从 20 世纪 80 年代开始，芬兰的一些老师就会在传统学科教学之外，围绕学生感兴趣的话题开展教学。

比如，把孩子们带到森林里，辨认植物，用绳子丈量步伐，把捡到的松果按照大小分类等，回来后还会用捡来的树叶和松果做手工。参与策划和教学的包括数学、自然、美术、体育等科目的任课教师。与之类似，老师还围绕很多类似话题来组织历史、地理、外语、宗教等科目的教学。①

哈佛三百多年唯一一位女校长德鲁·吉尔平·福斯特在演讲中说："世界有太多的内容需要我们去熟悉和探索，绝对不仅仅局限于学习他国的语言。语言只是一种工具，比它更重要的是学习陌生的文化与历史，他国的人文与生活。当我们看到的世界大了，才能更加宽容，才能更加坦荡。实际上，接受彼此的不同，尊重相互的差异已经成为了解世界的重点。"

社会这本大书展露在学生面前的，就是包含了各种问题的现象。我们只要能带领学生走出狭小的教室和学校，走进社会的大课堂并走向世界，尽管不能做得像芬兰那样成熟，但是毕竟迈出了作文和语文教学改革可喜可贺的一大步。

（四）语感的形成与突破

作文是人将保留的语言信息输出成文字的行为，作文的能力和水平是思维能力和水平的外现。文章的品质当然取决于作者的审美经验与思维素养，但是语言的训练也会反过来影响审美和思维水平。与其说语言与审美、思维是两家，毋宁说它们是同一个东西。因为没有语言，审美活动与思维活动也将无从说起。

我们读的是书面语，写出来的也叫书面语（尽管书面语中往往也包含口语），是经过个人加工过滤了的书面语。书面语使我们的情感思想的表达更加细腻精致得宜合体。一个意思，一种情谊，如果用口头语说出来，没有一个长时间酝酿发酵和细心提炼的过程，在用意深浅、感情浓薄、语体的雅俗，

——————————

① 《芬兰中小学正式废除学科教学？揭开真实的谎言！》，五洲达（微信公众号），2020-9-19。

以及生动性、准确性、严谨性等方面，就不如经过了深思熟虑仔细推敲的书面语。现在满天飞的网络语言，一激动就"哇哇"，一说爱就"你是我的小呀小苹果"，语言贫瘠浅薄，味道寡淡，满世界的语言垃圾，跟人们不读书不写作的社会风气有很大的关系。

女儿4岁的时候，坐车过一座桥，看到河水泛波，她马上冒出一句："水波潋滟晴方好，山色空蒙雨亦奇。"当时叫她背苏轼的诗，根本就没讲这句话是什么意思，她的恰当联想令人吃惊。

一次在济南游大明湖，湖上有一副对联："四面荷花三面柳，一城山色半城湖。"我就联想到了《荷塘月色》，里面也写了荷花，也写了柳；荷花与柳，像姐妹一样形影不离。花是红的，柳是绿的，色彩对比，赏心悦目；花是脸蛋，柳是腰肢或长发，一搭配，与人体的节奏和旋律形成同构，易使人联想，一联想就有了美。

在三正半山酒店，某天早晨我去外面散步，一条通往泳池的沟谷正在喷烟，我想起了《荷塘月色》里的句子："薄薄的青雾浮起在荷塘里""叶子和花仿佛在牛乳中洗过一样"。《荷塘月色》中要是没有雾，就少了许多美，就没有"杨柳的风姿"，就没有"隐隐约约的一带远山"。没有雾，三正半山酒店也要制造一点儿雾，要增加这里景色的诗意和朦胧之美。我又想，荷花其实不仅是君子，也是富人。荷需要水，一点儿水不成气候，起码要一个池塘；光是池塘还不行，还要天空、朗月；还要月色、青雾；还要杨柳和树，才能构成境界。就是那点儿雾气，需要花多少钱啊，况且还有用多少钱都买不来的天地之间众多的美景。种菊、牡丹，只需土就可以了。种荷，得有山有水。一点儿水还不行，至少有半亩，才与花配；水质差了不行，得从山上流下来的矿泉，映日荷花得有天空，荷塘月色得有雾气。有了这些美景的搭配，境界才出得来。

以上例子，可以清楚地看到阅读经验如何直接影响生活体验。没有阅读，现实生活中的审美体验就无从发生，或者完全是另外一回事。为什么有的人看到大海只有"哎呀呀"之类的感叹词，只有"大海啊，你好大啊"之类的低级趣味呢？因为他没有读过书，找不到相应的词汇来表达他的触动，这种触动只能用被一口痰触动时所发出的语言"哇哇哇"来表达。要是他读过西棣的"那海，一定是/从马腹里流出的血/除了母亲，没有人理解这痛"，要是他熟知普希金的《致大海》，他心中涌动的，就是对于高远人生的思索与玩味。现实体验也在不断地校正、改变、补充和完善以往的阅读经验，而生成新的言语。这些言语的诞生，就是作文的前奏。

学生作文中经常可见生造的词语，如"目若呆鸡""足无足赤，人无完人""举人瞩目"、"人民"与"人们"不分、"人心狂狂""在这大千的花花世界里"等，多半因为学生在阅读时没有通过语境领略到词的方方面面，把词语中的语素组合搞错了。一个词在字典里的意思是死的，只有在语境里才有生命。积累语言，语境很重要。而我们通过阅读熟悉经典文本的语境，在运用语言时方能从经典中对该词进行活体移植。这就是我们通常所说的语感。语感不是去机械地背词义，而是对词的声音、意义、范围、色彩等方面的分寸的把握和整体的感知。比如"轻薄""轻佻"二词，孤立地去区别是无意义的，学生也不易记牢，但放到语境里就不同了。欧·亨利《警察与赞美诗》中的句子：

（1）那受人轻薄的女子只有将手一招。
（2）一到晚上，最轻佻的灯光，最轻松的心灵。

"轻薄"是动词，也可以是形容词；"轻佻"只能是形容词。在词义轻重上，前轻后重。这些都可通过《警察与赞美诗》中的滑稽可笑的场面记牢。学生如果熟知小说的相关情节，由语境到句子，再由句子到词，不仅可意会，也可抽象并言传。

但是在具体的语言表达中，言说者往往总是用他所在的具体语境，去尽力突破他在阅读中所获得的庸常的语义和语感。这个突破也不是毫无根据地肆意破坏，而是建立在与庸常语义的对比上，从而显示出新创语义给人带来的惊喜与震撼。这一点在诗歌创作中，显得尤其明显和重要。

诗歌往往故意打乱词语在习惯用法中的庸常组合，而赋以新意。这几乎成了现代诗歌创作流行的规则。比如"肝胆相照"这个成语，本来用于人与人之间的诚心相待，但《木棉花开》用在了人与花之间。把人体内的温度比作"箴言"，用形容草木的"葱茏"来形容烟火，都不是习惯用法。我们不能用语法上的搭配不当来判其为病句，而应该视为一种修辞。说"炊烟葱茏"，意为炊烟像草木一样，充满了生机。这种错位组合，如果视为一种比拟，就可迎刃而解，不仅不会认为是错，还觉得新奇有味。

读者阅读现代诗歌常觉困难，主要是现代诗歌喜欢突破读者的常规经验，为了克服文本与读者之间的交流障碍，又不至于落入俗套，作者在处理自己的特异经验时，往往要注意在诗歌中留下一些能够让读者抓得到的现实场景的轮廓，把一些基本的关系线索留下来，让读者读解时有据可依。诗歌之所以读不懂，往往是因为读者没有将诗中的倾诉主体和受诉对象的关系弄清楚。诗歌虽不会直接说出对话者之间的关系，但对话者的特征与关系，总是含蓄地隐藏在字里行间，需要我们用敏锐的眼睛去发现和捕捉。试举一例：

木棉花开/莫非

所有的引擎/指向一个共同的远方/列车正点 铁轨发亮/时而有风/大地空旷

——题记

1. 你是郁结了希望的健康之卵/而就在这样的夜晚/有人感觉 和你肝胆相照/这不是突如其来的莫逆之情

我体内箴言般的温度/足够攀比你顶项上的朱红/而你也无需挑拣我的秉性/我们就像两个原本陌生的词语/靠在了一起/彼此恢复着记忆

2.（略）

3. 谁又摇晃着两汪湖水走来/木棉子总是这样的某个女孩/镜子与镜像忽而合并/没有延展的美丽苍白而无力

你只随意组合着你的色彩/便能预知我的生命/你是我一个人的神祇/在空中悬挂一场未知的降雪/这足以使我赤裸的脚趾闪闪发光

若你突然抽离/我可以保证/我将不再如花瓣般体贴而无知/不再满心悲怆/却看似讳莫如深

4. 相信我/春天躲在枯朽的灌木里/老树每活一年 就泛起一圈涟漪/你将名字从眼角隐去/然后涂上新鲜的腮红/不用酝酿是左边还是右边

总之 生活是一则醒着的真理/而你恰好是坐在了 幸福的附近

莫非题记中的那个场景，似乎与木棉花一点儿关系也没有。诗歌开始，出现了一个"你"："你是那郁结了希望的健康之卵"，但我们还不清楚"你"所指为何。直到"我体内的箴言般的温度/足够攀比你顶项上的朱红"一句，才呈现出这个"你"最原始的意义，原来"你"是指木棉花，而不是一个人。我们才能确定诗中的木棉花，是一个受诉对象，经常以第二人称出现，而不是以景物点缀的身份出现。抓住了这一点，第3首中"你只随意组合着你的色彩/便能预知我的生命""你是我一个人的神祇/在空中悬挂一场未知的降雪"，这些难懂的句子，都是以木棉花这个本源性的意象衍生出来的。

要写作读得懂的诗，不仅要留下对话关系，而且要留下能把象征情境还原过来的现实场景。象征情境融进了诗人主观意志，是被感情化了的状态。现实场景是没有诗人主观痕迹的客观世界。如果象征情境是镜像，那么现实情境就是实像。诗歌中有很多地方是诗人的艺术变形，不能变形得让读者找不到变形的对应物。因为只有这样，读者才能找到诗人遣词造句的依据，也才能分辨诗歌语言运用的高下优劣，在理解的基础上进行鉴赏评判。

（五）抒情和议论的关系

有人认为，诗歌教学只需将情感的变化讲清楚就可以了，而不可以给感情定性。情感变化体现在诗句的节拍和韵律之中，因此去体会这两点就可以了。我认为，这是对诗歌教学的误导，更是对情感的误解。

情感很复杂，要说清楚确实不容易。但这并不是就意味着情感不需要定性。情感的定性有两个方面，一是情感的对象，二是情感产生的原因。同是快乐，捡到100元钱买冰淇淋吃是快乐，捡到100元钱归还失主也是快乐，两个快乐的原因不同，快乐的属性也不一样。同理，爱宠物狗与爱老婆都是爱，爱的对象不同，爱的属性有很大差别。不去为情感定性，只去体会它的变化，这有意义吗？

一个人产生了强烈的情感，但不是所有人都可以提笔抒发这种情感，何故？因为不是所有人都明白自己情感产生的根源。特别是那些暗藏在意识之中的情感动因，一个人没有一点儿直觉，根本就写不出来。李清照的词写道：

"红藕香残玉簟秋，轻解罗裳，独上兰舟。"这个"独"字，就是作者抓到的情感根源。一个普通人情绪不好，往往会迷失在这种不良情绪之下而不自知，但一个诗人不可以迷失，即使迷失，也要不失直觉把握情绪的洞察力，并能形诸语言。作者在下阕将情绪概括为两个字"闲愁"，可谓极为精准的捕捉。"独"是失群，"闲"是无用，这美丽的年华浪掷轻抛，才有"此情无计可消除，才下眉头，却上心头"的无奈和持久。

一个作家，如果对自己的情感根源判断错位，势必虚张声势，虚情假意，而感情作伪是文章大忌。且看杨朔散文《荔枝蜜》对蜜蜂的抒情："求人甚少，给予人的却是极好的东西。蜜蜂是渺小的，蜜蜂却又是多么高尚啊！"杨朔从蜜蜂那里得到了好处——喝到了荔枝蜜，这与他在广东从化温泉宾馆得到的建立在广大插秧者血汗之上的舒适享受一样，是一种掠夺式的快感，其情感内核是残酷的，不道德的，丧失了文人应有的良心。唐朝罗隐《咏蜂》说："不论平地与山尖，无限风光尽被占。采得百花成蜜后，为谁辛苦为谁甜？"《荔枝蜜》与《咏蜂》相比，是审美上的倒退。钱钟书在《一个偏见》中说："我们常把'鸦鸣雀噪'来比人声喧哗，还是对人类存三分回护的曲笔。常将一群妇女的说笑声比于'莺啼燕语'，那简直是对于禽类的侮辱了。"《荔枝蜜》的堕落分三层：①"我"本身不劳动，而去赞美劳动，是为言不由衷，矫情夸饰；②赞美的不是劳动这一活动本身，而是劳动工具的蒙昧、方便；③美化劳动中暗藏的掠夺关系。换成钱钟书的眼光看，《荔枝蜜》是杨朔对昆虫的侮辱。

回避情感的根源，你能在《荔枝蜜》中找到情感的变化曲线，而且是犹如五线谱一样很美的曲线，但你能说这情感是美的吗？

抒情往往与议论分不开，而抒情中的议论就是情感的逻辑或者说是根源。在文学作品中，抒情中的思考往往含蓄隐晦，而不是对别人观点的背书，需要给读者留下思索的空间。有时候，作者的议论往往是言在此而意在彼的，将自己真正的意图藏起来了。陆游的《书愤》最后一句是议论："出师一表真名世，千载谁堪伯仲间。"议论对象是诸葛亮，抒情对象却是千百年来不能与诸葛亮比伯仲的怀才不遇者，最后的着眼点还在于抒发有诸葛亮的才华但没有诸葛亮的机会的自己的愤慨。这个逻辑是用整首诗来铺就的，因此书写到这里的抒情就显得水到渠成了。

更多的时候，诗词里面的议论是形象化的议论，强烈情感下的逻辑需要读者自己提炼。"花自飘零水自流，一种相思，两处闲愁"，这几句几乎没有议论的痕迹，似乎完全是描写，但自然的状态和人的状态是隐藏有逻辑关系的：花的飘零、水的流逝就是对人的美好年华流逝的隐喻，这个逻辑就是相思和闲愁两种感情的根源。

许多时候，作者抒情可能也就是一种自发的感叹，连他自己也没有意识到。但言者无意，并不是说言者之言没有深意，很多时候，无意之言的深意恰恰就是言的魅力。白居易《卖炭翁》"可怜身上衣正单，心忧炭贱愿天寒"，"可怜"二字是本诗唯一一个作者加进作品的画外之音，前面写卖炭翁如何辛劳，到这里写他衣不蔽寒（"衣正单"），已经够可怜了；然而即使衣不蔽寒，还是愿天气寒冷，这就是怜上加怜了。还有第三层：面对一个这么可怜的老头，那些收税的恶吏却没有一丝同情，毫无可怜之心；对世道人心的揭露，"可怜"二字可谓入木三分。

诗歌与文章里面的抒情和议论不需要多。在中国人的习惯里，在描写叙事中一两个字即够；在律诗和歌行体中，往往最后一两句点到即止。抒情和议论的高下好坏，关键看能不能融为一个有机体。议论可能是情感的逻辑，或者散发在篇章的逻辑中，也可能融化在描写叙事的节奏里，总之跟议论文的议论大相径庭，这是我们在写作时需要仔细分辨的。

（六）概念、判断和推理

概念是对众多事物共性的概括，概念抽象的过程就像一个人耍魔术一样，容易被调包、被偷换，从而造成与具体事实关系的错乱。

人对世间万物，一般从真、善、美三维角度加以认识和评价。认识是真理还是谬误，最关键的还在一个"真"字。离开了"真"，讨论"善"与"美"是没有意义的。甲开车撞死了乙，如果他说不是自己而是车肇事，罪责不是他本人而是造车的厂家；他不仅不是罪人而且积极救助了乙，是乙的恩人，是一个有崇高美德的人。这些谬论显然是荒唐的，容易被人揭穿，因为"真"明明摆在那里，是抹不掉的。但人间之事往往不是纯粹的道理那么简单。要是这个肇事者弄坏摄像头，伪造现场抹掉真相；甚至颠倒黑白，反诬乙自己撞车自杀，他就可能为自己的恶行穿上"善"和"美"的外衣，他就为人类的语言规则加上了丛林法则或时下流行语所说的潜规则。挂在人们嘴边的真善美可能就是一些脱离了实际情况的假恶丑，从而造成语言意义指向上的混乱。

赵高为测试朝中大臣的立场，指鹿为马，跟着他说假话是马的就重用；不看他的脸色坚持说真话是鹿的就横加迫害。搞乱语言和现实的对应关系，用语言布幔遮蔽事实和真相，这就给人的鉴别制造了障碍。如此糟蹋语言，实际上是用手中职权消除别人的鉴别力，使人完全失去辨别是非善恶的能力和道德操守，完全沦为任其摆布的对象。

所以文章第一要义是真。用朴素的词语描绘本来，用清晰的概念言说常识，写作就回到了真实和真知的境界。文章最忌虚假。虚假走到极端，就是制造新词，用新词光鲜的外表去遮盖旧词含义中的丑恶，从而达到美化恶行的目的。纳粹灭绝犹太人，将他们送进毒气室不叫"处决"，而叫"消毒"或"洗澡"。纳粹刽子手施行这一灭绝人性的罪恶时，意念中冒出来的是一个医生所用的惯常词汇，放松了对自己杀戮行为的反省和警惕。这些好听的说法不仅麻木了他们的罪恶感，还可获得医生救死扶伤的那种崇高感。孔乙己说自己偷书不是"偷"，而是"窃"，就是想用一个新的说法抹去行为的丑陋，从而逃避道德审判，这完全就是一种自欺欺人的可悲做法。

常识常理建立在概念和判断的基础上。一个写文章的人最重要的职责就是恢复概念与事实之间真实的对应关系，不能指鹿为马黑白不分。说真话永远是一个作者最重要的品质。没有真实，就永远没有正确的判断，也就永远没有真理。

要讲出常识常理，必须警惕那些怀着各种目的新造出来的花里胡哨的概念。使用大家熟悉的概念，不故弄玄虚玩弄各种新词，这是一种语言上的诚实。用自造的新概念去掩盖事实，把对方弄糊涂，这是言说上的另一种恶。

有一篇企业的调研文章，满篇充斥着"跨端联合""生态闭环""赋能""链路""自然势能"等表面时髦、实则云山雾罩的新词，足以让你一头雾水，不知所云。这种行业黑话，尤以大厂或互联网大公司为著。有人做了统计，时新的词汇，就有以下这些：

复盘、赋能、抓手、对标、对齐、拉通、倒逼、颗粒度、落地、中台、方法论、闭环、引爆点、串联、价值转化、纽带、矩阵、协同、点线面、强化心智、交互、兼容、包装、相应、重组、量化、宽松、资源倾斜、完善逻辑、抽离透传、复用打法、发力、精细化、布局、商业模式、联动、场景、聚焦、快速响应、细分、维度、定性定量、聚焦、去中心化、关键路径、输出、格局、生态。

一个初学写作者，千万不要染上这种文案风气，一开始就误入作文的歧路。他先要养成求真的品质，学会在语言的迷雾中辨认方向和真相。在混乱的语言世界里，恢复概念的本真，找到问题的本源，厘清逻辑的链条，才能说出被掩盖的真理。

常识常理的核心要件不仅是概念判断，还有推理的逻辑。逻辑有逻辑的基本规则，矛盾律、排中律、同一律等，是不能违背的。有人说话写文章，表面上论辩滔滔，细细分析，却经不住逻辑推敲。试看下面论述有关努力的重要性的文字：

> 时间过得真快，一下就到半期考试了，现在已经在开始紧张地复习了，我必须开始努力了。因为我如果不努力，成绩就上不去；我成绩上不去，就会被家长骂；我被家长骂，就会失去信心。失去信心就会读不好书，读不好书就不能毕业，不能毕业就会找不到好工作，找不到好工作就赚不了钱，赚不了钱就会没钱纳税，没钱纳税国家就难发工资给老师，老师领不到工资就会没心情教学，没心情教学就会影响我们祖国的未来，影响了祖国的未来，中国就难以腾飞，中华民族就会退化。

此段文字像叠罗汉一样，把努力从对个人、家庭的价值，一直叠加到教育和民族的振兴上去。不努力成绩上不去，挨骂，这些结论都可成立。但是被骂就会失去信心，以及信心与工作、工作与挣钱、挣钱与纳税、纳税与教师工资等的关系，都是一种或然而非必然的关系，或然的情形更是无法必然地造成后面的情形，因此这个推理存在严重的逻辑错误。让人惊讶的是，这位作者在一个个不能自洽的环节上不停地往后面推，结果推出了一堆笑话。

有一个比喻，说街上有一酗酒肇事的司机，被一个警察抓住，他不去抓这个司机本人，却听信辩护律师的深刻辩解，去追捕酒店老板，追捕酿酒的厂商，直至追捕一千年前第一个发明酿酒的人。这个比喻出自悉尼·胡克《含糊的历史遗产》。二十年前读此书，这一比喻，给我留下了鲜明的印象。此外还有一句大白话，很常识，却很扫兴，悉尼·胡克说："原因的原因的原因，就不是原因。"①

《阿Q正传》中的革命，最终演变成被革命的"赵太爷们"登上舞台，到尼姑庵去打砸抢一番，将最有革命需要的阿Q送上断头台，不就是原因的原因的原因的逻辑法推证出来的结果吗？"赵太爷们"利用手中权势，成功地将"革命"这个新词篡改成一个符合自己利益的标签；他们的手笔，与过去纳粹们的做法有得一比。

（七）说理的技巧

一次，学生就"理智与感情"进行话题作文。下面是摘录的语句（病句未经改动）：

（1）在历史的长河中，有多少英人豪杰热情而愤与奋啊！

（2）三闾大夫屈原，身怀大志，更不忍心山河破碎民不聊生，最后选择为国殉情，一跃而成千古绝作，无韵之离骚，这是爱情的结晶啊！

（3）爱迪生发明电灯，也是源于他对科学的情感，没有这情感，电灯就发明不了。

（4）洛杉矶抢银行的抢劫犯胁持一个孕妇，后来投降为孕妇接生。

（5）从楼上掉下一个婴儿，母亲接住了，一个最优秀的消防员都不能成功。

---

① 朱学勤.被遗忘与被批评的——朱学勤书话［M］.杭州：浙江人民出版社，1997.

（6）一只母鹿与一只小鹿在森林中玩耍，被猎人举抢（枪）射中，母鹿为庇护小鹿，向猎人走来，眼含悲伤。

这些句子，可以反映出学生思维的大问题：不理解所要讨论的概念"理智""感情""爱情"等，也不能从具体事例中抽象出概念。银行劫匪转而救孕妇，这是因为他对孕妇的怜悯战胜了他的残忍和贪婪，这是一种感情战胜了另一种感情；母亲接坠楼的婴儿，是母爱的感情战胜了一般的常识理性。

没有概念，就不能判断；没有判断，就无法推理。学生从小到大习惯了背标准答案，所以写作时，尽管根本不理解概念，为了凑字数，也就只好抓住这些自己都没搞清的概念胡套一气。

这是学生写应试议论文的一个致命之处。以2021年全国乙卷作文为例，尽管我指明可以用课文屈原和苏武的事例来论证，可是很多人还是不会用。因为他们不能理解扬雄所说的"修身""矫思""立义"这些概念的含义，他们没法在屈原、苏武的事例中抽取相对应的概念作为与题目所给材料形成联系的钩子，自然就没办法推出道理。课文选段渔父与屈原对话的内容，渔父要屈原"随其流而扬其波"，屈原偏要"众人皆醉而我独醒，举世混浊而我独清"，不向世俗之见投降，这就是"矫思"。苏武不接受卫律与李陵的劝降，不受爵位加身、马畜弥山的诱惑，也是矫思之举。至于"修身""立义"这些词，在部编版语文必修上册的经典文言文阅读《大学之道》等相关篇章，都有涉及。学生学经典而不能用，是因为没有真正理解经典，还不能用经典里的概念进行思维。

我主张学生作文少一点儿宣传性语言、宣传性道理，多一点儿人情语言和常情常理。例如有个学生写海口繁华的节日："街上的东西真多，而我身上只有10元钱。我家在农村，爹妈负担我读书都成问题，但我觉得我今天必须花这10元钱，才能对得起这座人人欢乐的城市，才能对得起这个伟大的2001年的元旦。"这样的语言很朴实，却自有朴实的力量。

讲道理，学生容易犯的错误是把道理讲得太大。真理都是平常的，使人感到亲切的。真理是委婉的，温和的，娓娓道来的。应该把真理推近一点儿，让读者能跟它握手并感到它的温热，而不应该把真理放到九霄云外去，让读者看不到、摸不着。作者没有必要骑在读者头上，老是板着一副威严面孔，满嘴训人口气。哲学家康德这样讲艰苦奋斗的道理："年轻人！你要放弃满足。生活情操上的这种节省由于推迟了享受，实际上使你更富有，哪怕你在生命的尽头通常要放弃对这些财富的使用。……奢侈就是一种不必要的浪费，它导致贫穷；放纵却是一种导致疾病的浪费，最终导致恶心。"一个大哲学家讲道理，并没有把道理讲得让我们摸不着头脑，而是从年轻人都懂的常识，从跟他们息息相关的常理出发，讲得朴素亲切，少了我们学生作文那种大喊大叫的腔调。

道理要尽量合情，唯有情理（即有情之理）才能打动人，情可以给道理增加无穷的魅力。一个 6 岁的小孩在校园里与同学打球，学校四周的街道都停满了车。由于用力过猛，球被扔到街上，这位小孩冲出去捡球，一辆车开过来把小孩轧死了。为了获得巨额赔款，你怎样讲道理？当代辩护大师梅尔温·贝利在 1975 年为这场交通事故辩护时所讲的道理如下：

（1）被告是有罪的。"陪审员先生们，你们碰到过一个小孩突然跑到你们面前的情况吗？""那你们把他轧死了吗？"你们知道留心小孩，你们倍加小心，因此速度适中，但被告并是不如此。

（2）孩子将来可能很有出息。可能是一名卡车司机或者其他普通劳动者，也有可能成为银行董事长，挣的钱跟代理被告的律师一样多；也许会成为一名医生，会在某个不幸的日子，站在一个你们心爱的人的身旁。尽管你们心爱的人已经奄奄一息，可他也许能成为万能的上帝的使者，把健康、力量和生命留给这个你心爱的人。

（3）与一匹标有 125.5 万美元价码的赛马比，这个小孩的生命是无价的。马死后能化为尘埃，小孩——一个灵魂升天的人，这个小孩的生命，是依上帝的样子造出来的，是被赐予了荣华的。

（4）在一个母亲的眼里，小孩是无价的。要是能够再一次走进小孩的房间，看到铺盖和睡衣都扔在地上，枕头由于睡过而变得七皱八皱，要是能够再一次整理小孩睡过的房间，哪怕是付一笔国王才付得起的赎金，要是可以的话，她也心甘情愿。

结果，此案受害者家属获赔 500 万美元①。

全面看问题，并不是像和事佬那样，说不偏不倚、不痛不痒的话。所谓用发展观来看待万物，就是用历史分析的办法得出结论。这里所说的历史，不是历史教科书、人类历史规律，而是事物本身的过程。

论据尽量真实和新鲜。别人可能用的，我们尽量不用。即使用了大家都熟悉的例子，也要有我们自己的角度，我们自己的看法。2000 年高考作文：答案是丰富多彩的。很多同学"一窝蜂"地去举以下例子：一堆沙+一堆沙=一堆沙；树上有七只鸟，一枪打过去，死了一只，问还剩几只。但有的同学用的是美国诺贝尔物理学奖得主孟尔曼教授引华盛顿大学物理学教授卡兰德的一篇名为《气压计的故事》的例子。教授的问题是：试证明怎么能够用一个气压计测定一栋楼的高度。学生答：①用一根绳子拴着气压计坠到楼的底层；②气压计坠下，用秒表记下坠落时间，楼高 $h = \frac{1}{2}gt^2$；③有太阳的日子，根据气压计的影子，测楼影的长度；④根据气压计在登楼时气压刻度的变化来测；⑤问本楼管理员，许以送气压计给他②。这样的例子就要好得多。

（八）诗歌的发现与创造

女儿 7 岁时，某次在海边游泳，与另一个玩伴在沙滩上相互追逐，很是开心。海浪一波一波涌来，在沙滩上留下一点儿痕迹后，又匆匆忙忙退到海里。女儿边跑边喊："看啊！大海在翻跟头，大海在翻跟头！"旁人都没注意这两个忘情的孩子，但我注意到了，并把女儿的话记在心里。回家后我对女儿说："你应该把今天的事情写下来，而且要写成诗。"女儿说："我不会写诗。"我说："你会写诗，你今天就说出了一句很漂亮的诗。来，爸爸跟你一起来写诗。"这首诗是这样写的：

大　海

大海在翻跟头/翻不过海岸/又跌倒在自己的海里

---

① （美）梅尔温·贝利. 当代辩护大师梅尔温·贝利的辩护经典. [J] 读者, 1998 (20).
② （美）盖尔曼. 夸克与美洲豹——简单性和复杂性的奇遇. [M]. 长沙：湖南科学技术出版社. 1998.

　　大海好蓝啊/蓝得像天/海上有船/像弯弯的月牙

　　大海想跑上岸来咬我们/大海本来是不咬人的/是风追得它没有办法/难道风是海的老大吗

　　在文学创作中，生活永远是母亲，小说、散文、诗歌永远是这位母亲用乳汁哺育出来的三个孩子。没有生活的诗歌，就可能是一个营养不良的孩子，甚至还可能是个怪胎。

　　一个对大海没有亲身生活体验的孩子去写一篇关于大海的诗歌，她也可能写得出来。因为她虽然没有去体验过海，但可能在电视里，在书本上看过读过海。但是亲身体验海，与通过电视和书本读海，有本质的不同。原生态的海，人投入其中，可以产生无穷的意义联系；被电视机镜头或作者分析肢解了的海，海的意义只剩下被镜头和文字抽取出来的有限的部分。人与海的关系，前者是生活与生存的关系，后者是了解与被了解的关系。按照亲身体验来写海，才可能写出自己眼中独特的海；但如果按照间接了解到的海去写海，写来写去都是别人的角度，鹦鹉学舌，永远写不出新意。普希金写过《致大海》，那是他在流放生活中体会到的大海，大海在他那里象征自由。但在一个小孩子的眼中，大海纯粹就是一个追她的玩伴儿。女儿如果照普希金那样去写海，模仿得再好也不值一提。

　　文学最忌讳矫情和虚伪。模仿别人，模仿文字，永远都只是别人的翻版；相反，如果模仿的是生活，才能写出真实的自己，写出自己的个性来。这个自己，这个个性，在文学特别是在诗歌里，可以说是无比重要。

　　一个作家，一个诗人，早年可能受了很多磨难，他们的早期作品，往往就写这种早年的生活，引起了轰动。等到成名成家之后，生活就变成了文人圈子里的交际和应酬，或者变成了在舒适的书斋闭门读书，生活浮躁了，也狭隘了，渐渐写不出好东西了。这个时候，他们往往求助于别人的作品，想从阅读中获得写作的灵感。这个时候的作品，技巧可能更成熟了，但早已没有了生活气息，往往中气不足。文字缺了营养，就像在肥力不够的土壤里用高效化肥催生出来的庄稼，籽粒不饱满，也缺乏土生土长的那种清香。著名诗人曾卓在他的晚年曾谈到他往往靠读别人的作品来培养自己的诗情。我觉得一个人的诗情如果到了要靠别人的诗作来激发的程度，这可能不是可喜的现象，而恰恰是创作力衰老退化的表现。因为我觉得，真正的诗情是一个人丰满的生活赐予的，而不应该建立在别人的作品之上。要培养对于爱情的感觉，是借助别人的爱情诗来激发，还是去找一个心爱的人真正谈一场恋爱好呢？很显然，只读爱情诗，是培养不出一个优秀的爱情诗人的。

生活对于一个写作者无比重要。一个初学写诗的人，最好去写自己的生活，从生活中发现诗歌，然后创造出自己的诗歌。从别人的诗歌中发现诗歌，将别人的诗歌变一下面孔，写进自己的诗歌中，是写诗的大忌。

还是罗丹那句老话："生活中处处有美。对于我们的眼睛，不是缺少美，而是缺少发现。"

南头中学离宝安国际机场很近，每天都有大量的民航飞机飞越校园上空往东而去。这些日子秋天临近，天气转凉，学生上课间操的时候，有一群一群的雁阵，排成"人"字形向南疾飞。每当飞机带着轰鸣声缓慢飞过头顶，每当看到雁阵出现在校园的上空，我总感到苍凉。

下面是我根据这个情景写的一首诗：

南　头

我现在的位置是南头/鹏鸟落下或者起飞的地方/再往南/可能就是庄子的南溟/我以一米七零的身高在这里仰望高天/常常被大鹏九万里的壮志感动

时值秋天 南头的天空变得慈祥/她俯身告诉我：/天已凉/莫忘添衣裳/雁南飞/莫问归不归/游子啊！请用你的雄心和梦想征服你的乡愁

我现在在南头/面对梦想背对故乡/秋天穿过一颗英雄的热泪/登上南头古城墙/授予我台风和征途/北辰及铠甲

这首诗如果还算得上是诗，它应该是我对来南头中学当老师的这段生活经历的整理。小时候看过一部电影，叫《雁南飞》，大概情节是一个伤兵被一个独身的妇女救出来，养好了伤，最后忍痛割断了两人在患难中产生的爱情，回到自己的部队去冲锋陷阵。那首主题歌的歌词我还记得这么几句："雁南飞，雁南飞，雁叫声声心欲碎，欲盼春来归。"这是一首英雄加美人的悲歌，荡气回肠，十分感人。沈从文曾经说过："一个壮士要么战死沙场，要么回到故乡。"这个伤兵本来可以在他养伤的妇女那里找到自己的故乡的，但他选择了具有战死风险的沙场。这就是一个男人骨子里面的东西：从原始社会开始，男人们就外出狩猎，女人们在家附近采集果实；男人们外出闯荡世界，女人们在家等待，等待男人们的伤口，也等待男人们的荣耀。

有一年南头中学招聘了二三十名教师，他们大多数是身有家室、背井离乡的，他们的原型就是那些带着弓箭外出狩猎的原始猎人，就是电影《雁南飞》里面的伤兵，他们骨子里是有些英雄气概的。能够在三四十岁的时候离开家乡的"安乐窝"来南头，确实要割舍很多东西，要割舍就有痛，能忍痛前行，义无反顾的，就是英雄。我刚才说看大雁看出了苍凉，这种苍凉，说到底是一个志士的苍凉，一个英雄的苍凉，不仅仅是我一个人的感觉，而且是所有浪迹天涯、胸怀大志的异乡人的感受。

我认为这些想法是深圳这座移民城市给我的，是南头中学的生活经历给我的。我在这样的生活中发现了诗歌。但是，光凭天空上的几架飞机、几行雁阵，我还不能写诗。我就在上述意念的指引下，去搜寻我记忆和感受里的其他东西，于是我还找到了南头的别名叫"鹏城"，意思是大鹏聚集的地方；找到了南头南边的海，我把它叫作庄子的南溟；找到了南头的古老城墙，找到了夜空晴朗时的北极星，找到了当时的台风天气。这些都是我在南头生活中，实实在在经历的事物。它们的寓意，都跟英雄和壮志的主题相关。然后我把这些意象和情景按照我这首诗歌主题表达的需要，分别写进诗句和诗段里，一首诗就这样写成了。

我这首诗，是从我的切身生活里发现的诗，而不是从别人的诗歌里发现的诗，尽管它写得并不好，但至少不是在重复别人的意象，也不是在重复别人的主题。如果别人再像我这样写，就是没出息的表现。我也不是在重复我自己。我以前也写过想念故乡的诗歌，但我没有把英雄的情怀和思乡结合起来写，在以往的诗歌中，也从来没有使用过"大鹏""北辰""南溟""雁南飞"这样的意象，对于我的诗歌创作来说，它是一首超越我以前作品的诗。我希望用这样一个例子，能够说明一个写诗的人，从生活中发现诗歌的重要性。

你可能说你的生活太平常了，找不到诗。我说不怕找不到，就怕你不去找。有些时候你找到了，但你不去写，懒得动笔，结果这些生活中的诗，就白白地被你随手扔掉了。

提倡从生活中发现诗，把生活中鲜活的内容写进诗里，并不等于说不对生活进行改造，把生活中的一切原封不动地搬进诗歌。生活是琐碎的、散乱的、无序的。要写进诗歌，就要有所取舍；粗糙的地方，还要打磨；不合尺度的地方，要改造和虚构。

衡量一首诗歌写得好不好，有没有创造性，想象和联想是一个很重要的指标。诗人往往就是通过这种方法，对进入到他情感和心灵的生活，进行重组和再度创造，从而用诗歌的语言向我们传递一种震撼和感动。莫里斯·梅特克林是比利时的剧作家、诗人、散文家，1911 年获得诺贝尔文学奖，他有一首诗叫《歌》：

> 人们杀死了三个妙龄少女，/要看看有些什么在她们心里。
>
> 第一个少女满溢着欢欣和幸福，/在她的鲜血流到的地方，/整整三年，三条蛇载歌载舞。
>
> 第二个少女充满甘美的仁慈，/在她的鲜血流到的地方，/三只羊羔整整三年都有青草吃。
>
> 第三个少女充满痛苦和忧伤，/在她的鲜血流到的地方，/整整三年，三个天使在那儿守望。

这首诗里写的三个姑娘的生活原型我们现在已经不得而知了。在诗歌中，他写的是想象，绝对不是真实的生活，但诗歌照样很感人，因为他用了不同凡响的想象：大胆想象三个少女死后三年的不同情境，写出了女孩耀眼而动人的光辉。对于一个女孩死后三年的情景，元朝戏剧家关汉卿的想象有所不同：在《窦娥冤》中，窦娥接受行刑后，血溅白练，六月飞雪；窦娥所在的家乡，在她死后大旱三年。我不知道梅特克林写这首诗是否受到关汉卿的影响，因为他们都是剧作家；但是不管受不受别人的影响，梅特克林的想象有梅特克林生活的和民族的个性：作为西方人的梅特克林，他的取象多沿自西方宗教经典里的蛇、天使和羔羊，其中羔羊的取象显然反映出游牧文明的特点。而作为农耕文明的作家关汉卿，他的想象离不开"民以食为天"的天气。也就是说，即使是写想象，也带着民族生活的特点，他们不可能脱离各自的文化和生活。正因为他们的想象有各自民族的和生活的烙印，他们的作品才都能成为世界文化长廊里的珍品。

鲁迅在谈到阿 Q 时曾说，他塑造典型人物，没有专用过一个人，往往嘴在浙江，脸在北京，衣在山西，是一个拼凑起来的角色。诗歌创作也可以参考这样一种手法。只不过诗歌选用的，是不同时间、地点发生的情绪和感触，在不同时间地点接触到的留下了印象的情景。诗歌作者把这些东西，通过想象和联想，用一条主导性的情绪，把它们串起来，形成一个气韵生动的整体，这就成为一首创作的诗而不是一堆拼凑的字了。

（九）散文的使命

散文中的史学与诗学

文字产生之前，人类用结绳记事的方法对抗遗忘。由此推知，替代结绳的文字最原始的功能应该是记事。记事出自人的现实需要，它固化了个人和群体的记忆，成为经验和知识的基础。记事能够揭开人类认识可及的世界明亮的一面，构成智性的世界；文字不仅能书写冷冰冰的智性世界，还能表达人类对世界的明暗部分的情绪和情感等主观倾向，这就是文字的抒情功能。

笼统地说，人类记事的需要催生史学，抒情的需要催生文学尤其是诗。"断竹，续竹，飞土，逐肉。"——据说这是中华民族最早的诗歌，两字节拍，且有韵脚，有诗歌的节奏和韵律之美。但该诗的文字信息十分有限，谁在断续飞逐，为什么会有这些动作，他究竟是在打猎还是在做其他事情，仅据这短短的八字我们无从知晓。史学解决了我们的困惑。汉朝赵晔写的《吴越春秋·勾践阴谋外传》中载：范蠡向勾践推荐的勇士陈音论及弓弩的产生，认为"古者人民朴质，饥食鸟兽，渴饮雾露，死则裹以白茅，投于中野。有孝子不忍见父母为禽兽所食，故作弹以守之，绝鸟兽之害，故歌曰'断竹，续竹，飞土，逐肉'之谓也。"[①] 由此可见，诗歌将文字融入音乐的节奏和韵律中，它的抒情天职往往是以记事功能的削弱甚至丧失为代价的，

---

① （东汉）赵晔. 吴越春秋 [M]. 长沙：岳麓书社，2020.

诗歌的这个短处需要史学的记事来补足。

史学书写的一般是人类社会中重大事件、重要人物的客观真实，文学则书写个人特别是小人物的经验和命运。史学与文学的界限有时并不清晰，当史学通过个体去写重大历史事件时，就形成了如司马迁《史记》中形成的"本纪""列传"的体例，文学史家不把它们看成纯粹的史学，而认为是历史散文或传记文学的滥觞。这种散文技法无疑携带了史学中追求真实的优良品性，而被当作史笔的写法被散文借鉴和传承下来，以中和诗歌写实之拙、抒情之过。

由孔子编订的中国最早的诗歌总集《诗经》有"赋、比、兴"的创作传统，"赋"即敷陈其事。魏晋时期的文论家挚虞认为，"赋"（特别是汉赋）以"事形为本"而不以"情义为主"。赋事写动态的过程，赋形则写静态的形貌。诗歌也有记事，从楚辞到汉赋再到魏晋五言诗，记事似有扩展之势，不过赋的主要表现还在静态的状貌，动态写事虽见于《孔雀东南飞》《木兰辞》那样的叙事诗中，但在中国诗歌史上不是普遍现象。中国诗歌传统中的叙事，较之于散文和史学的史笔叙事，还是有较大的差别，散文与诗歌在记事功能上的界限还是很明显的。当诗歌大量引入叙事时，它就必须破坏韵律和句式的规矩，从而向散文靠近。从诗歌蜕变而来的汉赋，不仅是句式、韵律等语言形式的变化，更是语言功能由抒情向记事和描写的扩张，是诗歌的散文化倾向。

史笔的重要标志是避免作者主观情感的介入，司马迁却一反这一传统，在史实后面加上"太史公曰"，对人物事件进行评价，而且有时毫不掩饰自己的情感倾向。写传记人物时，如写项羽被困，四面楚歌，他虽是冷静叙事，却也不惜笔墨渲染虞姬、项羽的生离死别。用抒情的笔法写史就是史诗，所以鲁迅评《史记》为"史家之绝唱，无韵之离骚"。史笔与诗融合，或成史迁散文，或成荷马史诗，都是诗史联姻的产物。

中国散文不仅从史学中获得营养，形成了个体书写之真，而且与诗有着不可分割的血缘。除了在辞赋中有非常明显的表现外，在游记、随笔、小品等散文样式中，也可找到诗歌的形影。这就决定了散文中的史笔，不是历史的纯客观再现，而是写意性的表现；散文的记事状貌，不求穷根究底，而讲究个人视角，截取断面，点到即止，留有空白和余地。中国作家的记事状物，句子内部、句子之间的节奏和韵律可能会因为记事的加入而冲淡和松弛，但叙事过程仍然带有诗歌的节奏韵律和强烈的抒情气质。苏轼的《赤壁赋》本来是篇游记，时间、地点、人物、事件交代清楚，却不写游踪和具体景点，着力点在游览之乐、乐甚生悲、悲极而思、思通而喜、超脱大醉的感情变化过程，赏月、诵诗、饮酒、吹箫、对话等事件在个体的情绪中展开，这就是诗歌的写法。诗歌的节奏和韵律主要不是以句子而是以语义语段为单位，从而形成一曲多维复调的宏大交响。

古往今来，写泰山的散文不计其数，于史于诗之间取法精当者，方称翘楚。张岱于正统文学史中没有记载的《岱志》，我认为是需重新估价的佳篇。牙家出迎之礼，纳税之规，香客投钱祈福之盛，以及乞丐者持筐为利、进香者勒石为名……众生之相，呼之欲出，此为史笔之现在时。又引《水经注》"赤眉斫柏"事写汉柏，引《史记》"秦皇封禅"事写"大夫松"，引"焚书坑儒"事写无字碑，此史笔以过去时证现在时也。初登泰山遇雾，于是再宿一晚非要看个明白，破了千年朝山惯例。"入山路，如遇熟友，一看而馋，再看而饱"。见泰山绝顶大观而喜，思应劭登顶可望吴门之说为骗人之语，为卑官冷局入不了大老当道的高文典册而不平……①这就是诗兴。作者自称此文为快心之作，信乎！其状写之真，遣兴之畅，求思之深，可谓深得史笔诗笔运化之妙，游记之中，似无出其右者。

由此观之，优秀的传统散文与史和诗都有交集，是介于史与诗之间的一种文学体裁。

散文之真实与小说之虚构

小说的虚构似乎分为无意和有意两种。无意虚构多见于人类无法通过感知和理性见证和推证，而只好通过想象去描绘、理解和解释的神话传说。有意虚构可能是毫无现实根据的凭空想象，或是以真实的时、地、人、事为蓝本故意将其隐藏、打乱或错接的创作方法。

作家的有意虚构或出于对虚拟世界的虔信，或出于对情感意旨的凸显，或出于对现实世界的象征指涉或暗中影射，以回避行文可能引发的人际关系

---

① （明）张岱. 张岱诗文集（增订本）［M］. 上海：上海古籍出版社，2014.

的争执和纠纷，也可规避权要的迫害。

古代作家的有意虚构以对某些真实要素的虚化换得言说的自由，似乎是作者不得已而为之。在写下"清风不识字，何必乱翻书"就获死罪的荒唐年代，知识分子的史笔已被清廷夺回，专门用于制造"文字狱"和篡改历史，谁还敢去面对真实和真相呢？能担此重任者似乎只有小说家了。读者并不需要越过多少障碍就可从小说中读到史学的真实，这也许是在中国历史最为黑暗的明清史学消失而小说盛行的一个原因。这个时代的小说家一方面或假前朝之名写当朝之态，或借神话为凭写人间之象；另一方面尽情利用虚构带来的自由驰骋笔墨，写尽林林总总的世态，芸芸众生的世相。换句话说，就是在虚构的小说中去写真实或真相。小说家的虚构只是一个借口，他的真正目的和使命是在还原被歪曲的历史和现实。小说中的这种史笔手法因为过于真实，遭到当权者的嫉恨。因此曹雪芹的《红楼梦》虽假托女娲炼石补天遗漏在大荒山无稽崖下的一块石头展开叙述，但清廷统治者还是读到了对自己的影射而将其列为禁书。

于是我们在文学史上发现了一个有趣的现象，即讲究虚构的小说，却有意放下了虚构的权力而朝史学的真实靠近，走上了以追求真实为己任的散文的道路，这就是小说的散文化倾向。

汪曾祺在谈短篇小说的《思想·语言·结构》一文中指出，小说的散文化是一种（不是唯一的）趋势。"十九世纪的小说供人娱乐，故多戏剧性的情节，二十世纪的小说引人思索，不太重视情节、故事。二十世纪的小说强调真实，故事过于离奇就显得不太真实。"这个观点，在他的另一篇文章《小说的散文化》中有专门论述，他认为小说的散文化具体表现为：不写重大题材，不过分刻画人物，结构松散，不重情节更重意境，潜心于语言[1]。汪老所说的小说对题材、人物、情节（事件）等进行散文化的处理，其背后的动机还在于恢复人事的真实性。

从中国小说发展历程考察，从古代神话到南北朝的志怪小说，再到唐宋传奇小说和元杂剧、明清的某些章回体小说，似乎都追求情节的曲折离奇，引人入胜；人物的神乎其神，奇迹非凡。《红楼梦》以及清朝末年的官场小

---

[1] 汪曾祺. 汪曾祺全集 [M]. 北京：人民文学出版社，2019.

说似乎从传奇性和戏剧性的云端走了下来，而回到了活生生的现实，投向了史笔的怀抱。到了现代，沈从文在一篇创作《我怎么就写起小说来》中说到自己由写旧体诗词转向小说创作时认为，自己的小说是"写实小说"。而当代作家陈忠实在其代表作《白鹿原》的扉页上更是表明："小说是一个民族的秘史。"秘史者，于史无见的事实也。小说是正史没有的，从某种意义上来说是比正史更重要、更真实的历史。于是，小说与散文走到了同一条书写真实的道路上。

散文的使命：找回个体的真相

诗歌的哀叹似乎难以让迷失的人们走出困境，人类需要借助文学的镜子重新找回自身。视真实为命的散文，至少可以担起其中的部分责任。

人类的真知来源于所掌握的真实及正确的逻辑。错误的信息必导致错误的判断和推理，而错误的逻辑即使在处理真实的信息时，也终将导出谬误。优秀的作家不仅要恢复被扰乱、被蒙蔽或被忽略的真相，而且要矫正错误的逻辑，于是就形成了散文中以记叙为主的写实散文和以说理为主的思想随笔这两个比较重要的分流。

以史笔写散文，典型者如张中行，在其自传体散文《流年碎影·住笔小记》中，他说："绘影，纵使碎，也终归是史，加上流年，时间拉长，史的意义会更大。自然，人有大小，事有大小，我的，人和事，都小而不大，但是江海不择细流，为史部的库藏设想，作为史料，多一些总比少一些好吧？"他倡导写作时的理性，认为找到人人都首肯的理不容易，除了对原料要"多见多闻并比较"外，"还要一，自己多有求是求好的深情；二，多读，看看古今中外的圣哲对于修齐治平等大问题是怎样想的。这多种'多'的积聚，融合，会产生言之成理的一以贯之，以之为标准评论事物的是非好坏，而不管传统，不管权威，就是信任自己的理性"①。

尊重事实，独立观察，再加上独立思考得来的理性的个人经验，就是我们经常说到的良知。"良知"一词来自王阳明的心学。王阳明主张人人皆可成圣，强调个体验证和个体经验的重要性，以内心的正确感知即良心作为行

① 张中行. 流年碎影 [M]. 北京：北方文艺出版社，2012.

为的驱动力，做到知行合一，是对长期偏离人性轨道主张"存天理，灭人欲"的程朱理学的反对。一个作家什么都可失去，唯独不能丢失良心与良知。众人皆醉我独醒是良知，我醒了还要将铁屋子里沉睡的人们都喊醒更是良知。喊不醒沉睡的人们，愤而砸铁屋子的人，则是这个民族的脊梁。

时代和存在从来就不仅仅是江海这样的大词，更重要的是涓涓细流和一瓢之饮，因为唯有它们，才构成了江海在人类命运中的细节及来源。个人的认知能力有限，如果不能窥得江海的全貌，能够将细流和自己面前的水滴看清楚则有可能；不仅可能，而且还是认识江海全貌的基础。局部和细节的真实多了，综合起来就是事物的全貌。这就是中国古人说的"见一叶落而知天下之秋""尝一脔肉，而知一鼎之味，一镬之调"。

散文在抒情的强度方面不及诗歌，在记事的广度方面不如小说，但它可以综合诗歌和小说各自的长处，形成自己的特色：让诗歌的抒情性退为背景音乐，将语言的节奏慢下来；不能像小说那样展现全景，就攫取一个断面，以个人的视角，散点式地叙写细节的和局部的真实。郁达夫写《故都的秋》，不写陶然亭的芦花、钓鱼台的柳影，而是写一个人租了一椽破屋，在院子里泡一碗浓茶，看天色、听鸽鸣、赏日光秋花。北平的秋天，不能代表故都之秋的全部。散文像是没有公共导游的私游，它从不放弃自己作为见证者的角色和责任。因此它总是避免重复导游为了商业目的编造的口号和故事，而写自己所见所闻所感的个人经验和体验。

王阳明某日在杭州西湖一寺庙见一不言不视、已坐关三年的和尚。先生喝之曰："这和尚终日口巴巴说什么，终日眼睁睁看甚么！"僧惊起，开视与先生对语。先生问其家，对曰："有母在。"曰："起念否？"对曰："不能不起。"先生即以爱亲本性晓谕之，僧涕泣谢，第二天就离开了寺庙①。

在个体的良知的感召下以个人的视角找回个体与世界的真相，这就是散文的使命。

（十）自然作文案例：春游佳西

2001 年暮春的一个周末，我带着当时我任教的高一（2）班 58 名学生，

---

① 转引自牟宗三. 牟宗三先生全集 [M]. 长春：吉林出版集团有限公司，2003.

开始了浩浩荡荡的佳西之行。车至新王希望小学，先去邻近的黎寨采风，然后借了锅碗，徒步行至满是乱石的红水河野炊，下午爬山，晚七时回城。由于组织严密，我们不仅平安无事，而且收获多多。我们为这个名不见经传的地方所深藏不露的贫穷落后与奇山异水所震撼，回校后余意未尽，纷然有得，收诗文58篇（首）。身为语文教师，我掂量着沉甸甸的稿子，仿佛攥着一叠大钞，心花怒放；感慨系之，亦得诗三首。所有诗文，均由作者工整誊抄，装订成册，附彩照数张，交班长妥为珍藏，以供几十年后我们师生白发苍苍重新聚首之时忆旧所用。

这些挑选出来的篇章，文笔还不成熟，但作为一种尝试，它至少让我坚信：语文课绝不仅只有一本教材、一本教参、一张讲桌、一间教室；与我们久违的美丽山水与人文，其实蕴含着极其丰富和珍贵的教学资源。那里有我们不敢奢望的诗歌，有课堂语境所无法造就的灵性与真趣。卞之琳回忆徐志摩上课，说他有时干脆把学生带出室外，杂乱地躺坐于青草坡上，听小桥流水，看群莺乱飞，学生随他遨游诗国。这种方式，实在不该是徐志摩先生的专利，而早该借来为我所用了。

附：佳西之行之诗文数篇①：

和春天一道出行/于元林

一条飘飞的路系在大山的纵深/春天的纵深 /58位少男少女/一路摇响如春衣的环佩

58颗音符飞越/低沉的原野/浑厚的丛林/在春天粉嫩的指尖/圆润如晴空的颂词

58只童话的小鸟着上凡装/从天而降/春天的河床/可供濯足的溪水只有三岁/而我是童话中的国王

我管辖不了的地方/溪水的源头　石头的前身/58只美丽的蝴蝶/正和春天一道仔细寻找

---

① 所录作文作者为海南省乐东县乐东中学2004届高一（2）班师生。

赞美佳西/于元林

赞美泉水：石缝的音乐/散装的山风/春天的留言/在一朵花中醒来是圣露/在一双眼中醒来是泪水/在一颗心中醒来是爱情/在一只杯中醒来是美酒/透明纯净 穿身过去/就是前花园与玫瑰门

赞美高山：借你的高度/最高峰的那棵树/终于看到了人类的异乡与故乡

高山流水/纪明航

从巍峨的山脚流过/低吟一首千锤百炼的歌/溪中的石头是你的鼓/风儿吹过/两岸的树木为你伴唱

为石头解渴/清晨流过/黄昏流过/一年又一年/你始终唱着告别的歌

红水河寻梦/钟如家

默默的河谷静落着/不知从哪里飞来的河石/醉饮清泉的河石/在红水河的传说中/美丽而悲伤

不要欢呼/不要歌唱/幽幽的河谷/红水河的千年沉梦/不该被惊醒

佳西记行/关万获

喧嚣的城市中，已很难找到几处美丽的山水了；而美丽的山水中，也很难找到没有被众多足迹践踏和污染的清纯和宁静了。位于乐东县城北边十几公里处的佳西石林，却是少见的世外桃源，几乎可以和陶渊明笔下的桃花源平分秋色。带着几分倾慕和期盼，我们高一（2）班的同学告别新王希望小学后，走进了佳西，它为我们洗去了一身风尘。我们到了这里，仿佛刘姥姥走进大观园，感觉所有的一切，都十分新鲜。

环山皆竹也。几十亩翠绿的青竹撒在几个山头，形成一片蔚为壮观的竹海，伴着山下红水河淙淙的仿佛克莱德曼琴键下流出的名曲，又像肖邦指下跳跃着的欢快的玛祖卡一样的流水声，在山头不知疲倦地跳起了"伦巴""探戈""快三""慢四"……

山下，那些形态各异的大石头在河里游啊游，却怎么也游不动，也许是被那些妒忌它们的神仙点了穴，或是被用了"定身法"吧！要不然，它们为何年复一年地在河里待着呢？清澈见底的河水总伴着这些奇石，形成一道绝妙的风景，让人恋恋不舍。我们索性脱下鞋袜卷起裤管，坐在一块块大石头上，将脚浸在河水之中，冰凉的触觉顿时将炎热驱赶得无影无踪。

河边，那些"伙头军"已煮好了稀饭，还不见那些"秀才"回来。于是，于老师就自告奋勇地去叫那些"沉醉不知归路"的同学，其实他是"醉翁之意不在酒，在乎山水之间也"。谁知，那些同学回来之后，一番狼吞虎咽、风卷残云，就把锅刮了个精光，只剩下于老师在旁边唱"单身情歌"吞口水，可惜啊！可惜于老师的血汗"付诸东流"了。

吃饱喝足之后，我们还登上了河边的那座小山。在山顶上，稍有文墨的同学还发出了"无限风光在险峰"的感慨。这时，若是换成李白、欧阳修或是陶渊明，则我们心中所有莫名的感动，定能撰成传世之作。

我们总想追求一种轰轰烈烈的生活，总渴望脚踏上一块不同寻常的土地，头顶一片不同寻常的天空，为何偏偏淡忘了自己脚下这方虽贫瘠但足以让我们生根发芽的土地，淡忘了自己头顶这片虽狭小但足以让我们自由翱翔的天空？所以，我们要好好保护没有被众多足迹践踏和污染的佳西，让佳西容光焕发、春风满面地屹立在21世纪里。

（十一）日记写作案例：修身

周末登南山，于北山脚下遇老张。登十级而一见如故，登三十级而相见恨晚。至四十级，我们已经把话题深入到人生的层次上了。

相比于周围人的倦怠、浮躁和惶惑，老张真正做到了"四十而不惑"。

他在满四十那年，忽觉人生短暂，黄土已经埋到了肚脐，于是制定了一个后半生的计划。这计划不是存钱，而是修身。

老张平时事务缠身，时时处于献身状态，经常为了"大我"，弄丢了"小我"。老张的办法是，一有空闲，就在手机的备忘录上记录一天的事项，一日几省吾身，择善而从之，择不善而改之。

我有一个担心，说："万一你的手机被盗了咋办？"老张笑曰："我记录的东西，上对得起天，下对得起地，关键是对得起我自己，即使丢了，又有何妨？"我一想，也对，这老张既不是领导，又不是名人，没什么卖点。

老张怕我不信，给我看他的备忘录。"晨起晚半小时，对晨光朗读德兰修女获诺贝尔和平奖演说词。上午在中山公园湖边垂钓，得鱼五条，后放归湖中。下午锻炼，沿公园慢跑三圈，于西门的小池看莲。莲五朵，均含苞未开，疑为睡莲。池旁亭下，躺卧一女疯子。前日曾见她在垃圾桶里找食，食残剩的荔枝。遂问饿不饿，会不会用钱，女疯子气愤不平，以背相对，不发一言。去邻近小店买一袋饼干，放置其前。夜，默读德兰修女获诺贝尔和平奖演说词，默诵其句：让我们以微笑相见，因为微笑是爱的开端。"

老张说："这就是昨天的事。站在今天回头默想，这个周六确实没有虚度。因为生命有了内涵，不再是一个空壳。如果站得更远，如十年后的今天，再去回望，这些往事因为时光的发酵，会显得更加韵味绵长。"

说到此，我们快到南山之巅。其上有一亭，有对联曰："藏山事业三千牍，住事神明五百年。"老张连忙往备忘录里打字。他摇头吟味再三，转头对我说："咱是小百姓，不能做藏山的大事业，只能做一些对得起神明的小事情。不能流传五百年，只希望死后开几朵墓地黄花，以对得起埋我的那一把泥土。人生一辈子，匆忙几十年，我的梦想很小，只想活出一个真真切切的小我来。"

老张敞开了衣服的领子，胸膛对着清冽的山风和茫无际涯的城市。我突然觉得山路把我们举得很高；老张所在的位置，尤其离城市很远，离白云很近。

（十二）思辨作文案例：概念的提取和判断

议论文写作的难点，是如何把一个事实抽象为一个概念。将事实抽象为概念的过程，就是把该事实与其他事实进行合并，确定这些事实类属的过程，然后才能用该类属的一般原则对其进行判断和推理。

妻子睡懒觉，丈夫打了妻子。丈夫认为妻子睡懒觉破坏了生产，妻子认为丈夫打人的行为侵犯了女人的平等权利。"破坏"与"侵犯"，分别是夫妻对于对方行为的概念归属。他们把对方的具体行为归属为一个抽象的概念时，就有了与同类型的其他行为进行比较并定性的前提，从而形成是非和正误的判断。丈夫从妻子睡懒觉耽误生产的后果，联想到其他人如故意破坏农具从而耽误生产的事件，就将两件事的共同点"破坏"提取出来描述妻子的行为属性。"侵犯"显然是成立的，而"睡懒觉就是破坏"显然是站不住脚的。从主观上说，妻子睡懒觉不是对生产的蓄意破坏；从客观上讲，并非故意的睡懒觉有时不仅不会破坏生产，而且休息好了，才更有精力去促进生产。所以丈夫认识的错误，就是从事实提取概念的错误。在这个过程中，事实的概念提取为是非判断，然后才能进行下一步的正误判断。所以概念的归属和提取，是跟判断联系在一起的。

一般来说，没有类属的概念，作文就无法有更高远的立意，也不能对个体事件进行评判，自然也不能推出一般性的道理。这是学生写评判类材料作文必须突破的"瓶颈"。以下面一则材料作文为例：

哈尔滨研究生争当环卫工

2日早上7点，孙某和其他进入面试的考生一样早早来到了哈尔滨技师学院，等待将要进行的面试。孙某是毕业于哈市某著名高校哲学专业的一名研究生，看到这次公开招聘事业编制环卫工人的考试后，她毫不犹豫地报了名，吸引她的就是"事业编"这三个字。孙某告诉记者，自己从前并没有想过，念了四年的本科和三年研究生后，要来做一名环卫工人。但是随着年龄的不断增长，换过的几份工作也都不是很稳定，如今她已结婚，她现在的想法就是要找一份有编制的稳定工作。

学生要将"研究生"抽象为"年轻人"，将"争当环卫工"抽象为"职业选择"，才能将这个个体事件上升为一种群体现象来加以认识和评判，立意才能站在一个更加高远的基点上来展开。即使是就事论事，如认为"研究生可以当环卫工人"，当学生往下深挖其中的原因时，如果说出"人的幸福要有职业的保障"来支撑他的判断，这个原因的表述里的"人"是对"研究生"的抽象，"职业的保障"是对"当环卫工人"的抽象，也无一不用到抽象的概念及其建立的联系来说理推证。

可见，概念是由此及彼、由表及里的思维媒介。如果作文所给材料是个体事件，则要联想类似的其他个体事件找出类属的概念，这是从特殊到一般的思维过程；如果所给的是抽象概念，则要从一般到特殊寻找类属的个体事件加以印证或反证。

朱光潜认为："意识到人性的尊严而自尊，意识到自我的渺小而自谦，自尊与自谦合二为一，于是法行天健，自强不息。"如果将这个观点作为材料设题作文，其中最关键的两个概念就是"自尊"和"自谦"。在朱光潜看来，人的尊严是一种人性，意即尊严是人之为人的属性。要理解"尊严"这个概念，我们就要去寻找生活或者书本中的个体事件来印证。孟子曾举一例："一箪食，一豆羹，得之则生，弗得则死。嘑尔而与之，行道之人弗受；蹴尔而与之，乞人不屑也。"行人和乞丐之所以"不受""不屑"侮辱性的施舍，就是因为有人的尊严，这是人区别于动物的最明显的标志，因此是人的本质属性，即孟子所说的"本心"。人对于自己尊严的确认和捍卫就是自尊。这样以个体事件来阐述抽象的概念，才会将其解释得明白和透彻。

父亲边开车边打电话，女儿劝说无果后，打电话向交警举报。要评价女儿的行为，就要有一个抽象的概念来界定它。假设我们使用"义"这个概念，可能产生两种截然不同的看法：女儿是不义的或者女儿是大义灭亲的。"义"的含义都一样，都是指合宜的行为；但一个是家庭伦理范畴的"义"，一个是社会范畴的"义"，两个概念的外延不一样，会导致判断的天渊之别。因此要对具体事实做出清晰的判断，用来判断的概念本身的内涵和外延则要清晰。而思辨过程是否具有逻辑力量，对概念的明确界定至为关键。

有了明晰的概念，就可以进行推理了。女儿举报父亲这样的事情值不值得提倡？鼓励女儿举报父亲，就是以牺牲家庭私义为代价维护社会公义，这个代价不管是女儿的人格代价还是家庭关系恶化的代价，都实在是太大了；推而广之，如果这样的事情多起来，其所造成的社会成本，估计要高过交通事故，因此不能鼓励和提倡。这样的推论，是建立在对"义"这个概念的外延的清晰界定上。

推理是得出结论的过程。推理要以概念和判断为基础，否则即使逻辑形式无误，概念和判断错了，结论也只能是谬误。

在人们的观念里，概念不是孤立的和零碎的，它往往以常识常理的形式存在。一个人平时所积累的价值观念很是重要。当他分析问题做概念的抽取和比对时，这些核心价值及其表述形式会直接影响到他的思维方向和质量。比如下面一道作文题：

> 小猫感慨地对老猫说："猫喜欢吃鱼，却不会游泳，很难抓到鱼；鱼喜欢吃蚯蚓，却上不了岸，很难吃到蚯蚓。上天给我们安排了很多诱惑，却总是让我们求之不得。老爸您说，这种难题有解吗？"老猫沉思片刻，对小猫说："想办法，就有办法。我们不会游泳，不必去深水区冒险但可以在浅滩、池塘、沟渠有所作为。我们没本事抓大鱼，但可以抓些小鱼小虾。"小猫听了，若有所思。
>
> 以上文字引发你怎样的思考？请写一篇文章。

如果你记得明朝陆绍珩《小窗幽记》中的句子，很可能写成以下文字：

> 明朝陆绍珩《小窗幽记》中说："一段世情，全凭冷眼觑破；几番幽趣，半从热肠换来。"意思是对于世事全靠冷眼旁观才能看破；几番幽韵雅趣，大半要用热心肠才能换来。这"冷眼"是对于世事的认识，"热肠"则是行动的姿态。认识冷静，才能深透；不失热肠，才能将任何事情做出趣味。两只猫讨论的吃鱼的理想和不能游泳的现实局限，唯有老猫看透了问题的实质，可谓"冷眼"；但老猫没有迷茫和退缩，而是找到了行动的方案，虽不能游泳，但可以到浅滩、沟渠找小鱼小虾，可谓"热肠"。冷眼看现实，同时保持对于理想的热肠，这就是我们对待理想和现实的基本态度。

如果记得《红楼梦》中贾政书房里的对联，可能会写出另外一番样子：

《红楼梦》中贾政书房里的对联写道：世事洞明皆学问，人情练达即文章。意思是：把世间的事弄懂了处处都有学问，把人情世故摸透了处处都是文章。两只猫讨论的是吃鱼的理想和不能游泳的残酷现实之间的矛盾，不明世事的小猫当然困惑难解，深明世事的老猫则提出了解决矛盾的方法：不要只想到抓大鱼，可以将理想降低，到浅滩、池塘去抓小鱼小虾。老猫的学问不可谓不深，它的哲学里包含了世间一个十分深刻的道理，即在面对理想和现实的差距时，认清现实的局限，适当放低理想的姿态，从而拉近现实与理想的距离，是一种智慧。

积累的价值语言不同，所讨论的概念和话题方向就会不一样。比如下一题：

林肯父亲在西雅图有一个农场，上面有许多石头。正因为如此，父亲才以较低的价格买下了它。有一天，母亲建议把上面的石头搬走。父亲说，如果可以搬走的话，前主人就不会卖给我们了，它是一座小山头，都与大山连着。有一年，父亲去城里买马，母亲带孩子们在农场劳动。母亲说："让我们把这些碍事的东西搬走，好吗？"于是孩子们开始挖那一块块石头。不长时间，就把它们弄走了，因为它们并不是父亲想象的山头，而是一块块孤零零的石头，只要往下挖一英尺，就可以把它们晃动。在你的生活中，有类似的经历或见闻吗？请以石头与山头为话题写一篇文章。

讨论林肯父亲的错觉，可以这样写：

有道是："青山元不动，白云自去来。"但是，我们在白云飘飘的天气看山，易产生云不动而山动的错觉。林肯父亲将自家买来的农场上的石头错误地看成与山头同为一个整体而做出错误决策，就是这类错觉的表现。错觉阻碍我们理性客观地认识事物，让人的认识和行为进入误区，因此我们在为人处世时要尽量避免其害。

讨论林肯父母的尝试，可以写成：

中国台湾作家林清玄在散文《少年游》中写道："醉后方知酒浓，爱过方知情重；生命中有很多事，你错过了一小时，很可能就错过了一生。"他是在讲尝试的重要性：不尝试去醉去爱的人，不可能知道酒和感情的味道，这种人的一生，必然会留下难以挽回的遗憾。林肯父亲把石头误以为山头难以搬动而不去尝试搬动。好在林肯的母亲是个敢于尝试的人，才发现一块块孤立的石头并不像林肯父亲想象的那样可怕，从而避免了一次家庭决策的重大失误。

大脑中存储的价值观念，其实就是概念与概念的逻辑联结，是我们判断和处理个体事件的源语言。我们读书求知，接受老师、家长的教导，就在不停地领悟和积累能够正确应对万事万物的一般准则。因此思辨作文中的概念提取和判断能力，不是一个纯技术的问题，而是一个跟作者的阅读背景、教育背景等诸多要素有密切关联的语言素养的综合显现。教师和学生要在读书阅世、培养自己的人文素养上着力，如果一味地去追求行文技法的灵丹妙药，就搞错了作文的基本方向。

（十三）自由作文案例：一个不喜作文的学生作文①

陈俊熹高二因分科入理化地班，成为我的学生。那时每个周末有随笔任务，作文不设限制，他写了一篇看秋雨的文章，说某天因下雨挡住了回宿舍的脚步，闲来无聊，就索性看雨。他写雨点如何打在树叶上，从一片叶子滑向另一片更低的叶子，叶子一歪，雨水掉在地上就不见了，描写得极其细腻传神，我想把这篇文章用在当时我主编的《九龙山诗报》上，叫他给我文档，过了一段时间没给，我也没有催问，以为他的文章不是自己原创。他后来的随笔，篇篇出手不凡，无法不令我刮目相看。但他上课睡觉，几次提醒

---

① 本节所涉学生为深圳第二外国语学校 2023 届高二（3）班学生陈俊熹，相关内容收入本书时已征得本人同意。

都无效，找他私下谈话，他也不肯说出原委，只说很困。我跟班主任和其他科任老师了解其他课上他也如此，便怀疑他是不是晚上躲在被窝里一个人玩游戏所致。尽管如此，每次他的语文和总分排名，都位列班级和年级前列。班主任说，这个孩子有些特别，于是我弃了偏见，把他当成一个除了上课有点儿困倦并无其他恶习的好学生。

有感于很多学生考场作文内容空洞、无病呻吟，我叫他们加强自由写作练习，培养写真话的习惯。陈俊熹每周的随笔都按时交来，而且篇篇都是真话；有些真话实在太真，读得我一愣一愣的，掩卷沉思还有余味。他写《看雨》过后的第二篇自由作文叫《我为什么不喜欢写作文》：

> 我从小学开始一直到初中，最讨厌的科目是语文，最厌恶的作业是写作文。即使现在，也不是很喜欢写作文。
>
> 我小学记忆最深刻的一次作文，不是因为写得好，也不是因为被老师表扬，而是写作的经历十分艰苦。
>
> 当时是小学三四年级，写记叙文，题目不记得了，要求写真人真事，真情实感。大多数人的文章是编造的，一般人的生活根本没他们作文编造的内容精彩，而我认为精彩的，老师偏不承认。每次作文都成了编故事大赛，更有甚者出游之前已经写好了游记。
>
> 可是我不这么干。我是一个有强迫症的人。即使拿不了高分，老师也不细看，但我无法容忍虚假的文字，所以我的作文素材都是我搜肠刮肚找来的。
>
> 在那一个周日的晚上，我作为一个小学生，坐在书桌前，从十点钟待到凌晨一点，只为了想出素材。
>
> 我认为，文字要有感情，而编造出的文字则冷冰冰的，没有感情。我认为，一气呵成地写完，写完后有如沐春风的畅快感，这才算一篇真正的作文。我确实不想糊弄老师，才把自己弄得如此狼狈。

一个艰苦卓绝到如此地步，只为了说真话而不顾一切的孩子，作为一位语文老师难道不感动？他的文字很平实流畅，关键是他愣头愣脑的背后，有一种令人敬佩的做人的品性，这样的文字是有骨气的，是一个孩子身上最应该去保护、去珍视的部分。反正我是感动了，不禁在评讲作文时大加赞扬。

接下来的两篇周末随笔，陈俊熹把笔触伸向了我最关注的他睡觉的问题。且看：

神游太虚境

某天下午的课堂上，老师正在讲台上讲知识点，有人已经以双手抱胸，以看书思考的姿势进入了梦乡。

在睡着前的十分钟，我也是一个充满雄心壮志，发誓这节课绝不睡觉的天天向上的好学生。但这股子干劲从老师开始讲第一个知识点时，当我眨下第一次眼皮的时候，就被满脑子的困意驱赶出去了。之后，我的每一次闭眼后的再睁眼，都是对我意志的考验；每一次要保持睁着眼睛，都是对我耐力的测试。不久之后，这种与眼皮的斗争逐渐变成了一会儿睡过去，一会儿突然抬头假装自己没睡的"小鸡啄米"式睡眠。之后终于在反复睡去和惊醒之间，不知道哪一次闭眼就真的睡过去了。这一次，就好像失去了疲劳与烦恼，在自我的国度里上天入地，重开一次激情的人生。

但是好景不长，这种享受一般不会持续太久。由于我的座位处于特殊的地理位置，我不是被老师提醒，就是突然惊醒，然后开始下一次轮回的与眼皮的对抗直到下课，或者是清醒起来好好学习，但是不管怎样，那几分钟美妙的享受都足以回味许久。因为稀少，所以珍贵。如果你要问我，那种感觉如何形容，那我会说：像藏在云里边一样。

这简直太有才了。一般人上课睡觉，只是睡得人生如梦，下课继续堕落。陈俊熹睡觉，却能够"重开一次激情的人生"，这难道不是正能量的睡觉吗？我每次看到他睡觉后沉浸在书本中奋笔疾书的样子，就觉得这个孩子以后的人生必有异于常人的惊喜。他分明时时处在长途行军的临战状态，他能在睡梦中完成自己的休憩与休整，并随时听从自己的将令，从睡梦中捡起自己。这是学生中的战士啊！当然我不是鼓励他睡觉，也不是听之任之不管。他睡觉时没有听到的内容，我课后还要提醒他，让他课下补上。这样以后，他在语文课上反而不睡觉了。

下文是他写在家中睡觉的随笔：

在睡梦来临之前

在某个闷热的夏夜，时钟指到了 11 点 40 分。我在母亲的注视下关上电脑，断开电源，从电脑桌前挪回到我的床上。母亲回到了她的卧室，我背靠着床头，拿出手机，戴上耳机，开始看起了视频。

过了一会儿，我突然发现没什么动静了，抬头一看手机顶端的时间，12 点 15 分。我赶紧起来上了一下厕所，回到房间，打开空调，关上窗户，拉上窗帘，关上顶灯，打开我床边的小台灯，把发光的灯带朝向墙面，把椅子位置调整好，让椅背的影子正好罩在门缝上。一切都准备好后，我插上充电线，打开电蚊香，躺在床上，继续玩手机，打算打到一点钟再睡。

一点钟很快就到了。正在看动画的我一看时间，已经 1 点 10 分了，心想："反正都过点了，那就一点半再睡吧。反正定的是明早 9 点的闹钟。"

又看了几集，不知不觉墙上的时钟已指向了 2 点 15 分。我深知此时该睡觉了，于是关上台灯，放下手机躺在床上。

周围漆黑一片，安静到能听见楼下聊天的声音。我就开始在脑子里想些奇怪的事情，由此就滋生了些许好奇，不行，我得去"百度"看看。于是又坐了起来，打开浏览器开始乱看。

终于把东西看完了。我看手机上"还有 5 时 12 分响铃"的提示，深知再不睡就没得觉睡了。本着养好精神睡个好觉的理念，赶紧关上手机和小灯去睡觉了。之后又在床上辗转好久才睡着。

在睡梦中，我感到无边的舒适与安逸。忽然，不知是哪里响起的美妙旋律，更令我身心愉悦。听了好一会儿旋律，我突然想起："这不是我的闹铃吗？"

在睡梦，不，在闹铃来临之前……

我敢说，陈俊熹只有在良好的言论环境下才能写出这些真心话。要是我引蛇出洞，在他畅所欲言之后秋后算账、残酷打压，他能如此不加掩饰地"汇报"自己的私生活吗？陈俊熹是一个在非常宽容的环境下成长起来的孩子。他有幸遇到一个宽容的班主任，也许还有一个宽容的家庭。他的自由发展有时确实有点儿"歪"，像这篇随笔里所说的偷看手机的情况，确确实实不算一条成长的正路。但是他在随笔里把自己的缺点暴露出来，以他的聪明也不是没有意识到这种缺点，他就有了矫正自己缺点的良好开端。所以我在评语里写道："如果能克制和战胜自己，你会变得更加优秀。"

面对学生的缺点，我们不必时时放纵，当然也不必时时如临大敌，以致用力过猛，欲速不达。我们要在时时关注的前提下，放手让学生去犯错纠误，去摔跟斗然后自己爬起来；爬不起来的时候，我们再助他一臂之力。我相信有了这种人生历练的孩子，他的人格和成长，要自然得多，也健康得多。

足球之夜

周四傍晚，我洗完澡，走在回教室的路上，就看见体育场看台上已经有人流汇集。走过田径场，教学楼一楼大门深锁，我费了一番力气，绕路回到了教室。没坐多久，就被班主任叫去操场了。来到篮球场，见有同学打篮球，停下观看。没过多久，班主任不知道从哪里冒出来，赶我们到看台上。刚一落座，足球比赛就开始了。

第一场比赛将球场分为两半：左侧高一总决赛，右侧高二总决赛。我们高二班大本营在左侧，索性看了高一的比赛。

作为一个完全不懂足球的外行，本来不打算看球赛，只不过被班主任赶来而已。看了几分钟，就和旁边的同学聊起天来。

突然，左侧爆发出欢呼声，解说员也在大吼，将麦克风喊得爆出一阵噪音，原来高一红队进了一球。我被吸引了一会儿，但很快又回到我的数学作业上。

不久，红队连进白队两球，比赛进入场中休息。我也因腿脚酸麻，站起来走了走。班主任说，八点钟就可以去图书馆了。

此时，红队的气势下降，打成了四比二。我已经走下看台，听到解说员大吼，发现是白队把比分拉平了，于是我又止住脚步观看。

白队红队僵持不下，进入点球大战。经历无数次激烈交锋后，白队赢下了球赛。

整个操场顿时沸腾了，解说员和观众们都大吼着。白队的一名球员大叫着，一边冲过球门跑向看台，一边扯下身上的队服摔向草坪。全校都在为这精彩的逆转而激动不已。而我，一个完全不看球的人，此刻也真真切切地感受到了足球的魅力。

第一场比赛结束了。我收起作业走向图书馆。在钟楼下的路口，我又站住看向足球场，过了一会儿才进图书馆。馆里有很多人，但很安静，我放轻了脚步。

我在三楼靠操场的位置坐下，过了十几分钟，听到外面传来激情的乐声，我又把书放回书架，离开图书馆往操场走去。

继续观看了一场比赛。想到这场景得记录下来，于是我翻开了本子……

这篇随笔所让我想起鲁迅《社戏》里一群孩子看社戏时的场景：大家辛辛苦苦、兴致勃勃摇船去看戏，先看铁头老生打仗，但那铁头老生却并不翻筋斗。接着，小旦咿咿呀呀地唱，所盼的蛇精和老虎并不出来，"我"觉得困倦，要买豆浆喝，卖豆浆的聋人又不在。忽然一个小丑被花白胡子绑在柱子上鞭打，于是大家又振作精神看戏。过后又是一个老旦出来唱个没完，于是大家骂着老旦摇着船回去了。陈俊熹在这篇文章里也将看球写出了类似《社戏》里的那种孩子气：他看球并不专注，也不专业；一边看球，一边看书，一会儿在现场，一会儿在图书馆，几经波折最后还是被激烈场面感染了。看球的大场面，一般是很难写好的，易流于浮光掠影、走马观花。但陈俊熹避开了这个坑，即使在他笔下的大场面中，你都见得到活生生的人，而且这个人有活生生的性灵在。

一个不喜作文的学生之所以作文能达到如此境界，是因为他在自由作文中获得了解放。因此，学生写不出作文，绝大多数情况不是不懂写作技巧，而是我们对其限制过度。作文应该以自由作文为开始，并以自由表达为目的，这个道理胜过所有的写作秘籍。

三　作文评价刍议

（一）表面文章与内涵文章

多年前，一位语文同行寄来一篇学生作文，兹录如下：

我们的学校

有一天晚上我在"梦中"来到了学校的最深处：这里的东西很深奥，一点一滴都很贵重；这里又是书的皇宫，很华丽，我禁不住要往里面走完我的梦想旅程。

踏上了一条大道，放眼看去，望不见大道的末端，只看见两旁的草坛，竖立在草坛中的路灯和一排排的椰子树。这一切看上去都很整齐，绿茵的热情微笑与椰子树的森严戒备，使我获得一种特殊的感觉——安全感。但有一座坐落在大道中段的大楼，它的一砖一瓦都很耀眼，楼顶的设计很新颖，像是泰国的建筑。一道阳光闪过，顿时睁不开眼，六个金光闪闪的大字展现在我眼前。大楼前有两个花坛，竖立着两棵高大的松树，像两个刚强的守卫。花坛中间有两座石膏像，其中一个是一个天真女孩在阅读课文，而另一个的意义呢就不告诉你了。若你从高处鸟瞰这花坛，你会发现很有创意的"音乐"的花群。大楼共有六层，39间教室。大楼的肚子被大道拳王一拳打通了直到体育馆，但大楼的威信也不小，大道也得让它三分，所以它呈"人"字式地向两边展开。左边直达教学楼，中段闯出一个图书馆。右边的分道直达科学馆，中段闯出一个旧科学馆。旧科学馆的一切虽然有些陈旧，但它可是立过大功的"忠臣"，教育出一代又一代的"希望"。大道分子之间的引力还真大，三合一直达体育馆，但被体育大将军挡住了去路。

这学校实在太大了，我走了很远，结果迷路了。我心中害怕走出宿舍，映入眼帘的是一些很熟悉的东西，才发现原来这就是我们的学校。

同行在来信中说出了她心中的困惑：

　　此学生理科成绩很好，有点小聪明。但极轻视文科，地理、历史更不在他眼里，考试成绩仅十几二十分，可见他重理轻文的程度。他极崇拜港星梁咏琪，说她是他的动力。

　　平日上语文课，极喜与我"顶嘴"，如我说文昌人喜吃甜，他会说："不——"叫他起来说说理由，他会说："不叽（知）道。"我给他们推荐书籍，他会说："不要。"我上课的正常思路，因此而"出轨"，甚可气！在写此文之前，我的作文指导课被他弄得心烦意乱。我告诉他以后别来上语文课了，可下一节课他又来，且坐第一桌！

　　说明文重在写实，他却以梦境开篇及收尾，这显然违背了写说明文的原则，使说明文的真实性大打折扣。我们主张写作要张扬个性，要写出自己的风格，但文体及修辞手法都各有自己必须遵守的原则，这正是所谓的"没有规矩，不成方圆"。人人都不顾原则地乱写乱用，我们的语言及文章是否就不要那些约定俗成的所谓规范了呢？

　　然而，我也着实惶惑，生怕由于自己的愚笨之见，这写批语的笔一挥，断送了一个学生的语言天分，打击了他学语文的热情，伤害了他的自尊。不知你如何评判？

　　我已忘记当时在电话里对该老师所作的回复，今天重新翻出当年的邮件，仍然感慨万千。事情已经过去二十年，当年写这篇文章的学生都已过而立之年，而讨论这个话题的我们都已两鬓染霜。但这里面关于如何进行作文评价的话题，我觉得至今仍然没有过时。

　　重读这篇学生作文，我的基本评价仍是正面的。除了一些用词不当的小毛病，其他方面问题不大。最为关键的是，整篇文章写得很有灵气。

　　作者用梦幻叙述的方式来介绍自己的母校，而不采用说明文客观冷静的视角；调动自己的想象，赋予学校建筑以主观色彩，语多夸饰，写的不是大家能看到的母校，而是母校在自己眼中的样子。我们不宜以说明文的文体标准来衡量这篇作文，而可以把它当成一篇文学性的随笔来看待。

说明文讲究准确客观，文学随笔讲究主观随意，两者的评价尺度有所不同。对于一个特立独行的少年，不愿写干巴枯燥、众口一词的文章，追求个性表达，这一喜好我觉得没什么不好。作文的最佳状态不是削足适履，通过血淋淋的努力，把自己的个性拿掉，按照既定模式将文章写得千人一面；而是写得个性十足、众彩纷呈。好文章应如其声似其人，在众多的文章之中一眼就能识其名知其姓。

在这篇文章中，你能找到它独特的眼睛、鼻子、嘴巴；眉目之间，有些调皮，甚至有些锐利和锋芒。它确实不沉稳，但沉稳不属于他这个年龄的特点，为什么我们非要用成人的标准去绑缚他们语言的翅膀呢？他们要在自己的语言世界里飞，我们就鼓励他们飞，哪怕姿势难看些，动作摇晃些，也无关大体。让他们尽情舒展语言的筋骨与活力，他们反而可以更快更精地习得语言的技能。

该老师说到这个学生平时爱与老师作对，我觉得这可能只是一种表象，他的真实动因可能是引起语文老师对他的注意，不然他就不会每次语文课坐在第一排第一桌了。如果老师找准了他作文里面的闪光点，在班上加以表扬，说不定他会成为一个作文能手。从这篇作文看，这位学生的语言功底还是很不错的。

当然，学生很可能没有按照老师事前交代的写成说明文，这显然不利于应试。我觉得这也不是一个严重的问题。学生哪怕出于一种逆反心理，故意与老师或应试作对，不代表真的没有能力写好中规中矩的说明文，或许他只是不愿意、不喜欢写而已。既然如此，我们担心什么呢？他在说明文的训练中丧失个性而得了作文高分，与他应试中一两次偶尔失败但在这种文学随笔的表达中不至于因应试而耗损个性，哪种情况的损失大呢？我坚持认为个性比应试重要。何况对于这个学生，如果语文老师引导得当，应试的功利和个性的捍卫完全可以两全其美。

这里就引出了对一个学生的作文是进行应试的评价还是灵性的评价的问题。应试评价的着眼点在文章有没有扣题，是否符合文体要求，是否结构完整、观点明晰、理据充分、内容充实，是否达到规定字数，是否语言规范，是否书写美观等等。一般在中高考阅卷中，对于错别字、病句、字数、文体、结构等都有明确的扣分规定，这些一眼就能看出来的东西，我姑且称之为文章的显性指标。一篇文章的显性指标容易判断，且不费时，比较符合中国式阅卷的要求。如果阅卷时间太短，阅卷老师就只能根据显性指标得出文章得分类别，然后很快就打出分数。有人将应试阅卷概括为以下六个标准：

（1）标题能一眼看出与主题的关联；

（2）文章的首段和尾段最好都点题；文章最好分为五至七段；

（3）篇幅以超过规定字数 50 到 100 字为宜；

（4）题材上要写自己真实经历的事情（防阅卷老师误以为是在哪本杂志抄来的）；

（5）文章立意要明确且正确。

上面所列，无一不是文章的显性指标。至于文章的语言是否有味，是否有真情实感，是否是真知灼见，结构上是否有起承转合之妙……这些内涵性的东西，太短的阅卷时间根本就读不出来。也就是说，考生只要将文章的样子做足，在外表上满足以上显性要求，就可万事大吉。

如此判卷，表面文章往往可得高分，而真正有实力有内涵的文章可能被误判为劣等文。

最突出的例子当数江苏省南京市金陵中学费滢滢，其《平台》一文曾获得首届全球华人少年写作征文大赛金奖第一名，后又被收进高中语文读本第五册。然而，她的高考作文只被判了 25 分。

且看 2003 年的江苏高考作文试题与费滢滢的作文。

宋国有个富人，一场大雨把他家的墙淋坏了。他儿子说："不修好，一定会有人来偷窃。"邻居家的一位老人也这样说。晚上富人家里果然丢失了很多东西。富人觉得他儿子很聪明，却怀疑邻居家老人是小偷。以上是《韩非子》中的一个寓言。直到今天，我们仍然可以在现实生活中听到类似的故事，但是，也常见到许多不同的甚至相反的情况。我们在认识事物和处理问题的时候，感情上的亲疏远近和我们对事物认知的正误深浅有没有关系呢？是什么样的关系呢？请就"感情亲疏和对事物的认知"这个话题写一篇文章。

人情与季节/费滢滢[①]

（一）端午

前几天是端午，当我把去年的艾和菖蒲从门上拿下来，换上新的时，我听到干枯草木细微的碎裂声，闻到灰尘中混有的一种特别的香气，这是艾的味道。艾和菖蒲是两种具有特殊意义的植物，艾因为有浓烈的香气，被认为是辟邪之物，而叶子细长的菖蒲被当作神仙手里的宝剑，有青绿色的剑锋，可以用来斩妖除魔。记得小时候，每到端午，就看见每个回家的人自行车篓里都会放着束好的菖蒲和艾。而现在，我下楼时看见每个门口都空荡荡的，难道人们都忘了它们的含义？或者，只是觉得在每扇紧闭的门边摆放它们是件可笑的事情？

（二）元宵

按照惯例，今年的元宵节我点灯到院子里走一圈。看不见和我一样点灯的人，整个院子只我一盏孤独的灯在走。又因为下雨，火光明明灭灭，显得格外微弱。回到家，电视里在说，今年夫子庙的灯市也由于雨而变得冷清。"去年元夜时，花市灯如昼……今年元夜时，月与灯依旧。"这是欧阳修笔下的元宵节。现在，人们更宁愿待在家里，连饭后的元宵也是草草了事，这样，他们也就忽视了这个在古人眼里相当热闹，便于交际的节日。

（三）重阳

看过一个挺感人的故事，一个母亲病了，女儿到医院探望她，在路上想起今天是重阳，于是买了糕，糕也有登高之意，是避免灾病，是吉利的象征。糕上还插着小旗，也有辟邪的意思。后来母亲病好了，那碟糕也就一直放在那儿，没舍得吃。其实这是件小事，但里面的感情却令人动容。这样的感情，也使节日的意义更加突出，让我们知道，节日的形式其实是浓厚感情积累的结果，人们的真心

[①] 《文学金奖得主高考作文只得 25 分？》，中国新闻网，2003-7-7。

祈愿，是节日的全部内容。这件小事令人动容。如果这个女儿在感情上与民间节日风俗不甚亲近，她怎能知道这个传统节日的祝福内涵呢？

（四）冬至

冬至这个名字我格外喜欢，每次我默念，都有老朋友来拜访，听他们的脚步来到门口的幸福感觉。在古代，每到冬至这一天，皇帝都会和大臣们祭天。而老百姓在这一天会怀念老友，回忆过去。这是个温暖的节日。但当这一天，我到学校，问同学今天是什么日子，他们的表情都很冷漠。他们并不关心，也不在乎哪个节日在哪天。因为，他们与传统节日的感情已经疏远。

我想，人们是因为感情的淡漠而忽视了节日。但更可怕的是，对感情的淡漠，对人情的疏远，使我们丧失了感知生活中在我们身边的细小事物的能力。

我并不是好古者，但我一直崇敬我国的传统文化，有时近乎到了敬畏的程度；因为它凝聚了历史的沧桑，积淀了传统的精华，融入了民族的魂魄。当然传统的节日习俗，有的是落后的，甚至是迷信的；但那是特定时代的特定产物，我们可以赋予它新的内涵。亲近它、热爱它、发展它，让它焕发出崭新的青春。怎能在感情上疏远它、在心理上忽视它、在行动上抛弃它呢？

有人认为，费滢滢这篇文章的重点在对感情的淡漠而忽略了节日，而不是感情的亲疏与认知事物的关系。他觉得应该这样调整的行文思路：人对某些节日，情感上有亲有疏，结果总不能认识这些节日的内涵。按照此人的建议，费滢滢文章写端午的立意应该是这样的：情感上疏远时，不能正确认识端午；亲近时，也不能正确认识端午；要清除人的感情，才能正确认识端午。就像《韩非子》寓言中的父亲，必须放弃主观站位，才能正确认识事物。问题是，在费滢滢的人生经验里，对端午这个节日要倾注个人感情，才能发现它的存在并认识它的价值。那么由此经验推知，人们在认识事物时，并不是所有的事物都要按照韩非子的认知方式来进行认识；在认识事物的客观性的时候，我们要弃绝主观色彩包括亲疏感情的干扰；但有些东西，特别是人类的风俗习惯，我们重在倾注我们个人的感情去体验而不是清除个人情感进行冷冰冰的研究。费滢滢的立意，可视为与韩非子的观点相反的立意，是反其意而行之。

费滢滢离题没有呢？作文题里有一句话："我们仍然可以在现实生活中听到类似的故事，但是，也常见到许多不同的甚至相反的情况。"也就是说，作文设题允许写与韩非子故事中"不同甚至相反的情况"。费滢滢写的是相反的情况，还是符合作文命题的题意的。

即使是与命题唱反调的文章，只要反得有道理，我认为也不是离题，而是创造性思维的表现。我觉得问题的根源不在于扣不扣题，而在于阅卷老师潜意识里面的威权意识：出题人的观点是绝对挑战不得的，稍有违逆即"打入地狱"，不得翻身。

而且费滢滢用的是意味隽永的散文语言，如果判卷时间匆忙，阅卷老师不仅可能读不出文章的意味，而且容易形成误判。

当然，考场作文的误判实属难免。费滢滢此文究竟如何，我们可以见仁见智，或者留待后人去评说。我的建议是，在进行作文评判时，特别是对决定考生一生命运的高考作文进行评判时，我们是否可以为考生不易被发现的语言内涵多留一点宽松的空间？

对待考场作文如此，平时我们在作文教学中更应该有善待学生特殊语言才能和创新意识的胸怀。训练学生一味求同的思维，到最后大家都写千人一面的文章，这才是作文教学真正的歧路。

这不单单是我国应试作文的问题，所有国家的作文试题都有如此缺点。按照中国台湾作家张大春的说法，只要是写考试作文，出题人与作者的主奴关系就是确定了的，作者就是"奴隶"的姿态。所以他的老师说，你们不要写作文，要写文章。这话说得偏激了些，在中国的高考作文场上，考生还是可以"当家作主"的。只是我们还得面对应试作文的诸多问题，这是我们的无奈，更是我们的机遇和挑战。

（二）套式作文分析

你猜到了吗？作文题目就是"猜"。"猜"，天天在我们脑海中浮现：上课中猜想暗恋的人会不会经过门外？下课后猜测哪一队会获得这个赛季的总冠军？边走边猜今日运气好不好，边写边猜所写的是不是阅卷老师喜欢的题材？事实上，人类也常靠"猜"才有新的发现，哥伦布猜测地球是圆的而找到新大陆，哥白尼猜想地球绕着太阳转而开启天文学的新途，牛顿也是先猜想地球必有一股力量将月球拉住，从而发现万有引力定律。你一定猜过别人的心思、举止，或某件事；你对"猜"可能也有过自己的思考。请以"猜"为题，写一篇800字的文章。

这是某地的一道命题作文。我想以这个案例来剖析眼下学生作文的状况：

一是套事实。这种套路是，把历史上大家耳熟能详的科学家等名人的耳熟能详的事实当成"万金油"，往一切话题上抹。如果话题是答案是丰富多彩的，他就说：爱因斯坦的一生都在追求丰富多彩的答案；要是他满足于牛顿对宇宙的解释，他就不会追求另外的答案，更不可能有伟大的相对论的发现。要是话题改成了要用心去完成一件事，他就说：爱因斯坦因为用心研究相对论，所以他完成了科学史上最伟大的发明创造。2000年我在海南改高考作文的时候，那里的学生在用爱因斯坦；2007年我在深圳改统考作文，时间隔了7年，空间隔了600多公里，但此时此地的孩子，还在用爱因斯坦的例子来谈论"猜"：要是牛顿不猜，就发现不了万有引力；爱因斯坦不猜，就发现不了相对论。你不能说这些说法没有道理，但要是一代又一代的人，一地又一地的学生都在重复这样的例子，只知这么几个干巴巴的伟人，而再无其他见识，这岂不是一种可悲的重复？

二是套原理。如果是勤奋的话题，他就说：成功源于勤奋；如果是用心的话题，他则说：成功源于用心。这次写"猜"，他就发明了另外一套道理：成功源于猜。有学生甚至写道："猜是社会的起源，是推动人类进步的力量，是人类发现新事物的重要途径。正是有了猜，才有了今天的信息时代；有了猜，才有了人生的乐趣。人生自古谁无猜，看你会猜不会猜。"有的写道："可以说，这世界上什么都要猜。猜等于勇敢，猜等于进取，猜等于开心。""赌博就是把思想化为物质的猜。猜是一种对不敢确定而又模糊的事物自我主观的想象。猜分为无目的地猜，有目的地猜；盲目地猜，分析地猜；成功地猜，失败地猜；有价值地猜，无价值地猜。人因猜对而成功，因猜错而失败。"这种出自问答题式的句式和思维，套出来的空话和废话，看得阅卷人一头雾水。貌似高深，其实没有一点儿内容。

三是套材料。作文审题，除了按照要求之外，还要揣测出题人的意图、阅卷人的心思。所给材料里面的解说是怎样的风向，考生一定要揣测精准。既然出题人要你写猜，那肯定是说猜的好话，说不得坏话和反话，于是几乎众口一词都说猜是好的。有的甚至编了赞美诗："凡事得先猜，猜完真相来。定格一瞬间，让人乐开怀。"有位考生写道："现在，我坐在考场上静静地发呆，就是猜的表现。可见猜无处不在。"连发呆也是猜，这就怪了。有的引用考试蒙题的方法讲猜的好处："三长一短选短，三短一长选长，参差不齐选C，十分整齐选D。以抄为主，以蒙为辅，蒙猜结合，考试及格。"还说某人考试，在一边狂抛橡皮，看橡皮哪一面朝上，就选那一面的选项。这本是猜的反例，但学生也不加指责，甚至抱着欣赏态度，这就不仅是价值观的错位，而且有价值观念畸形的嫌疑了。

四是套文章，即把漂亮的语言，换个中心词，其他的一律不变。下面这篇文章，可以说是一个典型：

群山诉说着伟岸，蓝天袒露出旷远，江河书写着恢宏，大地酿造着永恒，人类在猜的过程中写下历史。

猜，送走了时间的星移斗转，笑看人间的月圆花瘦，把握心灵的阴晴曲直，掂量着生命的跌宕起伏。猜，有时是痛苦的探索，有时也是难得的财富。

在猜的指引下，老子、庄子、孔子、孟子、柏拉图、康德、叔本华、尼采创造了深邃的思想，李白、杜甫、白居易、托尔斯泰、海明威造出了精神的食粮，张衡、毕昇、祖冲之、牛顿、爱因斯坦推动了科技进步。猜是科技进步的阶梯、社会进步的动力。没有猜，人类还将生活在森林里，不可能进入物质精神的科技时代。

在猜的指引下，有时人的幻想阻碍了进步。有的人幻想荣华富贵，安于现状，不思进取；有的人幻想选择温柔富贵乡，麻木神经，远离了清贫和质朴。物欲横流流尽了血汗，歌舞升平平息了壮志，阿谀奉承迎合了庸俗。在猜的指引下，有的人幻想在四大发明的基础上不思进取，忘记了诺贝尔奖为零的历史。在这些猜的指引下，思想受到禁锢，前进受到阻挠。

昭君出塞，猜想远嫁匈奴可造福于民，用自己一生的奔波来换取国家的安宁。诸葛孔明，猜想三分天下而后为臣，为蜀汉出谋划策。这些人的猜以天下为己任。

也有以猜来推卸责任。商君酒池肉林，有人猜妲己是罪魁；周朝覆灭，有人猜褒姒是祸首。人类用猜开路，也用猜来刺伤自己，在猜的过程中写下历史。

不一样的人生，就是不一样的猜；不一样的社会，也是不一样的猜。

如果我们将上文中的"猜"，全部换成"创新""和谐"等动词，同样可以成立。这就像一个公式，代进去什么，就可以得到什么，什么样的文章都能产生，这样的"文章公式"就是徒具修辞、章法等形式外壳，但是毫无生趣和内容。在满是套话的考试场上，考生究竟还有多少自己的东西、人化的东西，也就是性灵的东西？

考场上不是没有写得精彩的文章，以上所举都是属于比例不小的反面例子。考场套写作文，是某些考生思维板结、思想贫乏的反映，是语文教学长期以来拘于标准答案的应试训练造成的。

学生不会将"猜"这个概念作生活化和个人化的理解和阐释，而仅仅局限于材料所给的哥伦布、哥白尼、牛顿等伟人研究学问的行为。学生没有科学研究方面切实的经历和体验，自然谈不出什么真切的认识，就只好看着出题人的脸色去背出题人所给的标准答案。

对于伟人们的"猜"，普通人并不是要亲自去经历伟人的伟业才能有所体察。但是如果根本不了解牛顿发现万有引力定律的具体细节和详细过程，仅凭物理教科书教给的定律公式，我们还真的说不透其中的深刻道理。但是我们也可以不去谈牛顿，而把目光转向熟悉的人物的"猜"的个案。苏轼的《石钟山记》中对石钟山名字由来的发现，也是靠"猜"得到的。苏轼对"猜"的体会是："事不目见耳闻，而臆断其有无"是不可以的。这里道出了一个道理："猜"不要停留在主观臆断上，要有"目见耳闻"的实地考察，才能获取真知。而且苏轼的"猜"不仅有验证的行动，还有广博的学识作为基础。试想一个不知道周景王之无射、魏庄子之歌钟为何物的人，哪里能辨认出水声与钟声的对应关系呢？从苏轼的这篇文章，我们得到了"猜"的两个关键词：书本的"学"与行动的"识"要结合起来，才能"猜"得正确。

将个人所知的书本知识或者生活经验与所要讨论的一般性概念结合，得出来的就是创见和真知，而不是千人一面、众口一词的套式文章。

在表述个人的经验时，要注意行文的庄重和逻辑的严密，不可油腔滑调。有位考生借"猜"来探讨自己暗恋的可能性：

> 假如我暗恋某个女生，你猜我能见到她吗？在教学楼一楼，有个女厕所，厕所外面有块镜子，这个女生必去厕所，之后必照镜，照镜子时我一定看得见她。按照数学来推理，我可以见到她，此命题为真。
>
> 然后的问题是，这个女生可以发展为我的女友吗？我猜可以有 33.333……% 的把握。第一，该女生名花有主；第二，该女生要以学习为主，拒绝早恋；第三就是那个 33.333……% 的可能了。我猜想，如果我通过该女生的七大姑八大姨了解到她喜欢什么选修课、唱什么歌、读什么书、生日几号、手机号码等，我就与她接上头了。
>
> 但是我猜还是会有其他的可能性。也许那场电影是演相扑的，她喜欢看，而我不喜欢，我们就谈崩了。这种可能占 50%。
>
> 还有 50% 的可能是，我和另外一个男生在同时追她，另外一个男生随时向她献诗，还送花。
>
> 综合以上情况，我和这位女生实现暗恋的可能性是 33.33%×50%×50%＝8.25%。因此我别做梦了，还是回到教室，安心学我的习吧。

还有一位考生写自己"猜"的心理：

> 猜给我带来乐趣。我可以一个人抛弃一切狂笑不止，没人把我看成疯子，但在大街上就不同了，别人会猜我是个傻子。

昨晚我就猜，今天语文考的背诵会出自哪些篇目，然后我把猜到的诗句背得像煮了24个小时的瓜一样。当我看到试题时，我就傻眼了，原来出题老师不吃我猜到的瓜，我应把24小时用来煮所有的瓜。

猜可以寄托希望。小草猜大树为何茁壮成长，小河猜大河为何那样包容，留一种寄托让我们不惧风雨，用你的思想和笔尖向命运挑战。

要把猜变为动力，而不是等笨兔往你家大树上撞。

要用知识、能力来猜。

今天你猜了没有？

我就在猜今天我这作文能得多少分。

以上两篇文字，网络语言的痕迹太重，行文太过随意，没有中心，也缺乏思想和格调，表面是真话，其实没有什么内容。在写作时要注意避免这种语言上的轻浮和浅薄。

（三）化用、模仿与抄袭

小孩学话，必经模仿而后成。初学写作者也与学话类似，难免都要经历模仿作文的阶段，仿作可视为一种行之有效的写作训练方法。在20世纪70年代我还在读小学的时候，家父就用一个自己装订的小本子为我写示范作文；常常是我们父子俩在大雪纷飞的冬日闲暇，各抱一个火笼，由他出题，之后我俩提笔作文；遇有客人前来，便把我们的作文拿出来念给客人听，父亲被苞谷酒涨得通红的脸颊有得意之色。那些文字多有仿作痕迹，今天看来根本拿不上台面，但在当时却引来客人的一片赞叹之声。后来年纪稍大，我觉得小时候的文字幼稚滑稽，父亲只不过在自我陶醉，因此我内心羞愧，暗暗把这些本子塞进灶中烧掉了，免得父亲拿来在客人面前丢人现眼。

现在回想起来，这段写作经历十分令人难忘，也具有十分珍贵的价值。我对文学和写作的兴趣，就是父亲用这种带了一点儿酒气和土气的方法慢慢熏陶出来的。我应该感谢我的父亲，他的这些方法不一定让我学到了多少写作技能，却在我幼小的心灵种下了对于文字魔力的崇拜和好奇。后来我的写作能很快越过仿作的阶段，进入能写入眼入耳之人事物相，父亲对我早年的这种训练有莫大之功。

把别人的文章整个拿来，在形式或内容的某一方面刻意模拟，这就是仿作。模仿的比例少，文章绝大部分内容和体制属于现作者，可视为移用或改写；模仿比例太大，且不加注明，就可以视为抄袭，这是不被允许的。

仿作是作文非常初级的阶段，仿作的目的是超越模仿而创造；如果一直停留在模仿的层次上，形成了依赖甚至一种嗜好，以致成了"惯偷"，看到人家的好文章就想据为己有，这是万万行不得之事。

有人说曹禺的《雷雨》抄袭了易卜生的《群鬼》，我找了易卜生的剧本来读，曹禺与易卜生所设置的人物角色，四凤与吕嘉纳、鲁贵与安格斯川、繁漪与阿尔文太太、周朴园与阿尔文、周冲与欧士华，这些人物及关系似乎有些像，实质是各有自己的故事、性格与命运，完全是八竿子打不到一处去的，抄袭更是无从说起。有研究者将梁启超与鲁迅对照，发现鲁迅有很多提法来自梁启超：

> 真正贯彻梁启超的"小说救国"思路的，是以鲁迅为代表的下一代知识分子。
>
> 从某些方面看，鲁迅是一个"抄袭者"，他对中国人劣根性的总结，几乎是完全"照抄"梁启超。鲁迅对"看客"的批判，显然袭自梁启超对"旁观者"的批评："天下最可厌、可憎、可鄙之人，莫过于旁观者。旁观者，如立于东岸，观西岸之火灾，而望其红光以为乐……"鲁迅所写的"铁屋子"，也与梁启超描写的"暗室"异曲同工："彼昔时之民贼……虑其子弟伙伴之盗其物也，于是一一桎梏之，拘挛之，或闭之于暗室焉……一旦有外盗焉，哄然坏其门，入其堂……虽欲救之，其奈桎梏拘挛而不能行。"至于鲁迅批评中国人一盘散沙、"想做奴隶而不得"、愚昧退缩等，更是早见于梁启超的言论当中①。

① 张宏杰. 历史的正面与侧面 [M]. 长沙：岳麓书社，2019.

鲁迅虽然在思想与判断上继承了梁启超的衣钵，但鲁迅是将梁氏的思想融入小说创作中的，这是对梁启超的发展而不是抄袭。这从另一个角度说明了任何创造包括创作都不是无中生有的，而是所来有自。

再来尝试对比一下李白对张若虚的化用，苏轼对李白的化用：

把酒问月/李白

故人贾淳令予问之

青天有月来几时？我今停杯一问之。

（苏轼《水调歌头·明月几时有》：明月几时有？把酒问青天）

人攀明月不可得，月行却与人相随。

（苏轼《水调歌头·明月几时有》：转朱阁，低绮户，照无眠）

皎如飞镜临丹阙，绿烟灭尽清辉发。

（苏轼《水调歌头·明月几时有》：不知天上宫阙，今夕是何年？）

但见宵从海上来，宁知晓向云间没？

白兔捣药秋复春，嫦娥孤栖与谁邻？

（苏轼《水调歌头·明月几时有》：我欲乘风归去，又恐琼楼玉宇，高处不胜寒）

今人不见古时月，今月曾经照古人。

古人今人若流水，共看明月皆如此。

（张若虚《春江花月夜》：江畔何人初见月？江月何年初照人？人生代代无穷已，江月年年望相似。不知江月待何人，但见长江送流水）

唯愿当歌对酒时，月光长照金樽里。

（苏轼《水调歌头·明月几时有》：但愿人长久，千里共婵娟）

李白化用张若虚，苏轼化用李白，之所以不能称其为抄袭，是因为李白之于前人张若虚，苏轼之于前人李白，是将他们的诗句作为佐料放进自己的锅里，借别人的料炒自己的菜，菜是自己的；借别人的诗义来写自己的悲欢，情感与内容是自己的。他们对前人的语言成果，是创造性地化用而不是机械性地搬用。

在批改应试作文时，一个阅卷老师不可能读尽天下之书，对于抄袭套作而又合题之文往往不能准判。但是现在检索方便了，抄袭文往往在搜索引擎下暴露无遗。因此，必须充分利用网络的力量，严厉打击应试中的文偷和文盗。

抄袭已经不只是一个关于语言表达的技术性问题，而是一个事关作者文德的道德问题。通过抄袭而得高分，不仅助长了学生投机取巧不守诚信的阴暗心理，而且影响尤其恶劣。这类作文应该毫不犹豫地打零分。

在作文训练中，一个语文老师应该时时告诫学生不可抄袭，那么是否可以仿作呢？仿作可以，但是要有自己的创造，或者借用其一端，将其内容倒空，装上自己的内容，这就是我所说的借他人之器盛自己之物的"器用作文法"。

器用作文，即借用对方的思路和思维形式来写自己的文章，这种借用只保留原文的形式，对于思辨作文，是一种非常有效的训练。

且看我的器用作文案例：

沉底青鱼/范一直

懂水产的人说："静水鲤鱼流水鲫，青鱼沉底鲢鱼浮。"沉潜是一种功夫。有人说："鲁迅之所以为鲁迅，在于十年抄古碑。"在北京居住了十四年的鲁迅，埋头抄了十年古碑，这是他一生中沉默或沉静的阶段。这位踔厉风发的"精神界战士"，原来也曾是"静水鲤鱼，沉底青鱼"。

在南极水陆交接处，全是滑溜的冰层或尖锐的冰凌。水陆两栖的企鹅身躯笨重，没有可用来攀爬的前臂，也没有飞翔的翅膀，如何从水中上岸？BBC的经典纪录片《深蓝》展示了企鹅登陆的全过程。将要上岸时，企鹅猛地低头从海面拼力往下沉，潜得越深，海水产生的压力和浮力也就越大；一直潜到适当深度，再摆动双足，迅猛向上，犹如离弦之箭蹦出水面，腾空落地，划出一道优美的弧线。其沉潜之姿，看似笨拙，却成效显著。沉下去原来是为了蓄势而上。

北京大学的钱理群教授曾对学生说："沉潜十年，这是我对大家最大、最诚恳的希望。"当然，这里的"十年"是个虚数，照应了"十年磨一剑"之古训。要沉潜，也就是要从长远发展着眼，不被一时一地的东西诱惑。钱教授解释："'沉'就是沉静下来，'潜'就是潜入进去，潜到最深处，潜入生命的最深处、历史的最深处、学术的最深处。"他还说："我把希望寄托在十年后发表自己意见的那一批人身上，我关注他们，或许他们才真正决定中国的未来。中国的希望在这一批人身上，而不在现在表演得很起劲的一些人，那是昙花一现。"

《逍遥游》载："适莽苍者，三餐而反，腹犹果然；适百里者，宿舂粮；适千里者，三月聚粮。"就像适千里者"三月聚粮"，志存高远者，当十年沉潜①。

一个初学者可以将自己认为精致的文章拆分开来，看它的构成方式和组织方法。上文第一段两个"引用+分析"，然后提出论点。第二段一个实例然后点题。第三段再一个实例再点题。最后一段又是"引用+分析+点题"。这样的组织方式，清爽利落，十分适宜于用来写直观好看的议论文，因此不妨借来为我所用。我试着借其外壳，写了两篇论题截然不同的文章：

仿写1：智能手机不可迷

白居易诗曰："乱花渐欲迷人眼，浅草才能没马蹄。"可是智能手机不可迷，毕竟一个涉世未深的高中生，在浅草才没蹄的年纪，会因看不清脚下的路而被绊倒。有人如此形容手机痴迷症候："没有怨言，只有缠绵。就连去个卫生间，也要不见不散。"没有见过与手机摔进粪坑的报道，却常常见到与手机命丧车轮的悲剧。智能手机夺命是危言耸听了些，然而因为智能手机而慢慢也变成学习低能儿的确实大有人在。

---

① 范一直.沉底青鱼［J］.影响孩子一生的经典阅读（中学版），2016（7）：86.

没电马上充电，半小时不掏出来看就受不了，出门忘带手机感觉自己犯了莫大错误，丢了魂似的干什么都不自在。这是一个什么后果？我一个朋友在高二时的感想令人深思：高中快结束了，发觉自己一事无成，每天就从屏幕里看世界，功课欠了一大堆，也没有过真实的生活经历。他咬咬牙，一定要戒掉智能手机。一开始不习惯甚至难受，他就做功课看书或者锻炼来分散注意力。重新见到这个朋友时我大吃一惊——他精神饱满，成绩优异，生龙活虎，跟以前那个麻木痴呆的低头族判若两人。离开了智能手机，他变成了真正的智者。

俞敏洪说过："不要认为你一无所有，当你一无所有的时候，是上帝帮你倒空了垃圾，让你装进去对你最有用的东西。"你扔掉了智能手机，你的学习可能就不再是收垃圾一般的搜索答案或照抄解题过程——那些东西虽然正确，但不是你自己脑力劳动而来的。这种行为是不是与偷盗性质一般的不劳而获？是不是跟垃圾一般让你智力腐烂的酵母？至于用手机淘东西、聊废话，越聊越淘自己越废越躁的情形，更不在话下。

有句话说得好："世界上最远的距离，不是心与心的距离，而是我坐在你面前，你却在玩手机。"套用这句话，可以说，世界上离学习最远的距离，是明明你面前摆满了好书，你却在那里专心玩智能手机。青春做伴好读书，千万不要让自己的青春和智慧在玩手机中被肆意挥霍。

仿写2：担当

林觉民在绝笔信《与妻书》中写道："牺牲吾身与汝身之福利，为天下人谋永福。"这是能够惊天地泣鬼神的担当。其实，他的这一英雄壮举，来源于儒家一个极其朴素的理念："老吾老以及人之老，幼吾幼以及人之幼。"纵使我们不能做像林觉民那样勇担救国救民使命的英雄，却可以担起自己作为一个普通人的种种应尽的社会责任。只要我们有推己及人的平常之心。

一个路人倒在地铁口，一个小悦悦一样的孩子被车轮碾死在血泊中……你是扶还是不扶？你是出面作证还是缄默不言？许多中国人选择了冷漠和逃避，而不是选择良知和担当。我的一个亲戚就遇到过这种尴尬的情形。她在买菜回家的路上遇到一个倒地的老人，许多人都视而不见地飘过，我的亲戚犹豫了：救，怕被讹诈；不救，良心谴责。老人看她迟疑不决，呻吟着说："闺女，我是真的摔了，不是装的，请你拉我一下——"但她最终选择了不救。后来重新遇到了那个老人，才知道老人与她同住在一个小区。老人拉着她的手，还是那句话："闺女，我真的不是装的……"我那亲戚顿时泪流满面。直到今天，她都在为没有扶老人而后悔自责。

约翰·多恩说："没有人是一座孤岛，可以自全。每个人都是大陆的一片，整体的一部分。"在现代社会，人与人的距离不是远了，而是更加近了，一个发生在你周围的一件很小的事，即使表面与你无关，都可能间接影响到你。所以约翰·多恩说："如果海水冲掉一块，欧洲就减小，如同一个海岬失掉一角，如同你的朋友或者你自己的领地失掉一块。任何人的死亡都是我的损失，因为我是人类的一员。因此，不要问丧钟为谁而鸣，它就为你而鸣。"这就是作为社群作为人类的一分子，所应该具有的推己及人的平常心。有了这种平常心，面对同类遭难，我们就不会选择逃避而是选择担当了：即使有被海水洗刷或冲走的危险，我也要有敢于冲出来挡住狂风恶浪的担当；即使我没有实力阻挡，我也要在第一时间通知我的同胞出来阻挡，以最快的速度尽量减少别人或人类的损失。

杜甫有诗："安得广厦千万间，大庇天下寒士俱欢颜。"他正是有将自己茅屋为秋风所破的悲苦推至天下寒士的心肠，才在其诗歌和人格中注入了责任担当的可贵情怀。如果把我们生活的世界比作广厦，我们每个人就是这座广厦中的每一根柱子。我们不仅要担当起自己这根柱子的责任，还要在别的柱子发生问题时，去担起其他柱子所要承受的痛苦和负重。很爱葡萄牙诗人的诗句："一个孩子爬上树枝去拥抱世界/他呼出的是风和阳光的气息。"我们都像孩子一样，因内心的热爱而拥抱这个世界，并为这个世界承担责任。那么，我们为什么不去拥抱自己和社会的责任而选择逃避呢？毕竟世界大厦将倾之际，作为柱子的我们必将逃无可逃。

　　读者诸君可以看看，这样的器用作文，还能看出"器"的痕迹吗？

　　语用试题里有一类仿写题，有的要求按照句式，换成其他言说对象，这就能训练学生对于好词好句的语感。关于这一点，我不再详加讨论。

（四）语言素质的倾向性和生长性

　　教书几十年，阅文无数，我总是命令自己在学生的作文中找闪光的语言；我把这些话勾画出来，总是找一切机会表扬他们，哪怕他们的作文在其他地方一无是处，但我知道这点闪光对于学生来说是那么不容易，我更要视为珍宝。我要把这稍纵即逝的火花保留下来，扇动起来，生怕被一阵什么风吹灭而小心护卫它，让它成为点亮学生的不灭火种。哪怕他作文整篇"暗无天日"，我也把它当成一个医生要面对的病人给他下诚恳的"诊断"，为他找救治的"良方"。我坚决不打击学生，哪怕他的作文仅仅出于应付，我也以诚恳的心态给他留下鼓励的话：相信你……但愿下次能读到你……你的字非常好，作文认真努力一点儿的话，你很有希望……我认为一个老师的评语就是阳光雨露，具有催生生命、唤起潜能的温暖与湿润的力量。

　　一个文学爱好者提到她早年的语文老师叫他们写文学日记，多年以后她还记得老师的评语。

　　　　文学日记里，我的语文老师写道：抛弃谎言，你就等于抛弃了一件丑陋的外衣。

　　　　她写道：真诚是谋略的最高境界。

　　　　她写道：正义感是一个健全人的本能特征。

　　　　她给男生留言：血性和责任感是男性荷尔蒙的基本组成部分。

　　　　最后一篇文学日记中她给我的点评是：亲爱的，愿你用一生去追求美和一切与美同义的词汇，愿你一生与丑陋水火不容。

　　　　她课上的"口头禅"是：这篇文章、这个问题没有标准答案，大家按照自己的角度说就对了。因为很可能连写文章的人自己都不知道所言何由，旁人强加分析归纳是不对的，是对作品本身的不尊重。

这样的评语，是学生生命活力的助燃剂，是可以影响一个学生的一生的。

一个老师一定要明白，自己面对的是不谙世事、有各种缺点包括各种表达缺点的学生，他的作文首先要有真，说的是真话，吐的是真情，就是最可喜之处。有真作为基础，对于不善者，是可以引导他向善并达善成善的。然后在真善的基础上，向更高的层次——美迈进。

既然学生的作文与成长一样，需要有一个不断完善的过程，所以对他们的缺点——人的缺点与文的缺点，老师要有包容之心。包容不是纵容，而是给学生以回旋的空间。在这个天朗气清、惠风和畅的空间里，学生有足够的空间与时间去伸腿、弯腰、犯错、醒悟，抖掉身上的尘灰、矫正自己的错失；而最最关键处，是在老师的帮助下，找到自己的生长点，活出自己的灿烂之花来。

所以我要求学生写作文时，首先赋予自己的文字以生命的神采，不管是亮丽的神采还是灰暗的神采，总之一定要能看到文字里还有心跳，还有不断眨巴眨巴的眼睛，而不是没有一点儿生命体征的僵死的文字。学生的文章只要有了他们的体温，只要有他们真切的呼吸，这些文字就是活的，就有往上长高长大的倾向性和生长性。

怎样的文章才有神采？学生以自己特有的方式来表情达意，写出了自己的视角、自己的生活、自己心中真实的想法和感情，这种文字就是学生生命的符号，而不是被老师用应试技巧训练过后从笔头硬挤出来的言不由衷的词语。

生活中遇到不如意的事是很正常的，学生如果将笔触伸向这样的领域，写自己生活的真实和心灵的真实，作为语文老师不要简单粗暴地斥之以"负能量"并全盘否定，而是要与学生一起直面他人生的烦恼和情绪的低谷，帮助他找到向上的爆发点和生长点，让他能够在心灰意冷之时，重新燃起生命的激情和火焰。

曾有语文老师对一篇作文批改评价不当而致学生自杀的报道。如果真是这样，可见语文老师的评语对学生来说是多么重要。若这个语文老师换一种评语方式，也许就能救回一个活生生的生命；不仅能让生命于绝处回头，而且还能开出绚烂的花朵。天地之气，和则暖，暖则生，寒凝则杀。语文老师的作文评语，最宜和风送暖，最忌冰冷苛刻。

我有一个学生，曾在作文中写他小学时与妈妈的矛盾。且看他的《纸卡伤心事》①：

明明过去快六年了，往事却仍历历在目，似乎我手上还握着那把剪刀……

小学四五年级时，我在一个普通学校上学。那时游戏还不盛行，大家就倾向于玩玩具。小学生自然没钱买大玩具，只能玩一些成本低的。当时大家都流行玩卡，摔卡、弹卡什么都有。我玩的弹卡叫赛尔号卡。把一张卡与另一张的一部分重叠，通过弯曲下面那张卡令其弹起，若上面那张翻面则下面那张卡的主人获胜，赢得另一张卡；反之，另一个人重复，轮流到有人获胜。

这种乐趣令我难以割舍。不停地获得与失去，最终也能赢那么一两张。我的卡慢慢积攒到80张左右时，我就有了一个新的习惯：每天数数我的卡。那时的幸福大概就是这些了。

五年级下学期的一天，淅淅沥沥地下着雨，我因堵车回家晚了。回到家我放下伞，看到母亲在做饭。我打开书包，开始数卡。"今天赢了不少，运气真不错，现在大概有100张，绝版卡已经有20张了，太棒了！"我一边数，一边想着。

"你把这些卡给我剪掉！每天就知道玩这个，这是赌博！"我怔住了。母亲已经做好饭了，弟弟妹妹已经坐在那儿准备吃饭了。他们安静下来，好奇地看着我。我以为母亲在开玩笑，赶紧把卡塞到笔袋里，准备溜去吃饭。母亲挡住我，走到柜前打开柜子，取出一把剪刀，一把黑漆漆、锈迹斑斑的旧剪刀，扔在地上。我又一次怔住了，看着母亲。母亲不耐烦了，催促我快点剪，此时我才回到现实。我强笑说："开玩笑吧！我现在就去吃饭。我刚刚回家时看你在做饭，我以为你还要等一会儿才做好。行了，我现在去吃。"

"不行！必须剪！"母亲说。"不可能！"我生气地喊道。"那你

① 本文作者为深圳第二外国语学校2023届高二（3）班学生林沛增，收入本书时征得本人同意。

不听话以后就别在我家待了，什么时候剪好什么时候吃饭！"母亲大声地说。"这又不是你赚钱买的房子！还有，凭什么要我剪啊！"说完，我开始落泪。"这是我和你爸的共同财产，所以也是我的。你看看你这卡，要钱买，输了就没了，这不是赌博是什么？"母亲态度强硬，不肯让步。

我明白了，母亲这是在拿我这点儿小事出气。父亲喜欢打麻将，母亲很讨厌赌博。我曾经去看过父亲干活，很辛苦，干了有二十个年头，日日起早贪黑，我觉得父亲打牌轻松轻松也无可厚非。母亲大概觉得我在学父亲。

我呆立许久，眼泪流下，滴在漆黑的剪刀上。"听说盐水会加快铁的锈蚀，要是我的泪水让这剪刀消失就好了……"我漫无边际地想着，但奇迹不可能发生。我对峙了许久，发现毫无用处。我拿出卡片，共 96 张，其中 21 张是稀有卡，一齐交给母亲，转过头去，不忍再看。

"我叫你亲自剪掉，听到没有！"我转过头，看着冷漠的母亲与好奇的弟妹。我走过去，眼泪滴在地上，我赌气似地剪断了第一张。我看着被剪掉的卡，难受得号啕大哭起来。母亲见状，催促我赶紧剪，然后回餐桌吃饭。

我剪着，痛哭着，跪在卡的坟墓前。还剩下 50 多张时，我请求母亲："其他的我可以剪，但我能不能把绝版卡留下来啊！"母亲拒绝了我。我握紧拳头，又缓缓张开，继续剪着。我看着堆在面前的碎卡片，毫无意义地跪着……

"谱尼·元素，谱尼·虚无，谱尼·轮回，谱尼·永恒，米瑞斯，雷伊，布莱克，盖亚，卡修斯，哈莫雷特……"我一边默念，一边剪着，剪着 2012 年第一版的绝版卡，以及其他年份的绝版卡。"谱尼·元素"应该是陪我最久的卡了。二年级时，用超市找零的五毛钱买到的第一张卡。老板看我给她五个一毛钱硬币，怔了一下，就卖给我了。许多同学看到我的"谱尼·元素"想和我换，我拒绝了，珍藏到现在。最后，我还是狠心剪断了它……

我呆滞地站起身，呆滞地走向餐桌，呆滞地扒着冷饭，吃完，我用红肿的双眼看了看垃圾桶里的碎卡，就回过头去，不想再看了。

从那以后，我不玩卡了。后来虽然买了一两张，最后也都输完了。没多久我也转学了，那里无人玩卡。成绩一如既往，仍是一个三好学生，但卡会出现在我脑海，觉得自己的手上仍然握着那把剪刀……

我打开柜子，看着那把自我小时候就在家里的，那把锈迹斑斑的剪刀，又一次陷入沉思……

这篇作文字迹潦草，很容易被忽略，但是我在潦草难辨的字里行间读到了他内心的伤痛。我是这样下评语的：相信随着年龄的增长，你已经能够体会你妈妈表面严苛的做法之下的良苦用心。父母对于孩子，严格要求往往源自一种更深切的爱，因此你要理解你的妈妈，更爱你的妈妈。你儿时的这场经历应该是你人生当中的财富，你应该在这样的伤痛中变得更加懂事，更加坚强。

学生的这件往事，对他来说可能是一道伤口。我的责任是找到伤口的愈合点——帮助他理解妈妈的做法，这样妈妈逼他剪掉心爱的纸卡就不会给他留下伤害。我不仅在课堂上表扬他的作文写得感人，还发现他功课以外的其他优点：喜欢美术，有很强的临摹书法作品的能力。他的字虽然写得潦草，但他临摹出来的书法十分漂亮，在学校举行的书法比赛中崭露头角、引人注目。这些地方，我认为就是这名学生的生长点，我总是抓住各种机会在公开场合表扬他，从不吝惜自己的赞美之词。

对于学生作文，语文老师要利用自己的影响力去干预学生的语言倾向性，培育其生长性，成为学生生命激情的助推器和助燃剂，而不是起相反作用。

（五）论高考语文命题与评价的改革方向

中国古代的科举考试自隋唐发端之时，就有文章取士的传统。相对于唐朝的考试方法，如今的高考仍然保留有帖经、墨义（相当于现在的古诗文默写）、策问（即政论文，相当于现在高考的时评及其他议论文），消失的有口试（或称面试）、诗赋（许多高考作文明确规定诗歌除外，文学类作文因为语义含蓄，容易被判离题，应试训练也将其排除在外)①。

历代科举，皇帝都要亲临现场选士，这称为殿试。殿试其实就是口试，决出状元、榜眼、探花等名次，可谓科举中的重头戏。武则天策问贡士于洛阳殿，开殿试先河，后为历代沿用。

当代西方大学的招生，也很重视口试。著名超导物理学家阮耀钟讲过，有着几百年校龄的英国牛津大学招生，不只看考试成绩，还要对考生进行三人教授考核小组的面试，以衡量其综合素质。当时有个来自北部偏远某郡的孩子考了满分，但面试时不过关，当地议员要议会干预，教育大臣甚至首相布莱尔都出面了，都没有成功。牛津的口试不是看花里胡哨的口才，而是真正考查考生的潜力。中国台湾作家刘墉提到一个牛津口试录取考生的案例：

> 一位牛津大学的学生对我说，当他报考牛津大学的时候，具有决定性的三次口试表现都不好，他却意外被录取了。事后主考官对他说："你之所以被录取，是因为我们的考试不是测验你过去学到了多少，而是你以后能接受多少。因为你的过去非常短暂，不够的可以补足，将来却非常久远，必须有可塑性与涵纳力才能吸收。"②

所谓可塑性和涵纳力往往藏在一个人口头表述的背后，内行人能辨，不知马性的外行人成不了千里马的伯乐。欧美著名大学的面试，衡量可塑性和涵纳力的非常重要的指标是专业兴趣和专业素养，这些指标可能在笔试里无法完美体现。面试通过考生的口头表达来估测一个考生的潜力，自可弥补笔试的不足。

剑桥大学某次面试，考官要求考生估算地球的质量。这个问题有一定的专业性，按照中国考试的思路，考生说出标准答案即可万事大吉。但是面试考官意在考查被试考生的思维能力，而不是死记硬背的能力，因此下面的回答更受青睐：通过从地球中心乘机飞荷杉弥斯市（Ozamiz City），根据飞行时间和绕行的半圆轨迹估算地球半径，再得出地球体积，再根据猜测的密度最

---

① 2022 年北京语文高考"微写作"要求以"像一道闪电"为题目，写一段抒情文字或一首小诗，诗歌写作终于出现在写作试题里，这是一个可喜的转变。

② 刘墉. 心灵四季 [M]. 北京：北京联合出版公司，2014.

后得出地球质量。这样的思路反映出考生数学、地理与物理方面的专业素养，更重要的是体现出来了考生的思维能力和探究技能。哪怕得出的结果可能没有那么准确也无关大体，因为在更高阶的学习中，思维和探究能力肯定比机械记忆能力更加重要。

如果是一个选择语言文学系的学生，其文学储备就可能成为面试重点，不可能不谈到文学经典和文坛现象，平时没有广泛的阅读积累，没有对于文学现状的关注，被试者面试的时候就可能一问三不知。这反过来推动学生不能只是练考试题，不能只是读母语教科书，而要进行广泛而深入的真正的阅读。这样的口试导向，无疑可以把学生的母语学习引向一条正道。

面试的题目可以非常灵活，是被试者灵敏的试纸。"怎样把牛死了的消息告诉牛的所有者——农民？"① 虽然没有标准答案，但面试官可以从被试者的回答中，看出他组织语言的敏捷性，他对一个遭受不幸的人的同情心、同理心以及面对特殊对象的洞察力，言说时的语言分寸和表达方式等等方面的综合素养。这对于从事文学、社会学、医学或心理学学习和研究方向的考生而言，是一道很好的测试题。这样的口试题能真正担负起考生能力与素养的检测使命，往往是笔试无法单独达到的。我国现在的高考，把这个传统也是世界许多大学的通行做法丢掉了，是非常可惜的。

口试尽管重要，但更重要的还是笔试。欧美语言类的笔试与中国古代科举相同的地方是就写一篇文章；在评价尺度上，笔试与口试完全一脉相承，都十分注重检测考生的思维能力与包括学科素养在内的综合素养。

2020年5月德国巴登符腾堡州中学的毕业考试（Abitur），语文只考了一道作文，即从五道题目（附有材料节选）中任选一题作答，时间从上午9：00到下午14：15，考试时间最多315分钟。试看这些高考作文命题：

　　题1. 解读E. T. A. 霍夫曼短篇小说《金罐》中的一处选段，并与赫尔曼·黑塞的小说《荒原狼》进行比较分析，研究这两部小说的主要人物Anselmus和Harry Haller是否以及在何种程度上被渴望支配，同时需要讨论到威廉·拉贝（1831—1910）的论点："当一

---

① Shirley：《如何顺利通关英国大学面试？听听英国顶尖高校学生的面试经！》，英国中学（微信公众号），2021-10-27。

个人真正追求时，他的心可能是最幸福的。"

　　题2.比较解读康拉德·费迪南德·迈耶（1825—1898）的《在晚舟里》和格奥尔格（1868—1933）的《回归》这两首诗歌。

　　题3.解读波勃罗夫斯基（1917—1965）的短篇小说《城建之思》。

　　题4.根据提供的资料撰写一篇文章，主题为："我的笔迹——我的名片？"

　　题5.分析并探讨 Jens Jessen2018 年 9 月 26 日发表在《时代周报在线版》上的文章《气泡颂》（注：涉及网络"过滤气泡"问题）。

　　首先，德国的语言文学笔试值得我们关注的要点是：①笔试与口试结合，而不是笔试包打天下。②语文只考作文，没有中国高考语文烦琐的题型。③试题的开放性：题目不止一个，而是五选一，能够顾及考生的个体差异性；问题没有标准答案，多以"讨论""解读""探讨"或"提问"等形式呈现。④考试时间丰裕，五个小时 15 分钟。

　　近年中国高考语文试题，分为阅读、语言运用、写作三大模块，阅读又分实用类、小说、古诗文，语言运用分情境默写、语病、词语选择、句子衔接等。德国包括巴登符腾堡州的普遍做法是没有做如此详细的分解，把中国这些肢解出来的语文模块完全合并到写作中去，笔试就一道作文题。仔细想来，写一篇文章，中国高考试题语言运用中的哪项能力不能体现出来？对一篇文学作品的品评，读与写难道可以截然分开？所以写作是能把当今中国语文高考所有测试项都涵盖进去并且不止于这些项目的一项母语的综合能力检测方式，根本没有必要再把阅读与语言运用单列出来重复检测。把母语肢解为一级一级的知识点和考点，每个点形成题型，每个题型又有相对固定的答题点和得分点，这会使母语的教学很容易走向应试的道路，从而完全背离培养学生的阅读能力、思维能力和运用能力，提高学生的综合素养的基本方向。

　　很显然，这种考点式的语文学习与发展学生的思维能力完全矛盾，因为学生学语文的目的就是为了无限接近参考答案（实际上是标准答案），是套标准解答的训练而不是思维能力的训练。思维能力是能够明辨是非、正确运用概念和判断进行合乎逻辑的推理的能力，往往体现在考生在事实和论据的基础上，能否形成自己独立的见解，并将其表达出来。套标准答案没有这种思维过程，结果只能带来思维的僵化和思考力的萎缩。

以上述试题的题1为例，中国高考题集中在可从小说文本中找到印证的问题来设置，如人物的性格特征、情节的划分、环境的描写等；有些半开放的试题，如题目或某某段落或写法的作用等问题，回答时必须有小说三要素加主题的基本套路，不然踩不到得分点；有些全开放的试题，也可能是讨论小说人物的某个观点，就像上题讨论威廉·拉贝的论点一样，但是考生必须到原文去找根据，主观发挥的余地很少，还是属于印证式的解读。也就是说，中国的小说阅读题，有标准套路和标准解答，思维定在某些既定的方向上，做题时要遵循这些套路，个人的创见如果逾越了答题规则，就有失分的危险。

在德国的小说试题中没有标准答案，如关于小说人物是否以及何种程度上受渴望支配，回答可以多样化；阅卷老师看的是考生的判断和结论有没有足够的证据，证据与论点之间是否有逻辑力量。至于讨论人生追求和幸福的关系，不仅没有标准答案，还要跳出文本，调动考生的阅读经验和人生经验来进行价值评判，看的不是结论的准确和全面，而是学生的独立思考、发现问题和分析问题的能力。

中国的应试作文，在审题和立意上要求很严，讨论问题不能离开话题，立意必须按出题人的意思来写。讨论"当一个人真正追求时，他的心可能是最幸福的"，如果考生写成了"一个人不追求的时候才是最幸福的"，或者写成了"追求和幸福没有关系"，虽然谈得有理有据，多半会被判为偏离话题并立意错误，而被打入另册。所以即使在高考作文这种全开放的试题中，中国式的作文评价也不是全开放的，仍有一个限制学生大胆创新思考的隐形枷锁，那就是无处不在的标准答案和标准套路。

学者金克木先生有段文字谈中国科举文章及文风，我们实在应该引以为戒：

> 这种文风不足为奇，印度古诗文也有浮夸风，不在中国以下，但是连内容立意都得遵照、揣摩当时阅卷者、朝廷、皇帝的意思，这就是由考试做官决定的中国独有的特色了。这种诗文做法很快成为习惯，扩大开来，就是以"上峰"的意思为自己的意思而自己没

有意思。应考、应酬所作诗文都是像秘书替"上峰"写信、办公文一样的代笔。若有人自己有什么要写，那就只得另取体裁或者换笔调、用隐语了。这也许是汉语古典文学作品风格复杂多变、典故和歧义繁多，因而难懂处超过其他语言文学的原因之一吧①？

我国新版的《普通高中语文课程标准》开始正视学生思维能力的培养，认为语文课程的性质是"发展思辨能力，提升思维品质，培育社会主义核心价值观"；对于语文的学科素养，新课标将"思维的发展与提升"作为一项基本素养，强调语文要"促进学生思维能力的发展与思维品质的提升"，即"获得直觉思维、形象思维、逻辑思维、辩证思维和创造思维的发展，以及深刻性、敏捷性、灵活性、批判性和独创性等思维品质的提升"②。因此，把学生的思维能力特别是创造性思维能力的评价作为高考语文笔试改革的主攻方向，十分必要。

其次，高考语文笔试改革须认真对待的是：取消其他试题形式，仅考一篇作文。最多把经典的默写保留下来，考默写和写作两块内容。将语文考点分得过细，最大的弊端是让语文教学误入各种题型的烦琐训练，教师、学生为了分数，被困于题海中不能自拔，致使语文教学在各种烦不胜烦的应试操练中疲于奔命，耽误了学生真正读书的时间。简化考试内容，是让语文教师和学生从应试语文中解放出来的唯一有效的途径。学生读得多了，记得多了，写得多了，说得多了，语文能力自然可以大幅提高。作文是最能反映考生语文综合素质与能力的考题，没有必要捡了其他考点的芝麻而丢了作文的西瓜。这样改革，可以让语文教学回归本源，让学生有充裕的时间和精力去读书及思考。

再次，延长笔试时间。中国古代取士，如果试文，一般是一整天。比如，明朝的科考，早上进场，黄昏交卷，如没做完，给蜡烛三支，三支点完还没完成，即赶出考场收卷。学生在这段充裕的时间里，能把平时积攒的功夫，从书写、阅读到语言组织能力再到思维素养，毫无保留地发挥并展现出来。西方考试也给予考生充足的时间写作。因此中国现代的语文高考，也应该参

---

① 金克木. 金克木集（卷六）[M]. 北京：生活·读书·新知三联书店，2011.
② 教育部. 普通高中语文课程标准（2017年版2020年修订）[M]. 北京：人民教育出版社，2020.

考这种做法，在考试时间上延长一到两倍。

目前中国语文高考时间为两个半小时，作文最多留下一个小时来写，且要达到规定的 800 字，而且要求扣题，偏题离题者判分很低。在这样一个苛刻的条件下，很难考出学生的真材实料，是违背人才选拔规律的，迫切需要改革。

最后，在笔试改革成熟的基础上，恢复口试的传统，让口试与笔试形成较为完美的互补。关于这一点，笔者不再赘述。

语文考试改革的路子虽然漫长，一时半会儿来不了急转弯，但我们不可以没有基本方向。有了方向和目标，即使每年走出一小步，实现语文教学与评价的根本性和革命性的转变也指日可待。

（六）作文评价案例：语文老师

语文老师①

初二开学，我呆立在李老师的办公桌前，结束了她给我上的最后一节语文课。在我转身奔向教室之时，李老师在身后叫住我："上新老师的课一定要跟上节奏，不要松懈！"

不管怎样，书桌前我们正襟危坐，终于等到了新的语文老师——张老师。她大概三十出头，穿着也是上下一身黑，戴着黑框眼镜。虽然穿着古板，但是她脸上洋溢着温情的笑容，眼角的皱纹回旋在一起，显得和蔼可亲。她的第一节语文课相当精彩，我第一次在语文课听得如痴如醉。这样不出一个月，我就会爱上语文吧？我这样想。

过了一周，我更欣赏这位姓张的可爱的老师了：她待人十分公平。每节课她都"雨露均沾"，从不给任何一个"尾巴"掉队的机会。和李老师不一样，她课后不给哪个学生"开小灶"，也不偏袒任何一位学生。另外，确实，她是极少数在我最活跃的第一周对我不冷不热的老师。可能是我上课认真吧，不需要额外地引导。

---

① 本文作者为深圳第二外国语学校 2023 届高一（13）班学生余清源，收入本书时征得作者同意。

　　张老师有个习惯，就是每周花上几分钟对作业完成优秀的学生进行表彰。初二之前，我的语文成绩还能排在班上前几，所以一开始我还蛮期待的，作业忽然成了我的重点关注。可是几周过去了，她连班上的"尾巴"都一个个嘉奖了，跟我差不多的同学也被夸赞了一番，却从来没提过我。我认真对待的每个点滴仿佛没有一点儿回音。感觉挺沮丧，但我还是很敬佩她。

　　意外和惊喜反而来自数学。就在语文和英语"进退维谷"之时，数学突然对我展开了它的笑颜。既然如此，数学作业是一定要完成的了，何况每次在本子上来来回回找自己错误的感觉多令人愉悦。至于语文，就先"放一放"，反正语文一时半会儿也降不下去。

　　仍然是一节普通的语文课。张老师在评讲作业，我还是积极回应。我还记得老师笑问：

　　"这里的'舞燕啼莺各自私'的意思是什么？"

　　我们都学过这首诗。这是范成大因为不受重视落职后在农村发的牢骚：

　　"嗯……！指政见不合的人？"

　　不知道是不是巧合，我看到张老师无意中从眼镜后面看了看我，一言不发。这样的动作我早已习惯，是语文老师的"通用技能"——告诉我，我的理解有问题。起码我是这样理解张老师的。我还在天马行空，忽然看到前面语文课代表轻轻对老师呢喃一句。张老师反应很快：

　　"好。我觉得她这个理解抓住了点。"

　　"没错，'政见不一的人'。"

　　我顿时觉得心里堵着一块不小的鹅卵石，堵得我感到脸被烧红的铁板拍了一耳光，火辣辣地几乎要烤焦了，耳边也嗡嗡作响。不过这样类似的事情我也经历过，所以我只好又把心里的石头咽了下去，轻轻地"嗯"了一下，点点头。

　　不过，至此，她上课就稍稍显得无聊，语文课成了一节演讲。如果我来兴致了，就回答些问题，不然默默听就好。

　　我印象中最后一件事是一次重要的校内作文比赛。往年李老师总会在办公桌前面对着我不厌其烦地修改作文——虽然我语文成绩较好，但是我作文很差，历届老师对我的评价无外乎一句话："语言味同嚼蜡。"不过，李老师总能把我的作文修改得十分出色。

于是我写完了参赛作文，花了一个周末修改。抱着试一试的心理，我把作文放在一堆作文本上，看着课代表把它们抱到老师那去。

张老师"修改了全班同学的作文"，然后让课代表把它们抱了回来。不等他们分发，我首先爬上了讲台，找到我的作文本。拿到作文本的那一刻，我就有一种不祥的预感，是我想法太奇怪了！怎么可能呢？旁边站着我的朋友，我几乎手足无措，于是翻开了作文本。

没有。

什么都没有。

这会儿，我的思绪给我留了白，给我这读者留下了充分的想象空间。

反应过来之后，我将本子藏在身后，仿佛我写了什么要下"文字狱"的东西——只好向老师点点头，极其不自然地笑了笑，脸被扭得生疼。

然后我回到座位找数化作业。

我发誓从此再也不认真听她上课了。

（七）作文评价案例：致富的故事[①]

亲戚有个小学五年级的孩子要我辅导作文，考虑到一对一太枯燥，答应他带个邻居同伴来陪读。邻居的邻居也加进来，不用付费，我也喜欢走进孩子的世界，乐意收徒。四个孩子围成一圈儿，开始就作文的话题聊天，等大家轮番讲完，我提示哪些有写作价值，哪些还要补充，他们才开始提笔作文。

张家珲是几个孩子中较顽劣者。个子瘦高，面皮白净，不跟其他孩子坐车，自己一阵风小跑而来，进门擦着脸上的细汗，气喘吁吁地用本子扇风。他跟个头较小的徐小林是对头，一见了面就互相讽刺。小林说："你看你，

---

① 文中学生为化名。

才几层楼梯，累成这个熊样，像个老头儿。"张家珲就揪住他的衣领，要拉他出去比赛爬楼，看谁才是老头，我出面制止才肯罢休。我说："安静！安静！今天我给你们一个故事，你们接着编后面的部分，写得好的有奖励。"大家纷纷问是什么奖品。我说等评出等次你们就知道了。

小林最怕作文，每次搔破头皮都挤不出几个字。张家珲看着他一阵坏笑："最差的，肯定是你啦——"徐小林也毫不客气地回敬他。我叫徐小林不要说脏话，就为他们朗读《白鹿原》里面写财主黄老五舔碗的场面：

> 这天午饭后，黄老五用筷子指点着凳子说："鹿相你坐下，甭急忙走，我有话说。"黑娃重新坐下来。
>
> 黄老五说："把碗舔了。"
>
> 黑娃瞅着自己刚刚吃完了糁子面儿的大碗，残留着稀稀拉拉的黄色的苞谷糁子，几只苍蝇在碗里嗡嗡着，说："我不会舔，我自小也没舔过碗。"
>
> 黄老五说："自小没舔过，现在学着舔也不迟。一粒一粥当思来之不易。你不舔我教你舔。"
>
> 说罢就扬起碗做示范：他伸出又长又肥的舌头，沿着碗的内沿，吧唧一声舔过去，那碗里就像抹布擦过了一样干净。一下接一下舔过去，双手转动着大粗瓷碗，发出一连串狗舔食时一样吧唧吧唧的响声，舔了碗边又扬起头舔碗底儿。
>
> 黄老五把舔得干净的碗亮给他看："这多好！一点也不糟践粮食。"
>
> 黑娃说："我在俺屋也没舔过碗。俺家比你家穷也没人舔碗。"
>
> 黄老五说："所以你才出门给人扛活儿。要是从你爷手里就舔碗，到你手里刚好三辈人，家里按六口人说，百十年碗底上洗掉多少粮食？要是把洗掉的粮食积攒下来，你娃娃就不出门熬活反是要雇人给你熬活啰！"

担心他们没听懂，我将印好相关文字的作文纸发下去，启发道："你们可以想象黄老五的后代来到深圳，后来真的发了财，可以把他们致富的故事写下来。当然，也可以有其他思路。"

张家珲点点头，若有所思，举起手要提问。他按课堂上的规矩站起来，说："老师，可不可以由我自编名字来写？"得到许可后，他朝徐小林神秘一笑，紧紧拳头，铺开作文纸。

徐小林写不出文章，对奋笔疾书的张家珲说："你口臭，有大蒜味。"张家珲狠狠瞪了他一眼，蒙住自己的作文，进了厕所，"砰"地关上门，把自己反锁在内，然后稀里哗啦拉了一泡很响很长的尿，就关在厕所里写文章。徐小林哈哈大笑。我说徐小林，你不服气就写篇文章来打败张家珲嘛！徐小林狡黠一笑，摆出坐姿，开始安静下来，面对作文纸啃笔头。

徐小林似乎找到了感觉，慢慢写上手了，《致富的故事》很快成篇。"我是冠军！哈哈！"徐小林将笔一摔，马上交卷。文章大概是说：改革开放以来，深圳发生了翻天覆地的变化，由过去的小渔村变成了一个国际化的大都市。徐小林问爸爸，我们家是怎么致富的。爸爸说，我们家还没有富裕。儿子问为什么大家都富裕了，独独我们家不富裕呢。爸爸说，因为爸爸是共产党的干部，要先让老百姓富裕了，自己才能富。

我很吃惊，也有些怀疑，这个小屁孩怎么能写出如此高大上的语言，问是不是自己写的，有没有照搬别人的东西？他说没有，他真的问过爸爸，爸爸也真是这么说的。问他爸爸是做什么的，他说是街道办副主任。我似有所悟，说："这篇文章除了字少了一点儿，其他都很好。"

徐小林得了表扬，举起双手，耶耶耶地欢呼。

此时张家珲开了厕所门，扬起作文纸说："我来啦！"

我一看，乐开了花：

致富的故事

很早很早以前，云南有一家人很节俭，每天吃麦糊，吃了以后要舔碗，长辈检查舔干净了，才能离开饭桌。

徐大爷的大儿子徐大毛说："爸，出来一下！"

"啥事呀？"

"爸，过几天徐二毛就要生日了，能改善一下我们家的伙食吗？"

徐大爷想了想，叹口气说："孩子，不是爸不肯，是咱实在没有那闲钱。溥仪做皇帝的时候，天低了一丈；袁世凯现在当权不久，天又低了一丈。这种情形下，谁家还会有钱呢？"

徐大毛说："爸，别叹气，袁世凯这狗东西威风不了多久，会有人治他的。"

不久，徐大爷因为不敬袁总统被游街示众三天，被枪决了。

儿子们大哭一场，六月居然下了十多天的雪，冻死了许多人。

徐大爷的五个儿子都因悲痛而亡，只剩下了徐大毛一个人。徐大毛想，爸爸是死了，但是他的精神犹在，我一定要造反。

于是徐大毛开了一家铁匠铺，准备造反的资金，私造枪支弹药，让人民可以轻轻松松地造反。

有一天，来了一个农民，向徐大毛买枪。

"老乡，现在上面查得严，你怎么敢这样呢？"

"不瞒你说，我要去参加护国军，那儿专门抗袁。"

徐大毛眼睛一亮："我也想抗袁，但找不到人介绍。"

农民说："可以，但你要有儿子，这样即使你死了，也有人给你上香。"

徐大毛随便找了一个女的就跟她结婚了。儿子一出世，徐大毛就对妻子说："你先回娘家。我不让你出来，你千万不要出来。"

一天，徐大毛无聊，就找了几个孩子来跟他比赛扔石头。他发现一个地方石头落地时有空空的声音。等到夜深人静的时候，一挖，下面居然是徐大爷埋的三箱金子！

他把两箱金子给了护国军造反，一箱金子留给自己的儿子。

后来徐大毛被袁世凯的特务逮捕，于1916年4月4日下午4点被枪决。

他的儿子徐小孙因为躲在山里，逃过了灾难。护国军打败袁世凯以后，所有穷人都变成了富人，而徐小孙因为有一箱金子，更富裕一些。

老师读到这种文章，一般会斥之为一派胡言。我却很是喜欢，因为这才是真正纯粹的孩子的语言、孩子的思维、孩子的世界。比起徐小林，张家珲更少有成人思维的干扰，因此才能如此大胆想象和创造。我将他们并列为一等奖，各奖励一张学校发的儿童游乐场门票。

张家珲的家长有天打电话来想请我吃一顿饭，我婉拒了。家长千恩万谢，说孩子在学校被视为差生，班主任状告他话多，坐立不安，他被安排在最后一排，上课找不到人说话，他就趴在课桌睡觉。自从他得了我的鼓励后，变化很大，常读我推荐的书，写我布置的文章。我说张家珲聪明可爱，绝对不是一个坏孩子；我应该感谢他，因为他给了我许多教育的灵感。

后来我调了单位搬了新家，手机也换了，与几个孩子失去了联系。多年以后，一天夜里我梦到了张家珲，他还是细高的个子，白净的面皮，领我到他家，一定要付给我辅导费，我拒绝了。他母亲似在厨房做馒头，出来跟我招呼，对我们的争议不置可否。我说除非你写 50 篇文章给我，否则我是不会收钱的。我想这样扯下去不好，出了他家，张家珲和徐小林他们追出来，在一边为我凑路费，零钱则用来换了游戏币，等送我走了，他们又一起玩儿。我来到公路边，见一辆亮出深圳宝安西乡醒目牌子的大客车开来，连忙招手，大客转个弯开走了，我才知道自己搞反了方向……

四 想象作文札记

（一）想象：儿童和年轻人的头脑体操

爱因斯坦说过："想象比知识更重要，因为知识是有限的，而想象力概括着世界上的一切，推动着社会进步，并且是智力进化的源泉，没有想象力不可能有创造。"因为想象力，大千世界中的万物获得了崭新的联系，建立起最新的秩序。人类文明的优秀成果，无不结在想象的花朵之上。对于文学、美术、音乐，缺乏想象就意味着末日来临，连当代高精尖的航天技术，也是那么急切需要想象来推动其发展进程。欧洲航天局为研究新的航天技术，不是专门组织了一批读者阅读科幻小说，从中寻找有价值的设想吗[①]？可见爱

[①] 从科幻小说找灵感 [N].羊城晚报，2000-5-15.

因斯坦对想象的定位，一点儿也不夸张。再往下想，倘凭目前以扼杀想象力为能事的应试教育培养出来的只知标准答案的后生，要去与他人比个高下，恐怕除了失败，还是失败。

想象力于社会而言是人类创造力的推手，于个人而言是成长不可或缺的养料。美国 19 世纪著名作家及自然主义教育倡行者斯托夫人说过："一个在童年充分发展了想象力的人，即使遇到不幸，也能从不幸中找到幸福。"她女儿的邻居小伙伴托尼生了一场大病，成天躺在床上"垂头丧气，对什么都提不起兴趣，对什么都没有信心"。这时候女儿去开导他，要他读书、看漂亮的图画来摆脱坏心情：

> 维尼芙雷特开始介绍自己的切身体验，"那次我病得可重了，可我一点也没有垂头丧气。虽然我必须躺在床上，不能出去玩，但我在床上总是闭上眼睛想象那些美好的事情。我想象我在草原上跑，草原上到处是鲜花；我想象我在蓝天上飞翔，穿过那些棉花一样柔软的白云，真是有趣极了。慢慢地，我就忘记了生病的痛苦，变得开心起来"。

但是托尼还是陷于痛苦之中不能自拔，这些在想象力丰富的女儿身上起作用的力量，在一个想象力缺乏的孩子身上根本没有效果。所以斯托夫人说："缺乏想象力的人，只会在生活中屡屡失败，而永远不会取得什么成就。"[①]

更广义地看，人类一切艺术无不是想象的艺术。音乐、美术、建筑、文学、宗教，都从不同角度构筑人类的想象世界，表现人类超越历史和现实的良好愿望。余华的《许三观卖血记》中描写饥荒年月吃不到回锅肉，许三观生日之夜就在想象中为全家人炒肉，并让他们吃出一片口水之声；窦娥遭冤屈而死，她的三桩誓愿在舞台想象中得以实现，在令人绝望的现实中读者还可以看到一线希望的光亮。因此，想象不仅推动人们去发现未知的世界，更重要的是为绝望中的人们找到光。无论站在哪个角度看想象作文，它蕴含的价值都是无比巨大的。

---

① （美）斯托夫人. 斯托夫人自然教育全书 [M]. 亚北，译. 北京：电子工业出版社，2013.

（二）进入游戏的语言状态

窃以为，想象作文成败之机，在于能否引导学生进入一种自发的，或者说是游戏的语言状态。

应该说，任何人在童年时都游戏过，年龄稍事增长，游戏就没有了，但他们仍不能停止想象或幻想。弗洛伊德研究过游戏与幻想的心理联系。他认为幻想（或称"白昼梦"）只不过是游戏的继续，这两种看似不同的行为，其心理根源，都是人在现实中不能满足的愿望，在游戏或幻想中会因得到满足而产生乐趣。差别仅在于，儿童游戏时不向人们掩饰他同实际物体的联系，而成人则羞于吐露①。

既然人人都有过游戏、想象或幻想状态，并且这种状态的复杂性，甚至超出我们的理解，那么为什么一旦进入我们的语言层面，即显得那么枯燥无味、单调平板？盖因人人可有游戏的心理状态，但不是人人都有游戏的语言状态。心理要诉诸语言，深受表达模式、表达技巧的影响。在我们描述想象的世界时，因为弗洛伊德所说的羞于吐露，说出来、写出来的东西，经过语言伪装，已经与本来面目毫不相干了。一位行进在雨中的学生，他内心真实的图景，或许是期待着一位琼瑶小说中温馨可人的女学生为他撑开花伞，只因他把这种心理视为丑陋，不可告人，于是找面"凌云壮志"的大旗来遮羞。

所谓游戏的语言状态，即能够用语言大胆向读者展示他创造的想象世界的状态。他不会顾忌按照他的理解和痴情重新安排的这个世界，是否符合既定规范。在这种语言状态里，太阳可以是方形的和蓝色的，马可以插上翅膀飞翔，石头可以开口说话，人鸟可以相依，仇人可以相爱……一切不可能的都将变得合理和可能。

游戏是完全自发的，充满乐趣的，倾注感情的，游戏的语言状态亦如此。但我国目前的作文课，距如此境界差得太远。出个题目，限定时间，学生不管有话无话，抓耳挠腮勉强凑够字数交卷，教师批改后选文评讲，这是大多数中国作文课的一贯上法，学生作为极被动的应试角色，他要小心翼翼地迎

---

① （奥）弗洛伊德. 创作家与白日梦 [M]. 林骧华，译. 长沙：湖南文艺出版社，1986.

合出题者设定的材料、文体、字数等规定，枷锁如此之多，脑袋已不堪重负；可是没完，还得按照教师教的条条框框：什么提出问题—分析问题—解决问题，开头几句、中间几段、结尾几笔。在这样一个倍受压制的作文空间，学生不能左顾右盼，不敢高声喧闹，不敢做鬼脸，不敢开小差，十指僵硬，还要将一些教师交代的经验绑在指上，动弹不得，更发挥不得，是不可能进入游戏的语言状态的。

我想，要引导学生进入游戏的语言状态，就得彻底转换学生的应试角色，使之成为一个富有感情、积极投入、充满乐趣的游戏者。作文课的出发点，不应是"测"和"考"，而是"作"和"写"。所以作文命题应尽量减少限制，以期能够引起学生的关切与兴趣；在作文过程中应尽量增加活动性内容，而不是让学生正襟危坐，噤若寒蝉。

一个语文教师教小孩子续写安徒生童话《卖火柴的小女孩》：

> 当火柴点燃的那一刻，出现在她眼前的是一个阿拉丁神灯里的精灵，那个精灵会笑着对她说："小女孩啊小女孩！你现在是我的主人了，你可以许三个愿望！"如果你是这个小女孩，你会许什么样的愿望？你希望享受一顿大餐？还是希望爸爸不再喝酒，而且找到了工作？如果是我，我会好希望奶奶和妈妈都能复活。这样的愿望会不会太贪心了呢？如果是你，你会许什么样的愿望呢？也可以想一些比较实际一点、比较合乎常理的方法来为她解困。比如，当她在划火柴的时候，正好身边经过一个老爷爷，这老爷爷要抽烟斗却没有火柴，就跟她借火，点燃烟斗之后才发现这个小女孩怎么那么可怜：身上穿得那么单薄，脚上又没鞋子，好像快冻僵的样子。他就问："小女孩，你为什么会在这里呢？"小女孩便把事情的原委告诉了老爷爷。老爷爷很同情她，就把她带回家，还收她为孙女，说不定，还把她的爸爸叫来教训一顿说："嘿！你怎么不好好工作，让你的女儿在街头卖火柴？"也许接着就帮她的爸爸戒了酒，找到一份好的工作，让他们父女从此能够过正常的生活。①

---

① 朱天衣. 朱天衣的作文课［M］. 贵阳：贵州教育出版社，2016.

朱老师根据学生可能有的语言资源，鼓励他们大胆想象，在自己创造的游戏世界中实现自己的愿望和梦想，这就是与学生一起做想象的游戏。游戏是虚拟的，但是学生却能够倾情投入。教师是他们造梦的引路人，是和他们一起游戏的玩伴。这样的角色和课型没有童心的教师肯定玩不来。

教师的作文观念和方式要转变，教育体制也要配合，不然无论多么美好的想法，都可能会被当作异类处理。"中国孩子被迫使按照固定的方式去搭积木，而不是自然地、发挥想象力地去玩积木，他们被迫使像装配工人那样按照说明书去搭积木，这是根本违背玩积木的宗旨的。"这个例子十分典型，对中国的基础教育来说，颇具象征性。其实在作文教学中，搭语言积木时，中国学生何尝不是面临类似的命运？

（三）儿童想象作文教例：编故事

7岁的女儿有几个同龄玩伴，某天我与她们玩编故事的游戏。

我讲了一个亲身经历的事情：7月的一天，我去文昌铜鼓岭玩，晚上刮起8级台风，闲来没事，去沙滩看海冲浪。海浪有一人多高，突然前面沙滩落下一个白花花的东西，我前去一看，是一条大鱼，嘴还在一张一合的。我一看就知道，这是一条鱼妈妈，因为后面还有一群鱼娃娃，想借着海浪冲来救他的鱼妈妈。当时我就提议：把她放回海里吧，因为她的孩子们还在等她。但同行的人说：不行，我们要吃她的肉，快拿到食店去加工。那天晚上，所有的人都说鱼肉很鲜美，但唯独我没有吃鱼。

我问，你们对这条鱼妈妈有什么感想呢？

梦蝶说，我有了，看我写出来吧。

梦蝶写的是《小鱼找妈妈》：

> 小鱼们的妈妈不见了。他们翻遍了大海，找遍了珊瑚礁，还是没有找到。他们就去问大海里的每一条鱼。问到一条蓝色的鱼，他说那天他与他们的妈妈一块儿去岸上看风景，海水退潮了，他们的妈妈没来得及撤回来，被一个女人给抱走了。
>
> 小鱼们哭了，说："我们从此没有妈妈了。"
>
> 小鱼们虽然没有妈妈了，但是他们很团结。他们晚上睡觉都挤

在一张床上，互相抱着睡。他们慢慢长大了，后来努力学习游泳的本领，为大海争了很多的光。

我很喜欢这样的故事，就把它记录了下来。

（四）高中想象作文教例：馒头与包子

下面是我命的一则想象作文题：

> 阅读下面一则笑话，以《面条与馒头》为题，发挥想象，续编面条与馒头的故事。
>
> 一天，馒头与面条发生争吵，馒头被身高力大的面条暴打了一顿。于是馒头回家后，纠集了窝头、豆包等哥们儿一起去面条家报仇，面条正好不在家，于是它们把路边的方便面痛打了一顿。方便面委屈地问馒头："你们不是要找面条吗？为什么打我？"馒头恶狠狠地说："别以为你烫了发，我就不认识你了。"

材料选自《读者》1999年11月号《笑林》栏目中的一则笑话，虽无微言大义，但因其将人类打架斗殴的生活场景，移植得那么自然而然、不动声色，字里行间透出来的幽默，即使是一个刚懂话的小孩，也会开心一笑。我国是一个面食大国，东西南北、男女老幼都不会不知面条馒头为何物，理解的障碍是不存在的。难度太大，障碍太多，学生望而却步，本来只有叠纸飞机的本事，却要他们完成高空飞行表演，学生怎么会有轻松的游戏姿态？这就是我在前文所说的第一个意思：作文出题不宜板着一副面孔，首先将学生吓倒一大片，而应当尽量引起他们的关切与兴趣。

无微言大义，作文空间就大，对学生想象力的驰骋，有莫大好处。如果你定了基调、主题，只有展览厅那么大一块空间，想象力再是一架性能优良的飞机，也只能停在那里静供参观，而不能作穿越飞行，因为一飞就得粉身碎骨。时下一些国家的母语表达测试，出题人只略略提示一下话题方向，好让考生自由发挥，条件尽量淡化，宜于考生展现各方面的风采。

我把全班80多人分解成四个小组，作文水平较好的学生做组长，负责组织和纪录作文活动的全过程。先用一节课自编故事，写在本子上。信手去写，胡乱地编，不必注意卷面，也不必字斟句酌，甚至可以只写个故事梗概或发言提纲。一节课讲故事，每个学生上台，或讲或念，任随自便。一节课小组互评后四位小组长汇报总评及教师总评。修改定稿留到课外由学生自己做，将学生工整誊抄的作文分别附上小组长记录装订成册，作为珍贵资料暂由教师代为收藏，也作为学生几十年后回忆美好往事的参考文献。

这就是我在上文提到的第二个意思：尽量增加活动性内容，使每个学生进入游戏自在的语言状态。

我没有用一些自以为千真万确的教条去进行名为启发实为干预他们想象的活动，而是千方百计创造条件为他们的想象松绑。换一种说法，我没有按"说明书"的规定迫使学生搭语言的积木。整个过程像一场有组织的游戏，有掌声笑声，也有争执抗辩。每个学生都参与进来，连平时最不爱作文的，也兴致勃勃、自得其乐地编出了想象丰富的笑话。

这届学生已毕业多年，每每翻开他们留下来的一本本作文集子，我就心潮难平。他们的想象、他们的创造、他们的灵性，在这些永存的语言世界里，那么耀眼，连错别字病句，也显得那么动人。他们在自己的笔迹里真心喊过、笑过、哭过、梦过。他们带走的和留下的，将是我教学生涯中永生不忘、弥足珍贵的财富。

附：《面条与馒头》学生作文三篇①

其 一

方便面真是百口莫辩。本来今天是他的好日子，从他手里碎了的玫瑰花可知他今天有一个重要的约会。如今不明不白地挨了一顿揍，整个形象都完了，哪里还敢赴约。方便面只好自认倒霉。

为了证明自己身家清白，方便面忍住痛，捂着发肿的半边脸，与馒头等推推搡搡一起去面条的岳父大人长寿面家寻找帮丈人盖新房的面条对质。

---

① 本处所录作文作者分别为海南省乐东县乐东中学 2001 届高二（1）班学生孙琼其、汪孔毅、陈林。

当他们路过汤圆的店门时，忽听店里传来"救命"的声音。这些哥们儿虽然个个都憋了一肚子气，但毕竟都是从火坑里出来的，心肠都热得很。一听到有人喊救命，便循着声音急忙跑过去。

原来是汤圆不小心掉到滚烫的水里去了。锅很高，而这些哥们儿都是些胖墩儿，只好摆出家传的拿手好戏——"叠罗汉"了。方便面勉强爬到锅沿，正向锅里探身打捞汤圆时，不料窝头踩到面包那冒油的秃头上，脚一滑，上面的方便面失去平衡，一头栽到滚烫的开水里。待到面包用长长的筷子，把方便面救上来时，方便面已经奄奄一息，那卷曲的头发也被烫直了，看上去面目全非，与面条没有两样。馒头看了这情景，心也软了，怜悯地说："面条就面条嘛，你为什么如此隐瞒自己，烫了发还要改名换姓。只要你道个歉，咱们几个喝上两盅，便又是哥们儿了，不是吗?"方便面动了动嘴唇，似乎要说什么，但终于不省人事了。

其　二

馒头把方便面痛打了一顿后，窝窝头挺讲义气，觉得还不解恨，拎来一壶开水，径直往方便面头上浇去，方便面顿时瘫了下去。窝窝头讨好地对馒头说："你看，这小子原形毕露了。"他们扔下奄奄一息的方便面，扬长而去。

面条闻之，义愤填膺，准备找馒头算账。但他觉得当务之急是治疗方便面，况且报仇需要有一定的准备。经过几个月的精心治疗，方便面腰杆直起来了。他召集身强力壮者，为自己请来一位拳师，闻鸡起舞，日夜操练，准备来日报一烫之仇。功夫不负有心人，经过几个月的勤操苦练，他们把一套正宗的中国功夫练得很娴熟，只等一个黄道吉日去解心头之恨。

却说馒头回家后，料想面条可能不久会兴师动众前来报复，便马上召开会议，商讨对策。最后他们一致决定，派馒头出国考察，其余人马练习武功，以防不测。

一天，面条在一条狭窄的胡同里遇到了面包。面条一愣，拦住去路："几天不见，长得好胖，正好挨老子几拳!"面包一惊，忙问："我与你平日无冤，往日无仇，为何要打我？"面条大笑说："馒头！别装傻了，几个月前烫方便面的事，忘了吗？别以为你发福了，口音也有些变了，我就认不出你。"于是，面条施展出正宗的中国功夫，把面包打成了面包渣。

当天晚上，面条带领一队人马，浩浩荡荡直奔馒头家。馒头闻声，也指挥豆包、窝窝头等摆开阵势，准备决一死战。面条一看情势不妙，改变计划，派几个武功上乘的兄弟压住阵脚，双方就这样对峙着。这时，不知从哪里跑来一头猪，一口咬住了面条和馒头，面条挣扎着终于逃离。馒头哭丧着脸说："饶命吧！为什么只吃我一个？""我好久没尝过外国的馒头了，今天正好要尝尝鲜。"馒头说："我可是中国出生的啊！""因为你出过国，多少有一点儿外国味道。"猪说完咕噜一声把馒头吞进了肚子里。面条于猪口逃生后，洋洋得意，逢人就夸："还是咱们的中国功夫好！"

其　三

馒头一伙将方便面揍成一团稀泥后，还不甘心，又把面条家里的东西砸个稀巴烂，方扬长而去。面条正好赶回家，被吓得躲在垃圾桶里不敢作声，心里又惊又怒，咬牙切齿骂道："好啊馒头，我要你全家死光！"事后面条回到军营清点伤亡，召集面条家族共商雪恨大计，各路新秀纷纷争发高论。南海华西面建议："贼人实属干粮，而诸位水拌食品是也。以吾之长攻敌之短——水攻面包庄，此者非常之妙计也！"资格较老的面汤露出稀稀疏疏的牙齿："不要！试问水攻面包庄者，单调水而论，南水北调，制河淹之，谈何容易。且水乃危险之物，吾众又非金刚不坏之身，唯恐偷鸡不成，反蚀一把米。"性格火爆的炒面早已按捺不住，"嚯"地站起："汤长老所言极是，水攻乃幼童之策！山人在咱家族可算名门之后，出了几代风云人物，区区馒头何者，胆敢捋虎须。俺教他碎尸万段！哪位英雄仁义，跟吾血溅面包庄！"语音未落，台下一片欢呼，众人纷纷举手声援，炒面脸露得意之色。此时年纪最小，却有"小博士"之誉的"麦师傅"站起来，不紧不慢地说："诸位少安毋躁，且听鄙人一言。按说家遭惨劫，如蒙巨耻，理当雪之；盖因面条兄弟年轻气盛，行事欠慎，动手行凶，错事在先。不如就此扯平，诸位意下如何？"大伙嘘声四起，皆称此举难息心头之恨。"小博士"摆摆手，示意大伙静下后，胸有成竹地说："吾固深知诸位皆热血汉子，刚愎难屈，因而另作打算。"稍停又说道："自古有'商场如战场'之说。大伙若能留住身躯，拳头上不动真格，商场上见个高低，岂非更能解气而深见水平高下乎？"大伙皆称妙计。

此后不久，面氏家族出产了许多国家级产品，甚至"火星"计划产品，声势日益煊赫。而面包家族却因生产技术不思改进，经营管理不善，产品质量跟不上时代，而纷纷下岗到街头摆摊了。

（五）小小说写作教例：寻人启事

叶圣陶先生有一句著名的话："教材无非一个例子。"这句话我这样理解：教材不是唯一的标准，也不是唯一的例子。只靠一本教科书，学生恐怕到头来还是学不到什么东西，所以在教材的基础上，我做了适当发挥。在说明小小说创作方法时，我另引一篇几个特点都具备的小小说。小小说与诗的关系是自我发挥，课本上小小说的写作指导，没直接谈到这个问题。

纸上语文要变成生活语文。教材的写作指导，被许多学者专家站出来质疑。杨然质疑《学着写点新诗》，复旦大学的文艺评论家王晓明质疑高一的《即兴演讲》。当然，一个语文老师如果仅去给教材挑毛病，也是没出息的表现。有些教学材料，我们就是用不顺手。像小小说这篇写作指导，以及后面所附的范文，不是外国作家写的，就是写 20 世纪五六十年代的生活，学生读起来有一点儿隔膜。[①] 我们完全可以把语文变得近一些，生活化一些。我选了秀实的评论，并拿身边的事件来命题作文，就是出于这种考虑。

这册的重点分为两大块：小说与戏剧，小说占了三个多单元。两个单元为现当代小说，一个单元是古典小说，还有两篇文言小说。学生在积累了一些小说阅读鉴赏经验的基础上，现在学写小说。小说说到底，不就是编故事吗？最简单的，就是"从前有座山，山上有个庙，庙里有个和尚"之类，就

---

① 参见人教社 2002 年版高中语文第三册。

是"小猫钓鱼"之类，再加一点儿较深的立意，叙述时讲点儿技巧。长篇、中篇、短篇我们可能不会，但简单的小小说还是可以试试。

构思一篇小小说，先得编故事，这就是情节；编故事得有一个目的，这就是立意。有了这两点，就可以写小小说了。某天我看到一则很特别的寻人启事：几个大大的字打在白纸上，一路贴过府城的大街小巷，上写：×××的弟弟×××找彭草花。当时我很受触动，后来我根据想象，写成一首诗并一篇小小说，特附于后以供参考。

附1：

从蓊郁里落下的一片叶子/秀实

20世纪30年代，不少作家喜欢用"园圃"来形容文学。诗是花，散文是草，小说是树木。这个陈旧的比喻，因为20世纪80年代末期环保意识的流行而更添新意。仍然流行于20世纪80年代末期的小小说，则无妨看作是蓊郁枝丫中落下的一片叶子。

以一片落叶来比喻小小说，有以下的含义：①所谓一叶知秋，好的小小说要求做到以小见大；②好的小小说追求意境，风中落叶可状其神采。

小小说的中文名称，殊不一致。我想，没有一种文类的称谓如小小说的五花八门。但英文称其为Short-shortstory或Suddenfiction。这是两个很有意义的"称谓"。前者反映了小小说外形的短小，后者则反映了小小说内在的特质。

中文的小小说，字数界限有一定程度的弹性。一般来说，从数百字到2000余字不等。单从形式上分类，显然是不够的。除了形式，每一种文类都应有它在内容上的特质，小小说当然也不例外。有人寻求情节，认为小小说应具悬疑或意外结局；有人诉诸内容，以为小小说应有深刻内蕴或以小寓大；有人着意于文字上，追求文字上的浓缩和诗化。

让我们看看传统小说的特质。一般而言，无论短篇或长篇，小说都不仅限于说故事、寻求诱人的情节，而总是有它对人性更深层的反映。但这种文体内在的规律，在小小说上却不能充分反映。所谓"量变引起质变"，小小说因为篇章的限制，出现了"反文类"的情况。这是一个很有趣的现象。原来作品篇幅的长短，会影响作品的特质。小说如此，诗也不能例外。长歌和绝句，本质的不同也是显而易见的。

有人举出崔颢的绝句《长干曲四首其一》，认为是一篇妙绝的小小说：

君家何处住？妾住在横塘。停船暂借问，或恐是同乡。

20个字里，有人物有情节，情节又包含高潮和悬疑。这便是个好例子。也有人认为小小说是"小说中的绝句"。小说名家汪曾祺便说过："短篇小说散文的成分更多一些，而小小说则应有更多的诗的成分。小小说是短篇小说和诗杂交出来的一个新的品种。"杰出的作品总令文类学家疲于奔命。前面我用"一片落叶"比喻小小说，明显地，我认为好的小小说是能以小寓大的，美在意境，而不是拘泥于情节上的追求。

因为篇幅的限制，创作小小说困难的地方不在"多写"，而在"惜墨"。写作时得常常"刹车"。其情况有如过三峡，总得停停阻阻，不能有杜甫先生"即从巴峡穿巫峡，便下襄阳向洛阳"的快意。小小说内容的焦点应是单一或单纯的，胃口不能大。相对而言，其情节应是清晰的，尽量减少场景事件的因果纠缠。称小小说为"镜头小说"的人，相信也赞成这种看法。

和小小说最纠缠不清的是短篇小说。不知小小说为何物的作家写小小说时，最容易犯小小说"短篇小说化"的毛病。因为他们只知将短篇一再浓缩，不明题材的处理。好的小小说有它本身的审美特点。两种体裁字数上可容许交易，内容特质却不容混淆。前引汪曾祺的看法，不妨作为参考。

小小说仰视文学殿堂，而适宜读者阅读，是时代文学的新品种。时下颇有人鄙夷文学的消费价值。但文学的功能却是多方面的，绝不应凑合于一条蹊径。

附2：

寻人启事/于元林

古老的府城又走散了年轻的一对/深巷里有人叫卖豆花/老墙上的李想在一个句子里寻找彭草花

从故乡的高音落下/彭草花是李想的一阵呜咽/彭草花就是乡土变成尘土的过程

如今李想的前程变成了异乡巨大的黑夜/彭草花被她的姿色黑进了城市的交通规则/彭草花正踩着钱的油门加速消失

附3：

寻人启事/于元林

刚才挤公交时被人踩了一脚，她不知道是骂司机开车鲁莽还是骂踩她的小伙儿。小伙儿忙不迭地道歉，抽出纸巾不惜弯腰低头要给她擦鞋，她拒绝了，气也消了大半。车到站了，她下车时脚还有些隐痛，左脚的皮鞋面上踩了一个鞋印子，得找个地方擦鞋。

临近车站就有个擦鞋摊子，擦鞋人双手拿块绒布，正忙着给已经锃亮的皮鞋来回擦拭，以使鞋油能够均匀地发出十二分的光亮。主顾躺在舒适的靠背椅中，鞋不离脚，脚放在高矮合度的凳子上，全身放松，眯缝着眼睛享受着伙计熟练而又舒适的服务。

街角僻静处一棵梧桐树下也有一个鞋摊，因为不甚当道，生意冷清，与这里的忙碌形成鲜明对比。擦鞋人是个花发长须看起来上了点年纪的人，似乎也不着急，也不张望，背靠一辆人力三轮，自顾自看着手里的书。她是研究唐宋文学的，对读书人颇有好感，于是情不自禁地向这个看书的擦鞋人走过去。

"请坐！"擦鞋人起身向她欠欠身，指向靠背椅。四目相对的一刹那，她像遭了电击似地一震，僵立在那里。

"天啦！——不会那么巧吧？"她的心呻吟着，"是他吗？——啊，不可能，不可能——"

　　擦鞋人最初也是一愣，但很快恢复镇定："小姐，当心不要绊到东西，请坐——"她从一阵眩晕中清醒过来，第一个念头就是抽身逃走。但她的脚有些软，不听使唤，反而在擦鞋人强压着颤抖的声音的指引下，一下子软瘫在椅子中。

　　她闭上眼睛，回忆他刚才的笑容。是的，是他，不会有错。他的笑还是那么迷人，即使淹没在他饱经沧桑的皱纹中，添了些许沧桑和凄凉，但还有二十多年前她插队当知青时的那种乡野阳光善良、明亮的味道。她当时就是因为抵挡不住这迷人的笑容才爱上他的。

　　后来她回了城并考上大学，家人不允许他来找她，她也躲起来不再见他。几年过后，她就读研究生期间，听人说他在这个城市流浪，精神有些不正常了。曾有一段时间，他反反复复地在她家所在的府城的大街小巷贴寻人启事，上面只有一句话："李想找彭草花！"他的毛笔字很漂亮，寻人启事特别引人注目。父母很是生气，找人把他揍得头破血流，要他滚出府城，不然就把他扔到琼州海峡去喂鱼。后来他就真的销声匿迹了多年。

　　如今，当年的彭草花已经成了国内学界赫赫有名的彭教授，当年的李想又借尸还魂般出现在府城街头，给她擦鞋。脱灰、上油，刷油，第二遍上油，刷油，抛光，他带了自己体温的动作掩饰不住慌乱，有两次刷子从他手里脱落在地。她虽然年近40，身上还有一股迷人的香气，似乎正是这香气让他打了一个喷嚏。他有些灼热的呼吸触碰到她的肌肤，直透她的骨髓。

　　在七上八下的胡思乱想中，彭教授忽然坐起来想说话，可是她又突然间改变主意，最后无力地掩饰道："对不起，能看一下你的书吗？"

　　是《花间集》。扉页有一行毛笔小楷："梧桐树，三更雨，不道离情正苦。"这娟秀的柳体字迹，就像指纹一样可靠，眼前这人必是李想无疑了。

　　彭教授忽然有了勇气，抛开书离开靠背椅站起来。

　　"你是李想吧？"

　　擦鞋人来回折叠着手里用来擦鞋的蓝色绒布，凄凉一笑，摇摇头：

　　"小姐，我没有理想。这个年代还谈什么理想啊，大家都在谈钱。"

他的声音有些沙哑，确实不像当年李想的声音。但彭教授还是掂量出了话里的分量，压低声音说："我是彭草花啊——"

擦鞋人也不看她，仰头看了看头顶的梧桐树说："如果你觉得价钱不合适，我不要你的钱，小姐你走吧。"

彭教授此时有些迷糊了。她偏着头想了想。在他俩之间短暂的寂静里，一辆摩托车从街对面飞驰而过。

她很不放心地又问了一遍相同的问题："你是李想吗？"怕他有歧义，又解释道："我是说一个姓李的名叫李想的人。"

"对不起小姐，我不叫李想，我叫叶同吾。"

"对不起——那么是我弄错了？"

彭教授付了钱，心情忐忑满腹狐疑地走了。

一路上，她又想起刚才擦鞋人看的那本书，还有书页上的题诗。她是研究唐宋文学的知名教授，这才想起书上的手迹是温庭筠词《更漏子》里面的句子：

玉炉香，红蜡泪，偏照画堂秋思。眉翠薄，鬓云残，夜长衾枕寒。

梧桐树，三更雨，不道离情正苦。一叶叶，一声声，空阶滴到明。

"梧桐树？""叶同吾？"这里面有什么联系？——不对，那人不是叶同吾，那人是李想。彭教授已经走了很远一段路，越往前越没力气。一股巨大的力量扯住她，让她转过身来。

梧桐树下空空荡荡，自称叶同吾的人不见了，鞋摊也不见了。问旁边鞋摊的擦鞋人，说已经走了；想打听他的住处，周围的生意人都茫然不知。

此后彭教授找遍府城和整个海口的大街小巷，再没见到那个她认定是李想的擦鞋人。托人到她当年插队的李想家乡去打听，回话说李想已经多年没回过老家，他的家人早就认定他已不在人世。

第五章 余论：语文场

一 "语文场"里学语文

"场"是一个物理学概念，是使实物之间产生相互作用但人眼看不见的一种能量和动量。"语文场"借用"场"的概念，是为了强调语文教学过程中，生生之间、师生之间、课内课外、校内校外，甚至学科之间的广泛关系以及它们之间的互动可能，使语文具有更加丰富的内涵与外延，从而形成更有力量的魅力磁场。

理想的教育应该让每个师生都能体会到在场感，但是大班化教学再加上应试训练阻碍了这种感觉的形成。所有人都围绕问题的标准答案用一种权威方法苦苦思索求证的时候，每个人包括老师都被标准答案绑架了，因为这不再是一个充满人与人关切的富有生气的群体在进行思维创造，而是变成了运算和推证机器的人在清洗和打通他们机械一般的思维零件。

> 班级规模太大也可能会给老师和学生带来一系列问题。个别学生可能会在大群体中迷失自我，尤其是不自信和没有安全感的学生。在大班教学中，有机会表达自己意见的学生少，教师用来诊断和满足不同的个人需求的时间更少……教师无法充分了解每个学生，也无法积极地参与到每堂课的教学中①。

---

① 塞尔登，阿比多耶.第四次教育革命［M］.吕晓志，译.北京：机械工业出版社，2020.

教育是一种双向行为。教育是否成功，主要看受教育者的德智体美劳等各方面，是否发生了创造性的变化。有了创造性的变化，学生的主体性，才谈得上是被激发出来的，而教师的工作，才谈得上是创造性的工作，也就是充分发挥了教师主体性的工作。师生主体性的发挥，跟主动、交汇、创造这些概念密切相关，且并不以牺牲另一方主体性为前提。

假若一个学生，他本身的主动性和主体性很强，教师已经成了他主体性发挥的障碍，这时他的主体性可以脱离教师而存在。这也意味着师生关系的解除和教师主体性的终结，因此，教师的主体性绝不能脱离学生而存在。

为了片面追求升学率，学生仍被当作驱使的对象看待，师生之间，谈不上信任和尊重。有些学校，还在搞后进生学习班。学生被定性为后进生，他就会往后进生的深渊里滑。这种师生关系，怎能形成互动交流的局面，怎能使教师和学生的主体性都充分地发挥出来呢？

在这种管理模式下，管理者与被管理者、教师与学生之间，不是场的关系。场的关系是充分和饱满的主体关系，是人与人、人与物之间的相互吸引和促进。当代中国教育不缺乏这种教育管理模式的改革者，原深圳中学校长王铮就是我敬佩的人。且看他的做法：

> 王铮在组织机构上，延续了以前的做法，取消班主任，弱化了原来教师的管理角色，实行导师制，导师只负责指导而非管理学生。传统的班级，则变为单元。单元制度打通不同年级之间的间隔，创造了更多纵向交流的机会。在教学形式上，王铮推行选课制和走课制。学生可以跨班级、跨年级自主选修，每个学生在不同学段都有自己的课表。当时的深圳中学，学生背着书包、抱着课本，在各个楼层寻找自己下一节课的教室是寻常的景象。
>
> 除了对教学和课程做大刀阔斧的改革，另一对学生产生深远影响的做法，就是倡导学生自主和校园民主。在王铮的主导下，深圳中学将学生事务基本都交由学生自我管理。学生成立了社团联盟理事会，简称"社联"，"社联"的理事长和理事都由学生选举产生，管理电影社、戏剧社、历史社等20多个社团。
>
> 学生还成立了监察部，监督学生会的资金使用状况。校学生会

被定位为学生的一个自治机构，同学们都可以参与到学校的建设和讨论中来。要不要穿校服，学校没有统一规定，学生可以选择穿，也可以选择不穿。那时，深圳中学有一份学生自办的刊物《涅槃周刊》，不论是选题还是发行，都由学生自主负责，自负盈亏。因为纯独立运作，所以经常有一些尖锐的话题，如针砭时弊，直言学校管理的不足。这本杂志不仅在校内发行，还在深圳乃至珠三角十多所学校有着稳定的读者，影响力甚大。①

王铮的名言是："我们不是在办一所学校，我们是在办教育。"借用"场"的概念，我们可以说他在办"教育场"。"教育"当然比"学校"有更深广的内涵和外延，一个办学校的人只配称作校长，只有办教育的人，才配称为教育家。王铮把那些控制式的师生关系，变成民主互动的"场"的关系，这样的勇气和做法很不简单。

把语文课变成语文场，在语文场里学语文，不仅是可能的，也是必需的。

如果你上文学课，要介绍作家，只干巴巴地讲解，是一种做法；但哈佛大学的一位教授用的是"场"的做法。

　　哈佛大学的一位文学教授在给学生介绍俄国文学时，将教室的窗帘全部拉上，关上灯，教室漆黑一片。

　　教授在黑暗中点起一支蜡烛，黑暗中有了一丝光亮。"这是普希金。"他对学生说。教授又点起一支蜡烛："这是果戈理。"教授走到教室门口，打开灯："这是契诃夫。"他又走到窗边，猛地拉开窗帘，耀眼的日光洒满教室。教授说："这就是托尔斯泰。"②

教读《阿 Q 正传》，如果只讲读课文选段，做题，讲题，这不是"场"的方法。在这样的课堂，生生之间、师生之间少有互动和交流；读者也没有真切地进入文本，少有对文本的理性思考、艺术赏玩和情感共鸣。但是，如果学生产生了各自的问题，并且到图书馆里借其他书去尝试解决自己的问题；

---

① 图教品：《王铮与北大，扯不断理还乱》，教育品牌研究所（微信公众号），2022-1-7。
② 《一句话的力量，胜过整个世界的份量》，苍山夜语（微信公众号），2022-5-6。

或者与老师和学生讨论了这些问题，并对鲁迅的作品产生了浓厚的兴趣，忍不住要去读《阿 Q 正传》全文，甚至《呐喊》里的其他小说，这就是场的教学。可见场语文不是什么新鲜的东西，它其实就是放下了应试目的的最原始的语文学习状态。

如果你要学生写作文，除了干巴巴地传授写作方法，还有没有更好的办法？有的。且看一个在美国读书的孩子所经历的作文课。

> 丰富多彩的作品展示：展板就放在教室外的走廊上，底部是老师事先拍好的每个孩子的笑脸，每张笑脸上挂副墨镜，孩子在墨镜上贴出自己的作文，要写出自己的特征，让前来参观的家长能够根据描写文字猜出哪个是自己的孩子。展出主题也可以是写自己的朋友，写自己的同学，写自己最喜欢自己的哪个部位……放在教室后墙等不同的地方。展出的作文哪怕有语法错误，也保持原样，老师不加修改，因为老师认为，"孩子就是在错误中学习进步的"。
>
> 作文课上，每个孩子都有机会朗读自己的作文。放一把"作者椅子"，特意做好标记，作者要戴上老师特制的"今日作者"的胸牌，大家围绕这把椅子聆听作者的朗诵。朗诵完了，每个听众要根据"T. A. G"模式发言（即 Tell what you enjoyed? Ask a question. Give a suggestion 三句英语的首个字母），老师还要郑重送给朗诵者一张自制的小小奖状。活动极有仪式感。[1]

"场"语文就是用"场"的磁力，把每个学生包括不同班别、不同年级的学生，甚至把家长都吸引进来变成在场的人。"场"语文就是要让每个学生不仅是接受者，而且是施予者；不仅是听众，而且是演员和导演；不仅被光照亮，而且发出光芒。

我们的语文教改，太需要语文课向语文场的转变了。

---

[1] 毛妈约稿：《缪可馨作文本上的红线》，毛妈 Carol（微信公众号），2020-6-22。

二 对话场、阅读场和写作场

对话要有语境, 至少有三个构成要素: 受诉对象、共同话题和表达动机。一个 40~50 人的班级, 个体要成为说话者的机会是很少的。40 分钟一堂课, 平均每人只有不到一分钟的说话时间, 绝大部分时间里, 学生仅仅是一个听众, 即使有说话的动机和口才, 也很难轮到说话的机会。一个极有控场能力的老师, 能敏锐发现听众的状态, 话题也很吸引人, 但也没办法顾及在场每个听众的反应, 并对每个人的反应做出一一回应。师生之间的互动, 在人数越多的班级越困难。在人数越多的场合说话, 就越具有演讲和报告的性质。而课堂的话题如果是艰深的知识而不是大家共同感兴趣的话题, 教师的说话就不可能是演讲, 而变成了知识的讲解和信息的单向传输, 师生之间的交流就会越来越同质化, 缺乏个性化与针对性, 教师的语言离学生的个体需要也就越来越远, 师生之间的互动也就越来越不具有对话的性质。

有的语文老师为了给学生增加动口机会, 每节课安排 5 分钟的课前演讲。但在中国的课堂, 真正实施起来并不如想象中那么美好。首先, 学生成天忙于题海拼搏, 眼界狭隘, 言而无味, 一群功利心很强的听众只是觉得浪费时间, 并不能形成互动性的说听关系。一个 40 多人的班级每人近两个月才能轮到一次演讲, 一个学期下来也不过两三次, 杯水车薪, 聊胜于无而已。而且从性质上说, 演讲是对众多的人言说, 与有说有答、有说有笑的日常性、私人性的对话有很大的不同。而后者, 无疑是更能激起言说者谈话兴趣的语言行为。

对话的意义在于: 对话者用不同的头脑思考和推导问题, 避免了单向思维带来的认知偏差, 对话者之间的话语互为补充和启发, 往往触发更多的灵感, 诞生更丰富的思维成果, 并带来倾吐的愉悦。《增广贤文》这样描述这种言说的积极意义: "听君一席话, 胜读十年书。" 也就是说, 与人对话, 有时可以获得从书本上得不到的启发。

对话在语言学习中的重要性可见一斑。对话要有语文的性质和功用, 除了笔者在《有声语文》里提到的那些方法, 还有一个符合中国课堂实际的做法, 就是写班级日记。中国的课堂模式一天两天难以改变。学生生活在一个狭窄的天地中，对于他们的一举一动、一颦一笑，说的每句话、行的每件事，说出来的、没说出来的，不同的学生会用自己的视角记录下来，然后在班级的每个学生、老师之间传阅，这样的写作来自大家共同关心的日常，写出的文字有在场的人阅读和谈论，从本质上说，它与对话最为接近，甚至可以说就是一种用书面语言呈现出来的变相的对话方式，是一个很有磁性的对话场。

中国台湾学者杨照曾谈到他年轻时的求学经历，他对西方哲学家韦伯的兴趣，是周围人激发的：

> 我接触韦伯的著作跟思想，要回溯到大学时期。40 年前，1981 年的 9 月，我进入台湾大学的历史系就读，很快就发现，不同的科系的学姐学长们，非常明显地至少在知识追求上分成了两派——中国派跟西化派。中国派大部分都去上爱新觉罗·毓鋆（1906 年 10 月 27 日—2011 年 3 月 20 日）的课。他是清朝的遗老，当时开了私塾，讲众多的中国经典，尤其集中于先秦的经典。他讲得非常灵活，经常会穿插对现实的评论，所以吸引了很多大学生、研究生去上课。另外，这群人也必会阅读钱穆先生的书。还有少数人，每一个礼拜搭车，远赴最北边的外双溪，到钱先生所居住的素书楼去上课。西化派则读的大都是原文书，绝大部分是英文书。他们会经常出没几家奇怪的书店和书摊，那里会卖当时在台湾的禁书，如鲁迅、茅盾、巴金等人的小说。在他们那里，我最早捡来了几个常常听到的名字，马克斯·韦伯（Max Weber）就是其中之一。另外一个说的时候声音要放得更低，那是卡尔·马克思（Karl Marx）。马克思跟韦伯，是当时西化派最看重的两个马克思（斯）。
>
> 受到了这样的影响，我就在学校对面那怪怪的书店里买了一本未经翻译的英文书，书名叫作《From Max Weber》，是一本韦伯著作的选集。我用当时还非常有限的英文能力开始努力阅读，并且借着自己阅读到的那么一点点东西，试图加入西化派学长、学姐他们的讨论①。

①　杨照：《"工具人"是我们逃不开的宿命吗?》，看理想（微信公众号），2021-10-12。

杨照有幸遇到了一个"场"，时代思潮和群体兴趣的感染与推动，奠定了他后来学术生涯的基本方向。

时代场不可复制，遇之则幸，遇不到也可以自己设场。邀三五好友，读同一本书；择吉日良辰，聊阅读感受，这也是场。正规一点儿的，搞个读书协会，举办好书分享会、读书报告会。如果这些条件都没有，不妨充实自己的书房，多买些好书，置讲究一点儿的桌椅，读书环境弄雅静一些，保证每天的阅读量，坚持每天读书，让读书成为一种愉悦身心的习惯，这也是场。古人读书，很讲究场的设置。明代陆绍珩《小窗幽记》说：

> 盛暑持蒲，榻铺竹下，卧读《骚经》，树影筛风，浓荫蔽日，丛竹蝉声，远远相续，蘧然入梦。醒来命取椒柿发，汲石涧流泉，烹云芽一啜，觉两腋生风。徐步草玄亭，芰荷出水，风送清香，鱼喜冷泉，凌波跳掷。因陟东皋之上，四望溪山蜚画，平野苍翠。激气发于林瀑，好风送之水涯，手挥麈尾，清兴洒然。①

陆绍珩读《骚经》，是到美丽的自然环境中设场，读诗与读自然，读诗与读生活，水乳交融，须臾不可分离。兴之所至，或读或止，清兴洒然，余味绵绵。如此阅读，实乃神仙境界。

我出生于苦寒之家。家中之书，除了《毛泽东选集》，就是几本可怜巴巴的线装古书，如张仲景的《伤寒论》，以及几本掉了封面的《三国演义》《水浒》等。父亲阅书，先净手，翻动宣纸内页时动作轻柔，生怕有污有损。家中人畜病痛，全靠父亲从中查考开具药方，每每灵验。这些早年的记忆培养了我对书的珍爱和敬重。小时候我会把书页卷角弄平，污迹擦掉，用针线锥子和牛皮纸重新装订封面，不忍将书与家中腌臜之物放置一起，但家穷无书架，就在自己住宿的采光较好的土屋屋角地面上挖了一个精致的土坑。书吸湿气回潮，书页膨胀，我心痛欲泪。直至今日，我爱书习惯难改，见不得学生糟蹋好书，每每从垃圾堆捡拾回来，放回书架上去。

爱书是一个读书人的基本特征，不爱书者不配做读书人，而不管其学历

---

① （明）陆绍珩. 小窗幽记 [M]. 南昌：江西人民出版社，2016.

多高。阅读场要建起来，首先得教学生爱书。对书有情，方识书香；识得书香，方能不弃好书于茅厕，方能去阅读品鉴。

写作不仅仅是临堂作文，还有课堂笔记、读书笔记、留言、书信、日记、广播稿，以及稍微专业一点儿的文学创作，等等。参加了婚礼，写个赠言；过了春节，写副对联；参加丧葬，写篇悼词；为自己编一两句座右铭……均是与自己生活实际需要息息相关的写作活动。如得语文老师关注引导，就是很好的写作场。将学生精彩的课堂笔记与读书笔记，展示出来大家共赏，难道不是比考场作文更有意义的写作场？寒假前先给学生布置任务，春节拜年不得转发现成短信，须得自己创作，然后写篇文章，详述这样编写的理由。这样的作文，是否比应试作文更有写作场味也更能激发学生的写作欲望？学生阅历浅薄，生活枯燥，给他们看一部能让他们感动和深思的电影，然后让他们写影评，这也是场式作文之有效方法。

写作场中有一个很重要的文学场。几乎每所学校都有文学社，但不是每所学校都有文学场。文学要形成场，学生得有文学爱好，有文学梦，学校和社团要为这些学生提供施展才华的平台，如有发表文章的机会，才高之人受到同伴的仰慕和追捧，等等。文学是一种类似梦的游戏，每个有梦的孩子都有被当作大作家大人物来对待的期待，就像孩子们在玩公主王子的游戏时，那种情感中的高贵雅致的戏份要足一样。

在营造写作场尤其是文学场的时候，作为老师，要有为学生留下记忆凭证的意识。一个明星出生时的脚印常使粉丝们顶礼膜拜。做老师的，要把学生求学时的手迹当作未来伟人的手迹来珍藏。据说西方有些国家的学校，学生的作业和作文被当作档案保存，当一个白发苍苍的老者回到母校，还能看到当年的字迹，他的内心会有何感想和感动？

三 作为场源的语文教材，兼论青春读书课

教材是语文教学的依据，是学生学语文的起点，也是学生的精神母乳。教材一般在课上由教师讲读，读本则配以有一定容量的书目或文选。世上之书浩如烟海，学生自选未免迷茫或盲目，方家选配的读本此时则显出重要性。

对学生来说，教材是否具有磁场，取决于教材的内容是否与学生作为人

的成长和发展的需求密切相关。

古时语文的蒙学教材有《三字经》《千字文》《幼学琼林》等，能将识字的工具目的，与知识性内容和明理性教化比较完美地结合起来。《千字文》从"天地玄黄"的自然宇宙开始，到"始制文字"的历史发端，再到修身齐家治国平天下，最后到建筑、农桑、军事、人生成败……林林总总，全在精粹的四字韵文之中。寥寥千字，内涵深广，学生只需背下，即可受用终身。科举取士之后，四书成为统一教材，其核心思想，是让读书人沿修身齐家治国平天下的顺序完成人生修炼。这个序列没有什么不对，但在"忠""孝"成为修身的最高原则之后，造成人的反噬和自戕，扼杀了人的活力与潜能，违背了人是最终目的的教育宗旨。

民国时期，随着白话文运动的兴起和西方理念的涌入，中国教育开始挣脱几千年儒家道统的绑缚。有识之士，开始为满足人的自由与充分发展的需要编写教材。蒙学教材多儿歌、童谣、童话、童趣故事，儿童视角中的天地山川、人事风土，明净澄澈，姗姗可爱，再无旧时经典中的佶屈聱牙、威严高深的经纶与大义。试看如下选段：

吹箫打鼓，老鼠娶妇。娶得何人？猫国公主。（《新撰国文教科书·初小第二册》）

雨将晴，河水清，两渔翁，须眉皆白。披蓑衣，戴箬笠，同坐岸上，张网捕鱼。（《共和国教科书新国文·国民学校第二册》）

两小儿斗画为戏。取纸两方，各画一物，彼此不相知。及画毕，出而视之：一儿画狗，一儿画兔。兔怕狗，画狗者胜，画兔者负。（《新撰国文教科书·初小第四册》）

中学、大学国文教材和读本，则弃文言而选白话。一本今人从当时中学、大学教科书及读物中所辑的《民国语文》，分自然、人生、生活、社会的总目来编排时文，散发着浓烈的草木清香和浓郁的烟火之气，颇具一格，令人耳目一新。

近代教材的编选，在缩短与学生的距离的探索上，无疑迈出了可喜可贺的一大步，从而显出更具现代精神的可亲可近的人文气息。

恢复高考之后，我们一般用语言学和文章学的思维和体例来编写语文教材，以应对标准化测试之需。语文教学重在肢解文本的客观要素：作者原意、语法要点、文体要素，而较少顾及学生的身心特点和成长需要。语文教材的不足，近些年逐渐得到改观和完善。

与统编教材相呼应，各种以扩展学生阅读面为目的的语文读本也被许多方家开发出来。就笔者有限的阅读而言，深圳育才中学的严凌君老师编选的"青春读书课"人文读本①，尤其值得关注。

"青春读书课"人文读本分《心灵的日出》《成长的岁月》《人间的诗意》《古典的中国》《白话的中国》《人类的声音》《世界的影像》七个专题，每专题两册共 14 册 500 万言。除了《人间的诗意》有明显的诗歌文体特征，其他各册则淡化了文体，大致以人的诞生、求学、成长、成年、衰老、死亡等为主题线索选文排序。比如，《古典的中国》（上册）《上编：中国书生》，《有韵的童年》《劝君惜取少年时》《学问天下》《养成一名君子》《出发一：人迹板桥霜》《出发二：治国平天下》系列文章，大致有一条童年、少年、求学、立志、初入社会、履行责任的隐隐的线索；《书生意气》《文心侠骨》讲人生遇到考验时中国书生的操守，《诗生活一：风雅的意趣》《诗生活二：精致的品味》是中国书生的生活侧面，《一蓑烟雨任平生》则是生活遭受挫败时达观的人生态度。这种编排方式，与每个人的成长历程是一一对应的关系，书与人形成了几近天然的契合，读者易于与书中内容产生心灵的共振与共鸣。《古典的中国》（上册）《下编：中国味道》从传说、节日、孝道、耕读、教子、婚姻、交友、仗义、风土、田园生活、时间感喟等方面平行展开。《古典的中国》（下册）《上编：天地立诗心》，从风景、送别、书信、交友、爱情、相思、婚姻、隐逸、咏物、怀人、思乡、饮酒、读书、僧道、笑骂、武侠辑录中国人的诗性文字；《下编：汉语的星空》按朝代顺序辑录秦汉贤达、魏晋名士、大唐气象、宋元意气、明清天真。统而观之，《古典的中国》专题有个体成长的样本（《上编：中国书生》），亦有群体共有的特质（《下编：中

① 严凌君. 青春读书课人文课本［M］. 深圳：海天出版社，2018.

国味道》）；有反映族群生活特征的方方面面（《上编：天地立诗心》），又有中华族群历史变迁中的文化气象（《下编：汉语的星空》）。编者在浩如烟海的中国文化中精挑细择的这些最具中国气质的侧面，有点的精准，更有面的涵纳，连绵起伏，浩瀚如洋。整套丛书，纵贯古今，横贯世界，大气恢宏，错落有致，横岭侧峰，相映成趣，一个求学年代的孩子，真要把这套书读进去，必能受益无穷。

　　"青春读书课"人文读本本身是一个巨大的富有磁性的语文场，它的磁性来自编者对语文读本的定位——人文。"人文"往往是"工具"的对立面，它是涵养灵性、培植生命元气之所在，而不是用来追名逐利的手段，这就决定了它跟心灵鸡汤、考试秘籍、器物操作说明书等有着本质的不同。而人性中的人文形态，古人与今人、国人与异邦在不同的境遇里都各具风姿，甚至同时代同国度的每个人，都有不同的面孔。读本让我们不仅见识了人性中最精美的东西，更认识了其丰富与浩瀚。对于中国古代官员，旧时文选包括《古文观止》选得最多的，往往不是爱国者，就是黑暗的控诉者。读了《古典的中国》，我们知道一个好官，并不都是"金刚怒目"、血荐轩辕，还有遵义陈玉壂那样行养蚕小事而成民生大德、让"遵绸"从此闻名于世的地方官（见本书《遵义丝绸的由来》）。这种官员没有轰轰烈烈的事迹，只不过做了分内之事，却更接民间地气，与普通人的距离更近。同是《示儿》，南宋诗人陆游在遗诗里是"但悲不见九州同"的悲愤。和平年代，花好月圆，父子都没有亡国的语境，父亲死时要对孩子说话，显然在陆游的《示儿》里难以找到语言资源。《古典的中国》为我们提供了一个使人震撼也更易操作的范本——明朝支大纶的《示儿》：在什么情况下，要"脚硬""口硬""手硬""心硬""耳硬"。这"五硬"，孟子表述为"富贵不能淫，贫贱不能移，威武不能屈"，支大纶的表述与孟子异曲同工，但姿态放得更低，更像一个平民的人生信条。孟子的话，宜用来教训知识分子；支大纶的话，宜用来教育平民子弟。《古典的中国》副题为"民间人性生活读本"，《心灵的日出》副题为"青春心智生活读本"，不是把审美标准放低，而是为了将那些过于高调、从而远离了人间真善美的假真伪善扮美从我们的语言视野中剔除干净。在这个读本中，读者可以找到修身、交友、求学、爱情、游历、羁旅等日常行为中较高的价值标准和生动的案例，从中汲取丰富的营养。

　　语文教材和读本是否有吸引学生的磁场，关键看选编者是否有能发出磁场的核心理念。回不到人文的原点，再怎么改革都是原地打转，而永远无法磁化成场。但一套读本的影响往往是潜在、缓慢而渐进的，不会像催肥饲料那样立竿见影。我相信"青春读书课"人文读本的价值，能够经得住时间的检验。

　　严凌君老师生于欧阳修、王安石、文天祥的故乡江西吉安，就读江西师大期间，师从新近去世的嗜书如命的文献学家刘世南先生。严老师对这段难忘的师生情谊有如下回忆：

　　　　从世南先生身上，我辨认出中国传统知识人的高贵血脉，博学多才，追求真知，敬畏真理，也感觉到古人推崇的境界：大人者，不失其赤子之心者也。当年入读江西师院时，我只是一个16岁的少年，有两件与先生有关的小事，深藏于心：一是，每天在运动场晨读，经常遇见先生，也是手中握卷，诵言喃喃，看见博学的先生依旧如此勤奋，后学敢不珍惜寸阴。一日晤谈，先生问我所爱词人，答曰：李后主、李清照。先生首肯：我也喜欢这两位词人。顿时觉得自己眼界不俗，镇日欣欣然。二是，一日，先生要看看我的诗词习作，空疏无学的我怯怯奉上几张薄纸，先生读到"原田每每"一词，略感惊异，脱口问：你怎么知道这个词？我视为先生对我胡乱翻书的认可。以上二事，是我自觉为先生私淑弟子的隐秘得意。由于年幼无知，不懂多多请益，至今为憾。自然，课堂上的先生辩才无碍，风雅逼人，将远古推到眼前，让经典变得亲切，这是七九级中文系全班同学的共识。先生的风采，我们永志难忘。

　　严老师大学时也是嗜书如命，他的好学雅趣和精神追求深受刘世南先生在"场"的那个年代读书风气的影响。有了大学期间博览群书的底子，加上他来深圳后把这套读本当成一生事业来完成的专注与勤奋，才有了如此收获。

　　严老师的"青春读书课"人文读本无疑是对令人流连忘返的20世纪80年代的丰厚馈赠。借我一篇旧作《二〇一六马年，贺岁寄严凌君》，赞曰：

书生有剑气，跃马啸长风。蹄奋当年勇，鞭扬万壑松。

逢时成俊伟，面壁亦英雄。勒石南山下，名垂大海东。

四　语文场案例：南头中学班级日志选段①

2004 年 9 月 8 日

记录人：赫英刚

今天是星期三，中午的时候有一阵大雨经过，微风中也多了许多凉意。您现在所看到的文字，是本班第一篇班史记录。从今天起，班史将伴随我们走过高中生活。

我们的班级从 8 月 31 日成立，到今天已经 9 天了。同学们和老师们都日渐熟悉了我们的校园，也熟悉了彼此。我们的教室位于学校二楼，班门前是一块室内缓台，从缓台的栏杆望下去北边是广场，南边是排球场和大操场。从班级的窗户望出去，下面是花园的一角和校园小路，上面则只有一块四方天。我们班现在有 41 名成员，一个是我，不太大的老师，40 个是学生——仿佛已经是大人的学生。我们组成了一个独特的集体，北方的大风雪（我）遇上了南方的阳光（他们）。我们班还有好多来自五湖四海的老师。今天新来的数学蓝老师开始在班级上课了，班级的讲台成了南北乡音的集散地。

今天班里有两件大事：一件是编辑部悄悄成立了，另一件是班篮球队取得了比赛的胜利。此外，还有一些小事，如电脑可以用了，座位改成了七列六排，等等。

编辑部包括邹添畅、罗燕君、何秀婷、何晓蕾、林奕淳、陈灿浩六位同学，邹添畅被指定为临时负责人，团支书李新也会参加到编辑部的工作中来，这样一个小小的写作群体就形成了。预备在下周的早些时间诞生第一份班级报，从今天起班史的主要编撰者正式上任了，编辑部的成立是当务之急。班级在此时此刻迫切需要一个最强者来引领。扬我所爱，贬我所憎，这恰恰是史、报等文字刊物

---

① 节选自深圳市南头中学内部交流资料《似水流年》（2006 年版）。

的功用，希望我们的编辑部成员越做越好。

下午第八节课班级篮球队比赛，我们以较高比分打赢了对手。比赛是学生自己联系约定的，我和三班的任老师都是观众。球打得很激烈也很精彩，得第一分的是三班，不过我们很快还以颜色，赶超并且远远抛开了对手，一路领先到最后。赖翊舒的球技很出色，得了好多分。姚昊组织了比赛，并且有出人意料的弹跳能力，虽然遭到对方同学侵犯，却始终保持克制，为这次比赛的胜利立下了大功。张济夏个子高高的，动作很灵活，即使在比赛最激烈的时候也面带微笑。戴暾勇敢，不惜体力，得了许多分，破坏了对方很多次进攻。宋旭锐灵活，动作迅速，有许多次抢断，还表演了盖帽。李阳执着，和对手相撞后，不顾伤痛挺身再战。这些队员的拼搏精神十分可贵，我们不但胜了，而且胜得精彩。

晚自习的时候，班里再次强调了纪律的重要性，同时公布了班级对团支书的任命。沈鑫和李新两位同学成为代理团支书，预备在校运会后进行班级的整体选举。

至晚 18：30 放学，Today is basketball's day!

2004 年 9 月 8 日

记录人：邹添畅

开学整整一个星期啦！同学们，这可是我们的 Class1（是北大序号，南中序号 17）建班以来第一篇班级日记哦！我想，这是一件值得庆贺的大事了。好了，让我们来回顾一下这精彩的一天吧！

我今天来得也算早了，但值日生们看起来比我还要早。一到班级，我就感觉教室分外干净。勤劳的值日生们可要再接再厉，继续保持哦！本人先代表班级为你们加上一分。（今早班主任也出了不少力啊！）

还有，班上一直有一台缺少主机的电脑，今天终于可以打破"可远观而不可亵玩焉"的状态啦！这可真要感谢我们班那两位"强壮"的男生搬回了主机。不过正当同学们沉浸在玩电脑的喜悦氛围时，另一边发生了一点点小意外。两个小男生产生了矛盾，发生了争执，并且发展到要用拳头解决问题的地步，不过风波很快就被平息了。两个小男生，今天我先放你们一马不透露姓名，但如果再有下次，我可不会手下留情了，定当秉公处理，张榜公布于天下。

不过今天最让我们开心的还是那场精彩的篮球赛。我们班那六位男生今天下午活动课上的表现真是振奋人心啊！说实话，在比赛前，我听到的总是"三班赢定了""我猜三班会赢"的话，原因是我班男生的个子明显比三班的低。虽然我未曾见识过我班球队的实力，但听别人这么说，心情总是难以平复。我们班到底会不会赢呢？真的是要到比赛结束的那一刻才能揭晓。怎么说也是我们 Class1 的第一场男篮赛，拼了命也要把它打好。果然，六位小球星不负众望，也不枉我们喊得声嘶力竭，以 40：28 的优秀成绩为我们捧回了第一名的奖杯，也挽回了我们一班的声誉，真让人痛快！第一炮打响了，相信我们班男篮以后会越来越棒。Because Class1 is Number1！Yeah！！

令人难忘的一天，怎么好像好事坏事都是男生干的啊！一班的女生们，加油哦！我们也要争取干出一番大成就，班级史册少不了女生的名字！

PS：今日篮球 Star：赖翊舒、宋旭锐、张济夏、戴暾、姚昊、李阳。

2004 年 9 月 8 日

记录人：沈鑫

今天来了位新数学老师，姓蓝。他似乎对自己不太自信，只跟我们介绍了他的姓，说等以后稳定了再把全名告诉我们。虽然刚开始他显得不太自然，说话也有点儿结巴，但在后面就好了。蓝老师十分注意仪表，行礼。课前起立，大家都稀稀拉拉，一副逍遥自在的样子，蓝老师严肃地让我们重起立一次。第一堂课上他点了杨崇新同学回答问题，还顺便建议他把头发剪短些会更好看。

班中纪律出现严重不良情况：上课期间，有些同学喜欢盘膝而坐、趴桌睡觉，有时会听到手机的铃声；午休时间，有些同学喜欢大声喧哗；今日中午，林奕淳同学和张龙飞同学因为小事斗嘴出现拳脚相向的现象，但小风波很快被平息。

也许大家处在趾高气扬的年龄，从长长的暑假恢复到遵规守纪状态还不大容易。不过我相信通过时间的考验加上大家的灵活机警，我们班定会成为年级之首。

今天下午的篮球比赛，眼看人家三班个个威风凛凛、高大威猛，好像我们注定会输。可不比不知道，我队一鼓作气，连续进攻，稳扎稳打，毫不轻率，分数一直遥遥领先，最终以 40∶28 的好成绩打赢三班。这离不开男生们的努力，也缺不了女生背后的支持。女生们喊破嗓子，拍红手掌为男生们喝彩、加油、鼓掌！

这是新生的第一次班级集体活动，我们期待在即将来临的"体育节"里取得更好的成绩。

2004 年 9 月 9 日

记录人：邹添畅

又是撑着伞去上学的一天，看来天气真的要转凉了。即使穿上长裤，手臂的寒意还是挡不住。

回到教室，我发现许多同学的裤腿都湿了，但这没有影响到大家的活跃，大家还是一样大嗓门、大动作。回到座位后总觉得有点不太对劲儿，英语早读开始了，旁边的张海水无故失踪。知道的同学不多，老师也没提及。坐他附近的同学产生了许多猜想，纷纷议论他是否真的转学了。前两天他不太正常（或许他天生细胞就有些特殊），总是有事无事地念着："我好想转学啊！好想转去宝安中学啊……"而且经常吐出一两句奇怪的话（真是"海水"不可斗量），让人很难知道他在想什么。沈鑫同学第一次领早读，大家跟着录音机习读，同学们的表现都很好。

英语课上笑料百出。因为 Mr Ren 要求大家必须在 15 秒内快速读完文章第一段，大家都陷入一种心急的状态，许多男生（男生总是不够稳重细心）忘记了英语课上 Don't speak chinese 的规矩，在老师报秒数的时候，或是在同学尝试快速朗读的时候，总有人焦急，忘形地吐出一句中文。在 Mr Ren 课上说中文的后果就是"罚"打手板，Mr Ren 的力度可不轻，这从打下时的响度和同学们的"喊叫"中就可看出，可怜的林全兴今天被打了三四次。

午休的时候气氛很好，待在班里的同学可能是因为有电视看，已不像往常那样吵闹，只有偶尔发出的笑声（大家都入戏了）。这让很多犯困的同学（其中包括我自己）很安心地睡了一个中午，直到物理老师来上课才醒，手也被压麻了。就在上课铃响后几分钟，无故失踪的张海水终于舍得出现了。他喊了声报告后，就悠哉游哉地走到座位上，然后慢慢地把满桌子的书塞进书包。这个时候应该听课，他的行为异乎寻常，于是好奇的我就轻轻问了一句："你要走啊？"他点点头。"转去哪儿？宝安吗？"他飞快地递过一张卡片。我一看，竟然是清华实验学校的录取通知书，旁边的同学都吃了一惊。没过多久，他就背着沉甸甸的书包走出了教室，没有对任何人说任何一句话，包括再见。临出门前对后面的男生潇洒地摇了一下手，然后就头也不回地离开了。我想他永远不会再回来了。他真是一个奇怪的人，说来就来，说走就走。王韵则把对他的评价用了一句诗来概括：我悄悄地来，又悄悄地走（原句：悄悄地我走了，正如我悄悄地来），挥一挥衣袖，一片云彩也不带走（我挥一挥衣袖，不带走一片云彩）。在我的记忆中，怪腔怪调的张海水一向我行我素，最爱睡觉和玩手机，上课从不认真听讲，只会发短信和自言自语，偶尔还会问一些奇怪的问题。不过，我印象最深刻的还是他那句极其不标准的口头禅："我选（xiǎn）择，我喜欢（hān）。"

不知道同学们是否会忘记这个跟我们相处了 9 天的人。但没关系，忘记的时候翻一翻这本班史，一定又会记起来的。这个怪人。

Please remember:

Don't speak Chinese at the English class.

Don't forget the boy who named Zang Haishui.

Finish：22：55

张海水：一个 Everywhere（任何地方），任何时候都能睡着，没有手机就不能活，永远认为年龄是秘密的男孩（原因：他属兔）。

2004 年 9 月 15 日

记录人：陈灿浩

8：21 王安琪同学不舒服，老师（数学）同意让她去校医室。

8：22 李之琪同学让老师（数学）认为她生病了。

8：31 王安琪同学回教室，老师（数学）问："你是刚来的吗？……哦！你是刚才……"教室里笑声荡漾。

8：50 第一节下课，布置作业，明天考试。

9：08 班主任赫老师来视察同学们英语课上得怎么样。

9：18 班主任任赫老师（英语）走下讲台，丢一短截粉笔给姚昊，问："为什么不抄笔记？"答："看不到！"

10：19 班主任赫老师第二次来视察。

10：55 班主任赫老师今天第三次到班里视察。

14：57 老师发现黄彦同学在看漫画书，气势汹汹地到他身旁，批评一顿并把书"收押"。

16：50 班级为迎接检查，开始大扫除。全年级都这样。

17：55 班级扫除结束。

2004 年 9 月 24 日

记录人：邹添畅

今天一到教室我就发现饮水机"被砍了头"——没水了，然后极度失望地去了洗手间。刚走到走廊里就看见我们班的三位"壮"男（其实除了李之琪，其他两位都瘦得跟竹竿一样）抱着四桶水走来。试问三个人又怎能抱四桶水？能一人抱一桶都已经不错了（这让我想起上次大扫除时叫戴暾去换水，最后他只提了装了 1/6 桶水的桶回来）。聪明的人应该能想到，可怜的水肯定有两桶是被人踢着滚回来的。不过有水就行，我们才不会介意那是怎么来的。只是他们双手抱水双脚踢水的动作很滑稽。

孙泠风可能是昨天把手弄伤了（我看到了，红肿得很厉害，姚昊帮他揉了好久），数学课快下课的时候他才来。一进教室，同学们目光都集中在他白色绷带裹得又牢又厚的手腕上，真没想到会如此严重。

下课后，每人都收到了一张《致高一新生家长的信》，说的是一些最近的安排：下周进行仪容仪表检查，10月下旬军训，11月期中考，之后是家长会。不过多是暂定，除了第一项。课间在洗手间里，可以听到同学们在讨论谁的是碎发，谁的头发染过，多数是围绕头发而谈，看来大家在发型上花的心思是最多的。

午休的时候，Jay（周杰伦）的Fans开了一个小型演唱会，主唱：姚昊、张济夏。他们在教室里反复哼着周杰伦的歌，引来了不少听众。除了孙泠风，其他都是女的（因为那时候就剩下这几个人了）。他们任由我们点唱，只要会唱的绝对奉陪到底，而且越唱越大声，姚昊可能还嫌唱得不够过瘾，唱完周杰伦又唱任贤齐，唱到一半忽然扔下一句"吃饭啰！"就走了，接着大伙也去吃饭了。（笔写一半忽然没水了，请见谅！）

下午的自习课被数学老师"无情"占用了，不少同学抱怨了一两句。最让我们抱怨的，是周末的作业，好多啊！

PS：这星期过得真快啊！奇怪，今天下午连赫老师的影子都没见着！

五 语文场案例：老马和他的学生们

高三那年，教语文的老马任六班班主任。这是一个文史班，不少人内心鲜活，文笔漂亮，老马给他们提供了表现的舞台，每人轮流写班级日志。

春暖花开，自然要发一通感慨。不过他们的感慨并不怎么崇高，说这样的天气，最适合在温和的阳光下打瞌睡，上课时总有想睡觉的念头。接下来就有人真地写去操场进行"光合作用"。一眼望去，操场很大，自己很小，所以她看着地走路，好像在寻找金子。这本是个很美的形象，可她偏说自己因为这个习惯真地经常捡到钱。兴奋、矛盾、不舍，最后将捡来的钱充了公，事后又有些后悔。

这就是老马的学生：不知道伪装，不喜欢说谎，在语言的云端，显露出来的都是童真和天性。学生信任老马，喜欢在他面前袒露自己：如何与朋友过没有情人的情人节，如何在好不容易得来的假期瞒着家长租碟偷看，如何在高考誓师大会上泪湿眼眶，如何欺负一个男生老是偷他的纸巾上厕所……老马似乎知道学生高考不易，喜欢在沉闷的生活中弄出些情趣来调节调节，因此给予这些任性以极大的宽容。但他并不是视而不见，有时也会就"不和谐的地方"发话说，他不喜欢那些肆意发表的完全属于个人的"生冷"见解。

老马脸黑，说话时缺少笑容。新生都很怕他，以为他心里有气，以为他在班会课上的每一句话都是针对自己。老马对学生的训诫简洁而锋利，少有修饰语，是那种敲得出声音来的单刀直入的短句："你太自我了。你需要救赎。你真让人担心。你要抬起头向前走……"这些句子，只需说一遍，学生就会铭记终生。开始感觉有些刺，慢慢地，听者的内心会袅袅升起一股温暖。到老马在最后一节课上说"这是你们最后一次给我的作文了"的时候，讲台下每一个人都有流泪的感觉。

学生在班级日志里写道：美好的东西总是让人内心柔软。短短一年中，老马给了学生太多美好的东西。他就像一座雄峻的大山，每个学生在他那里都获得了不同侧面的人生风景。他说请假条要如何开头，然后又孩子气地补一句，不这样写就不批假，格式不过关要重写。他故意"用词不当"，说一个经常迟到的女生快成"名模"了。他会偶尔向学生家长告状，但当事学生背地里还是叫他"我们亲爱的马马"。学生说老马是个好人，是个老实的好人，慈祥得像个"老爸"，含辛茹苦地把六班的学生拉扯大了。学生受了气也恨他不起来，说："和马马有一年的感情了，虽然今天他说了一句气死我的话，但也要在写完班级日志后才生他的气，哼！"

老马说，人生缺不得的记忆就是高中生活。他总是拿个相机，见到班上有趣的人和事就拍下来珍藏。在他这一理论的指导下，学生学会了用自己的眼睛去拍摄生活，把本来枯燥的高三过得流连忘返、如痴如醉。

老马的女弟子爱花。3月1日那天，一女弟子发出一声惊叹：今天是春天耶！然后呼吸着雨后新鲜的空气和桂花的清香，手圈两位好友漫步草坪，好不惬意！女弟子们喜欢校道两旁富有神话色彩的凤凰树，四月中旬就开始盼望它们开花，开出学校诞生全省高考状元那一年的凤凰花。5月17日那天，老马的另一个女弟子郑重写道：她突然发现了今生从来没有发现的凤凰花！

眼中有美，必然心存乐观。老马和他的弟子们心胸都很豁达，性格都很开朗。脚下虽无路，心中"路路通"。有一弟子乘 226 次公交车赶早读，作打油诗一首，表此心志曰：

> 瑶阶晃疏影，鸟语花清芬，且行且走赏良辰。
> 忽见二二六，心冷如寒灰，手提书包朝前追！
> 穿林转小巷，翻栏撞行人，壮怀激烈绝风尘！
> 胸中有红日，脚下无东风，敢与公交夺分钟。
> 有猷还有为，有守有冲锋，立德立言还立功！

美奠定了学生的生命基调和情感态度。跟老马一年，谈不上天天高兴，但他们内心充盈，富有感情。他们在老马身边，快乐而隆重地长大。有学生说，高三对我来说，是幸福和快乐的代名词。一个高三学生没一定的底气，说不出这话。

六班教室门口正对一棵不知名的大树，每到春天长出灼灼耀眼的叶子，学生叫它"春树"，这是他们的许愿树。教室旁边楼梯口干净的地砖上，常常坐着一个干净的男生，独对校园的黄昏痴想："也许，多年以后的某个傍晚，我会带我的妻子来母校散步。在这个楼梯口坐会儿，算是怀旧。如果遇到老马，我一定向他自豪地介绍我美丽的妻子。"

美的源头是爱，爱的源头是老马，老马的源头是家乡山东，山东的源头是孔孟始创的儒家文化。老马的爱天高地厚，老马的爱源远流长。在即将与学生分手之际，老马说，我们是战友，在这一年里，我们是站在一起的。他说得很土气，也很实在，这种掉渣的土气和动人的实在，是可以长出秋月春花的意境的。老马叫每个学生到他那里去领养葵花的种子。老马希望学生以后的人生灿如葵花，个个开出健朗的花朵，以此来彼此铭记，来纪念他们生命中难忘的高三（6）班，来继续讲述那些鲜活的生命还没有讲完的动人故事。

六　语文场案例：诗人树才进校园

　　"百年名校"南头中学是我来深圳的第一站。承蒙校领导错爱，我以教师诗人和特殊人才的身份调入该校，曾被委以诗教重任，组建诗社，筹办诗刊，邀请知名诗人前来讲学。

　　树才先生是我们有幸邀请来南中讲学的首位诗人。彼时先生正当盛年，谈吐优雅风趣，妙语连珠，与南中师生交流互动，话题广泛，可谓精彩纷呈。他不仅举办诗歌讲座，而且亲临课堂讲诗。进课堂本是临时想起来的主意，没做任何准备。恰巧那时我所教的两个班级正上古诗单元，我们突发奇想，每班各上半节课。树才先生拿起粉笔就娓娓道来，讲得从容潇洒，满堂生辉；而且两次对不同的学生讲同一首诗，并不老调重弹，临场发挥极为精彩。那种诗人的敏锐，学者的渊博，令人印象深刻。

　　从 2005 年至今，时间已过去 17 年。幸有文字留存，可触往事余温。雪泥鸿爪，不忍其湮灭，录入此书，权当浮生梦影，颇有"天空没有翅膀的痕迹"之悲，亦有"而我已飞过"之喜也。

　　树才：诗人、翻译家。文学博士。法兰西"教育骑士"勋章获得者。1965 年生于浙江奉化。1987 年毕业于北京外国语学院法语系。1990 至 1994 年在中国驻塞内加尔使馆任外交官。2000 年调入中国社会科学院外国文学研究所。现居北京。著有诗集《单独者》，随笔集《窥》等，译著有《勒韦尔迪诗选》《夏尔诗选》《博纳富瓦诗选》等。

（一）与教师交流：此中有真意，欲辨已忘言①

行走在新安故城

　　新安故城坐落在南头中学旁边，从东晋时期的公元 331 年开始设郡，迄今已近 1700 年的历史。博物馆 9 点半才开门，树才说："我们朝人最多的地

---

① 此部分由南头中学张晓玲、刘超两位老师协助整理，在此深致谢意。

方去，那里必有一番风景。"

沿一条人流如泻的大道，我们发现了海防公署，再往里进，是公署的侧门，一边的楹联木牌已经不翼而飞了。这条道路，一直通到了新安县衙。

树才说："一个人的居住地应该是他任何活动的出发点，包括写诗。所以元林，你应该写一写这座古城。"

我说："这也是我来南头的一个愿望。你也要写一写它。如果新安若干年后消失无踪了，它可能还活在诗歌里。万物都是暂时的，语言则更能不朽。"

树才说："你还可以拿相机来拍一拍这个地方。现在处在一个新旧交替的时代，你看那些县衙，那些监狱，那些烟馆，过不了多久，就可能没了。你一拍下来就成了珍贵的老照片。然后老照片配上诗，就是珍贵而又珍贵的东西了。"

在聚秀街的门楼下停下，树才掏出本子和笔来，记下两边的楹联。左边仍然完整，右联的下半截已经脱落。联曰："聚芳以品矣未闻室雅何须大；秀色可餐也有道花香□□□。"树才沉吟半晌说："看来这失去的几个字是要告诫人们，不要在此留恋。"

我说："可以补成'花香不可攀'。敦煌莫高窟出土的五代词，其中有一首写道：'莫攀我，莫攀我，攀我太心偏。我是曲江临池柳，这人折了那人攀，恩爱一时间。'花香飘到高楼上去了，再痴情的男子也攀不到的，这在逻辑上也说得通。"

树才说："有道理，有道理。中国汉字多奇特啊。北京有个花市，是卖花的。花街与花市仅一字之差，就成了卖别的了。北京也有个女人街，太实。这个花街的'花'，你可以理解成为花朵的花，也可以理解成为花心的'花'，叫人浮想联翩。"

在新安故城与南头中学的刘立新老师相遇。刘老师见多识广，一生都在用行为写诗。刘老师说："你们看每个门楼里都有神龛，门楼外都有镇海石，是用来驱邪的。这是南方的一种习俗，南方人的一种精神生活。"说到娼妓，刘老师想到刚才在课堂上介绍的《茶花女》。"几个学生差点儿吵起来了。一个说小仲马对茶花女很有感情，但是家长不同意，造成了一场恋爱悲剧。一个反驳说，茶花女是肮脏的，反映了法国资产阶级的淫荡和邪恶。诗人你怎么看?"

树才对法国文学了如指掌,他说:"小仲马到巴黎求学爱上了茶花女,茶花女已经有从良的愿望了,但小仲马没有钱,没办法娶她。后来小仲马不告而别,回来后发现茶花女已经死了,心中的愧疚和爱一时间涌上来,用很短的时间,就把《茶花女》写出来了。这本书对中国当代戏剧产生了深远的影响。1906 年,当时在日本留学的李叔同把《茶花女》改编成中国第一个现代话剧。翻译上借了这个内容,有冲破传统的味道,但故事已经改变了。这是中国人第一次用戏剧的形式对《茶花女》进行解读。对文本的解读,允许有不同的看法,没必要整齐划一。"

中山公园论诗

中山公园美不胜收。树才感叹,要是拿本诗集到这里来读,该是多么奢侈的享受。

树才曾在外交部的外经贸处工作,管对外援建的项目。其中有一个援助塞内加尔国家剧场的项目,树才任部门处长,必须待在工地上,与工人在一起。树才不懂账目,财务处长天天向他汇报,他还是看不懂报表。

树才说:"西非有很多国家曾经是法属殖民地。西非在长期的殖民化历程中,本土文化的根都被掏走了。一旦失去根基,其他什么都难以立得起来。西非一些国家,路修得很好,但总统府外面就是破破烂烂的民房。没办法,国家穷,没有钱搞建设。没钱就接受美国等大国的援助,就被迫依赖他们。程度严重到连本地语言都不会了,本土文化当然就中断了。一个国家、一个民族最要命的地方就在这里。"

我说:"这段生活,从你的诗集里可以看出来,这对你创作的影响非常大。你认为主要表现在哪些方面?"

树才说:"西非的生活,是我这一生中最美好的时光之一。对我的创作影响主要表现在,我必须一个人去面对所有困难,这就使我找回了个性和自由。我单独面对这个世界的时候,更能接近文学的本体和个性。"

我说:"所以,你的诗集取名为《单独者》。"

树才继续说道:"我在西非时,工地上有 500 多号人。强调工人一定要穿鞋子,戴帽子,否则人一掉下来,头破血流,或者一颗钉子扎进去,一拔就是一个血窟窿,破伤风就染上了。西非天太热,他们从小打赤脚惯了,穿上鞋，滑下来的更多。工地上有三个处长，不太会法语，要我去对工人进行安全教育。我就讲，脚手架那么高，掉下来很危险。你们在这里每月能领 100 多美元，家里就有吃的。你们上有父母，下有子女，中有老婆，眼巴巴等你们买热面包回去。所以你们对于你们整个家庭无比重要。好，现在我来为你们朗诵一首法语诗。那诗是雷丽夏的。一个老工程师在旁边推了我一下说：'陈处长，你把他们当大学生呢！'那时我就站在翻斗车里。"

我说："你这是在搞诗教。孔子说：'诗可以群。'"

树才说："我始终活在自己的性情里。你们也可以这样，把学生教活嘛。我来这里就发觉，这所中学就很看重诗歌教育，不然我就来不成了。"

刘立新说："其实深圳还是比较有诗歌气氛的。每年都要举行诗歌朗诵活动，有一大批诗歌爱好者。"

我说："但比较散乱，没有核心，不成大气候。深圳这么一个大城市，对全国诗坛来说，还处在一个不显眼的位置。诗歌边缘化的今天，还是要有一点儿人气。这个人气，不是商业上的那种，而是大家在一起，相互之间碰撞交流。"

树才说："就是在关系里面寻找灵感。"

我说："到了西非，你很多诗歌都在写自己的生活。"

树才说："应该说，我在那里的生活比较有灵性，比较个性化。这种力量，推动我去求真。'真'这种东西，其实就是客观，很多时候是一种朴实。而美，我反而觉得不大可靠。我们往往追求华丽的美，忽略了朴实的美；享受现代的美，看不到古典的美。相比之下，真显得更有生命力。"

我说："在我的理解里，'美'在语言里的表达，就好像形容词。形容词是对特点的抽取，对具体对象的舍弃。而'真'，是被形容词限定的那个对象和内容。"

刘老师说："美有时很华丽，但是虚浮，不扎实，没力量。"

树才说："这就是形容词写作的弊端。现代诗歌已经有别于浪漫主义时代，它讲究呈现，不讲究形容。"

我说："其实，不仅仅诗歌，很多小说和散文也采取这样的写作策略。比如，我读过的余华的《许三观卖血记》，云南作家胡廷武写的长篇散文《九听》。表面是笑，其实是悲凉。"

刘老师说："对。作家不动声色，那是一种压抑的冷静。你读了之后，就会沸腾、激动，甚至流泪。"

树才说："现代艺术中，艺术家对事物的客观性更为关注。浪漫主义时代，讲究对对象进行融化，其实那个东西还是摆在那里，无助于读者的直接进入和感受。浪漫主义始终避不开那个'我'字。"

刘老师说："现代作家就是把一个东西摆出来。比如，一个萝卜，放在这里，读者可以吃生萝卜、熟萝卜、咸萝卜、酸萝卜、干萝卜，还可以做成萝卜粥。"

树才说："从接受美学的角度说，一个作家把一个文本写出来后，文本就成了一个独立的个体，作家本身的愿望几乎不起作用了。文本的价值取决于作家的语言造诣，也取决于读者的阐释。"

这时从榕树上掉下来一泡鸟粪，正好打在树才的眼镜架上。

我说："一只鸟要瞄多少年，才能把一泡鸟粪拉在你的镜架上。凤凰想肥沃你。"

树才望着树上大笑："好哇！好哇！凤岗，凤岗，名不虚传；凤求凰兮，凰栖何处？"

生命：诗意地栖居

人们都盛赞裴副校长所致的欢迎词是诗。

裴副校长说："见到诗人，激发了我心中压抑着的诗情，就说了那样的话。树才先生的到来，为我们之间架起了一座诗的桥梁。树才先生可以不用开口说话，只要他一坐到那里，他就是一个诗歌的符号，足以感动我们每一个人。"

刘耀娟说："下次到北京，第一个想到的一定是树才先生，因为心中有诗了。"

肖淑芳老师说："那样的话，她会一边走，一边开花的。"

刘耀娟说："有次去北京，我在街头漫步了两个晚上，想邂逅一段诗。那是心里很恍惚的时候。"

树才说："一首诗，可以帮助我们表达心中微妙的、两难的心情。"

刘耀娟说："昨天看一个片，对爱情诗颇有微词。但也不知为什么，在我看来，所有的诗都是爱情诗。写山的时候，就把山当成了对象；写水的时候，就把水当成了对象，写任何东西，都是把对象当作情人。你看流行歌曲，猛一听是情歌，但把'你'替换成孩子呀，母亲呀，朋友啊，都成立。这就是宽泛的情歌吧。写给孩子的诗歌，也是爱情诗，可以用弗洛伊德的观点解释。"

肖淑芳老师说："我讲一句粗话，所有的情感都是以性为基础的，如果没有这个基础，就不会产生那么多的欲望。作为一个健全的男人或女人，人越健全，他的情感越丰富。"

树才说："耀娟看什么都是爱情诗，她心中充满了无涯的、无所不在的爱情。彭老师读什么都能读出禅意。"

裴副校长说："虽然跟你相处时间短暂，但这是我人生当中感觉最丰富的时刻。我说这是借诗还魂。"

肖淑芳老师说："这真是一个很有创意的说法。"

刘耀娟说："当我们的灵魂漂泊不定的时候，多需要'还'一下啊，我们需要灵魂的家园。"

我说："彭老师还沉浸在禅里，保持缄默。教研室下一步的任务，要探讨一下禅与诗的关系。"

裴副校长说："肖淑芳刚才说了一段话，是一个根本的话题。人有了冲动，有了欲望，才有追求，这是生活的原点。大家从不同角度看问题，一个注重爱，一个注重禅。"

刘耀娟说："这么一说，就把话说到了极端的位置上，绝对的位置上。"

树才说："这才是诗人的方式。"

刘耀娟说："当大家都以一种中庸的心态、庸俗的心态、平和的心态生活的时候，就不再有哲学了，也不再有诗歌了。要建构，就得有自己的脉络和线索。"

树才说："但是禅意贵通贵和。像顾城那样只会在天上飞的人，坠落是唯一的结果了。他把自己放在绝对孩子的位置上，所以他活三十岁，已经是超限了。"

刘耀娟说："大部分诗人只会在天上飞。但有一部分诗人，既可以在天上飞，也可以在地上走，可以将云间和大地结合起来，就像树才。我是在地上走惯了，偶尔也想在天上飞一下。"

彭老师说:"到了我们这个年龄,后半生究竟怎么走?不是为了某种功利,在自己喜欢的路上一直走下去。现在慢慢醒悟,生命中要有更多自然的生长。这些念头只是有了萌芽,还没有真正迈出去。《六祖坛经》给我心灵很大的冲击。你们处在更高层次,你们可能也在思考,以后怎样走。能不能给我们些启示?"

树才说:"我们都对自己内心的东西,有自己的认识。我只是具体落实到写诗,研究诗上,职业不一样,你们比我辛苦,我也有另外一番辛苦。我对经济方面的要求不是太强,国家给你名誉性的东西,你要好好做。在这样的工作中,我始终把精神的力量当作最大的力量。在物欲横流的社会中,钱权、功利可以要,但问题是用什么途径去要,要了之后做什么用。在职业方面,个体发展方面,目前的工作可以被称为理想的工作。在诗歌的路途上,我看似比较勇敢,那是因为我有机遇。外文所肯收我,我遇到了一个好的导师,才能做学问,读他的博士……外文所根本不允许不读硕士,就开始读博士。但导师拿着我写的东西说:'我们外文所,谁能写出这种活生生的有自己创造经验的东西?'还有一个原因,我妻子在外企工作,我们没有孩子,她可以养我。"

刘耀娟说:"在毕业20年后的同学聚会上,我们都面临一个困惑——40岁了,人生过半,还能留下些什么,做些什么?我有一个朋友,北漂到那里,很好的条件,就想在宋庄弄个小房子,住在那里,就是想找自己的活法。"

彭老师说:"我们也在找自己的活法。我们从内地到深圳,也是选择自己的活法。"

肖淑芳老师说:"换一个环境对自己好。日本有几个名画家,隔一段时间,换一次名字;换一次名字,获得一些新生,摆脱掉原有的纠缠。不再是一个名人,是一个普通人。抖掉原来的好多好多纠缠,用出生婴儿的心态,走入社会中。就像有时候把手机换掉,可以清静好几天。"

李林老师说:"现在的中学生,生活的困境比以往是不是更多?"

树才说:"他们的困境是,没有人真正教他们在这个信息过多的社会,如何去辨别和选择。好多学生每天泡在网上,有些孩子对电视着迷,就可以在所有电视机旁出现。"

裴副校长说:"为什么孩子喜欢上网?——孩子心灵的寄托和消遣需要,

心里有很多话，无法跟家长沟通。"

李老师说："我感觉咱们的学制是不是太长了。小学5年，初中、高中各3年。高中的时候，有些学生已经18岁了，甚至有些20岁了，还在中学待着。"

树才说："现在的中学生读到的东西比我们那时候多得多。外国人都感叹中国的学生，为什么在中学的时候要学那么多的知识呢？"

彭老师说："请你给我们南头中学的学生推荐几个外国作家的作品。"

树才说："海明威的作品值得一读。推荐外国的作家需要考虑汉语的翻译怎样，海明威的作品就翻译得很好。福克纳的《喧哗与骚动》我也比较喜欢。诗人中，我更愿意推荐帕斯，译得也不错。西班牙人非常信服这个翻译家，认为他做了一件了不起的事情，以至把他请去跟西班牙一同抗战。法国作家，我觉得加缪非常好。"

（二）诗歌课堂：《短歌行二首（其一）》教学案例（一）

上课班级：南头中学高一（7）班

上课时间：2005年10月19日上午第一节

主讲：树才　于元林

于元林教读《短歌行二首（其一）》摘要

介绍树才先生，检查预习情况，学生齐读《短歌行二首（其一）》。

与学生一起谈论曹操。曹操这个人物，历史上褒贬不一。毛泽东说曹操是"真男子"，说他写的诗是"大手笔"；但在中国民间，曹操是一个反面人物。只要看一下在民间广为传播的歇后语就会知道。比如，"说曹操——曹操到""曹操下江南——来得凶，败得惨""曹操败走华容道，走对了路""曹操吃鸡肋，弃之可惜，食之无味""曹操诸葛亮——性情不一样"……这些歇后语，对曹操多是贬斥和嘲笑，实际上曹操并没有那么坏，诗中的曹操，是很可爱的。

与学生一起谈酒。历史上喝酒的名诗很多。"花间一壶酒，独酌无相亲，举杯邀明月，对影成三人"，李白用酒去超脱孤独，一喝酒，月亮和月下自己的身影统统成了自己的朋友，尽管是一个人，也不感到孤独了。"葡萄美酒夜光杯，欲饮琵琶马上催；醉卧沙场君莫笑，古来征战几人回"——要上战场了，拿酒来醉他一回，过把瘾就死，死也值了，这是用酒来战胜对死亡的恐惧，酒让一个人的死变得富有诗意。据说李白醉酒想水中捞月，"扑通"一声，掉在江里淹死了，死得多么富有诗情画意。那么曹操呢？他喝酒为了什么？用来解忧。为什么忧呢？这就是他在诗中用大部分篇幅来含蓄曲折地显示出来的内容。

曹操的"忧"，一是人生苦短——"譬如朝露，去日苦多"；二是人才未得——"悠悠我心""沉吟至今"；三是功业未成，天下未得归心。

"青青子衿"几句要注意理解。"青青子衿"在《诗经》里本来写爱情，曹操化用写对人才的渴慕，这是对原诗意义的升华。这几句跟"呦呦鹿鸣"一起，让晚宴的意义变成了不同于常义的群英汇聚之宴。

树才教读《短歌行二首（其一）》

大家先数一下，《短歌行二首（其一）》中提了几个问题？三个还是四个？我发现了四个。一首诗肯定有特别的东西在推动它。有时是情感，有时是思考，有时是感触，有时是幻想。诗中的四个问号推动了这首诗，把这四个字推到下四个字，把这个句子推到下个句子。没有这四个问号，曹操就没法把激情贯注到诗里。"对酒当歌，人生几何？""几何"从发生上来说，就是问题的产生。曹操向自己提问题，然后自己在诗中去解答，这在写诗上是一种策略。

"朝露"就是早上的露水，让我们感受到新一天的开始，让我们感到一天是全新的，美好的一天就从早晨挂在草尖上的露水开始了。露水是晶莹的、清亮的，是夜间温度下降、空气中的水汽凝结而成的。太阳一出来，露水就没有了，曹操借"朝露"来比喻美好的人生往往短暂易逝。这就是隐喻。全诗就是用这些隐喻的线编织而成的。大家还可以找一下其他的隐喻。更大的隐喻是类比和象征。于老师刚才讲到的那写得很美的八句话就是类比。鹿一边鸣叫，一边吃丰美的水草。这个吃草的场景往下引申，就是"我有嘉宾，鼓瑟吹笙"——对"我"来说，有人跟"我"来共建伟业，统一天下，"我"就用盛宴来款待他，所以后八个字是对前八个字的类比。鹿吃草的神态，是那么陶醉，让人感受到，世界上最美妙的东西，莫过于吃草了。用动物吃草的陶醉，来类比我对统一大业的忘情投入，这是很恰当的。

除了问题的推动，隐喻的联结，诗中还有一个起伏的过程。首句"对酒当歌"首先发出一个感慨，这个感慨是对全部人类的感慨。杜康是一个酿酒的人，用来借代美酒。首先是爱酒如命，"何以解忧，唯有杜康"；进一步是爱才如命，"青青子衿，悠悠我心"；再进一步就"忧从中来"，于是寻访老友。这首诗的感情起起伏伏，可以说是写得胸臆澎湃。

这首诗的一些句子一直在流传，至今还用作我们的日常表达。每一个字都可以写出 2000 字的论文，只因为它写得活生生的，含义十分丰富。于老师能倒背如流，你们也应该把它背下来，从背诵中体会它，体会它的旋律之美。

（三）诗歌课堂：《短歌行二首（其一）》教学案例（二）

上课班级：南头中学高一（5）班

时间：2009 年 10 月 19 日上午第二节

主讲：树才 于元林

于元林教读《短歌行二首（其一）》

师：今天，我们荣幸地请来了著名诗人树才先生光临我们的课堂为我们讲诗，同时光临指导的有华东师范大学教育学周险峰博士。让我们以热烈的掌声对两位贵客表示欢迎！

这节课我准备这样安排：我上前半节，树才先生上后半节。《短歌行二首（其一）》是新课，昨天大家已经把这首诗翻译在你们的语文笔记本上了。我的任务是就文本本身的脉络，与大家一起来做一番梳理。现在请你们把笔记本拿出来，我抽查一下翻译作业的完成情况。（教师抽查）好，整体情况不错。现在我们一起来朗读一遍《短歌行》。

生：（全班朗读）。

师：有几个字的读音，要纠正一下。（教师纠正学生朗读时读错了的"匝""哺""契"三个字的读音）"行"是一种诗体，长于铺叙，一般篇幅较长。曹操的这一首尽管在魏晋时期的诗歌中算是写得比较长的了，但与后来的诗人写的歌行体诗相比，算是篇幅较短的。那么曹操是谁？大家了解他多少呢？

程杨：曹操是三国时期的一个政治家、军事家、文学家。

师：这是比较笼统的评价。我是想要知道你们对曹操的细节了解多少。

郑强：曹操很有心计，常常小题大做。

师：你能不能举一个例子？举不出来？那么我问你，曹操有什么名言？

生：宁可我负天下人，休叫天下人负我。

师：很好。你们还了解曹操其他什么吗？

谭彪：曹操是乱世之奸雄，治国之能臣。

师：关于曹操，大家知道有些什么歇后语？比如，我们正在谈论某个人，恰恰这个时候，这个人来了，歇后语怎么说？

生：说曹操——曹操到。

师：很好。从这些地方，我们可以看出，曹操在中国老百姓当中的知名度。对于一个中国人而言，曹操的名字可以用"家喻户晓"四个字来形容。过去乡下人吓唬小孩子，说"别哭别哭，曹操来了"，小孩就不哭了。乡间老百姓了解曹操，主要是通过《三国演义》。但《三国演义》里写的曹操，显然带着一种偏见。我记得树才先生对我说过：人不要有偏见，用一个偏见去克服另一个偏见，最后产生的还是偏见。那么我们怎样才能对曹操有一个客观的评价呢？一可以去读他留下来的诗作，二可以去读史书。今天我们就来看曹操在《短歌行二首（其一）》里流露出来的东西。通过品读他的诗句，去触摸他的心，看看他是奸雄还是英雄，看看他的心是黑的还是红的，是冷的还是热的。

（生齐读"对酒当歌"到"唯有杜康"）

师：人活在这个世界上，总感到时间不够用。你们也应该有这样的感受吧？

生：有！没时间写作业——

师：但是，你们正处在花季雨季，就像树才先生昨天讲座时朗诵的那两句诗："鸟儿一边飞一边往下坠——"

生："姑娘一边走一边开花！"（树才诗句）

师：是呀，你们在这个年龄有多少远大的抱负和志向，有多少美丽的梦想和欢乐，可以说还意识不到人生的短暂。但是同学们，曹操写这首诗的时候，已经53岁了，他想吞并诸侯，统一中国。此时他已经吞并了长江以北的版图，但长江以南的地盘，还在吴国和蜀汉的控制之下。要吞掉这两个政权，在这种年龄，应该会感受到一定的难度。这是曹操长久以来一直没有解决的一块心病。从开头的这几句诗，我们读出了曹操在"忧"，说具体点，忧什么？

生：人生短暂。

师：为什么人生会短暂？上天给每一个生命的时间长度应该没有偏私，为什么曹操就独独感到人生苦短？

生：因为他要统一天下。

师：这就接触到曹操的忧的实质性问题上来了。因为他要干大事业，所以时间不够用。我们中国人往往把未完成的事业寄托在下一代身上，孙中山曾说："革命尚未成功——"

生："同志仍须努力！"

师：但曹操不把希望寄托于儿子，而是把重任扛在自己的肩上。他人老了，又刚吃了败仗，压力很大，自然忧虑起来。看一看，他是怎样解忧的？

生：喝酒。

师：喝酒以后做什么？对酒——

生：当歌——唱歌。

师：喝了酒以后，人轻飘飘的，就可以登上云端，站在比较高远的角度，看待人生的烦恼，就可以获得超脱的感觉。这正是酒的妙用。但曹操并不是一个酒鬼，他的心里有事。他一直放心不下的大事业是从哪个地方转入的？

生："青青子衿——"

师：（把这几句背诵一遍）在朗读的时候，要注意语气的轻重、语速的缓急、语调的控制，通过声音的轻重缓急，来实现情感的表达。这段时间，我们高一年级正在准备诗歌朗诵比赛，选手们更要注意这一点。大家把这几句齐读一遍。

（学生齐读"青青子衿"到"鼓瑟吹笙"）

师：齐读的时候，要读出感情来比较困难，因为这是一篇抒发个人感情的作品，跟那种抒发群体感情的口号或作品是不同的。曹操这首诗，我们就要吟、要诵，吟诵的时候，不妨像古人那样，摇头晃脑，无比陶醉。现在我请学生来翻译一下这几句诗。谁来？

（李海静翻译"青青子衿"到"鼓瑟吹笙"）

师：这一段是全诗的关键，我解释一下。首先，"青青子衿"是用来借代年轻学子的。我们中国服饰文化历史悠久。"青衣"给人以年轻、飘逸的感觉。毕飞宇就有一部小说叫《青衣》，取意也来源于此。这里是说对人才很渴慕。其次，招募人才的愿望与下文的"呦呦鹿鸣"有什么关系呢？原来意思更进了一层：希望这些渴慕的人才一起来与他共图大业。这一段写得很美，曹操化用了《诗经》里的典故。原诗本是写爱情的，曹操将写男女之间爱慕的诗句借来写对人才的爱慕，这正是曹操的境界——把儿女情长变成了英雄气魄。大凡有雄才大略的人，他们没有时间，也没有精力去儿女情长。下面写"明明如月"，写"忧从中来"，又开始忧了。曹操是否就这样一直忧下去呢？

生：没有。

师：对，他还有行动——"越陌度阡"，去拜访人才了。下面又写到"乌鹊南飞"，写到山，写到水，实际上在暗示，我曹操胸中有山有水，还愁没有树木？既然有了树木，还怕没有枝条？既然有了枝条，还担心什么"何枝可依"？诗歌将激昂的情怀落到最后的两句上："周公吐哺，天下归心。"综合以上分析，我们看到，曹操是一个有胸怀、有境界的人。

好了，我刚才就带领大家，在一个比较粗浅的层次上对《短歌行二首（其一）》做了一番鉴赏。现在，请我们伟大的诗人树才先生更精彩地为大家讲诗！

树才教读《短歌行二首（其一）》

谢谢于老师，谢谢同学们！首先请允许我写几个字。

我大概不太会用粉笔写字了，已经多年不用粉笔啦！（板书"忧""心""酒""解"四个字）

我刚才一边听课一边在琢磨，这首诗里面真正的重心究竟是什么，我发现是这四个字。为什么这么说，请听我慢慢道来……

"酒"，这首诗第二个字就是"酒"，而且整首诗的字里行间，你们如果仔细闻的话都有酒气。酒气弥漫，越闻越不是滋味。放下酒杯，他想起了心事。这个曹操啊，举起酒杯，心事苍茫，于是放下酒杯去访问一个老朋友，和他讲心里话，讲内心的忧愁和今生的忧患。因为当时诸侯割据纷争，民不聊生，曹操渴望统一中国。怎样才能统一？"忧"就是这么来的。靠他一个人统一不了，靠匹夫之勇或者是兵马之重也不行，这里面最重要的就是贤才，所以呢，我认为这首诗从"酒"出发，抒写他的胸怀、讲述他的忧心；最后他又想到一个法子，真正把这个"忧"给解了。

这首一千八百多年前的诗，我们现在还感觉到它是活生生的，我们读起来还朗朗上口，而且是入口入心。酒在中国诗歌里的作用可以说是太大了。我们有"酒仙"——李白（学生答），还有"诗仙"——你看酒仙又是诗仙，"酒"和"诗"几乎可以画上等号。如果说他不喝酒，这首诗很有可能写不出来，很有可能他的心事从此以后不为我们所知。有时候，酒是一种热量，它把人们的心慢慢加热，他的忧他的心事，才会吐出来。所以呢，从酒发问，"对酒当歌，人生几何"——我觉得这首诗的发生就是因为酒。在中国的诗歌史上，酒又一次使一个大诗人写出一首名篇，这个酒的作用真大。

为什么心会忧呢？同学们看看在这篇课文里面有几处"心"？实际上这首诗写的全部是他的心事。我觉得诗歌就是心事，一个人有心事的时候，他就会想到诗。有心事的时候，写诗会感到是一种安慰。你看第一颗"心"是在"青青子衿，悠悠我心"，这句诗确实应该可以疗愁，它有音韵之美，可以让人微闭眼睛，回想当年。"青青子衿，悠悠我心"，"青青"对应于"悠悠"，"子衿"对应于"我心"，这样的押韵，使诗歌显出一种起伏。在这里还用了隐喻。"青青子衿"实际上就是指文人，那些读书人，有智谋的人、有头脑的人，他们穿的衣服，他们的打扮，是他们这群人的一种识别标志。"悠悠我心"，我心里面惦记着他们，如果他们能投奔到我的门下，跟我一起共筑大业，那该多好。这是第一颗"心"。第二颗"心"，"契阔谈宴，心念旧恩"，这时他实际上已经把酒杯放下，看他的朋友去了，估计也是他的一个谋士，尽管没有讲是谁，但是我们可以隐约推测他那天晚上有过出行，他在那里谈了自己的心事，然后，这个才智之士很可能已经给他出了很多很好的计谋。曹操这颗心里念念不忘那个人对他做过的贡献。后面几句诗，还值得一说。从"月明星稀，乌鹊南飞，绕树三匝，何枝可依"一直到"天下归心"，当时的古文在我们眼里面是多么深奥，可是你看曹操的这几行诗，我们现在还在用。他当时对天下做了这样一个概括性的描述，只有八个字："月明星稀，乌鹊南飞。"这是对应于他自己在外面走动时，他所观察到的东西，就好像一幅剪影，几个字一下子就勾画出来了。诗人必须有这个才华，对于一个看上去非常繁复的情境，要抓住它的细节，抓住它特别的东西，才能写出好诗。"月明星稀，乌鹊南飞。绕树三匝，何枝可依"，一棵树上如果有鸟，我们会觉得生机勃勃。这里实际上指的是他的心事，希望自己是一棵大树，让那些人才都来投奔。最后的"心"，就是"归心"的"心"，这个众"心"归附实际上就是他的最高理想。一个伟人要统一这样一片纷乱连年、民不聊生的国土，要做出多大的努力，需要多少人去打仗。当时北方基本上统一，长江以南被孙权统治，四川一带被刘备统治。他有那么多的心事，怎样才能把它解掉呢？如果天下的贤士都能归到我这里来，我去征伐孙权，攻击刘备，将国家统一就更容易些。

"周公吐哺"值得一讲，如果书上没有注解，我们就不知道它是什么典故。诗歌里经常用典故，而且要把典故用活。诗歌里除了那些修辞手段我们可以读出来，如比喻、隐喻、排比、对偶，豪放的、婉约的、忧伤的情愫等，还有一种就是引用典故。就是说人要有广博的知识，知识背景是必要的东西，诗不可能凭空而出，它有时候是通过知识链条的连接写出来的。

七　语文场课例："菜根语文"之交友

关于"菜根语文"

2014 年前后，教育部公布了高考改革方案，并将上海和江苏作为改革试点。深圳的教育为顺应全国高考改革的形势，提出了培养学生品德、身心、学习、创新、国际、审美、信息、生活八大素养的具体目标，媒体认为这是倒逼教育改革的一次努力。深圳第二外国语学校高瞻远瞩，以学生的选修课作为试点，以学生的八大素养作为目标，开设了与八大素养相呼应的选修课程，称为"八大课堂"。笔者当时开设的是品德类语文选修课，试图用传统修身经典《菜根谭》来重新解读学生从小学到高中学过的语文课文，并用教师讲解、学生发言、师生讨论、师师探讨、主题写作等形式，来引导学生窥知人生与教育等重大问题的堂奥，既提高学生的道德素养，也提升自己的教学品格，笔者称之为"菜根语文"。菜根语文将《菜根谭》原书的 379 条格言，打破原来体例重新组合，分待人、处事、养心三章，每章分若干小节，共 28 小节。现摘其"交友"一节课例，供方家正之。

"菜根语文"之交友讲义整理

（一）本章要义

《菜根谭》中谈交友的格言较少，因为朋友乃"五伦"之末。所选的这五句交友格言，其实谈了两个问题：一是交什么样的朋友，二是如何对待朋友。

交友之道万端，《菜根谭》仅道一二。虽概括不了全部，却已扼其主要。这几句话不仅谈交友的问题，还涉及"用人""家庭之变"等诸多方面。这是格言类著作的一大特点，没有严格的逻辑体系，话题比较散，但照样不影响其观点的深刻性，也不影响我们用逻辑的方法加以探究，并加以筛选和重组。从作者的语境来看，后面隐藏的话语对象，有时还是很明显的。

本章涉及的经典课文（以 2014 年版为限）有：

《送元二使安西》/王维（鲁教版初中语文七年级下册）

《送沈子福之江东》/王维（粤教版高中语文选修《唐诗宋词元散曲选读》）

《赠汪伦》/李白（人教版小学语文二年级上册）

《梦游天姥吟留别》/李白（粤教版高中语文选修《唐诗宋词元散曲选读》）

《热海行送崔侍御还京》/岑参（人教版高中语文读本三）

《交友之道》/孔子（粤教版高中语文选修《论语选读》）

《管宁割席》/刘向（人教版初中语文七年级上册）

《刘关张桃园三结义》/罗贯中（人教版新课标小学语文第十册）

《林教头风雪山神庙》/施耐庵（沪教版高中语文必修高三下册）

《廉颇蔺相如列传》/司马迁（粤教版高中语文必修三）

（二）格言释义

（1）用人不宜刻，刻则思效者去；交友不宜滥，滥则贡谀者来。

【大意】用人不可刻薄，太刻薄，那些想要效力的人也会设法离开；交友不可滥交，太滥交，那些逢迎谄媚的人就会来到身边。

（2）交友须带三分侠气，做人要存一点素心。宠利毋居人前，德业毋落人后；受享毋逾分外，修为毋减分中。

【大意】交友须带一些侠义精神，做人要存一颗素洁之心。遇到名利不要抢在他人之前，进修德业不要落在他人之后；享受待遇不要超过自己的身份地位，修养品德不要达不到自己所应达到的标准。

（3）遇故旧之交，意气要愈新；处隐微之事，心迹宜愈显；待衰朽之人，恩礼当愈隆。

【大意】遇到老朋友，情意要更加真诚；处理秘密的事情，内心要特别坦荡；对待衰朽的人，礼节要更加隆重。

（4）交市人不如友山翁，谒朱门不如亲白屋；听街谈巷语不如闻樵歌牧咏，谈今人失德过举不如述古人嘉言懿行。

【大意】交一个市井之人做朋友，不如交一个隐居山野的老人，拜访富贵豪门不如亲近布衣百姓；听街头巷尾的谈论不如听樵夫的民谣和牧人的山歌，评议今人的过失不如多讲古人的善言善行。

（5）处父兄骨肉之变，宜从容，不宜激烈；遇朋友交游之失，宜剀切，不宜优游。

【大意】遇到父母兄弟或骨肉至亲之间的纠纷或变故，应该保持沉着的态度，不可以有激烈的言行；遇到朋友之间交往的过失，应该诚恳地规劝他，不可以迟疑不决。

（三）经典互参

1. 朋友是人生路上最重要的风景

友情当然是美好的，中国古诗词里酬赠诗占了很大比重，大多表达友谊的动人。朋友是人生路上最重要的风景。王维的友谊静缓绵长，春色依依。他的《送元二使安西》和《送沈子福之江东》，诗中均有"杨柳"和"春色"。他的友谊总跟人类的青春和大自然的春天不可分割，是一种使人向上的温暖的力量。李白和岑参的友谊热烈激荡，喜则不加掩饰，有"忽闻岸上踏歌声"的惊异与"桃花潭水深千尺"中美丽明媚的豪气。李白、岑参的友谊襟怀坦荡,风流倜傥。即使写愁,也愁得放达,面对自然与人事的畏途,仍是一副侠肝热胆。试看"安能摧眉折腰事权贵,使我不得开心颜""别君去兮何时还,且放白鹿青崖间,须行即骑访名山",试看"送君一醉天山郭,正见夕阳海边落",何等境界,何等气魄!倘若没有朋友,王维的春色、李白的梦境、岑参的边塞绝没那么动人。再假设把这些酬赠诗中的朋友换成家人,那么不仅诗人们的自我袒露不会那么彻底,诗思也不会那么飞扬,他们可能无话可说,至少说不出那么动人的话。

蔡元培先生在其《中文修身教科书》中有专章议《交友》,开篇即曰:"朋友者,所以为人损痛苦而益欢乐者也。虽至快之事,苟不得同志者共赏之,则其趣有限。当抑郁无聊之际,得一良友慰藉寂寞,而同其忧戚,则胸襟豁然,前后殆若两人。至于远游羁旅之时,兄弟戚族,不遑我顾,则所需于朋友者尤切焉。"林语堂的比喻则更有趣:"一个生活的艺术家所最坚持的第一点,便是凡希望要享用生活的,其必要条件,便是必须去寻觅一些情投意合的朋友,而且要不惮麻烦地去增进友谊,保持友情,像一个妻子拉住她丈夫一样,或像一个高明的棋手跋涉千里去访另一棋友一样。"林语堂将朋友关系与夫妻关系相提并论,我觉得并不过分。对于一个只满足于柴米油盐的人,有一个会挣钱养家的老公,或是一个会料理家务的老婆,可能也就够了。如果夫妻一方,稍有些异于对方的其他方面的志趣,那么就需要有一个志趣相投的朋友了。从这个意义上说,朋友的重要性有时甚过夫妻。

今年中秋圆月特别皎洁,妻说要去赏月,而且要去观澜人民公园,我则反对。圆月只宜静看,那么多闹哄哄的人,眼底耳根不净,赏的不是月,岂不辜负今夜圆月?于是,我们两人就去二外操场看台上赏月。看台高,青天湛湛,无一丝浮云。金黄的月轮上,两片阴影都辨识得出。操场旁边的小山,虫鸣唧唧。置身于如此静谧之境,白天疲劳顿消。妻说起小时候常在月圆之时打盆清水,静看盆中倒映的月亮。因为某故事里说过,一直这样看下去,嫦娥就会从月亮中走出来。与妻在月下回忆已消逝的童年乡间的美好记忆,当然是一种享受。此时恰有朋友发来中秋祝福短信,我回短信曰:"梦随流水去,月照万山清。岁月静好,中秋快乐!"没想到我俩的联句就此开始了。

> 友：雨静花更好，心了月自圆。
>
> 我：纵是千山隔，情中别有天。
>
> 友：山中高士卧，月下美人来。
>
> 我：好兴付诗酒，闲云托雅怀。
>
> 友：风清花弄脸，月白洗天心。
>
> 我：蟋蟀鸣幽径，依依似恋人。

这些联句，是对今年中秋月另一角度的鉴赏与交流，是从朋友的角度所看到的月亮。与家人所面对的月亮是物质世界的月亮，与朋友所面对的月亮则是精神世界的月亮。两相结合，就是一个美满的月夜了。

2. 益友与损友

> 用人不宜刻，刻则思效者去；交友不宜滥，滥则贡谀者来。

用人苛刻，那么即使当初想效忠的人也要离开。用人苛刻者，一般胸襟不宽，无法容人，这固然不好；但待人虽宽，朋友却须严加选择，否则身边就会小人云集。齐桓公曾是"春秋五霸"之一，是历史上有名的贤君。他知人识才，任用管仲为相，使齐国振兴，便是他最大的贤明之处。然而齐桓公也有致命弱点，就是他滥交小人。《史记》说他"好内"，就是说他多内宠。他有三个宠臣：杀掉自己的孩子来讨好齐桓公的易牙；父亲死了也不回去尽丧而守在齐桓公身边的开方；为了能留在齐桓公的身边，不惜将自己阉掉的竖刁。管仲临死，齐桓公问何人能替，管仲将这三人一一否掉。管仲死后，三人狼狈为奸，引起众怒，桓公不得不将三人免掉，但是觉得三人不在自己身边，饭菜没味，说话没人，后来又重新启用三人。三人胆子更大，专权误国。借齐国宫廷内斗之机，将齐桓公囚禁宫中，桓公死后 67 天不发丧，直到蛆虫从窗户爬出来才有人知道。

孔子的《论语》指出交"益友"与"损友"的区别：益友是"直"（正直）、"谅"（诚信）、"多闻"（见识广），损友则"便辟""善柔""便佞"，课本分别解释为逢迎谄媚、阿谀奉承、花言巧语，乍一看似乎没有区别，但历来注家却对这三损友的注解异说纷呈。我比较倾向于将"益""损"对照起来理解，即"便辟"与"正直"相对，"善柔"与"诚信"相对，"便佞"与"多闻"相对，那么三损的意思便分别是善于邪辟之术、善于和颜悦色而内心伪诈、工于说话而腹中空空，这分别从行为、道德与涵养三方面对此类朋友作出界定。其实一般的小人，三面俱存，并不专门占有某一项，只不过可能在某些方面表现突出一点儿而已。齐桓公身边的三个小人，可以说均是三损之极品。有的朋友，可能多闻一点儿，博学一点儿，其行为道德却并不见得高尚。宋仁宗时，郭皇后与仁宗爱妃打架，仁宗去拉架，郭皇后一耳光扇到仁宗脸上，仁宗大怒欲废郭皇后，老臣范仲淹仗义执言，触怒龙颜遭贬。朝中人纷纷为其说话，然而当时的司谏高若讷不仅到处说范仲淹的坏话，而且迎合皇帝之意，独以为范仲淹当黜。欧阳修很是愤怒，写信给高若讷，骂他为"君子之贼"，谓其"不知人间有羞耻事"。高若讷反咬一口，说欧阳修结党营私，欧阳修因此被贬为夷陵令。高若讷是一个博学多才的人，《宋史》说他通经史，明历法，因母病而学中医，整理了张仲景、孙思邈的医书，使其传于万世，而且医术高明，连国医也服他。他家乡多医家，都以他为宗。高若讷这样的人，可谓益友中的"多闻"，然其行为道德，确实可疑。而范仲淹与欧阳修的忘年之交，可谓"直""谅""多闻"三益俱备。

　　辨别益友和损友的方法很简单，就看他在对待权势与利益的态度上。益友心中只有真理与道德，为了维护这两样神圣的东西，不会屈于权势作假，也不会贪图权利造伪。损友则不然，他们眼中只认权，心中只有利，为了这两样东西，不惜信口雌黄，追名逐臭。所以《菜根谭》就有了以下这句话：

　　交市人不如友山翁，谒朱门不如亲白屋；听街谈巷语不如闻樵歌牧咏，谈今人失德过举不如述古人嘉言懿行。

　　牧唱是放牧时唱的歌，樵歌是砍柴人唱的歌。牧唱是人与牲畜打交道时情感的抒发。王维的《渭川田家》写的是一幅中原农家田园生活场景。"斜光照墟落，穷巷牛羊归。野老念牧童，倚杖候荆扉。雉雊麦苗秀，蚕眠桑叶稀。田夫荷锄至，相见语依依。即此羡闲逸，怅然歌《式微》。"无独有偶，王维祖父王通的弟弟，也就是王维的堂祖父王绩也有一首《野望》："东皋薄暮望，徙倚欲何依。树树皆秋色，山山唯落晖。牧人驱犊返，猎马带禽归。

相顾无相识，长歌怀采薇。"田园牧歌的生活是和谐的、快乐的，因而爷孙俩都心向往之，选择了向佛或归隐。樵歌是砍柴歌，樵夫整天与植物打交道，他们的心自然淳朴厚道，他们的心声自然粗犷动人。《诗经》就有一道樵歌：

> 南有乔木，不可休思；汉有游女，不可求思。
> 汉之广矣，不可泳思；江之永矣，不可方思。
> 翘翘错薪，言刈其楚；之子于归，言秣其马。
> 汉之广矣，不可泳思；江之永矣，不可方思。
> 翘翘错薪，言刈其蒌；之子于归，言秣其驹。

歌唱来自劳作，是内心情感的敞露。而街谈巷语，真伪杂陈，七嘴八舌，合起来就是都市噪音。人在噪音里待久了，耳朵脏了，心绪乱了，情志也差了，远不如与动物打交道的牧人、与植物打交道的樵夫的歌唱动人。"市人"是都市人、城里人，人与人的空间距离近，心理距离远。市人之间的交往多为一个"利"字，你要算计我，我要防着你。市人之间的交往多矛盾是非，人际关系复杂了，就失去了与自然打交道时的那种闲逸安静。不闲逸解放不了身体，不安静返回不到心灵，人越活越像个囚徒，越活越把自己弄丢了。所以像王绩、王维那样的诗人要回到田园牧歌和美丽山水中去找回活丢了的自己。这些人曾经沧海，他们在山中隐逸静养时感而有咏，悟而成道，"咏"一写出来就是诗歌，"道"一写出来就是秘籍。《老子》《鬼谷子》等著作，就是隐居的山翁写出来的。《史记》记载汉朝功臣张良年轻时遇到圮上老人事：

> 良尝闲从容步游下邳圮上，有一老父衣褐，至良所，直堕其履圮下，顾谓良曰："孺子，下取履！"良愕然，欲殴之。为其老，强忍，下取履。父曰："履我！"良业为取履，因长跪履之。父以足受，笑而去。良殊大惊，随目之。父去里所，复还，曰："孺子可教矣。后五日平明，与我会此。"良因怪之，跪曰："诺。"五日平明，良往。父已先在，怒曰："与老人期，后，何也？"去，曰："后五日早会。"五日鸡鸣，良往。父又先在，复怒曰："后，何

也?"去，曰："后五日复早来。"五日，良夜未半往。有顷，父亦来，喜曰："当如是。"出一编书，曰："读此，则为王者师矣。后十年兴，十三年孺子见我济北，谷城山下黄石即我矣。"遂去，无他言，不复见。旦日，视其书，乃《太公兵法》也。

这样的山翁，同样了不得。与这样的山翁为友，就是与智慧为友了。

在交友对象上，宁选"山翁""白屋"而不择"市人""朱门"，区别仅在这类人与"权""利"二字的距离。"山翁"既是上了年纪的老者，亦是见识广博、具有丰富人生智慧的老者，说不定还是隐士高人。之所以宁听樵歌牧咏，述古人嘉言懿行，而不听街谈巷语，不谈今人失德过差，也是因为两者离是非功利的远近不同。所以古书上所载益友的佳话，多涉"权利"二字。

《世说新语》有著名的"管宁割席"的典故。二人共园中锄菜，见地有片金，管宁挥锄视而不见，与瓦石无异。华歆捉而见喜，窥见管宁神色，乃掷去之。又尝同席读书，有乘轩冕者过门，宁读书如故，华废书出视。宁割席分坐，曰："子非吾友也。"

南朝人刘义庆笔下的华歆，与明朝人《三国演义》中的华歆形象，都属反面人物，与东晋历史学家陈寿《三国志》中的华歆差别很大。这个故事中的华歆爱慕金钱和权势，所以道德修养高尚的管宁不屑与之为友。到华歆作为魏朝的三朝老臣，老病之时，他还推荐管宁代替他的相位，尽管魏武帝最后没有允许，还是足见管宁的人格魅力。

春秋战国时期管鲍之交的美谈，也有关于权钱问题的故事小插曲。管仲与鲍叔牙两朋友曾合伙做生意。分钱时管仲多拿，旁人看了不平，鲍叔牙认为可理解管仲家穷。管仲当兵打仗三次败逃，鲍叔牙不像一般人认为他胆小，而是认为他因要孝敬家中老母，是美德的表现。管仲任官，三次因不称职被撤，鲍叔牙认为他不是没治国之才，而是不逢良机。后来在公子小白与公子纠的争权战中，被在公子纠门下服务的管仲射中，但小白装死逃脱，后打败公子纠称王，欲用鲍叔牙为相，并要报管仲一箭之仇。此时鲍叔牙却坚持不受，推管仲为相。鲍叔牙让利让权，已经远远超出了益友的境界。

3. 交友的侠气与素心

交友须带三分侠气，做人要存一点素心。宠利毋居人前，德业毋落人后；受享毋逾分外，修为毋减分中。

交友不是一个独立事件，而发自一个人的德心。交友的表象之后是做人与修德。交友之侠气实在是做人的德心与修为的德业之自然表现。

素心的对立面是物欲，是机心，是私心。将心中的这三种腌臜物清除，就是素心，就是"寒雨连江夜入吴，平明送客楚山孤；洛阳亲友如相问，一片冰心在玉壶"中的"冰心"。有此素心，交友必带侠气。

侠者，舍己为人，舍生取义者也。侠友者，遇友之失则直谏也，遇友之难则拔刀相助也。

《三国演义》里的刘关张桃园结义，发誓"不求同年同月同日生，但求同年同月同日死"，即侠友也。有此侠气，故关羽虽临曹操重金之赏、美女之惑、爵位之封而不动心，仍要回归蜀汉。今网络作者故弄玄虚，曰关羽张飞之死，刘备诸葛乃幕后黑手，岂非以小人之心度君子之腹耶？

三国之时，中国人口锐减为赤壁之战后的 140 万，处处是瘟疫恶战，环境如此险恶，人不抱团求生，何以度过危局？凡人如此，而况担负起帝王之业的将帅？对刘关张的友谊，我一点儿也不怀疑。

刘备幼孤，事母至孝，说明他深受儒家文化熏陶，德业早植其身。家贫，叔父刘元起经常资助他家，这对刘备的德业人品是一种很好的磨炼。"其家之东南，有一大桑树，高五丈余，遥望之，亭亭如车盖。相者云：此家必出贵人"，这是写刘备小时生活的自然环境。中国人讲居家风水，认为风水跟人的健康和命运有直接关系。人生在世，需要清洁的空气和水源，还要有没被工业废水污染的肥沃的土地，有此三者，才能长出品种多样的粮食菜蔬，喂出健壮的鸡鸭鹅牛羊猪等清洁的食物，才能在这样的环境里长出健壮的身体，而身体是一切德业精神的物质基础。刘备的家里有棵大桑树，说明这里的自然环境好，能赋予一切生命包括桑树与人勃勃生机。刘备小时游戏，说"我为天子，当乘此车盖"，即为小时勃勃生机的表现。《三国演义》中的张飞，原是卖酒杀猪的屠户，小说写他"身长八尺，豹头环眼，燕颔虎须，声若巨雷，势如奔马"。头像豹子，眼像铁环；燕子一样的下巴，写下巴之宽；老虎一样的胡须，写胡须之硬。这样的形象，是一个力士形象，身体素质超群。"声若巨雷，势如奔马"，是写他的精神态度。肺活量大，行动迅捷而有气势。张飞的身体属食肉型和力量型。关羽则是"身长九尺，髯长二尺；面如重枣，唇若涂脂；丹凤眼，卧蚕眉，相貌堂堂，威风凛凛"。关羽比张飞还高，他与张飞的不同还在于他的胡须不是虎须，而是飘逸的美髯；眼不是铁环而是丹凤眼、卧蚕眉，有些柔和。比起张飞之猛，关羽更有媚态，然而又不失男儿气概，相貌堂堂，威风凛凛，是柔中带刚型的男子汉形象。所以张飞属猛虎，关羽属雄狮，两人之力加上刘备之德，自然是很好的搭配。可见干大事的朋友身体要好，身体好的人才会大气、开朗，才能助人，才可能济天下之困，也才可能有侠气。中国各地都有关帝庙，关公被当作神灵而加以祭拜。为什么是关羽而不是张飞？张飞猛而不文，跟这样的猛人没有安全感。为什么不是刘备？刘备太文了，跟这样的人同样也没安全感。唯有关羽，武可护友，文可迷人，所以成神成圣。且看桃园三结义的仪式：

> 飞曰："吾庄后有一桃园，花开正盛；明日当于园中祭告天地，我三人结为兄弟，协力同心，然后可图大事。"次日，于桃园中，备下乌牛白马祭礼等项，三人焚香再拜而说誓曰……

这个焚香发誓的仪式，已经成为中国人交友的一个固定仪式。在一些武侠小说或电影里，结义之人往往是杀鸡取血滴于酒碗，然后喝下，最后摔碗而誓，有的是指血以誓。

桃园结义的誓言是："念刘备、关羽、张飞，虽然异姓，既结为兄弟，则同心协力，救困扶危；上报国家，下安黎庶。不求同年同月同日生，只愿同年同月同日死。皇天后土，实鉴此心，背义忘恩，天人共戮！"誓句中有"上报国家，下安黎庶"，这就是他们的共同之志。志同道才能合。没远大志向，他们最多是酒肉朋友，流贼草寇。而且遇到事情，绝不会有朋友之义，誓言不坚，背信弃义。所以侠友是建立在远大志向的基础之上的。

总之，"侠友"须有两个要素：一是身体健康，二是志向远大。身体不健康，气量必小，必不能侠。林黛玉是"泪光点点，娇喘微微""娴静时如娇花照水，行动处似弱柳扶风"，一副病西子模样，与人交往，常动怒使气。薛宝钗"脸若银盘，眼似水杏"，身体健康，故能大度慷慨，其诗有"好风凭借力，送我上青云"的大气之句，故与人交往，常有几分侠气。如薛宝钗为男儿，齐家治国必有侠气之举。

志向如夫妻关系中的儿女，是朋友之间共同奋斗的目标，是维系友谊的坚韧纽带。马克思、恩格斯的志向都是解放全人类，他们的理想可谓高远。1848 年，马克思逃亡到伦敦，一贫如洗，恩格斯不得不放弃自己心爱的哲学和科学研究，在曼彻斯特经商，为马克思的研究活动提供经费支持和生活资助，每星期都给马克思汇钱。马克思死后，《资本论》的第二卷、第三卷尚未出版，恩格斯担负了整理马克思手稿的任务，将此两卷出版。两人交往 40 多年，恩格斯对马克思的资助从未停止。两人是侠友，更是义友。如无远大志向，断无如此高尚的境界。

4. 如何对待朋友与家人

> 遇故旧之交，意气要愈新；处隐微之事，心迹宜愈显；待衰朽之人，恩礼当愈隆。

"久旱逢甘雨，他乡遇故知，洞房花烛夜，金榜题名时。""他乡遇故知"乃中国人的"四喜"之一。《水浒》中林冲发配沧州，幸遇他以前救助过的李小二在沧州开饭馆，巧获东京来害林冲的陆虞候等人的阴谋诡计，救得林冲一命，有什么能比得上林冲的此时之喜？因是他乡，远离了以前是是非非的环境；又是故知，熟知那些渐成云烟的往事，朋友之遇，去孤独，慰寂寞，诉衷肠，解急困，其喜之胜，自然无物可比。

真正的朋友之谊，不因时间而褪色，且如一坛好酒，历久弥香。《菜根谭》还提到另外两种辩证关系："隐"与"显"，"老"与"隆"。一显心地坦荡，一显宅心仁厚。如果一个朋友表里不一，口是心非，或者恃强凌弱，骄矜自大，他对故旧的热情就靠不住。

我手中有一本百年前的《陈氏族谱》，中有《陈公先之家传》，载陈先之往来湖湘经商二十一载一事："至同光间，上下事争奢靡，百务废弛，商民亦多耽苟且，尚诈欺，无一振奋悫诚，待人以直者。公则力矫时习，重道疾邪，尽其心于父子兄弟朋友间。曾与湖北张行谊贾，居黾析伙归，张误算数百金出境，立反之，曰此若金也；纵若不知，我能欺吾心乎？某岁自鄂返，匪劫舟掠其金，友托购物金未失也。公以实告，无所隐，其一介不敢有如是者。"此陈先之"处隐蔽之处，心迹要愈显"之谓也。"盖自乡里孤嫠穷乏，及凶年嗷嗷者，大抵与公疏远，而次恤拯救，不忍一夫或遗"，此陈公"待衰朽之辈，恩礼要愈隆"之证也。

待朋友与待家人，亦有分寸之别。家人与自己有血缘关系，不管发生多么恶劣之事，血缘关系斩不断，一损俱损，一荣俱荣，要有耐心化恶为善，或化害为利。然而朋友之间，既当坦诚侠直，当是非分明，态度坚决明朗。所以《菜根谭》说：

> 处父兄骨肉之变，宜从容，不宜激烈；遇朋友交游之失，宜剀切，不宜优游。

西晋"竹林七贤"之嵇康，其好友吕安之妻徐氏被其兄吕巽奸污，吕安怀恨要告发哥哥，被嵇康劝阻。吕巽也与嵇康交好，嵇康出面调停他们的家庭矛盾，是想照顾吕家门庭的面子。吕巽以自己全家父子七人发誓，不会告发弟弟，然而他最终没有遵守誓言，还是向官府告发吕安不孝。嵇康于是写了《与吕长悌绝交书》，认为"都（吕安）之含忍足下（指吕巽，字长悌），实由吾言，今都获罪，吾为负之。吾之负都，由足下之负吾也。怅然失图，复何言哉！若此，无心复与足下交矣。古之君子，绝交不出丑言。从此别矣，临书恨恨"。

嵇康面对两位好友的家丑，可谓"从容"；对好友的失德恶行，规劝之诚，可谓"剀切"。他在好友吕安下狱之后，出于大义，为吕安辩诬，因吕安性刚烈，怀大志，嵇康亦牵连下狱。后因嵇康得罪过的钟会从中再踹一脚，说"嵇康是卧龙，不可起"，更污蔑嵇康本打算参加造反，只因山涛劝阻才罢，认为"康安等言论放荡，非毁典谟，帝王者所不宜容，宜因衅除之，以凉风俗"，最终二人被司马氏政权所杀。

嵇康与钟会本无交谊，某次钟会肥马轻裘，宾从如云，慕名来拜嵇康，嵇康不行接待之礼，只顾打铁。钟会临走，嵇康问他何所闻而来，何所见而去，钟会答："闻所闻而来，见所见而去。"钟会终于借吕安一案报了当年嵇康羞辱之仇。

钟会捏造嵇康谋反，顺手把嵇康的好友山涛也拉入，以增加其谎言的说服力。山涛于三国魏景元二年（261年）做吏部郎时举嵇康以自代，嵇康便与他绝交，写了《与山巨源绝交书》，说"不可自见好章甫，强越人以文冕也，己嗜臭腐，养鸳雏以死鼠也"；"今但愿守陋巷，教养子孙，时与亲旧叙离阔，陈说平生，浊酒一杯，弹琴一曲，志愿备也"。一旦发现友不同道，遂与之断绝交游。

大千世界，物以类聚；芸芸众生，人以群分。本性相斥之物，不宜放在一起。嵇康说："人之相知，贵识其天性，因而济之。"朋友之间，必志趣相投，且相济相生。若本性相拒相克，断不能为友，为友亦必断。

普天之下，此人与彼人未始可为友。然一国之中，两个个性相差太远的人如共谋国事，就如一家之内的兄弟，遇兄弟矛盾，亦应大局为重，"宜从容而不宜激烈"。如不克制，兄弟阋墙，后院起火，辱没门庭国家不说，外敌亦能趁隙，其患必大，其罪难恕。

战国时蔺相如以口舌之劳，为赵国赢得了尊严，位至上卿，位在战功显赫的廉颇之右。廉颇愤怒，声言遇相如必羞之，蔺相如遇廉颇则引车避匿，每朝时必称病，称自己不惧虎狼之秦王，而处处避让廉将军，实因"先国家之急而后私仇也"。廉颇闻言，肉袒负荆请罪，从此将相交好，结为刎颈之交。

私情不能伤公心，友谊不能害公德。否则屈公从私，结党营私，"申友谊而屈公权，是国家之罪人也"。蔡元培还说："朋友之交，私德也；国家之务，公德也，二者不能并存，则不能不屈私德而从公德，则国民所当服膺者也。"蔡先生特意在"国家""国民"二字下，划着重号以示其重要。当然，如能因公德而生私德，如廉蔺交欢，其友谊之私，当增无限光彩。

类文品读

《爱的教育》选段

（意大利）亚米契斯/著，夏丏尊/译

好友卡隆四日

虽只两天的休假，我好像已有许多日子不见卡隆了。我愈和卡隆熟悉，愈觉得他可爱。不但我如此，大家都是这样。只有几个高傲的人嫌恶卡隆，不和他讲话，因为卡隆一向不受他们的压制。那大的孩子举起手来正要打幼小的孩子的时候，幼小的只要一叫"卡隆"，那大的就会缩回手去的。卡隆的父亲是铁道的司机。卡隆小时有过病，所以入学已迟，在我们一级里身材最高，气力也最大。他能用一手举起椅子来；常常吃着东西；为人很好，人有事请求他，不论铅笔、橡皮、纸、小刀，他都肯借给或赠予。上课时，不言不笑不动，石头般地安坐在狭小的课椅上，两肩上装着大大的头，把背脊向前屈着。我看他的时候，他总半闭了眼给我笑脸看。好像在那里说："喂，安利柯，我们大家做好朋友啊！"我一见卡隆总是要笑起来。他身子又长，肩膀又阔，上衣、裤子、袖子都太小太短；至于帽子，小得差不多要从头上落下来；外套露出绽缝，皮靴是破了的，领带时常搓扭得成一条线。他的相貌，一见都使人喜欢，全级中谁都欢喜和他并坐。他算术很好，常用红皮带束了书本拿着。他有一把螺钢镶柄的大裁纸刀，这是去年陆军大操的时候，他在野外拾得的。他有一次因这刀伤了手，几乎把指骨都切断了。不论人家怎样嘲笑他，他都不发怒，但是当他说着什么的时候，如果有人说他"这是说谎"，那就不得了了：他立刻火冒起来，眼睛发红，一拳打下来，可以击破椅子。有一个星期六的早晨，他看见二年级里有一小孩因失掉了钱，不能买笔记簿，立在街上哭，他就把钱给那小孩。他在母亲的生日，费了三天工夫，写了一封有八页长的信，纸的四周还画了许多装饰的花样。先生常注视着他，从他旁边走过的时候，时常用手轻轻地去拍他的后颈，好像爱抚柔和的小牛的样子。我真欢喜卡隆。当我握着他那大手的时候，那种欢喜真是非常！他的手和我的相比，就像大人的手了。我的确相信：卡隆真是能牺牲自己的生命而救助朋友的人。这种精神，从他的眼光里很显明地可以看出。从他那粗大的喉音中，谁都可以听辨出他所含有的优美的真情。

劳动者中有朋友十日

安利柯！为什么"不长久"呢？你五年级毕了业升了中学，他们入劳动界去。几年之中，彼此都在同一市内，为什么不能相见呢？你即使进了高等学校或大学，不可以到工厂里去访问他们吗？在工场中与旧友相见，是多么快乐的事啊！

无论在什么地方，你都可以去访问可莱谛和泼来可西的，都可以到他们那里去学习种种事情的。怎样？倘若你和他们不继续交际，那么，你将来就要不能得着这样的友人——和自己阶级不同的友人。到那时候，你就只能在一阶级中生活了。只在一阶级中交际的人，恰和只读一册书籍的学生一样。

所以，要决心和这些朋友永远继续交际啊！并且，从现在起，就要注意多和劳动者的子弟交游。上流社会好像将校，下流社会是兵士。社会和军队一样，兵士并不比将校贱。贵贱在能力，并不在于俸钱；在勇气，并不在阶级。论理，兵士与劳动者正唯其受的报酬少，就愈可贵。所以，你在朋友之中应该特别敬爱劳动者的儿子，对于他们父母的劳力与牺牲，应该表示尊敬，不应只着眼于财产和阶级的高下。以财产和阶级的高下来分别人，是一种鄙贱的心情。救济我国的神圣的血液，是从工场、田园的劳动者的脉管中流出来的。要爱卡隆、可莱谛、泼来可西、"小石匠"啊！他们的胸里宿着高尚的灵魂哩！将来命运无论怎样变动，决不要忘了这少年时代的友谊：从今天就须这样自誓。再过四十年到车站时，如果见卡隆脸上墨黑，穿着司机的衣服，你即使做着贵族院议员，也应立刻跑到车头上去，将手勾在他的颈上。我相信你一定会这样的。

——父亲

【讨论题】

1. 新加坡作家尤今说："君子之交，不必要求水乳交融。倘若非要水乳交融，结果只会两败俱伤，水不是水，乳亦不是乳。"你的看法如何？

2. 你交友时遇到什么令你印象深刻的事情没有？回去整理一下，反思你的交友得失，并写成提纲，下节课拿来课上交流讨论。

师生讨论

交友的困惑

于元林：上周我们学习了《菜根谭》中交友的道理。任何别人体会和总结出来的道理，只有拿来验证和指导我们自己的人生，才能化为我们的智慧。今天，我们就一起来讨论一下自己的交友经历。我们有幸邀请了彼岸文学社指导老师孙启莲老师也来参加我们的讨论。

曾兰（化名）：我来说一个自己曾经交过的朋友。这位朋友是入学时接触到的，当时一起办理入学手续，一起吃饭，一起上图书馆，一来二去，就成了朋友。她经常对我说，我是她唯一的好朋友，我是最重要的。但是后来我发现不是那么回事，她是人见人熟的那种人，跟谁都可以是朋友。她交的朋友我不喜欢，我就觉得她有点儿滥交朋友。我这个人对朋友感情比较看重，有时还有点儿占有欲，所以看见自己的朋友跟别人也那么好，内心就受不了。有时我挺困惑的，不知道自己这种想法对不对。

于元林：确实，《菜根谭》教过我们："待人不宜刻，刻则思效者去；交友不宜滥，滥则贡谀者来。"你是怕你的朋友交到一些小人，然后把你们的隐私透露出去，让你没安全感？你的朋友背叛过你没有？

曾兰：我也不知道她背叛过我没有，反正自己不放心。因为她可能对她认为最可靠的朋友说：这事儿我只告诉你，不要说出去啊。她的朋友也可能对第三人，第三人又对第四人依次无穷地将这事传下去，最后是传得很多人都知道了。

于元林：我想听听你们的看法。

金飞宇：我跟曾兰深有同感。友情本身就是自私的，是别人不能共享的，所以我完全理解对朋友的占有欲。

于元林：曾兰这个例子让我想起林语堂把朋友关系比作夫妻关系的说法。我们理解夫妻之间的占有欲，往往不理解同性朋友之间的占有欲。其实朋友之间也应该有私人空间，忌讳第三者侵入。根据这一点，我们分辨朋友就有了一条原则：能否为对方守住秘密。不尊重你的隐私，甚至利用你的隐私到别人面前搬弄是非，这样的人就不是朋友了。像这种人，如果劝阻无效，要毫不犹豫地与他断交。

虹影：我也有一个朋友，她很敏感，又很自私，而我这个人平时又大大咧咧，一不小心就把她给得罪了。她平时爱写文章，也经常写我们之间的事，并把这些文章拿给我看。她在文章里很明确地说恨我。我说以后你不用给我看你的文章了，我也不再想看你的文章了。有时我想起来很后怕，我担心她一旦仇视我，说不定哪天还会做出伤害我的事情。

于元林：刚才曾兰谈的例子是对朋友的占有欲，虹影的这个例子是朋友对自己的占有欲，成了自己的一种负担。曾兰的占有欲可以理解，那么如何看待虹影朋友的占有欲？

姜洋：我也是一个大大咧咧的人，比较喜欢自由。如果朋友成了自己的约束，还不如不交朋友活得自在。

刘乐山：朋友跟自己合不来，不跟他交朋友就行了。

古宜谦：我选择朋友也很简单，看他兴趣跟我合不合。你的朋友已经跟你合不来，断了就是。

胡柯：我觉得没那么简单。你这个朋友可能是需要你的帮助。她表面上说恨你，实际上是离不开你，很在意你，不然她不会把她写的文章拿给你看。你应该向她伸出援手。

孙启莲：我非常同意这位同学的看法。你的朋友是那种性格内向的类型，她可能进了自己设定的怪圈走不出来，需要你拉她一把。你的朋友向你倾诉心事，说明她是真把你当成朋友，她很珍惜你，你也要珍惜你们之间的友情。我现在还经常与以前的高中同学在网上聊天，遇到什么不顺心的事，向朋友说一说，心情有时就开朗许多。现在我的高中朋友都成了家庭主妇，每当我抱怨自己的处境不如意，她们就说我身在福中不知福，有那么好的工作，又体面又稳定，多么令人羡慕，我就会冷静许多。你也可以像我的高中朋友一样，为你的朋友分担内心的烦恼。

于元林：我认为胡柯和孙老师说得极有见地，不排除你的朋友需要你。朋友有困难应该向他伸出援手，不管是他遇到了经济上的困难还是心理上的困难，帮助朋友翻过他们人生中的那道坎儿，你们之间的信任与友谊就会增加许多。朋友内向你外向，性格差异大，不是说就不能做朋友，处理得好，你们的性格正好形成互补，她学习你的沟通与豁达，你学习她的细腻与谨慎。她的朋友少，你的朋友多，你可以将她引入你的朋友圈，让她也成为你朋友的朋友。总之，在她有你所说的种种反常举动之后，你先不要把她的种种不可思议理解成敌意，而是仍把她当成朋友看待，用朋友的方式去处理一切问题，你们就会发展为情感越来越深厚的益友。

虹影：我觉得我们之间不适合做朋友。我们性格反差太明显，跟她在一起很累，还要时常提防她。

于元林：当然，你俩确实合不来，也不要勉强。但是，你不能把她当知心朋友，也可以将她当一般朋友，没必要反目成仇。《菜根谭》教我们"交友要带三分侠气，做人要有一分素心"，"素""侠"就是要胸襟宽广，宽容别人的缺点错误，不斤斤计较一己私利。你没必要回避她，回避只能加深她的疑虑和怨恨。比如，当你们两人一起打饭，你也不妨像以前那样，为她刷一次卡之类，大可不必连招呼都不打。遇到她有困难，你也主动去帮她。侠气是不求回报的，不能说你给她刷了一次卡，她就要给你补刷一次，不补刷就不是朋友。你这样待她，对她没有利害关系的考虑，既不是为了从她那里得到好处，也不是为了避免她伤害你，这是你为人的原则叫你这样做的，那么你的道德境界就不一样了。

孙启莲：同学一场很难得，可能是你高中阶段不可多得的记忆。你再大一点儿，站在那时看今天，便会发现多大的矛盾都不重要了，你们相处的时光才是最重要的。你帮助了朋友，朋友帮助了你，你们在各自的生命中留下了痕迹。

于元林：朋友之所以重要，是因为朋友可能影响你，甚至可能改变你的人生方向。朋友作为局外人，他们的意见和思考往往是客观冷静的，凡事多向朋友请教，就会避免意气用事。我父亲年轻的时候也有朋友，每有大事，要把最好的朋友请到家里来，边喝苞干酒，边商议，在他们看来是很重要的大事。20世纪七八十年代，我在我们乡下中学上初中，那时刚改革开放，处于新旧时代交替的路口，乡下赌博之风盛行，我们又处于叛逆期，一些同学将这种风气带到了学校，我们也染上了赌博的恶习。上学放学路上，上课下课的课间，甚至逃课也去赌博。规则是将硬币捏在手心，两人或三人一起猜有多少钱，猜准了的就算赢。我的一位初中同学与我是好朋友，他很冷静，没有加入班上的赌博队伍，而是成天钻在课业之中。某次我找他赌钱，前几次他用真钱，后几次就用纽扣，被他耍了几次，我很生气，但他却笑嘻嘻地劝我，不要再赌钱了。但我哪里能马上转变过来，还是照赌，结果将生活费输得光光的，就编借口向家人要钱。有次我欠了很多赌债，不得已向我妈要钱，我妈很爱我，平时买盐买醋一分一分省下的钱全都是给我。这一次，我妈从她打遍了补丁的衣服拿出这一分一分叠成一大沓的钱，还带着她的体温，我很难受，内心还没完全泯灭的良知开始复活。我将自己的心情告诉了这位朋友，就是这位同学，坚定了我内心的这一善念，我们又一起回复到了以前那种一起学习、一起吃饭的状态。要是没有这位朋友树立的目标，没有他拉我一把，我那之后很可能就成了一个小混混。我身边许多聪明的孩子就是这样堕落下去的，留在了那个祖祖辈辈都没有走出去的贫困乡村。

教学茶座

教育的关切

孙启莲：没想到，你还有这么复杂的经历，你看起来是一个老实人。

于元林：人在年轻时没有波折，不是什么好事。人到中年之后还有波折，同样不是好事。年少时的经历包括错误、挫折，往往是人生的财富。有许多道理，没有错误就不能悟通。这节讨论课，我觉得自己收获颇多。其中很明显的是，我作为一个20世纪60年代出生的人，与可以与自己子女一般大的学生有这么真切的交流，许多东西出人意料。他们这一代人交友的情形跟我这一代人是多么不同啊！

孙启莲：是啊！要是没有这样的课堂，他们对老师来说，简直就是一个个谜，老师永远不能认识他们，了解他们。我相信这是目前中国教育中许多师生关系的写照，老师传授考试技巧，逼学生考高分，学生除了对考试技巧的训练，除了对分数的追求，其他什么都没有了。很多人也知道这不对，但是长此以往，大家都习惯了，麻木了。

于元林：所以我想在"八大课堂"中追求一种真正的语文教育。作为教师，我想将一个只教学生考试技巧的教书机器，口中不断冒着高考泡泡儿，不断向学生吐标准答案、答题模式的教书机器，还原成一个人，并由讲台走向学生。这或许是教育良知的觉醒，是对以前那种得过且过的蒙昧状态和懒散状态的解放，是教师对于自己的关切。我还要走到学生的人生和灵魂中去，了解认识学生，做他们的倾听者、陪护者或问路人，让学生由一个个分数指标还原成一个个活生生的人，这是对学生的关切。我觉得所有这些加起来，就是让教育由考试大战回到最普通平常的人文关切。

孙启莲：我觉得这就是八大课堂的意义之所在。既然解除了分数的枷锁，实行学分制，教师和学生都在这样的课堂中获得了充分的自由，教材自编、课堂自控、考试自主，为什么不利用这个平台，搞一搞自己认为最理想的教育呢？如果教师抱着混教，学生抱着混课的想法，那我们盼望的教育改革，就真的没有希望了。

于元林：听到要搞八大课堂，内心是挺激动的。虽然每周仅一小时的课程，但它毕竟开课了，而且是名正言顺地有了课程的名义，不像以前称为"第二课堂"，名为第二，实际上被视为非课堂。相较于这种状况，显然是前进了一大步。这块地划给自己了，就看自己怎样去经营它。最初我还担心选课的人多，实验起来不方便，幸好仅有10多个学生，这非常有利于我组织教学，实现自己将教育关切投注到每一个学生身上的梦想。要是10多个学生还不能感受到我的关切，我又怎能在一个40多人规模的班级中去关注每一个人？

孙启莲：这样做挺好的。一有了讨论的机会，大家几乎都说出了内心的真实想法，每个人我想都会深受教益。这样的效果，不是灌输式教法所能做到的。

于元林：关键是学生在这种讨论中，袒露出了他们真实的自己。这场讨论的发起者是曾兰，这个女孩儿文静，时常微笑，遇事从容镇定，学习认真而有耐力。她的朋友与她不同班级，性格也较外向。她们说了自己的交友秘密，其他同学都是评论者。我旁边的胡柯，他的见解也很独到，今天的发言让我对他刮目相看，因为他在我讲试题思路时打过瞌睡，我原以为他语文底子差，其实他并不差，有那样的思考力的学生一定不会差。金飞宇的审慎和细心，古宜谦和刘天乐的直率，在他们发言时，旁人都能明显感受到。这些学生，如果仅凭考试分数，也许他们身上无数的优点就无法展露出来。教师如果只站在一个角度，就只看到学生身上的一个点，而不是他们身心中更加丰富多彩的全貌。所以我们要从"考试"那个把教育、教师和学生钉死了的点走出来，走向学生，发现活的学生和活的灵魂。

孙启莲：据我所知，学生中有的玩游戏非常疯狂，家长没法子，管不住，一到周末就将手机关了，人也消失了。我不知道这种学生站在自己的角度，在听你初中赌博的故事时，会有什么感触。我相信他们必有感触，甚至会像你那样去反省自己，如何痛改前非，走上人生的正道。

于元林：在一个教育者眼里，每个生命不管他的过去与现在如何，都是等价的。每个生命都有自己的明与暗、暖与冷、显与隐、此面与彼面。教育应该是他们头顶的太阳，会去驱散生命中的黑暗和寒意，让他们获得向上生长的能量。照我的理解，这是教育的天职。我们也应该看到，道德自省能力的培养不是一蹴而就的事，特别是今天这个信息社会，不像 20 世纪 70~80 年代我所成长的那个环境那么单纯，人容易从外界中回到自身，从迷雾中找到亮光。在今天的信息社会，信息像泥沙俱下的河流，一旦卷进不良信息的漩涡，人就难以自拔。道德与价值的作用，就像船锭和船缆之于行船，是帮助人找到港湾与彼岸之物；没有这些东西，人就只能成为茫茫人海中的不系之舟，随波逐流，经不起风浪，搞不明航向。

孙启莲：中国古代的读书人，读的背的是整本的儒家经典。科举考试时，抽取其中的某句作为题目，要求考生加以阐释，这些人后来就以经典教义为原则，思考、修身、行事、作文，他们并没有像今天的学生这样，杂七杂八学一大堆，结果什么也没学到。私塾教育为什么就那么成功？我们的语文教育为什么就那么失败？我接触到某些高一学生的作文，有的写一两百字，有的写几句话，括号注明，老师我实在写不下去了，请原谅。他们说的话，没有逻辑道理，没有阅读痕迹，根本就不是人话，从小学到初中的母语教育，几乎一团空白。既然如此，为什么小学和初中老师还要灌输那么多他们根本一点儿没接受的无用的知识？

于元林：私塾时代的教育环境跟我们现代不同，那时从社会政治到家庭结构，与经典的教义是同呼应的，学生要在自己的内心与行为里建立起儒家那一套道德体系，教育资源随处可见。今天这个时代，诱惑太多，信息繁杂，而小孩子也特别容易受到不良信息牵引，与刺激的游戏和炫目的广告比，老师的道德训诫肯定没有多少吸引力。当一个孩子被游戏和广告争夺劫持而去，我们用道德戒条去训斥他，去惩罚他，是收不到效果的。一个没基本原则的学生，他如何去思考和评判自己与外物，如何去做出合乎常理的事情？语言不通、思维混乱、行为乖张，就不足为怪了。所以我们的语文教育要放低、放低、更放低，要把迷路的学生从痴迷中找回来，要把有追求、有梦想的学生从考试的笼子里放出去。道德戒条说得再好也没用，因为还不是学生自己的；老师道理说得再动听也没用，因为学生没有付诸行动，没有真切体会。道德训诫要成为学生自省的镜子，并化为学生行事的原则，才能真正成为学生的精神涵养。我就想在这样的课程中引导学生完成这种从听到学、从学到做的道德转变。当然我自己做得还不是很好。有两三个学生没能发言，那就意味着我这堂课只有70%的参与度，还没顾及100%的学生。我有了关切的愿望，但是关切度还有局限，这是我在以后的课堂应该注意的地方。

孙启莲：这几个同学不发言的理由是，他们没交朋友，没有什么感触，显然这是借口。首先，一个人不可能没有朋友，其次你没交这类朋友，总有对交友的看法，不可能连看法也没有。也许他们不发言是怯场，但是他们在这样热烈的讨论场合，久而久之，说话的压力会变为动力，慢慢也会去思考，去表达。

于元林：这就是人少的好处。超过了20人，这样的讨论不好组织，因为许多人可以趁机偷懒。但如果一个说话的环境只有十来人，你就没法不去接别人抛过来的问题了。

孙启莲：你说以后的课自己讲一节，学生讨论一节，我觉得你不如从讲台上走下来，像今天的讨论一样，与学生平起平坐，讲讲格言的意思，大家谈一谈、议一议，效果可能比讲授要好。总之，我觉得这种课很有价值，以后我也要学一学，让自己的教学和课堂能够有所改观。

话题作文

就像眼泪消逝于雨水①

十三四岁的时候，刚进初中的我就和一群混江湖的同学耍在了一起。刀光剑影古惑仔，那是懵懂少年引以为豪的生活。做小混混的生活固然惬意风光，惊喜不断，但书肯定是读不成了，成绩自然不好。

初一时候的班主任是学校从外地请来的一名老教师，姓鲁，个子矮小，身材微胖。一口陌生的外乡话，表情严肃。反正我是没怎么把这个"老太婆"放在眼里，和同学们私下里喊她"老鲁"。老鲁对每个学生都还不错，对我也一直特别"关照"。

老鲁教数学，毕竟是老教师，上课时讲题的思路还是相当清晰的，有时我都会好奇地听几句。她的课堂也很严肃，但我还是吊儿郎当，该吃的时候吃，该玩的时候玩，她也常为此罚我站。在班上除了我，所有人都企图获得她的欢心，这种竞争性的讨好令班上呈现出一种奇怪的氛围。但老鲁并不领情，没见她对某人有好感，表扬也是漫不经心的，批评起人来倒是不遗余力的。一种故意为之的冷淡难免让有些优等生心灰意冷。也托她的福，我的同桌换成了一个乖乖女。同桌叫小媛，家里挺阔气的，为人也不错，不仅在班上惹人喜欢，也是唯一一个理我的优等生。也正因为这样，我偶尔还会向她请教问题。

期末考试前，老鲁意外地在班上做了一次动员，她拿出一个音乐盒，说要用它来奖励这次数学考第一的人。如果有同分的，她还会再去买。"但是，这次试卷不简单，我希望不要有人刻意为了它而临阵磨枪，学习积累在平时。"她摸了摸音乐盒，会心地笑笑。这突如其来的动员引得全班激动万分，那些优等生更是摩拳擦掌。

---

① 本文作者为深圳第二外国语学校 2017 届高二（6）班学生金飞宇。

尽管老师是那么说的，但谁都不愿意放过这一次机会。他们有的或许是为了音乐盒，但在我看来更多的还是为了拿到第一，获得老师欢心并向全班证明谁才是最聪明的小孩。

也许大家并不知道，我小学曾是数学科代表，对数学也饶有兴趣。再说我也想得到那个漂亮的音乐盒在其他小混混面前好好炫耀一番。此后一个星期，我破天荒地扎进了数学书里，疯狂地做题，心想着："临阵磨枪，不快也光。"

终于，考试来了。

那个早上，我低着头，从口袋里拿出两块德芙巧克力递到小媛面前。她惊讶地看着我，像是在看一个奇迹。我咬着嘴唇没说话，希望她能从我眼中看出祈求……"谢谢！"她拿走了巧克力。不错，我是希望考试时她能帮我一下，她也确实这么做了。

一切如我所愿，第一拿到手了。当老师宣布这一事实时，全班一片哗然。也是，谁会相信呢？老鲁毕竟年纪大了，一时的心软让她无法说出"你是不是作弊了"这样的话。"老师，他肯定作弊了，他肯定看了小媛的！"终于有人沉不住气了。紧接着，有人在下面小声表示赞同。我呢？厚着脸皮，面不改色心不跳。是啊，坏事做多了脸皮也就厚了，但这么下去也不是办法，要不要招了呢？"不，考试时我故意遮住了试卷，不可能有人看得到的。"小媛终于开口了。我猛然看向小媛，并惊叹于她的镇定。这个大家都喜欢的、有着独特发言权的女孩，为我做了伪证。老师沉默了一会儿，一时间说不出话来，最终还是将音乐盒当着全班的面奖给了我。

事情还没完。课后，老师把我叫到了办公室，递给我成绩单。数学一栏上的"优"让我觉得它比其他科目更不忍直视。"你应该知道我有办法判断出你是否作弊。"没错，如果让我去讲题就会真相大白。她继续说："但我相信你，也不否认你有过人的才能。"沉默了一会儿，只听见一群相思鸟在窗外的老榕树上幸灾乐祸。"倘若你总是这么糟蹋它，有一天，它也会疲惫的。那时，你的脑子里又还会剩下些什么？"老师略显苍老的手沉甸甸地搁在我瘦小的肩上……出了校门，我没看见我的那群好哥们儿，昔日人来人往的校门口也只趴着一条冷漠的老狗。风"砰"的一声关上了门，周围一片空蒙寂寥。独自走在林荫小道上，泪水止不住地掉，消逝于淅淅沥沥的雨水中。

后来，我来到了深圳，看了《致青春》。有人说：这是一部比较悲情的电影，但似乎谁都可以在其中找到自己的影子。我自有我的看法。电影不过是一种商业化的艺术，导演看中的是其中的利益。你花钱，他出力，足矣。你该庆幸，那只是电影，悲情最好只出现在电影。小媛再也不是乖乖女了。听说她走上了我的路，也跟一群小混混耍在了一起，旷课，终日游手好闲，后来去了海南。几个月前听说她已经当妈妈了，而我并没感到多么诧异。毕竟她太容易轻信感情了，两块巧克力就能让她付出感情为我做一次假证，更何况是那些在校门口朝她吹口哨、赠予大量赞美的男生呢？当然，或许是我太小看她了。

生命不是一张永远旋转的唱片，青春也不是一张永远不老的容颜，属于我的青春终将逝去。现在谈论那些飞逝的岁月，却都已成为一个既定的事实，与其努力地回忆，不如赋予属于我们自己的意义，让我们在青春这一趟没有返程的人生列车上收获得更多，走得更稳。

不乱于心，不困于情，不畏将来，不念过往，如此，便是安好。

再也找不到第二个你[①]

不知不觉中，有多少人已经离开；无声无息中，又有多少人会一直都在。缘分里有多少形影不离，最后若即若离；朋友中有多少无话不说，最终无话可说。

第一次去你家，我年纪太小，大概是趴在爸爸肩头被他轻轻抱进去的。那一刻你一定欣喜万分，一个和你差不多的娃娃从此在你心里"扎"下了根。不过你不知道，你迎来的是一个爱闹的小娃娃。

---

① 本文作者为深圳第二外国语学校 2017 届高二（6）班学生梁婉婷。

那童年的希望是一台时光机，我可以一路开心到底都不换气。

每天在幼儿园的念头就是快点回家找你玩，聊聊一天中发生的事，或者将老师发的糖果偷偷藏在口袋里，与你分享。你每天也会有惊喜给我，不是甜甜的早餐奶，就是小小的蛋糕。每天下午品尝完对方的惊喜，我们便到楼下和一群小朋友疯玩。你总是安静地坐在一旁，微笑地看着我；我却拿着射程很远的水枪在小区里横冲直撞，吓唬男孩。

可当我看到你穿着白色长裙，安静地坐在钢琴前，挥动纤纤细手，便疯狂地爱上了钢琴，一发不可收。仿佛这辈子的使命便是与钢琴为伍，与你为伴。我还与你在那架白色三角琴面前拉过钩，说以后要一起合作弹一首只属于我们的曲子。

也许，正是你那与生俱来的少女情怀冲淡了我身为女子不该有的野性。

童年的小脑袋似乎装着一台过滤机，忧伤和烦恼都会被筛网细密的网眼阻挡在外头，只允许幸福和快乐行云流水般向下流淌。可童年毕竟太快也太短暂了，还未来得及欣赏它炫目的色彩，那晦暗的余光就已经从眼前迅速移去了。那么不近人情地，划得好远。

不知道是因为失去才变得美好，还是美好的终究会失去。

阴雨天，太阳久久不肯露出脑袋，将整片天空让给雨尽情玩耍。雨并不大，斜斜地在眼前织成一张网。你顺着雨丝伸出手，我站在你后方，看着你的侧影，像不食人间烟火的仙女。有人说真正的朋友是互相欣赏的，这句话令我羞愧，因为我一直没找到自己能让你欣赏的地方。

那天，模拟考试成绩出来了。距中考还有一个月。

拿到成绩我很是失落，放学后独自到学校小花园里对着一片绿叶发呆。真可笑，居然是为了成绩。这已经不是第一次了，我想到要败在去往梦想的路上该是一件多么悲哀的事。

正发着呆，你不知从哪里蹦了出来，手里还拿着两支雪糕，递给了我一支，在我身旁坐了下来。不一会儿，又学着《不能说的秘密》里面的桂纶镁半眯着眼睛的样子对我说："冰激凌干杯！"

撕开雪糕，尝了一口，甜甜的。心情好了些，我对你做了个鬼脸："下次我要草莓味的！"

中考过后，我发挥失常，考上了一所与你相隔二十多公里的学校。那时你常对我说：三千公里之外有你的精神家园。如今，真的就像彼此距离三千公里一样。没有你，我的高中生活该有多寂寞？

海棠在《我的朋友陈白露小姐》中曾说过："天上地下，五湖四海，再也找不到第二个陈白露。"

我想对你说："天上地下，五湖四海，再也找不到第二个你。"

这便是我的孤寂①

天渐渐黑了，孤独慢慢割着人的心，有的人便疼着。孤独的歌声有时还残忍得让人忍不住泪流成河。

人难免会孤独，但人的一生无法尽是孤独。在你的记忆里，总有那么一个人，陪着你笑，陪着你哭，陪你吃饭，陪你度过无聊的时光。你是否还记得，你与你的那一个他，是如何深交的呢？

我的交友之道便是：见面即朋友。可能就是因为这种放荡不羁的性格，无论异性还是同性都能与我成为好朋友。我相貌平平，除了身高似乎再无其他优势，但我这种人从来就不缺伙伴。哪怕是走在回家的路上也总有不同的人跟我打招呼，无聊的归路上也不失乐趣。

"我希望，我们可以长长久久地走下去，不会吵架，不会有太多的分歧，有了问题就一起讨论解决，不要藏着掖着，就这样做一辈子朋友。"肯定有不少人跟你讲过这些话。但往往是理想很丰满，现实却很骨感。

在你曾经交过的朋友里，有多少是当初无话不说，到最终却无话可说的？很多人问，我这样的一个人怎么可能会感到孤独。我的朋友虽多，但是朋友过多总会引起一连串的麻烦。有时候你顾及这一位的想法却伤到了那一位的心。经常有人会因为你没有时间陪他而

---

① 本文作者为深圳第二外国语学校 2017 届高二（6）班学生陈彦德。

变得心生隔膜。

我最怕与任何一个人关系太好，因为朋友就算再好，总会有互不理睬、互不关心的时候。不是因为喜新厌旧，往往是前后待友的反差会让人失去很多曾经的朋友。每一次寻找原因，得到的答案往往都是"我在你这里感觉不到以前的感受了"，或是"你的朋友很多，少我一个也没事的""我可能只是你生命中一个平凡的过客罢了，不必在意，就这样放手吧"。

或许理想中的朋友是在冷漠一段时间后，依然能回到你身边关心你，和你一起吵闹，即使许久不见再次相聚也不会感到尴尬，还有说不完的话题、讲不完的心事。时间带不走真正的朋友；岁月，留不住虚幻的拥有。

现实如花开花谢，人依然是那些人，心在意却不在。就算现在友谊还在，在时间的腐蚀下一切皆会消散。得意时，朋友认识了你；落难时，你认识了朋友，再好的感情也难敌现实。

数不清有多少朋友已经离开。再好的朋友，缺少联系也会淡；再深的感情，不懂得珍惜也会散。没有多少人会等待，等待久了，只怕等凉了心，到最后仍是一无所有。所谓的深交，到头来却是伤了他们也伤了自己。

这便是我的孤寂。

在寂静的深夜，翻开手机，看着过去朋友的照片，却只能在属于我的思想殿堂中追忆过去的美好，这便是我的孤寂。

小闹钟①

一个明红色的小闹钟，指针停留在6点30分——我上学起床的时间，闹钟顶端沾着灰尘，变成暗红色，灰暗的飘尘落在玻璃片上，竟使得里面憨笑的小熊显得有些落寞。

闹钟已坏，你也离开了。但有关你的点滴，尽管它们都不惊天动地，却能够执着地占据我的记忆空间……

---

① 本文作者为深圳第二外国语学校2017届高二（5）班学生吴翠婷。

我窘迫地站在教室门口，不敢抬头，怕看见同学们诧异的眼神。弱弱地向老师报告，鼻尖的汗水冒了出来，我的忐忑终于在老师示意我回位后消去。

我在开学第一天迟到了。

扫视全班，只剩下一个座位了。按照原来的路线走去，见我上学期的座位被一个陌生的面孔占领，我不情愿地坐到了旁边。

班主任在告诫开学后应当如何如何，我实在不想听，侧头调整了一下姿势，脑袋靠在桌上。恰巧那陌生的面孔落入了我的视线范围内——头发是自然小卷，眼睛不大却有神，身材明显有些胖，是个转校生。

或许是我趴着的模样太显眼，她注意到了我，偏过头来，脸上浮起一抹不易察觉的微笑。我也应和着提起嘴角。她继而又望向老师，我竟不自觉地随她端起了好学生的姿态。

老师根据身高适当调整了一下座位，我们仍然坐在一起，成了真正的同桌。

接下来又回归到枯燥的上学、放学、写作业的轨道。不同于班上的其他同学，我经常最晚到校，时不时还被罚站，呵呵，很突出的屡教不改。

直到那一天，她在课间把一个普普通通的纸盒交给我。

我有点儿反应不过来，呆住了，不理解是什么意思，但是她的确是要给我什么东西。我就抬了抬眼皮："今天是什么特殊的日子吗？送我的？"

她淡淡地轻点了一下头以示肯定，平静地看着我："只是希望你能收下它。"

我满脑子除了疑惑，还是疑惑。翻开盒盖，一个明红色的小闹钟，壁纸上的小熊挺着圆鼓鼓的身子向我傻笑着。

"是我用过的，但它能帮你。"见我手握小闹钟讶异得睁大了眼，她解释道。

"嗯，谢谢。"

我把它收进了书包表示接受，同桌的脸上现出难得的笑容。

像是奇迹，又像是平常不过的一件小事，我不再是最晚到班里的那一个了。

我床头的桌子上多了一个闹钟，秒针走动着，每天逼我起床。

"谢谢你。"我一天早上由衷地说道。

她转过头来看了看我。"那个闹钟。"我补充道。

她眼角随即有了笑意。

伴随着小闹钟的分秒，一个学期就走到了尽头。

仅凭那一点儿微妙的感觉，不需要过多的慰问、勉励，我们心底最温暖的那一角在蒸腾。

某天，我正欲起身，闹钟因脚架没有完全放到桌上，摔落在地。秒针不再转动，机械的声音一并消失。

新学期的同桌变成一个大大咧咧的同学，原本更喜欢欢笑的我却不怎么适应了。

找人修闹钟，拆电池，换电池，换完电池再拆电池，如此反复。但是闹钟还是没有修好。

后来我们毕业了，分开了。但明红色的小闹钟，至今还摆在我的书桌上，多少是留住了些已经停摆的记忆。

后记　一个语文人的教育叙事

1984 年，我上高二。语文老师是一位有"上山下乡"经历的知青，矮个儿，讲课时老是昂着头朝天花板翻白眼，用一口"夹生饭"普通话，在讲台背教参。某次课上，坐在我前排的一个同学忍不住困顿，把语文课本立在课桌前方，借此掩护渐渐进入了梦乡。少顷，鼾声起，口水从他嘴角垂下，这样的景观比起老师讲课，无疑精彩多了。鄙人于是诗兴大发，手舞足蹈，仿李白《望庐山瀑布》，吟得一首口水诗云：

> 教室有人在打鼾，老师只管望着天。
> 口水直下三千尺，疑是银河落嘴边。

赏玩半晌，意犹未尽，传给同桌共赏。同桌大乐，"扑哧"一笑。语文老师气得脸色发青，好半天才憋出几句教导我的话："我表扬你作文写得好，你尾巴就翘到天上去了，是不是？你这个娃儿，还嫩得很！"

我长期以来闷在心里对语文课的怀疑，转化为一种付诸行动的"敌意"。我要拿出行动来，靠自己的力量去学语文，拿出颜色来，叫这个恼羞成怒的"知青"，瞧瞧他讥讽错了一个多么有出息的学生。

我开始逃课，为了免受他噪声的干扰。我把自己放到广大的天地中去，读书，读报，读语文学习的专著。乡下书籍十分有限，每每在路上捡到一张废报纸，我也要仔仔细细瞧个遍，有自己认为好的文章，就剪下来贴在本子上，时时赏玩。剪报的习惯，一直保留到今天。遇到借来的书报，有好词好句，专门准备一个本子摘抄下来。无师可问，以书为师。遇到讲语文学习方法的书，千方百计也要买下。那时读到的对我启发较大的书，就包括收录了叶圣陶、吕叔湘、老舍等名家谈语文学习方法的"语文学习讲话"丛书。当时重庆有位叫黎见明的教师在实验一种阅读法——导读法，我也把他的专著买下来，细心研究揣摩，一步一步地实践。很多人都说写日记可以提高写作能力，我就坚持不懈地写，一丝不苟地写，从不间断，从不为自己找借口偷懒。读到"质疑在语文学习中不可缺"，我就反反复复向自己提问，自己试着加以解答。1986 年，我参加高考，语文成绩只有 80 多分（当时语文满分为 120 分，这个考分刚过及格线），在各科高考成绩中，语文考得最差。但我觉得，逃课使我在课外培养了许多在课堂上不能培养起来的习惯和能力。虽然这一年没有在我的高考分数中反映出来，但我很清楚，这些表面上对高考无用的东西，才是我以后学习语文真正能派上用场的财富。

在应试教育占上风的年代，我以坚韧不拔的逃课精神，在很多场合下逃过了应试的"魔爪"。后来逃得更加彻底：干脆卷起铺盖回了老家。那是一个豌豆开花的季节，我的父母亲正在挑土边。父亲看到我的模样，满腹狐疑，以为我被学校开除了。我说我要回家自学，学校老师照本宣科，没有什么听头；本来我 10 分钟就能看懂的，他们偏要讲一个小时，我不懂的反而没有讲到，所以在学校读书没有收获，浪费了我的时间。我又分析回家自学的好处：省了大笔花销，又不用去花费心思逃课。这套听起来很不踏实的道理，当然无法打消一个对我寄予了厚望的乡下父亲的疑惑。在以后长时间的争吵中，围绕要回校还是要自学的矛盾，我们父子俩不知交锋了多少个回合。我仍然按照我的计划行动。我最终以远超过重本线的优异成绩上了重点师范大学，声名远扬，轰动一时。消息传来，我在乡下的父亲兴奋得整夜不能合眼。从此以后，家里大小事务得征求我的同意才能做出决断。

我在高中时代读了一些关于教育教学改革的文章和书籍，对于那时的教育热点问题，虽然只是一知半解，但一些观念已深深地植于我心。创新、求异、质疑，即使到现在仍很稀缺、仍在追求的东西，那时我已经付诸实践了。多年以后反观这段求学经历，我惊讶地发现自己当时是相当超前的。记得高二学到电磁学，我自己产生的好多问题，老师都回答不上。我喜欢解立体几何难题，总是不怕麻烦，用尽量多的方法去求证。语文方面，因应试压力大，我虽不得不远离自己的兴趣，几乎终止了广泛的阅读，但在自己的日记中思考问题时，仍在别求新声，总想别具一格。一个中学生不可能有多少见识，特别是在我那个条件落后的乡村，那个生活艰苦的年代，写起作文来，往往语言干瘪、思维可笑。为了求异思维，我极力睁着一双干枯而又充满渴意的眼睛，苦苦寻找问题的答案。某次睡觉，天气很冷，我就想人类的被子不应该是片状，而应该做成圆筒形，冬天往里边一钻，密不透风，会更加暖和。但人类几千年来都是这样做被子的，积习难改，所以被子不挡风的缺点至今没有得到改良。我像获得了重大发现，写进了 1985 年 2 月 20 日的日记中。现在看来，这个观点已经跟一个笑话差别不大，但我把它看成是我成长道路上的重大事件。它的重要性在于，我在独立地思考并记录着我生活中的问题和感悟，我相信这是一个人认识自己、认识世界的良好开端，也是作文真正入门的标志。据说爱因斯坦小时候学手工时做了一张凳子，老师把这张凳子举起来嘲讽道："世界上没有比这更难看的凳子了。"爱因斯坦举起另一张凳子说："有。这是我第一次做的。"不管多么难看，它毕竟是一个孩子独立的创造，而这样有意识地确信自己进步的孩子，本来就是不简单的；它的价值胜过对老师一万次的模仿和重复。

一个人求学的进步，并不仅仅看他知识的积累在量上有没有增加。语文这样的人文学科，更应该强调语言跟现实人生的联系。缺乏这种联系的语文，是"死语文"。在高中时，我就有那样的习惯，立身行事，总爱将自己读过的、学过的文章，用来观照自己和别人。尽管这样的观照有时候十分牵强。有一次，一位姓熊的同学借了我 10 元钱，不知这位老兄是无意还是有意，事后从来不提还钱的事。我就想，想当初鲁提辖拳打镇关西，帮金翠莲父女出逃，把身上的银子都掏出来给了他们，而我只损失这么一点儿，与鲁提辖相比，算得了什么呢？鲁智深不是我钦佩的英雄吗？我应该学习他的大方和不拘小节。这样一想，我心安然，此后再也没问他要我的钱。虽然这种想法很容易被另外的理由驳倒，姓熊的同学可不是金翠莲那样的受难人。幼稚归幼稚，但我毕竟第一次运用名著《水浒》解决了令我困惑的人生问题，使我获得了内心的安宁。

高中时我非常孤独。有一个好友，沉默寡言，也跟我一样，每天似乎都有想不通的道理，以至长期失眠。他奋战了几年，最后还是没有考上大学，与人合伙做生意，上当受骗亏了血本，精神崩溃，不幸离世。原来他的学习成绩是很不错的，为什么要走上绝路？他在高中分科时，学的是理科。用那些复杂的运算符号，怎么能医治他的失眠？怎么能缓解那个时代压在每个学生身上的高考压力？这位好友应该去学文科，像我一样，面对这个充满巨大压力的世界，找到一些精神支撑，好使自己站立于世。在做出弃学归家自学这一重大举动的前几天，我想去弄一张病假条，办一张休学证。两个书呆子坐在梧桐树下对着满天星辰想啊想，试图找到一些更为可靠的理由，来说服自己这是正确之举。我们最终还是没有找到。我当时论证道：去拉关系搞到一张病假条，这是不光彩的。我还引用了从一篇名为《诗品与人品》的杂文中摘抄来的句子做论据："一个作家要砥砺自己的情操，磨炼自己的意志。一个伟大诗人的诗风是他高尚意志在那晶莹剔透的水晶上的折射。"然后我说："我将来是要立志当作家的，我不能这样造假，把自己的品质搞坏了。"于是，去搞休学证明的想法就此打消。

我的高中阶段就是在这样看起来十分可笑的对人生的生硬论证推理中度过的。尽管这个时期思想资源十分贫乏，也没有老师来指点我应该怎么去想怎么去做，但是贫瘠与饥饿的状态，无疑更能刺激我对人世间的种种道理旺盛的求知欲和虔敬的实践精神。在语文的殿堂里，别人可能如数家珍，在自己的少年时代，尝到了哪些"玉盘珍馐"；我却是无物可炫，我吃到了夹了太多沙砾的"粗粮"。唯一引以为安的是，我消化这些沙砾和粗粮的胃得到了扎扎实实的锻炼。别人获得的昂贵的营养，是经过加工提纯，然后由老师在课堂上用精美的消毒医药器械注射进去的，而我是一点一滴自己去吸收的。其间免不了"食物中毒"，但我已经能依靠自己的"免疫力"，或用自己找到的"偏方"自我疗治。当进了大学，在许多同龄人可以滔滔不绝讲出许多高深道理来的时候，我的肚子里除了几本磨损厉害的中国古典名著和一些唐诗宋词，外加一些不值一提的剪报和东摘西抄，再无其他。

然而，我还是固执地认为，我自己摸索到的这一切，都与语文有关。鸿雁南飞，不就是要找到它赖以栖身的湖泊吗？树活一世，不就是要抱紧造物主赐它寄身的这抔泥土吗？人过一生，不就是要找到活得充实美好的根据和理由吗？语文就是那样的湖泊，那样的泥土，那样的根据和理由。它使我们展翅飞翔，使我们成长壮大，使我们在母语中扎下深根，能吸食日月之精华与山川之灵气，能抗击风暴的摧折和霜雪的侵凌，使我们在任何情况下都能活出作为一个人的动人之姿。但是，天鹅只有用自己的飞翔找到的湖泊才是天鹅湖，才有天鹅湖绝美的歌声和舞蹈。现在的语文教育，却用富丽堂皇的教育理念镀金的豪华客机，代替了学生的飞翔，结果纵然是把学生载到了一个美丽的湖边，但这座湖泊也会因学生翅膀的退化而变成了"死海"。

语文教育的最大失败之处就是不能让学生自己去感悟语言和使用语言，不能使学生在母语的学习和运用中获得道德修养、思维方式、认识水平、审美能力等方面的进步，也就是说不能使人变成一个新人。一个成年人回忆语文老师在课堂上给他们灌输的那些东西，绝大多数都可能忘得一干二净了。当年我要是老老实实坐在自己的座位上听讲，我能培养起剪报、写日记、好学多思、书本联系实际等方面的习惯和能力吗？我当初确实做得很幼稚，但就像爱因斯坦那张丑陋的小凳子，毕竟是我自己创造出来的啊。我的翅膀上尽管长出来的是麻雀的羽毛，但我引以为傲，它毕竟是我用自己的血肉长出来的啊。

针对中国的语文课仅剩下"一本教材，一本教参，一个课堂，一张试卷，一个老师"的状况，姚竹青曾提出"大语文"的主张，认为应该扩展语文学习的内涵和外延。

要改变语文教育长期停滞不前的状态，就要彻底改革目前整齐划一的语文课型和语文课堂。20 世纪 80 年代以来，语文界实验了不少新的教学法。一些人忘情追逐的这法那法，不排除某些教法学法确实取得了实效，但整体来看仍然是流于形式的多，触及实质的少。我们费尽心思设计问题，要学生按照我们的暗示，一步步得到关于文章的主题、结构、写作特点、哪句话哪个词等的标准答案。我一次又一次地对自己说，这不是真正的语文，不是真正的语文课。现在，我们钻进教学法的牛角尖而不能自拔，以为在那里用功就可以找到"灵丹妙药"，实践证明我们把力气用错了方向。

试想每个语文教师，都有一间实践自己教学理想的教室，按照自己的设计，装备了古今中外的文史哲天文地理诸般洋洋大观的典籍，学生一进到此处（人数不宜多，最好限制在 20 人左右），老师第一节课就叫他们根据自己的兴趣，像进了自选商场一样选择性看书，第二节课教他们三五成群地聊书，

第三节课老师再与学生聊书交流，第四节、第五节课大家轮番发言辩论问题，第七节、第八节大家都来交流各自写的锦绣华章，我不相信这样教语文学生没有长进，这样学语文学生不感兴趣。

印度大诗人泰戈尔曾按照自己对教育的理解，创办了著名的"森林学校"。据郑振铎译《泰戈尔传》记载：

> 一九〇二年，他创办了一个"和平之院"——山铁尼克当（Shantiniketan）学校——校址在 Bolpus，离加尔各答不远。在那个地方，他两个大师——自然界与儿童——已融合在一起了。这个学校的教法，用印度的古法，而参以西方的方术，是一种森林学校，凡是到那里参观过的人都以为泰戈尔的计划非常成功。起初只有二三个学生，后来增加到二百人。他得的诺贝尔文学奖奖金，捐入此校为基金。听说，他的著作所得的利益也都消耗在这个学校里。Macdonald 做了一篇关于这个"和平之院"的游记，说："无论什么东西在那个地方都是和平，自然，而且快活。"①

我辈渺小，不能跟泰戈尔那样的大师比肩，也不敢奢望泰戈尔那样的条件。但我仍然不敢放弃梦想及自己梦中的课堂。我曾经有过机会实现自己的梦想。2002 年前后我在海南中学任教时，当时的黎当贤校长、吉万松副校长非常支持我的想法，给我一间又新又大的教室，里面一字儿排开足以存放上万册图书的书架。我还遇到了许多愿意支持这个教室建设的家长和单位。当时海南省新华书店的温毅总经理一下子拍板捐给我们这间教室 3 万元的图书。我当时想把这里建设成为一个诗社社员以及文学特长生的培养基地，实践一种全新的语文教学法，可惜后来我调动到了其他学校，这项实验不得不中途停止。

时不我待，一晃我执教鞭已 32 年。猛抬头，墙上就是 2022 年的挂历，挂钟的声响，已是另一个年头的脉息。过几年就要退休了，我们这一代人还没有完成的中国教育的改革之路，还要下一代人去接力完成。这本薄书，权

---

① （印）泰戈尔.泰戈尔诗选［M］.郑振铎，译.杭州：浙江工商大学出版社，2018.

当在有限的时间段里一位过来人的粗浅思索与尝试。书虽成稿，但许多地方仍觉意犹未尽。未尽之处，只好等待以后还有机会另书展开。其中心绪，且以我一首近作《从教三十一年感怀》作结：

> 臻美求真何处求？培桃育李几逢秋。
> 纷纭旧梦风吹雨，意气书生霜满头。
> 学问万千须向善，情怀深浅在筹谋。
> 愿循此道与诸子，明月同登宏志楼。